계 명 대 학 교
국제학연구소
학술총서 04

국제지역의 이해

다른 나라 다른 삶

김정규 · 김명수 · 남대엽
윤성환 · 정상희 · 한미애 지음

명인문화사

국제지역의 이해: 다른 나라 다른 삶

제1쇄 펴낸 날 2022년 5월 20일

지은이 김정규, 김명수, 남대엽, 윤성환, 정상희, 한미애
펴낸이 박선영
주 간 김계동
디자인 전수연

펴낸곳 명인문화사
등 록 제2005-77호(2005.11.10)
주 소 서울시 송파구 백제고분로 36가길 15 미주빌딩 202호
이메일 myunginbooks@hanmail.net
전 화 02)416-3059
팩 스 02)417-3095

ISBN 979-11-6193-054-1
가 격 25,000원

이 저서는 2019년 대한민국 교육부와 한국연구재단의 지원을 받아 수행된 연구임(NRF-2019S1A5C2A04083308)

간략목차

세부목차

2부 일본

3부 미국

도해목차

글상자

표

도표

사진

지도

서문

인간은 혼자 살아갈 수 없다. 어떠한 방식으로든 서로 연결되어 있고, 직간접적으로 상호작용하며, 영향을 주고받는다. 그것이 모여 구조가 되고, 개인은 구조에 의해 영향을 받기도 하고, 그 구조의 변화에 영향을 미치기도 한다. 인류의 역사에 있어 변화가 있다고 한다면 공간의 범위와 관계의 속도이다. 공간적으로 보면 개인과 개인의 관계에서 시작하여 국가의 크기로 확장되어 갔다. 국민국가가 형성되면서 국가는 개인이 확장하여 소속될 수 있는 공간적으로 가장 큰 단위가 되었다. 그렇지만 국가와 국가들과의 관계는 개인의 대리인인 국가가 수행하는 것이며, 지구촌 반대 방향에서 벌어진 일들은 나의 일상과는 그렇게 상관이 없었다. 그러나 정보와 통신기술의 발달은 공간과 시간의 개념을 크게 바꾸어 놓음으로써 지금까지 인류가 가졌던 관계는 큰 변화를 맞게 되었다. 세계는 더욱 밀접하고 촘촘하게 연결되었으며, 국경선은 열어졌고, 개인은 지구촌 반대 어느 국가에 속해 있는 누구라도 실시간으로 쉽게 연결될 수 있다는 사실은 이미 익숙한지 오래이다. 공간은 무한정 확장되었고, 접촉의 속도는 동시다발적으로 순식간에 이루어진다. 우리를 둘러싼 외부 환경은 점점 더 빠른 속도로 바뀌고 있다.

이러한 기술 발전과 엄청난 외부 환경변화 속도에 우리가 적응하고 대응하며, 더 나아가 지구촌의 변화를 이끌어 나갈 수 있는 잠재력을 갖는 것은 이제 필수 불가결한 일이 되었으며 생존의 문제와도 직결되어 있다. 그런데 기술과 통신의 발달은 도구에 불과하다. 그러한 도구를 이용하여 채워 나갈 수 있는 쌍방의 컨텐츠를 이해하고, 구성할 수 있는 능력이 더욱 중요한 시기가 되었다. 그것을 위해 우리가 가장 시급히 해야 할 것은 국제 사회를 이해하고 변화의 본질을 파악하는 것이다. 국제 사회 구성의 기본 구조를 비롯하여 거기에 속한 개인의 삶의 방식에 이르기까지 그것을 비판적으로 이해하고 파악할 수 있어야 한다. 의도하든 의도하지 않든 이제 세계는 국가적 차원에서부터 개인의 일상의 삶까지 그물망처럼 짜여 질 수밖에 없는 구조로 나아가고 있고, 그 안에서 서로 영향을 주고받으며 서로 의존할 수밖에 없다.

이 책은 이러한 변화의 물결에 따른 세계 주요 국가와 지역에 대한 이해를 돕고 비판적으로 바라볼 수 있도록 정치, 경제, 사회, 문화 각 영역별로 나누어 국가와 지역을 구체적으로 살펴보고 있다. 이 책은 모두 15개의 장으로 구성되어 있다. 한국과 역사적으로 밀접하게 관련되어 있으면서 세계 질서에서 주도적인 역할을 하고 있는 3개국인 미국, 중국, 그리고 일본의 정치, 경제, 사회, 문화 각 영역에 대해서 다루고 있다. 또한, 중요성이 점점 커지고 있는 중남미 지역과 선진국들이 집중적으로 모여 있는 서구 문명의 발상지인 유럽지역을 함께 다룸으로써 세계지역을 총체적으로 살펴보고자 하였다.

1장에서 3장까지는 중국에 대해 살펴보고 있다. 1장은 중국의 정치에 대해 논의하였다. 중국은 정치적으로 공산당 1당 체제를 고수하고 있는 국가이다. 중국공산당의 구조와 특징이 무엇인지 살펴보고, 행정부와 사법부 체계에 대해 설명한다. 또한, 중국의 정치지도자를 중심으로 중국이 어떻게 근세기에 발전해 왔는지를 조명하였다. 2장은 중국의 경제에 대해 설명하였다. 중국은 근세기 들어 가장 빨리, 대규모로 경제가 발전하고 있으며, 경제규모로 보았을 때 미국에 이어 단숨에 2위 자리에 오른 경제대국임과 동시에 세계 경제에 미치는 영향은 대단하다. 그러나 다른 선진국들과는 달리 독특한 경제 구조를 가지고 있다. 이 장에서는 중국의 경제체제가 어떤 방식으로 발전되어 왔는지를 고찰하고, 오늘날 중국식 사회주의 경제체제의 특징적인 면이 무엇인지에 초점을 맞추고 있다. 3장은 중국의 사회와 문화에 대해 설명하였다. 중국의 지리적 특성을 살펴보고, 중국 사회가 어떻게 구조적으로 이루어져 있는지 분석하고 있다. 호구제, 한 자녀 정책 등 구체적인 예를 통해 중국 사회를 이해할 수 있도록 설명하고 있다. 또한 '맹모삼천지교'로 상징되는 중국의 교육제도, 스모그와 친환경 정책, 소수 민족의 분리독립, 그리고 음식 문화에 이르기까지 중국 사회와 문화의 전반적 모습을 파악할 수 있다.

4장에서 6장까지는 일본에 대해서 살펴보고 있다. 4장은 일본의 정치를 다룬다. 일본의 정치시스템의 구조, 의원내각제, 그리고 정당 체제의 변화를 살펴봄으로써 일본 정치구조의 독특성을 분석하고 있다. 5장은 일본의 경제에 대해 설명하고 있다. 근대화 이후 일본 경제를 이해하기 위해 경제사를 중심으로 시기별 일본 경제의 발전 방향과 특징을 살펴보았다. 최근 일본 경제의 저성장기가 도래한 이후 실시된 아베노믹스로 대변되는 경제정책에 대해서도 설명하였다. 6장은 일본의 사회와 문화에 대해 집중적으로 살펴보고 있다. 일본의 대표적인 사회문제인 빈집 문제, 사회자본의 노후화, 개호이직, 쇼핑난민, 해양플라스틱, 한계취락, 경작포기지, 고령화, 젠더 불평등, 자살, 도쿄중심, 워킹 푸어 등을 비롯하여 다양한 사회문제를 중심으로 일본 사회가 안고 있는 문제를 진단하였다.

7장에서 9장까지는 미국의 정치, 경제, 사회, 문화영역의 특징을 설명하고 있다. 7장에서는 미국의 헌법과 민주주의, 대통령과 행정부, 입법부 그리고 사법부로 구분하여 미국 정치의 발전 단계를 살펴보고, 수많은 나라에 영향을 끼친 미국식 민주주의 정치체제와 미국 정치체제의 특수성을 논의하였다. 8장은 미국 경제의 발전의 토대가 무엇인지 경제 발전사를 중심으로 살펴보고, 자본주의 경제체제의 대표적인 국가인 미국경제의 특징은 무엇인지, 그리고 새로운 시기 미국경제가 맞닥뜨리고 있는 문제와 위기를 진단하였다. 8장은 미국 사회와 문화를 다루고 있다. 미국인은 누구인지, 어떻게 구성되어 있으며, 인종과 민족 문제의 이슈는 어떠한 것인지에 대해 분석하고 있다. 더불어 미국을 지리적으로 나누고, 각 지역이 가지고 있는 특성과 문화를 살펴보았다.

10장에서 12장은 유럽지역을 다루고 있다. 10장은 유럽의 정치 분야를 설명하였는데, EU 통합의 역사와 관련된 이론적인 논의를 통해 유럽통합의 본질적인 측면을 고찰하였다. 유럽연합의 통합 과정을 파악하고 유럽연합 조직의 분석을 통해, 유럽이 어떻게 통합되고 있으며, 통합의 실제적인 모습이 어떠한지 집중적으로 살펴보았다. 11장은 유럽의 경제 분야에 대해서 논의하고 있다. 유럽의 경제공동체는 미국의 달러화 중심 세계경제에 도전하는 것으로서 유로화의 탄생과 경제통합으로 본격적으로 시작되었다. 통합의 과정과 전개, 그리고 단일 시장으로서의 유럽 경제에 대해서 논의하였다. 12장은 유럽의 사회와 문화 분야를 살펴보고 있다. 유럽통합으로 인한 문화적 통합과 결속정책을 통해서 본 유럽 사회의 모습을 조명하였다. 유럽의 문화정책과 다양한 문화 프로그램도 함께 소개하고 있다.

13장에서 15장은 중남미 지역에 대해서 살펴보고 있다. 13장은 중남미 정치에 초점을 맞추었다. 중남미 국가들에 대해 고찰하고, 한국과의 관계 그리고 중남미 정치변동의 유형을 살펴보았다. 그리고 중남미 민주화 과정이 전개된 형태와 쿠바, 아르헨티나, 칠레 등의 중남미 주요 국가들을 중심으로 민주주의 전개 방식과 정치체제에 대하여 논의하였다. 14장은 중남미 경제의 특징에 대해 논의하였다. 중남미 경제발전과 구조적 특성은 어떠한지를 살펴보고 경제발전의 역사와 중남미 국가들의 경제발전 모델에 초점을 두고 설명하였다. 그리고 중남미의 경제적, 지역적 통합체의 다양한 형태를 제시하고 설립목적과 운영 방법 등을 살펴보았으며 그것을 통한 중남미 통합의 가능성 등에 대해 분석하였다. 15장은 중남미 지역의 사회와 문화에 대해 중점적으로 논의하였다. 중남미 인구의 이동과 도시화 과정 그리고 빈곤과 불평등 문제를 중심으로 중남미의 사회가 어떻게 분리되어 있으며, 그 안에서의 발생하는 문화적인 현상은 어떠한지 등에 대해 살펴보았다.

이 책 전체를 통해 주요 국가와 지역의 특징적인 측면들을 중점적으로 다루었는데, 분석적으로 설명하기 위해서 정치, 경제, 사회, 문화의 영역으로 구분하여 살펴보았지만, 총체적인 이해를 위해서는 이 영역들이 서로 얽혀있다는 것을 알아야 한다. 예컨대 정치는 경제에, 경제는 또 사회적인 문제에 연결되어 있다. 또한, 국가나 지역들 간에도 유사성과 특수성이 존재한다. 세계는 점점 더 연결되어 가고 있고 국가나 지역들 간의 관계도 이에 따라 변화되어 가고 있다. 어떠한 특성들이 서로 유사하게 공유되고 있으며, 그럼에도 불구하고 각 국가나 지역이 여전히 고수하고 있는 특수성이 있는지 눈여겨볼 필요가 있다.

이러한 논의들과 더불어 코로나19로 인해 각 국가나 지역이 겪고 있는 현상들에 대해서 간략하게 논의하였다. 코로나19는 세계 여러 국가들에게 큰 변화를 주었을 뿐 아니라 세계화 과정에도 영향을 주고 있다. 개인들의 일상의 삶도 크게 바뀌었다. 각 국가와 지역이 펜데믹과 관련하여 어떠한 상황에 처했으며, 또 나름의 극복 방식, 앞으로의 현황과 전망 등에 대해서 간략하게 논의하고 정리하였다. 코로나19는 한 국가, 한 지역만의 노력으로는 인류의 삶을 지킬 수 없다는 것을 여실히 깨닫게 해 주었다. 그러므로 이 문제를 풀어나가는 방식에 따라 앞으로의 세계 질서도 크게 변할 수 있다. 따라서 코로나19는 여전히 현재 진행형이며 우리에게 물음을 던지고 있다.

이 책을 통하여 세계 여러 지역과 국가들과 지구촌 다른 곳 사람들의 삶을 이해하고 비판적으로 바라볼 수 있는 시각을 읽는 이들이 가질 수 있었으면 좋겠다. 끝으로 이 책의 발간을 위해 애쓰신 명인문화사 박선영 대표와 여러분들께 감사드린다.

2022년 4월

김정규

1부

중국

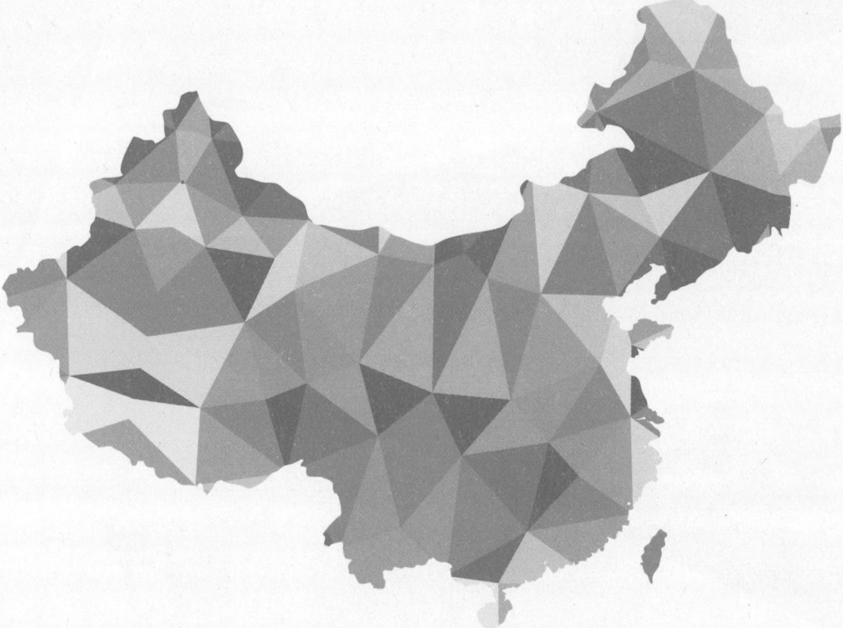

1장

중국 공산당과 정치기구

남대엽(계명대 중국어중국학과)

중화인민공화국은 중국 공산당이 설립한 국가이다. 중국 헌법 1조에 이를 분명하게 밝히고 있다. 따라서 현대 중국의 정치 체계와 지배 구조를 이해하기 위해서는 중국 공산당에 대한 이해가 반드시 선행되어야 한다. 이와 함께 한국의 의회와 행정부의 역할을 수행하는 중국 전국인민대표대회와 국무원에 대해 살펴본 후 사법기구와 군대에 대해 이해하고자 한다. 그리고 2절에서는 중국의 지도자들을 중심으로 현대 중국의 발전 과정을 살펴보고자 한다. 우선 대장정을 발판으로 중국 공산당의 리더로 부상한 마오쩌둥, 개혁개방의 총설계자 덩샤오핑, 천안문사태 이후 혼란스러웠던 중국 사회, 경제의 구조 개혁에 박차를 가한 장쩌민, 사회의 균등 발전을 강조한 후진타오 그리고 현재 장기집권을 모색하고 있는 시진핑의 성장 과정과 정치 철학에 대한 이해는 현대 중국을 이해하는 중요한 초석이 될 것이다.

1. 중국은 공산당의 국가

1) 공산당 권력 구조의 핵심, 상무위원회

중국정치의 중심에는 일당 독재 체제를 유지하고 있는 공산당이 있다. 중국의 국가 체제와 정치 제도를 이해하기 위해서는 중국 공산당에 대한 이해가 반드시 선행되어야 한다. 이는 현재 중국 대륙에 존재하는 중화인민공화국(中華人民共和國)이 1921년 53명으로 창설된 중국 공산당에 의해서 건국되었기 때문이다. 2018년 개정된 헌법에도 '중국 공산당이 중화인민공화국의 집권정당'이라고 명시되어 있다. 이처럼 중국 공산당은 하나의 정당에서 관료주의적인 조직 체계로 변모해 국가와 인민, 정치와 경제, 사회와 문화 등 중국의 구석구석에 영향을 미치고 있다.

중국 공산당은 매우 체계화된 피라미드식 관료주의 구조를 유지하고 있다. 현재 중국 공산당원은 9,515만 명(2021년 6월 말 기준)으로 전체 인구의 약 6.6%를 차지하고 있다. 이는 2010년(8,027만 명) 대비 18.5% 증가한 수치로, 지속해서 기업가, 지식인 등 사회의 엘리트 계층을 공산당원으로 흡수하고 있다.

한편 이 중 핵심 당원은 중앙 당기관과 지방의 각급 대표대회에서 간접선거로 선출되는 약 2,000여 명의 전국대표들이다. 이들은 5년마다 개최되는 중국공산당 전국대표대회(당대회)에 참석해 당의 주요 정책을 토의 및 결정하고 당장(黨章)을 개정하며 중앙위원회, 중앙기율검사위원회 보고 청취, 심의 및 위원 선출 등을 담당한다.

여기에서 한층 더 핵심 권력에 가까운 당 지도부 약 400명은 중앙위원회 위원과 후보위원으로 선출된다. 이들은 당의 전반적인 활동을 지도하며, 대외적으로 당을 대표한다. 중국정부나 언론에서 '중공중앙(中共中央)' 또는 '당중앙(黨中央)'이라 일컫는 용어는 이 중앙위원회를 의미한다. 이들은 매년 한두 차례 개최되는 '중앙위원회 전체회의'에 참석한다. 그리고 상급 기관을 구성하는 정치국위원, 정치국 상무위원, 총서기, 중앙군사위원회 위원 등 중국 공산당 최고지도부를 선출 또는 추천하는 중요한 역할을 수행하고 있다.

최종적으로 공산당의 핵심 권력은 중앙정치국 위원과 상무위원으로 귀결된다. 우선 약 400명의 중앙위원회 위원과 후보위원의 책임과 권한은 25명의 중앙정치국 위원으로 좁혀진다. 이들은 '중앙위원회 전체회의' 폐회 기간 중 중앙위원회의 권한을 행사하며, 국가와 당에 관계되는 주요 정책을 결정한다. 그리고 이 중에서도 당 총서기 및 국무원 총리를 포함한 7명의 '중앙정치국 상무위원회'는 중국 및 공산당과 관련된 핵심 안건을 최종 조율, 결정하는 역할을 맡는다. 또한, 상무위원회는 공산당, 국무원, 군대 고위 간부의 인사권을 책임진다. 즉 중국정치의 핵심은 대외적으로 중국의 국익과 안정적인 국내 통치를 위한 가장 핵심적인 안건은 최종적으로 상무위원회에서 토론을 거쳐 결정되는 구조로 이루어져 있다.

그리고 공산당 권력의 최종 정점에는 당 총서기가 있다. 공산당 총서기는 5년 임기에 중임이 허용되기 때문에 중국 3세대 지도자 장쩌민(江澤民) 주석 이후 역대 공산당 총서기는 10년씩 안정적으로 정권을 유지해 왔다.[1)] 그리고 총서기는 행정을 담당하는 국가 주석과 군대를 총괄하는 국가중앙군사위원회 주석직을 겸임하며 확고한 리더십을 발휘할 수 있다. 따라서 당 총서기를 중심으로 세워진 공산당의 관료권위주의는 중국 국가 정책의 변동성을 줄이고 국내외로부터의 정치·경제·사회적 압력에 유연하게 대응할 수 있는 정치적 자산으로 작용하고 있다.

그렇다고 중국이 북한과 같은 1인 독재체제를 의미하는 것은 아니다. 상무위원회 중심의 집단지도체제와 피라미드식 관료주의가 공산당 리더십의 정당성과 안정성을 더해 주고 있기 때문이다. 우선 중국의 핵심 권력은 당총서기가 포함된 공산당 중앙정치국 상무위원회(이하 '상무위원회')에서 나온다. 상무위원회는 국정의 주요 안건 및 핵심 정책을 논의하는 기구로 당내 상이한 의견이 대립할 경우 최종적으로 상무위원회를 통해 결정된다. 따라서 역대 상무위원회의 인원은 1992년 제14차 전국대표대회 이후 7명 또는 9명의 홀수로 구성되어 왔다. 이는 중국 특색의 '집단지도체제'를 상징한다. 그리고 상무위원회는 국가 주석과 국가중앙군사위원회 주석을 겸임하고 있는 당총서기의 권한을 감시, 견제하며 국정 운영 전반에 영향을 미친다.

또한, 중국 공산당은 매우 관료화된 권위주의 시스템을 유지하고 있

도표 1.1 중국 공산당 권력구조

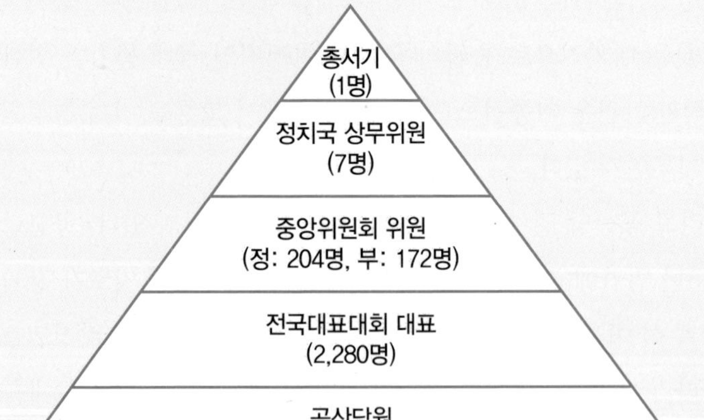

출처: Baidu 등 참고하여 저자 정리.

다. 이상에서 살펴보았듯 약 9,500만 명의 공산당원 중 전국대표가 선출되고 다시 중앙위원회 위원과 정치국위원 그리고 상무위원으로 올라가는 계단식 관료주의가 자리잡고 있기 때문이다. 일각에서는 상무위원회의 불투명한 선출방식을 근거로 중국 공산당의 체제 안정성이 매우 취약하다고 비판한다. 하지만 현재까지 선출된 장쩌민, 후진타오(胡錦濤), 시진핑(習近平) 등과 같은 지도자들의 성장 과정을 면밀히 살펴보면, 중앙 정부의 요직을 거쳐 지방정부에서의 행정 경험을 모두 통과한 후 중국의 지도자로 선발되었다. 『파이낸셜 타임즈』의 중국 전문가 리처드 맥그리거는 "중국 지도자들은 최소 인구 천만의 도시를 통치한 경험이 있고 중앙부처에서 활동한 경우 또 다른 경험을 하게 된다. 최고 지도자에 오른 때는 이미 상당히 훈련받은 사람으로 중국 지도자 중에는 바보가 없다"고 평가하고 있다.

2) 공식적인 최대 권력기관, 전국인민대표대회

중국에도 일반적인 민주국가에서 국민의 의사를 대표하고 입법을 담당하는 '의회'가 있다. 인민대표대회가 그것이다. 중국 인민대표대회는 전국단위의 전국인민대표대회와 지방 행정단위의 성(省)급, 지(地)급, 현(縣)급, 향(鄕)급 지방인민대표대회로 구분된다. 특히 전국인민대표대회는 형식상 중국 최고 권력기관으로 32개 성·자치구·직할시, 홍콩·마카오 특구, 인민해방군에서 선출되는 대표들로 구성되며, 매년 3월 보름 정도의 회기로 연례회의를 개최한다.

중국은 공산당의 국가이기 때문에 공산당이 모든 인민대표대회에 참석하는 인민대표를 임명, 선출하는 것으로 오해하기 쉽지만, 실세는 이와 다르다. 기본적으로 현급·향급 인민대표는 지역 유권자들의 직접 선거로 선출되고, 현급 인민대표들이 상위 행정단위인 성급 인민대표와 전국인민대표를 선출하는 간접선거 방식을 유지하고 있다. 2017년 기준 약 3,000명의 전국인민대표 중 70%가 공산당원으로, 공산당원만이 입법기관의 역할을 수행하는 것은 아니다.

중국 헌법에 의하면 인민대표대회는 입법권, 정책 결정권, 인사 임면권, 감독권 등의 권한을 행사한다. 헌법의 개정, 헌법 집행의 감독 및 기본법률의 제정·개정을 담당하고 국가주석, 부주석을 선출 및 파면할 수 있다. 또한, 국가 행정을 담당하는 국무원 총리, 부총리, 국무위원, 각부 부장 등을 결정 및 파면 할 수 있다.[2] 그 외에도 국가중앙군사위원회 주석, 최고인민법원 원장, 최고인민검찰원 검찰장 등에 대한 임면권을 행사한다. 즉, 중국의 국가주석뿐만 아니라 행정부(국무원), 사법부(최고인민법원) 등의 최고위직에 대한 인사권을 보유한 최고 권력기관이다.

하지만 이는 형식상의 최고 권력이라는 비판이 많다. 우선 국가주석은 매년 3월 개최되는 전국인민대표대회에서 선출되지만, 실질적으로는 그 전해 공산당 핵심 당원들로 구성되는 전국대표대회(당대회)에서

글상자 1.1 중국의 양회와 전국정치협상회의

중국은 매년 3월 초 두 개의 중요한 회의를 연달아 개최한다. 전국인민대표대회(전인대)와 전국인민정치협상회의(정협)가 그것이다. 그리고 이 두 회의를 줄여서 '양회(兩會)'라 일컫는다. 이 중 정협은 공산당뿐만 아니라 다른 여러 사회계급들이 정치과정에 동참할 수 있는 통로의 역할을 수행하기 위해 설치되었다. 따라서 정협은 중국공산당과 8개의 민주당파, 8개의 인민단체 그리고 소수민족과 각계 대표들, 홍콩과 마카오 초청 인사 등으로 구성된다. 이들은 국가 정책에 대해 토의하고 제안·비판하는 역할 등을 수행하지만 공산당 일당 독재체제에서 그 기능은 제한적이다. 정협 전국위원회 주석은 중국 공산당 서열 4위가 당연직으로 담당하고 있다.

결정된 당 총서기가 국가주석을 겸직하기 때문에 모두가 그 결과를 사전에 알고 있다. 후진타오와 시진핑 국가주석 모두 국가주석으로 선출되기 전해에 당대회에서 총서기직을 맡았다. 그리고 국가중앙군사위원회 주석 역시 당 총서기가 겸직하고 있다. 따라서 중국 공산당을 상징하는 당 총서기 신분의 국가주석이 행정부와 사법부, 최고인민검찰원에 대한 인사권을 행사하는 구조이다.

그리고 인민대표대회를 구성하는 주요 인사들 역시 공산당 당원으로 구성되어 있다. 인민대표대회는 연중 한 차례 개최되며 회의 기간이 7~14일 정도로 제한적이다. 따라서 이를 보완하기 위해 폐회 기간 중 본회의를 대신해 의회 활동을 주도하는 인민대표대회 상무위원회가 존재한다. 동 상무위원회의 위원장 역시 공산당 중앙정치국 상무위원이 겸직하고 있다. 통상적으로 전국인민대표대회 상무위원장은 당 총서기, 국무원 총리에 이어 공산당 서열 3위의 인물이 담당한다.

글상자 1.2 중국의 행정단위 구분

중국의 행정단위는 크게 성급(省級), 지급(地級), 현급(縣級)으로 나눌 수 있다. 성급은 성(省), 직할시(直轄市), 자치구(自治區)로 구분되며, 23개의 성과 4개의 직할시 그리고 5개의 자치구로 구성되어 있으며, 여기에서 타이완은 중국의 23번째 성으로 간주된다. 그리고 지급은 지구(地區), 자치주(自治州), 지급시(地級市), 맹(盟)으로 구분되며, 현급은 현(縣), 자치현(自治縣), 현급시(縣級市), 기(旗), 특구(特區), 임구(林區), 공농구(工農區) 등으로 구분된다. 그리고 그 아래 행정단위로 향(鄕)과 진(鎭)을 두고 있다. 따라서 중국의 행정단위는 기본적으로 4급 체제(중앙-성급-현급-향급)로 구분되지만, 일부 지방은 5급 체제(중앙-성급-지급-현급-향급)으로 구성되어 있다.

3) 중국의 행정부, 국무원

중국 국무원은 한국의 행정부 역할을 담당한다. 인민대표대회에서 제정한 법률에 기반한 중국의 최고 집행기관이자 행정기관이다. 국무원의 주요 권한은 법률에 근거해 행정법규 및 명령을 제정 및 공포하며, 지방행정기관의 업무를 지도하고 국민 경제와 사회발전계획 수립 및 국가예산의 편성과 집행을 담당하는 업무를 포괄한다.

국무원은 국가 권력의 실질적인 행사를 담당하고 있기 때문에 공산당 중앙정치국 상무위원 서열 2위가 맡고 있다. 과거 후진타오 총서기 시기에는 원자바오(溫家寶) 총리가 있었으며, 현재 시진핑 총서기 시기에는 리커창(李克强) 총리가 임기를 같이하고 있다. 일반적으로 당 총서기와 국무원 총리는 중국의 리더십을 상징하는 두 인물로 꼽힌다.

국무원의 조직 구성은 국무원 총리를 정점으로 산하에 부총리, 국무위원, 각 부 부장, 각 위원회 주임 등을 두고 있다. 부총리와 국무위원은 국무원 상무회의의 구성원이다. 산하에는 외교부, 국방부, 교육부, 과학기술부, 공안부, 감찰부, 문화부, 재정부, 국토지원부, 교통운수부, 상무부, 환경보호부, 농업부 등 26개의 부문을 두고 있다. 여기에서 각 부는 한국 행정부의 부처와 유사한 성격의 행정기관이며 각 부의 수장을 부장(한국의 장관), 부부장(차관)이라 부른다.

국무원의 역할은 점차 축소되는 과정에서 전문화되고 있다. 과거 마오쩌둥 집권기 사회주의 계획경제 체제 하에서 국무원은 공산당의 지도에 따라 사회 전반의 모든 부문을 총괄했다면, 덩샤오핑 시기 이후 사회주의 시장경제 시스템이 도입되며 국무원의 역할 및 편제 개혁이 진행되고 있다. 국무원은 산하 기구 축소와 당정 분리, 공무원제도 도입 등을 통해 시장경제 시스템이 도입된 법치국가로 발전 방향을 설정하고 있다.

일례로 과거 중국 철강산업이 국무원의 통제하에 생산량과 가격 등을 결정했다면, 지금은 중국철강협회라는 반민반관의 기구를 통해 주요 철강산업 관련 정책이 논의, 결정되며 철강사들은 시장경제체제의 경쟁 구도하에서 기업을 운영하고 있다. 또한, 과거에는 공산당이 국무원을 직접 통제하고 업무를 수행했다면, 현재 국무원은 공무원제도를 도입해 독자적인 인사관리 권한을 수행하며 전문성을 높이고 있다.

2. 중국의 사법제도와 군대

1) 중국에도 판사와 변호사가 있다

중국에도 사법체계가 존재한다. 마오쩌둥(毛澤東)과 덩샤오핑(鄧小平)의 강력한 리더십이 사라진 이후의 중국 역대 지도자들은 지속 가능한 관리 체계를 구축하기 위해 '의법치국(依法治國, 법에 의한 국가통치)' 이념을 강조하고 있다. 한 인물에 의존한 국정 운영은 불확실성이 크고 현대 민주주의 국가 체계에 부합하지 않기 때문이다. 이에 따라 중국은 1997년 15차 당대회 이후 사법부의 역할을 강화 및 개혁하고 있다. 2013년 시진핑 주석도 '의법치국'의 개념을 강조하며 반부패 정책을 강화하는 등 중국의 사법체계 완비를 위한 노력을 강조하고 있다.

중국의 사법제도는 크게 법원과 검찰, 경찰 그리고 변호사로 이루어져 있다. 우선 법원을 살펴보면, 중국은 인민들의 국가이기 때문에 법원의 정식 명칭도 인민법원이다. 한국보다 한 단계 많은 4심제를 기반으로 최상위에 최고인민법원(중앙정부급)이 있고 그 이하로 고급인민법원(성급), 중급인민법원(지구급), 기층인민법원(현급)으로 구분된다. 여기서 중요한 점은 각 법원의 구성원이 중국의 의회에 해당하는 인민대표대회에서 선출된다는 점이다. 이는 삼권분립을 강조하는 한국과는 상이한 점이다.[3)]

그리고 검찰 역시 중국 사법제도의 중요한 축이다. 중국 검찰은 사법체계 중 공소를 담당하지만, 이와 동시에 법원의 판결을 감독하는 역할을 맡고 있다. 헌법에 의하면 검찰은 '국가의 법률 감독기관'이다. 따라서 검찰은 정부의 공무뿐만 아니라 법원의 판결까지도 감독할 수 있으며, 실질적으로 법원보다 높은 지위를 가지고 있다.

하지만 궁극적으로 중국 사법체계의 정점에는 한국의 경찰에 해당하는 공안국이 위치하고 있다. 이전에는 법원과 검찰기구 모두 공산당 정법위원회의 지도를 받았다. 그리고 정법위원회 서기는 일반적으로 공안국 국장이 겸직하는 경우가 많아서 실질적으로 법원과 검찰이 공안의 지휘를 받는 구조로 이루어져 있었다. 현재는 이 같은 구조의 문제를 인식하고 별도의 정법위원회 서기를 임명한다. 하지만 2021년 현재의 궈성쿤(郭聲琨) 정법위원회 서기도 공안부 부장을 거쳐 올라온 공안계통 인사이다. 중국 사법체계에서 공안국의 높은 지위가 여전히 유지되고 있다.

2) 세계 2위의 군사강국

중국은 공산당이 세운 국가다. 보다 엄밀히 이야기하면 공산당의 군대인 인민해방군이 무장혁명을 통해 설립한 국가다. 그래서 중국의 군대는 공산주의 이론에 따라 일반 인민들을 자본가 계급으로부터 해방시켜야 한다는 의미에서 인민해방군(PLA: People's Liberation Army)이라고 부른다. 그리고 인민해방군은 장제스의 국민당군과의 치열한 내전에서 승리해 중화인민공화국을 설립하는 과정에서 결정적인 역할을 수행했으며 현재까지도 공산당 내에서 막강한 영향력을 쥐고 있다.

중국 지도부는 전통적으로 인민해방군을 매우 중시했다. 1934~35년 국공내전 당시 인민해방군의 퇴각 작전이었던 대장정을 거치며 중국 최고 권력자에 오른 마오쩌둥은 중화인민공화국 설립 직후 당 총서기와 중앙군사위원회 주석직을 겸임했으며, 덩샤오핑은 중앙군사위원회 주석직만을 유지하며 막강한 권력을 휘둘렀다. 이같이 군대를 중시하는 생각은 "권력은 총구에서 나온다(枪杆子里面出政)"라고 언급한 마오쩌둥의 어록을 통해서도 알 수 있다.

장쩌민 이후의 지도자들도 이 같은 전통을 계승했다. 장쩌민, 후진타오, 시진핑 당 총서기 모두 국가 행정을 담당하는 국가 주석과 함께 중앙군사위원회 주석직을 겸임하며 안정적인 권력 기반을 유지하고 있다. 특히 중앙군사위원회 주석직은 1989년 톈안먼 사건과 같은 국가 소요 사태 때 공산당 내부를 단결하고 국가 안보를 유지하는 데 매우 중요한 역할을 한다.

한편 중국군은 1985년 이후 군사강국을 목표로 '강군몽(强軍夢)' 정책을 펼치고 있다. 우선 기존의 400만 명의 군인을 2017년 200만 명으로 축소하는 가운데 군의 현대화 정책을 병행했다. 이를 뒷받침하기 위해 2015년에는 기존의 군제를 개편해 육군, 해군, 공군과 함께 로켓군과 전략지원부대를 신설했다. 로켓군은 미사일을 통한 핵 반격 및 중·장거리 정밀 타격 능력을 제고하는 역할을 맡으며, 전략지원부대는 우주 전력 증강 및 정보전 능력 제고를 목표로 한다.

중국의 국방예산도 크게 확대되고 있다. 2019년 현재 중국은 국방비로 전년 대비 6.6% 증가한 1,790억 달러에 달한다. 이는 중국 GDP의 약 1.3%로 세계 평균(2.6%)에 비하면 낮은 수준이다. 하지만 중국경제가 급성장하면서 국방비도 빠르게 증가하고 있다. 그리고 중국 국방비에는 장비비, 훈련비, 인건비만 포함하고 첨단무기 도입비 등을 기타 예산에 편성하여 실제 국방비는 발표액의 2배 이상으로 추정된다. 이는 미국에 이어 세계 2위 수준이며, 아시아 국가 중에서 일본을 제외한 인도, 한국, 호주, 대만, 인도네시아 국방비를 합친 것보다 많은 규모이다.

도표 1.2 중국의 국방비 추세

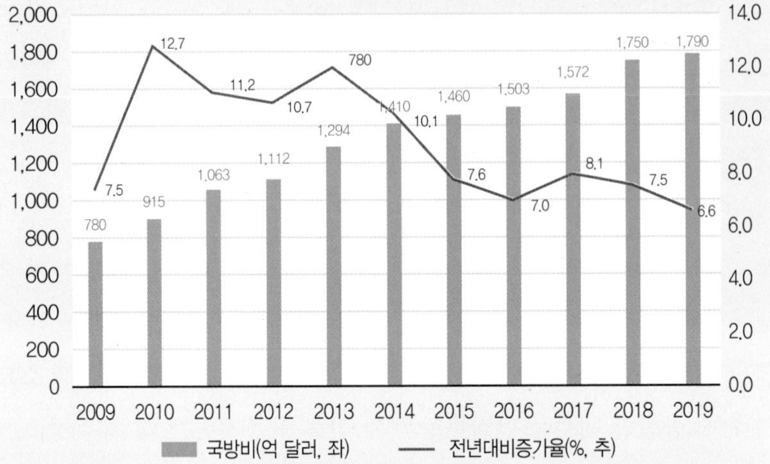

출처: 외교부.

3. 중국의 정치 지도자들: 마오쩌둥과 덩샤오핑

1) 신중국을 건국한 마오쩌둥

중화인민공화국의 설립자이자 1세대 지도자이다. 마오쩌둥은 1893년 후난성 농민의 아들로 태어났지만, 학업에 뛰어난 재능을 보여 도시로 진학한 이후 1911년 신해혁명이 발생하자 혁명군에 입대하며 신중국에 대한 열망을 키웠다. 이후 그는 베이징 대학 도서관 주임인 리다자오(李大釗)의 조교로 근무하며 청강과 독서로 마르크스 사상을 접하고 이를 적극적으로 받아들인다. 그리고 1921년 상하이 프랑스 조계지에서 53명으로 설립된 중국공산당 창립대회에 참가하며 공산주의자로서의 행보를 시작했다.

마오쩌둥이 공산당 내에서 두각을 드러내기 시작한 주요 계기는 대장정이다. 그가 중국공산당 창립 주역으로 주요 보직들을 거치긴 했지만, 당내에는 러시아 유학파, 정통 마르크스주의자 등 다양한 파벌이 당권을 두고 치열한 이념 경쟁을 벌이고 있었다. 하지만 1934년 10월 국민당의 대토벌 작전에 쫓겨 1만 2,500km의 대장정을 거치며 마오쩌둥의 유격전술이 새롭게 평가받았다. 그리고 농민을 포함하는 마오쩌둥의 혁명 노선이 중국공산당의 핵심 정책으로 채택되었다. 이후 마오쩌둥은 1976년 사망할 때까지 중국 공산당의 최고 지도자로 군림했다.

마오쩌둥은 1949년 10월 1일 중화인민공화국 정부수립을 선포했다. 1945년 일본의 패망 이후 중국 대륙에서는 공산당의 인민해방군과 장제스(蔣介石)의 국민당군 사이에 내전이 발생했다. 내전 결과 인민해방군은 국민당을 현재의 타이완으로 몰아내며 공식적으로 대륙을 점령하고 신중국을 설립할 수 있었다. 하지만 곧바로 시련이 찾아왔다. 1950년 6월 25일 한반도에서 전쟁이 발생했다. 당시 공산당은 타이완에 내몰린 국민당군 섬멸을 위해 준비하고 있었지만, '항미원조(抗美援朝, 미

사진 1.1 천안문 성벽에 걸린 마오쩌둥 초상화

국에 대항하고 조선을 지원한다)' 전략 차원에서 한반도에 군대를 파견했고 타이완은 여전히 독립된 정치체제를 유지하고 있다.

이후 마오쩌둥은 그가 꿈꾸던 사회주의 이상국가를 건설하기 위해 끊임없는 혁명을 시작한다. 정부수립 후 그는 가장 먼저 지주와 개별 농민들로부터 토지를 몰수해 모든 인민들에게 무상 분배했다. 이 과정에서 수없이 많은 지주와 부르주아 계급들이 몰락했다. 하지만 무상분배되었던 토지는 얼마 지나지 않아 농촌에서 소규모의 가구를 묶어 상부상조하는 '호조조(互助組)', 그리고 이보다 규모가 확대된 '초급합작사', '고급합작사'로 통합되었다. 즉, 공산주의식 '공동생산 공동분배' 원칙을 실현하기 위해 생산 단위 규모를 점진적으로 확대하며 공산주의 유토피아를 실현하고자 했다. 도시에서도 국가가 직접 소유 및 운영하는 국유기업을 중심으로 개혁 작업이 진행되었다.

하지만 문제는 1958~1960년 추진된 '대약진(大躍進)운동'에서 폭발했다. 마오쩌둥은 철강을 비롯한 산업혁명의 주요 제품을 생산량 측면

사진 1.2 마오쩌둥이 중화인민공화국 정부수립을 선포한 천안문 성루

에서 단기간 내에 미국과 영국을 추월하기를 희망했다. 그래서 약 30개의 고급합작사를 1개의 인민공사로 편성하는 대규모의 실험을 감행했다. 하지만, 이 같은 대규모의 공동생산, 공동분배 체계는 농민들의 생산의욕을 저하시켜 농업생산량은 오히려 감소했다. 여기에 3년 연속 홍수, 가뭄 등 자연재해가 겹치며 인민공사 기간 2,000만 명 이상의 아사자가 발생한 것으로 추정된다. 이 같은 참상은 공산당 내부의 극심한 반발을 불러왔고 마오쩌둥은 국가 주석직을 사임하게 된다.

1966년 마오쩌둥은 '문화대혁명'을 통해 화려하게 복귀한다. 대약진운동 이후 국가 주석직에 오른 류샤오치(劉少奇)와 그를 보좌하는 덩샤오핑이 인민공사를 해체하고 농가의 일부 생산물을 자유롭게 거래하도록 허용하자 농업 생산량이 증가하고 류샤오치의 정치적 입지가 강화되었다. 이에 마오쩌둥은 10대 학생이 중심인 '홍위병'을 동원해 지식인과 고위관료들을 주자파(走資派)로 몰아 자리에서 내쫓고 무력으로 다시 정권을 되찾았다. 당시 홍위병들은 한 손에는 '마오쩌둥 어록(毛澤東語錄)'을 들고 암송하고 다른 한 손에는 쇠 파이프 등을 들고 전통 문화재를 파괴하며 인민재판을 통해 교사, 고위관료 등을 공개 모욕했다. 이 과정에서 류사오치는 감옥에서 병사하고 덩샤오핑은 농촌으로 강제 유배되었으며 수 많은 지식인들이 자살로 내몰렸다.

하지만 이 같은 마오쩌둥의 화려한 정치 인생도 죽음을 막지는 못했다. 문화대혁명은 약 10년간 지속되었다. 그리고 1976년 마오쩌둥의 병사와 함께 종결되었다. 문화대혁명은 끝없는 혁명을 통해 공산주의 유토피아를 실현시키고자 한 마오쩌둥의 욕망의 결실이다. 그는 대장정의 게릴라 전술에서부터 농민 중심의 사회주의 혁명, 토지 무상분배와 호조조 결성, 대약진운동, 문화대혁명을 거치며 끊임없이 개혁과 혁명을 실천했다.

그리고 그 혁명 안에는 마오쩌둥의 공과(功過)가 모두 담겨 있다. 초기 혁명에는 공적이 많은 반면, 후반부의 두 차례 혁명에는 과오가 크다. 중국을 하나의 정치체제로 통일하고 교육과 위생 환경을 개선한 것은 마오쩌둥의 공적으로 인정받고 있다. 하지만 대약진운동과 문화대혁명은 중국의 발전을 한 세대 이상 후퇴시켰다고 비판받는다. 마오쩌둥을 이어 중국의 2세대 지도자에 오른 덩샤오핑은 마오쩌둥의 공과를 7대3으로 규정하며, 당내 논쟁과 역사 문제를 정리했다.

2) 개혁개방의 총설계자, 덩샤오핑

덩샤오핑은 1904년 쓰촨성의 유복한 집안의 장남으로 태어났다. 어릴 적 충칭에서 공부하다 1918년 프랑스로 건너가 사회주의와 노동운동을 접하고 중국 공산주의 청년지부에 가입한다. 이후 러시아 유학을 거쳐 1927년 중국으로 돌아와 본격적으로 중국 공산주의 운동에 가담한다. 덩샤오핑의 입지가 올라간 주요 사건은 마오쩌둥을 지지하며 대장정에 참여하면서부터다. 당내 정치적 입지가 굳건하지 못했던 마오쩌둥이 대장정 과정에서 중국 공산당 최고 권력자로 등극하며 덩샤오핑의 지위도 같이 상승했다.

덩샤오핑의 정치 이력은 쓰러지지 않는 오뚝이에 비유된다. 중화인민공화국이 설립되고 그는 1952년 정무원 부총리, 1955년 정치국 위원, 1957년에는 중국 공산당 총서기의 직위에 오른다. 그리고 대약진운동을 거치며 마오쩌둥이 실각하자 류샤오치와 함께 중국 최고 지도자에 올라 실용주의적인 정책을 실시한다. 하지만 1966년 중국 전역에서 홍위병을 중심으로 문화대혁명이 발생하자 덩샤오핑은 주자파로 몰려 당직에서 물러나 농촌으로 쫓겨났지만 1973년 저우언라이(周恩來) 총리의 추천으로 복권되어 국무원 부총리가 되었다. 평소 덩샤오핑의 행정 실무 능력을 높게 평가한 마오쩌둥의 승인이 있었기 때문에 가능한 조치였다. 그리고 1976년 1월 저우언라이가 사망하고 덩샤오핑의 지위가 높아지자 이를 시기 질투한 반대세력의 이간질로 다시 좌천을 겪는다. 하지만 당해 9월 마오쩌둥이 병으로 세상을 떠난 후 군부의 도움을 받아 다시 복권하게 된다. 그리고 1978년 역사적인 공산당 11기 3중전회를 앞두고 자신의 복권을 허락한 화궈펑(華國鋒)을 밀어내고 당권을 장악한 이후 1997년 사망할 때까지 실질적인 중국 2세대 지도자로서 권력을 행사한다.

덩샤오핑의 또 다른 별명은 '개혁개방의 총설계자'다. 개혁개방이란 공산주의로 낙후한 중국경제를 재건하기 위해 국내 정치·사회 체계를 개혁하고 대외 개방을 확대하는 정책이다. 그는 마오쩌둥 시기에는 '프롤레타리아 계급과 부르주아 계급 간의 모순'이 주요 갈등 구조였지만, 현재는 '나날이 증가하는 인민의 물질적·문화적 요구와 중국의 낙후한 경제 수준 사이의 모순'이 중요하므로 경제발전에 몰두해야 한다고 강조했다.[4)]

이때 덩샤오핑의 유명한 어록으로 검은 고양이든 흰 고양이든 쥐만 잘 잡으면 된다는 '흑묘백묘론'이 등장한다.[5)] 즉 자본주의든 사회주의든 국내 경제성장에만 도움이 된다면 이념은 중요하지 않다는 의미로 기존 마오쩌둥 노선에서 벗어나 실용주의적인 정책을 채택하겠다는 의미다.

첫 단계로 농촌의 자율성을 확대했다. 문화대혁명의 여파로 극도로 제한된 방식으로 운영되어 오던 농촌에 자기 경영권을 재확인시켜주고 작업점수 평가 방식에도 다양한 개혁을 시도했다. 그중에서도 가장 중요한 것은 개별 농가가 경작을 책임지는 '농가책임제'를 도입했다는 점이다. 농가가 경작할 작물을 직접 선택하고 생산량의 일부를 자유 시장에서 거래하는 것을 허용하면서 농작물 생산량이 급증했다. 그리고 경제성장에 필요한 인프라 및 공장 건설을 위한 자본을 끌어오기 위해 외국인의 직접투자를 적극 유도했다. 이를 위해 중국 남동쪽 해안가에 위치한 선전, 주하이, 산터우, 샤먼 등 4개 지역에 경제특구를 지정하고 외국 투자자들에게 부지 제공, 세금 혜택, 행정편의 제공 등의 적극적인 유인책을 시행했다. 그리고 이상의 정책은 중국 경제성장 초기 자본을 조달하는 데 크게 기여했다.

덩샤오핑의 개혁개방에도 커다란 난관이 있었다. 1978년 이후 덩샤오핑의 강력한 리더십 하에 사회주의 시장경제체제를 도입하며 중국경제는 순조롭게 성장하는 듯 보였지만, 내부에서는 물가 상승과 부정부패 문제가 자라나고 있었다. 그리고 이는 1989년 천안문사태로 터져 나왔다. 경제난 해결과 민주적 정치 체계 도입을 주장하는 백만여 명의 인민들이 베이징 천안문 광장에 모여 시위를 벌였고 이에 대해 덩샤오핑은 정치체제의 안정이 가장 중요하다는 인식하에 시위대에 대한 무력진압을 허락했다. 그리고 덩샤오핑은 인민들의 시위에 위협을 느낀 공산당 내부의 강경파들에 의해 권력의 요직에서 물러나게 된다. 강경파들은 천안문사태의 근본 원인이 자본주의 체제의 도입에 있다고 판단하고 중국 사회·경제를 개혁개방 이전으로 돌려 놓기로 결정한다. 중국의 개혁개방정책은 다시 후퇴하게 된다.

하지만 1991년 소련의 해체는 덩샤오핑을 다시 중국 역사의 중앙 무대로 등장시키는 계기가 된다. 미국과의 경쟁에서 패배한 소련을 관찰하면서 덩샤오핑은 중국이 과거의 공산주의 사회로 회귀하는 것을 지켜만 보아선 안 된다고 판단한다. 1992년 1월 그는 88세의 노구를 이끌고 연금 상태의 베이징을 벗어나 남쪽으로 내려가며 오랜 전우인 군부의 지지를 확인한다. 그리고 상하이, 선전, 주하이 등 남방 경제특구를 순시하며 개혁개방정책의 결실과 필요성에 대해 설파하고 베이징의 강경파를 설득하는 데 성공한다. 덩샤오핑의 남순강화(南巡講話)는 천안문사태로 좌절될 위기에 놓였던 중국의 개혁개방정책을 본래의 궤도로 되돌리는 데 결정적인 역할을 했다. 이후 중국의 개혁개방은 더욱 가속화

사진 1.3 개혁개방의 1번지 선전시

되어 현재 세계 2위의 경제대국으로 성장할 수 있었다.

덩샤오핑은 1997년 2월 93세의 나이로 사망했다. 그가 그토록 열망하던 영국으로부터의 홍콩 반환(7월)이 얼마 남지 않은 시점이었다. 덩샤오핑은 유언으로 그의 유해를 홍콩 앞바다에 뿌려 달라고 했다. 150여 년 전 발생한 아편전쟁으로 홍콩을 잃고 서양 열강들에게 주권을 유린당했던 아픈 과거를 잊지 말자는 의미가 담겨 있을 것이다.

덩샤오핑에 대해서는 긍정적인 평가가 많다. 덩샤오핑 시기 중국은 실용적인 정책 노선으로 개혁개방을 추진했으며, 실질적으로 인민들의 삶의 질을 개선시키고 미국 등 서방 주요국들과 공식적인 외교 관계를 수립했다. 개혁개방정책은 중국이 죽의 장막에서 나와 세계화의 긍정적 효과를 누리며 경제성장을 가속화하는데 결정적인 전환점이 되었다.

4. 덩샤오핑 이후의 지도자들

1) 사회주의 시장경제를 안착시킨 장쩌민

1926년 장쑤성에서 태어난 장쩌민은 상하이를 기반으로 일반 공장 근로자에서부터 시작해 중국 최고 지도자로 성장한 인물이다. 그는 중국 명문 상하이교통대학에서 전기공학을 공부한 후 상하이에서 전기 기술자로 첫 직장을 시작했다. 이후 지린성 창춘의 디이자동차회사, 상하이 전기과학연구원 등 여러 직장을 거치며 승승장구했지만, 그 중간에는 대약진과 문화대혁명 시기의 좌천과 복귀가 있었다.

장쩌민이 처음으로 공산당의 주요 보직을 맡은 것은 1983년 전자공업부 부장(한국의 장관)으로 임명된 시점이다. 곧이어 1985년에는 중국 시장경제와 개혁개방의 상징인 상하이시의 시장으로 발탁되어 본인의 정치적 기반을 확고히 했다. 그리고 덩샤오핑은 천안문사태가 발생하자 총서기 자오쯔양(趙紫陽)을 실각시키고 상하이시를 안정적으로 관리하고 있던 장쩌민을 발탁해 공산당 총서기 서리에 앉힌다. 그렇게 장쩌민은 중국의 3세대 지도자에 올라 2002년까지 총서기직을 유지했다.

장쩌민의 지도체제는 덩샤오핑의 사망을 기점으로 전후로 나뉜다. 1989년 천안문사태 때 총서기 서리로 올라선 장쩌민은 1990년 중앙군사위원회 주석, 1992년 공산당 총서기, 1993년 국가주석으로 선출되었지만, 중국정치의 실권은 남순강화로 돌아온 덩샤오핑이 쥐고 있었다. 그래서 1997년 덩샤오핑이 사망한 이후에서야 장쩌민은 본격적으로 자기 정치를 시작할 수 있었다.

그는 행정형 관료답게 덩샤오핑이 구축한 집단지도체제 하에서 중국특색의 사회주의 건설을 위한 법·제도를 완비해 나가는 데 총력을 기울였다. 우선 기존의 공유제를 벗어나 사유제를 도입하기 위해 다양한 비

사진 1.4 상하이 푸동지구

공유제의 개념을 중국의 법률 제도 안으로 도입했다. 그리고 시장경제에서 중요한 기업의 경영활동을 보장하기 위해 1994년 회사법을 도입해 국유기업을 주식회사 형태의 '법인(法人)'으로 전환하는 개념적 틀을 제공했다.

이와 함께 비효율적인 국유기업 경영의 문제점을 타파하고자 '조대방소(抓大放小)'의 원칙하에 국유기업 개혁을 추진했다. '조대방소'란 주요 기간산업은 국가가 계속 관리하되, 규모가 작고 국가의 직접 통제가 필요 없는 산업들은 민영화한다는 방침이다. 이 과정에서 이권을 둘러싸고 공산당 내부에서 치열한 기득권 투쟁과 수없이 많은 실직자가 발생했지만, 장쩌민과 주룽지(朱镕基) 총리의 리더십 하에 국유기업의 시장화 개혁이 추진되었다.

중국의 3세대 지도자는 이 같은 개혁의 과정을 '3개 대표론'으로 설명했다. 중국 공산당은 사회의 선진 생산력, 선진 문화 그리고 최다 인민의 이익을 대표해야 한다는 의미이다. 여기에서 장쩌민이 강조한 것은 선진 생산력이다. 그는 공산당이 경제발전을 지속하기 위해서는 사회의 생산력을 담당하는 기업가에게 문을 열어야 한다고 주장했다. 덩샤오핑이 기존 공산당의 적이었던 지식인을 공산당 내부로 포섭했다면, 장쩌민은 개혁개방 이후 등장한 부르주아 성격의 사영기업가까지 포용해야 한다고 선언한 것이다. 경제발전을 위해서는 기업가의 이익 추구가 필요하며 이들을 배척할 경우 중국 특색의 사회주의 시장경제가 실현되기 어렵다고 판단했다.

이 외에도 장쩌민은 지속 가능한 공산당 지도체제를 유지하기 위해 다양한 법률과 행정체계를 도입한다. 가장 대표적인 것이 기존 인맥과 꽌시(關係)에 의존했던 공무원 인사제도를 체계화했다. 당내 인사제도와 간부 제도를 개선하고, 행정조직 관리 시스템을 개선하였다. 그리고 공무원 임용 제도를 도입하고 성과승진제를 공식화했다.[6]

중국 인민들에게 장쩌민에 대한 이미지는 매우 친근하다. 그가 비록 국유기업 개혁(구조조정)을 추진하며 수많은 실업자를 야기했지만, 그의 집권 기간 중 중국경제는 비약적인 성장을 거듭했으며 홍콩과 마카오가 반환되고 2001년에는 중국이 오랫동안 꿈꿨던 WTO 가입에 성공했기 때문이다.

2) 균형발전을 도입한 후진타오

중국의 4세대 지도자도 공학도 출신의 후진타오다. 1942년 장쑤성에서 태어난 그는 중국 최고 명문 칭화대 수리공학과를 졸업하고 수력 발전소에서 일반 노동자로 일을 시작했다. 그 후 중국 공청단(공산주의청년단)을 기반으로 고속 승진해 1988년에는 티베트 자치구 공산당 서기로 취임했다. 이때 중요한 변곡점이 발생한다. 천안문사태가 발생한 1989년 티베트에서도 대규모의 시위가 발생했는데 후진타오는 계엄령을 선포해 사태를 조기에 진압했다. 이 같은 위기대응 및 행정 능력은 중국

최고 지도자 덩샤오핑의 인정을 받는 중요한 계기가 되었다.[7)]

그 결과 1992년 제14차 전국대표대회에서 50대 초반의 나이에 중국 집단지도체제의 상징인 중앙정치국 상무위원회에 진입하며 장쩌민을 잇는 4세대 지도자로 낙점받는다. 그리고 2002년 제16기 중앙위원회 1중전회에서 중국 공산당 총서기에 오르고, 2003년 전국인민대표대회에서 국가주석, 2005년 중앙군사위원회 주석으로 선출되었다. 이로써 당·정·군을 총괄하는 중국 최고 지도자로 등극했다.

후진타오가 집권 후 처음으로 한 작업은 장쩌민의 3개 대표론을 중국 공산당 당장(黨章)에 삽입함으로써 자본가 계급을 공식적으로 공산당 내부로 흡수한 것이다.[8)] 그는 2002년 제16차 전국대표대회에서 당장을 개정하며 지도이념에 장쩌민의 3개 대표론을 포함시켰다. 그리고 중국 공산당이 노동자계급만을 대표하는 것이 아니라 중국 인민과 중화민족을 대표한다고 수정함으로써 자본가 계급의 입당을 허용했다. 한편 시장경제 요소의 도입을 보다 체계화하기 위해 개인의 동산과 부동산에 대한 권리를 보장하는 물권법을 제정했으며, 국가가 인민의 토지를 수용할 때 정당한 보상이 수반되어야 하고 국가가 인민의 인권을 존중 및 보장해야 한다는 규정 등을 헌법에 삽입했다. 이로써 중국은 현대 국가의 근본이념과 시장경제의 작동원리에 부합하는 국가의 틀을 갖추게 되었다.

이 같은 노력의 결과 후진타오 집권기 중국경제는 최고조의 경제성장률을 달성한다. 2003년부터 2012년까지 중국의 경제성장률은 연평균 10% 이상을 기록했으며, 2008년 세계금융위기 당시에도 9% 이상의 매우 높은 성장률을 달성했다. 인민들의 생활 수준도 크게 개선되었다. 동기간 중국의 인당 소득은 2003년 1,289달러에서 2012년 6,340달러로 10년 만에 약 5배 증가했다.[9)] 여기에는 덩샤오핑의 개혁개방정책과 2001년의 WTO 가입 등이 많은 영향을 미쳤지만, 후진타오와 10년간

국정을 같이 한 원자바오(溫家寶) 총리의 안정적 리더십이 있었기 때문에 가능한 결과이다.

집권 후반기 후진타오가 주도한 정책은 '과학적 발전관'으로 요약된다. 경제가 빠르게 성장하며 긍정적인 결과만 있었던 것은 아니다. 덩샤오핑의 '선부론(先富論, 일부 사람을 먼저 부유하게 하라)'에 기반한 경제성장은 부의 불균형한 분배를 야기했고, 이는 경제의 고속 성장기에 더욱 악화되었다. 후진타오는 이 같은 불균형이 한계치에 도달했으며 지속가능한 경제발전에 불리하다고 판단하고 조화로운 사회 건설을 위한 국정 이념으로 '과학적 발전관'을 제시했다.

과학적 발전관은 전면적 발전과 지속가능한 발전 그리고 협조적 발전으로 구분된다. 전면적 발전이란 경제 발전을 가속화시키면서 인민 삶의 질을 개선시킨다는 목표다. 그리고 지속가능한 발전이란 산업화 과정에서 경시된 생태환경 보호를 강화해 자연과 인간이 조화롭게 성장한다는 개념이다. 과학적 발전관에서 가장 중요한 협조적 발전은 개혁개방 이후 악화된 도시와 농촌, 연해지역과 내륙지역, 농민과 도시근로

사진 1.5 중서부개발의 중심 도시, 충칭

자 사이에 벌어진 격차를 축소시켜 사회의 불균형을 완화시키자는 목표를 담았다. 이를 위해 그는 서부대개발, 중부굴기, 동북 노후 공업기지 진흥정책 등을 발표하며 지역 간 격차를 해소하고, 최저임금 인상 등을 통해 국정 철학 실현을 위한 다양한 노력을 견지했다.

온화한 이미지의 리더 후진타오는 시진핑을 포함해 중국 지도자 중 가장 리더십이 약했던 것으로 평가받는다. 천안문사태의 혼란기에 집권해 국유기업에 칼을 휘두른 장쩌민에 비해 뚜렷한 성과를 평가받지 못하고 있으며, 그의 권력 기반이었던 공청단은 시진핑 집권 이후 크게 약화되었다. 현재도 공산당 주요 정치 행사 때에만 언론에 잠시 등장하며 대중의 관심을 받지 못한다. 그렇다고 그의 성과가 과소평가 받아서는 안 될 것이다. 개혁개방 이후 고속 성장과정에서 누적된 사회 불균형을 완화시키려 했던 그의 노력은 지금까지도 현재진행형이다.

3) 중화민족의 부흥을 외치는 시진핑

시진핑은 1953년 중화인민공화국의 건국 공신 시중쉰(習仲勳) 국무원 부총리의 아들로 태어났다. 그는 어려서부터 중국 고위관료들이 모여 사는 베이징 중난하이에서 생활하고 칭화대 화학공학과를 졸업한 후에는 국무원 겅뱌오(耿飈) 부총리의 비서로 정치 경력을 시작하며 다양한 인맥을 쌓은 것으로 알려져 있다. 이후 인민들의 기층생활에 접근하기 위해 허베이성의 정딩현 서기로 내려갔으며 푸젠성, 저장성, 상하이시 서기를 맡았다. 그리고 2007년 제17차 전국대표대회에서 중앙정치국 상무위원으로 발탁되며 후진타오를 잇는 5세대 지도자로 낙점받았다.

17차 당대회 당시 전 세계는 덩샤오핑이 직접 지목했던 장쩌민과 후진타오에 이어 누가 중국의 지도자에 오를지 매우 주목하고 있었다. 여기에서 시진핑은 후진타오가 지지하는 공청단 계열의 리커창을 제치고 중국의 5세대 지도자로 올라섰다. 2012년 11월 18차 전국대표대회에서 공산당 총서기와 군사위원회 주석직을 넘겨받고 그다음 해 3월에는 국가 주석직을 맡으며 당·정·군을 아우르는 중국의 최고 지도자가 되었다.

시진핑은 집권 후 반부패 정책을 강력하게 추진했다. "절대 권력은 절대 부패한다"는 명제처럼 당시 공산당 내부에는 고위급에서부터 말단 공무원 가리지 않고 부정부패 문제가 매우 심각했으며, 이에 대한 인민들의 불만도 누적되어 있었다. 시진핑은 2013년 3월 국가 주석 취임 일성으로 "호랑이와 파리 모두 때려잡겠다!"고 선언했다. 그리고 기존의 불문율을 깨고 전임 상무위원 저우융캉(周永康)을 비롯해 후진타오의 최측근으로 알려진 링지화(令計劃), 군 최고위 간부 쉬차이허우(徐才厚) 등의 당적을 박탈하고 구속시켰다. 시진핑은 반부패 정책을 통해 크게 3가지 효과를 거두었다. 우선 본인의 정치적 반대 세력을 약화시켰으며, 고위 간부들이 구속되는 장면을 중계하면서 인민들의 불만을 누그러뜨리는 효과를 거뒀다. 그리고 마지막으로 당서기 중심의 확고한 리더십을 확보하면서 이후 추진할 정책 추진의 원동력을 마련했다.

시진핑은 핵심 정치이념으로 '중국몽(中國夢)'을 제시했다. 위대한 중화민족의 부흥을 의미한다. 중국의 5세대 지도자는 덩샤오핑 이후 중국이 견지해온 '도광양회(韜光養晦)'의 태도에서 벗어나 중국의 높아진 국제적 위상에 부합하는 '분발유위(奮發有爲)'로 국제관계 전략을 전환했다. 덩샤오핑의 유언으로도 유명한 도광양회란 조용히 때를 기다리며 힘을 기른다는 의미로 대외적으로 불필요한 마찰을 줄이고 내부적으로 국력 발전에 몰두한다는 의미다. 시진핑은 외부의 압력과 G2로서의 자신감을 바탕으로 공식석상에서 해야 할 일은 적극적으로 한다는 의미의 분발유위를 언급하며 중국의 대외관계 기조의 전환을 주문했다.[10)]

그리고 반부패 정책으로 확보한 리더십을 바탕으로 일대일로 구상과 신형대국관계를 제시했다. 일대일로 구상이란 국내의 경제성장 정체를 해소하고 국제 안보 위협에 대응하기 위해 철도와 항만으로 연결된 내륙과 해상의 실크로드 경제벨트를 건설하겠다는 야심 찬 계획이다. 이를 위해 중국은 2015년 아시아인프라개발은행(AIIB)을 설립하고 아시아 지역의 인프라 건설에 집중 투자하고 있다. 한편 2017년 시진핑 집권 2기를 알리는 19차 전국대표대회에서는 신형대국관계의 개념을 제시했다. 이는 기존 패권국가인 미국과 신흥 패권국가인 중국이 상대방의 핵심 이익을 존중하면서 평화 공존을 추구하자는 의미를 담고 있다. 이처럼 시진핑은 과거 4,000년간 아시아를 지배했던 중화민족의 영광을 되살리기 위해 보다 대담한 국제관계 전략을 취하고 있다.

중국의 5세대 지도자는 매우 확고한 권력기반을 확보했다. 집권 초기 강력한 반부패 정책으로 반대세력을 무력화시킨 것에 더해 집권 2기에는 당장과 헌법을 개정하며 장기집권의 기본 토대를 마련했다. 우선 2017년 19차 당대회에서 당장의 공산당 지도이념 부분에 '시진핑 신시대 중국 특색 사회주의 사상' 문구를 삽입했다. 이는 장쩌민과 후진타오가 지도자 이름 없이 3개 대표론과 과학적 발전관을 당장에 추가한 것과 대비 된다. 곧바로 이어진 19기 1중전회에서 대부분의 예상을 뒤엎고 신임 상무위원에 6세대 지도자로 유력하게 거론되던 인물들을 모두 배제했다. 그리고 2018년 전국인민대표대회에서는 국가주석의 3연임 제한 규정을 삭제함으로써 3연임 가능성을 열어 놓았다. 관례대로라면 2022년 개최되는 20차 전국대표대회에서 6세대 지도자가 선출되어야 하지만 그 가능성은 아직 미지수이다.

시진핑은 중국 인민들에게 조국에 대한 큰 자부심을 안겨주었다. 중국몽과 일대일로, 신형대국관계 등과 같은 정책은 1840년 아편전쟁 이후 상처받았던 중국인의 자존심을 회복시켜주었으며, 시진핑정부에 대한 지지도 역시 동반 상승했다. 하지만 모든 일에는 부작용이 존재한다.

미국이 2008년 발생한 세계금융위기에서 회복하면서 중국에 대한 견제를 강화했다. 그리고 2017년 당선된 트럼프는 시진핑정부에 적대적인 태도를 드러내며 미중 무역전쟁을 일으켰다. 비록 2020년 전 세계적인 펜데믹과 바이든 대통령의 당선으로 중국에 대한 노골적인 적대심은 다소 가라앉았지만, 중국의 급격한 성장을 바라보는 미국의 시선이 고울리 없다. 게다가 이번 펜데믹으로 중국과 미국의 경제규모 역전이 앞당겨질 가능성이 높은 상황에서 미국과 중국의 패권 경쟁은 향후에도 장기간 지속될 것으로 예측된다. 그 가운데 강력한 리더십으로 중국을 이끌고 있는 시진핑의 대응과 정책은 한국에도 매우 큰 영향을 미칠 전망이다.

사진 1.6 시진핑의 정치이념, 중국몽

주

1) 덩샤오핑 이후 장쩌민과 후진타오는 국가 주석직을 약 10년간 유지했으나, 5세대 지도자 시진핑은 기존의 관례에서 벗어나 장기간 주석직을 유지할 가능성이 남아 있다.
2) 국무원 산하 외교부, 국방부 등 각부 부장(部長)은 한국의 장관에 해당하는 직위이며, 차관은 부(副)부장으로 호칭한다.
3) 성균관대학교 성균중국연구소, 2018, 『차이나 핸드북』, 서울: 김영사.
4) 이와 함께 덩샤오핑은 4대 현대화(농업, 공업, 과학 기술, 국방) 정책을 강조하고 기업가와 농민의 이윤 보장, 지식인의 공산당 입당 및 외국인 투자 허용 등으로 중국 경제 성장의 단초를 마련했다.
5) 실제로 '흑묘백묘론'은 대약진 이후 류샤오치와 함께 시장경제시스템의 도입을 추진할 당시 덩샤오핑이 언급한 비유로 덩샤오핑의 고향 쓰촨성의 격언에서 유래한 것으로 알려진다.
6) 조수성 외, 2018, 『중국학입문』 (서울: 신아사), p. 66 참조.
7) 장쩌민과 후진타오는 모두 덩샤오핑에게 지목 받아 중국의 최고 지도자로 올라선 반면, 시진핑은 덩샤오핑 사후 공산당의 집단지도체제 하에서 정치적 합의하에 공산당 총서기로 임명된 차이점이 존재한다. 이는 시진핑의 정치적 기반과 향후 행보의 주요 차이점으로 구분된다.
8) '당장(黨章)'이란 중국 공산당의 이념, 조직, 당원 등을 규정한 당내 헌법을 지칭한다.
9) 동기간 국가의 재정과 위기대응 능력을 상징하는 외환보유고도 4,122억 달러에서 임기 말 3조 3,409억 달러로 8배 이상 증가했다.
10) "[신중국 70년] '도광양회'서 '분발유위'로 … 패권국가 야욕 키우는 中," 『아주경제』, 2019년 9월 17일, https://www.ajunews.com/view/20190916092239005.

참고문헌

성균관대학교 성균중국연구소. 2018. 『차이나 핸드북』. 서울: 김영사.
아마코 사토시. 2003. 『중화인민공화국 50년사』. 서울: 일조각.
아서 크뢰버. 2017. 『중국경제』. 서울: 시그마북스.
애드가 스노. 2013. 『중국의 붉은 별』. 서울: 두레.
조수성 외. 2018. 『중국학입문』. 서울: 신아사.
조영남. 2019. 『중국의 엘리트 정치』. 서울: 민음사.
해리슨 e. 솔즈베리. 2013. 『새로운 황제들』. 경기: 다섯수레.

대한민국 외교부. 2017. 중국 개황 2017. https://www.mofa.go.kr/www/brd/m_4099/view.do?seq=367503&srchFr=&srchTo=&srchWord=%EC%A4%91%EA%B5%AD&srchTp=0&multi_itm_seq=0&

itm_seq_1=0&itm_seq_2=0&company_cd=&company_nm=&page=1
대한민국 외교부. 2020. 중국 개황 2020. https://www.mofa.go.kr/www/brd/m_4099/view.do?seq=367629&srchFr=&srchTo=&srchWord=%EC%A4%91%EA%B5%AD&srchTp=0&multi_itm_seq=0&itm_seq_1=0&itm_seq_2=0&company_cd=&company_nm=&page=1

2장

현대 중국경제에 대한 이해

윤성환(계명대 중국어중국학과)

중국경제는 1978년 개혁개방정책 실시 후 연평균 10% 내외의 높은 경제성장을 달성하여 오늘날 세계 제2위의 경제 대국으로 부상하였다. 이처럼 중국경제가 승승장구할 수 있었던 원동력은 저렴하고 풍부한 노동력을 활용하여 값싼 제품을 생산하여 이를 활발하게 해외에 수출한데 기인한 결과이다. 한편 최근 중국경제는 급변하는 글로벌 경제환경 하에서 지속가능한 성장을 위하여 내수위주의 새로운 경제성장 방식을 도입하고 있다. 이러한 중국경제의 패러다임 전환이 성공할 경우, 중국경제는 2035년을 전후하여 미국을 제치고 세계 최대의 경제대국으로 부상할 것으로 예상된다. 이러한 시점에서 우리는 그 어느 때보다도 중국경제에 대하여 높은 관심을 가질 필요성이 제기되고 있다. 이에 본 장에서는 1949년 신중국(新中國) 수립 후 사회주의 계획경제체제를 추구했던 중국이 개혁개방정책을 실시한 배경과 그 성과 및 최근 중국경제의 현황과 문제점 및 향후 발전 전망 등에 관하여 면밀히 분석함으로써 독자들로 하여금 세계 경제 속에서 역동적으로 움직이는 중국경제의 실상을 올바르게 이해할 수 있도록 하고 있다.

1. 중국의 계획경제체제

1) 중국 계획경제체제 형성의 원인

중국에서 계획경제체제가 형성된 주요 원인으로는 다음과 같은 세 가지를 들 수 있다.

첫째, 중국은 1949년 '중화인민공화국(中華人民共和國)'의 건국으로 정치체제에서 사회주의를 채택하게 되었으며, 이때부터 전통 사회주의 경제이론과 구소련 모델의 영향을 자연스럽게 받아들이기 시작했다. 전통적 사회주의 경제이론은 자본주의 이론에 대응하여 나타난 것으로 자본주의 경제체제, 가치관 등에 제약을 가하고자 하였다. 사회주의 경제이론은 정부를 통한 평균적 분배를 추구하는 계획경제를 이상적인 경제체제로 삼고 있다. 따라서 당시 사회주의 건설을 목표로 둔 중국에서 계획경제체제의 성립은 자연스럽고도 당연한 선택이었다.

둘째, 건국 이후 중국은 현실적으로 계획경제체제를 받아들일 수밖에 없는 상황이었다. 즉, 건국 이후 '1·5시기(1953~1957년)'에 중국은 대규모 경제건설이라는 막대한 책무에 직면해 있었다. 즉, 그 당시 중국의 국토는 공산주의 건설과 제국주의 침략에 맞선 장기간의 투쟁으로 극도로 황폐해져 있었고 신속한 경제발전을 통한 국가안정을 추구해야 하는 급박한 상황에 놓여 있었다. 이를 위하여 반드시 강력한 정부에 의한 고도로 집중된 계획경제체제의 도입이 시급한 상황이었다.

셋째, 자본주의가 발달하지 못한 중국의 역사적 원인을 들 수 있다. 비록 중국이 공산당을 중심으로 건국은 하였으나, 그 당시 중국의 사회적, 경제적 상황은 계속된 전쟁과 혁명으로 청(淸)나라 말기와 거의 다를 바 없는 반봉건적이며 낙후된 농업국가로서 현실적으로 자본주의 경제체제가 발달하기 힘든 상황이었다. 즉, 당시의 낙후된 상황으로는 기업의 분업 혹은 사회적 분업이 발전하기 힘들었을 뿐 아니라 장기간에 걸친 전쟁으로 농업 및 공업에 대한 사회 전체의 수요에 비하여 공급이 심각하게 부족한 상황이었다.

중국정부는 이러한 낙후된 경제상황과 낮은 생산력을 극복해서 국내의 정치적 안정을 도모하기 위하여 당면한 경제문제를 해결하기를 원했던 것이다. 이에 구소련의 사회주의 경제체제를 모델과 해결책으로 선택하여 자원배분을 통제하고 대규모의 국민경제 건설을 계획하게 되었다.

2) 중국 계획경제체제의 장점과 폐단

계획경제체제의 주요 장점과 폐단을 중국 건국 이후의 상황과 연결시켜 살펴보면 다음과 같다.

(1) 장점

계획경제체제의 가장 큰 장점으로는 전국의 노동, 자원, 재정을 신속하게 국가 중요 사업에 동원할 수 있다는 것이다. 이러한 점은 특히 농업국에서 개도국으로 발전하고자 하는 국가에 있어 아주 유용한 경제운영 형태로서 국가역량을 기초공업, 특히 중공업에 투자하여 단기간에 급속한 공업화 달성을 가능하게 해 준다.

건국 당시 중국은 156개의 대·중소형 국가 프로젝트를 정하고 이를 신속하게 추진하여 완성시켰다. 즉, 창춘(長春) 제1자동차 제조공장, 안산(鞍山)제철소 등을 그 대표적인 예로 들 수 있다. 중국 국가건설에 가장 큰 영향을 미친 소련 역시 이러한 발전모델을 사용하였다. 당시 소련은 세계 제2차 세계대전 전후의 낙후된 공업국가에서 공업 강대국을 건설하였고 신속한 공업화로 당시 세계열강 대열에 일약(一躍) 진입하게 되는데, 이것이 당시 중국정부가 소련식 경제발전모델을 선호하게 된 결정적인 이유로 작용하게 된 것이다.

그러나 이러한 계획경제체제는 국가 발전목표가 획일적이고, 경제구조가 단순한 상황하에서는 적합할 수 있지만, 경제가 발전함에 따라 경제구조가 복잡해지고 경제발전전략 또한 다양해지는 상황하에서는 여러 가지 문제점을 초래할 수 있다.

(2) 폐단

중국 계획경제체제의 주요 폐단으로 크게 다음의 네 가지를 들 수 있다.

첫째, 경제발전에 있어 무엇보다도 기업의 역할이 중요하지만, 계획경제체제 하에서는 기업이 경제주체가 되지 못한다는 점이다. 계획경제체제 하에서는 국가가 기업의 생산 및 판매와 관련한 제반 사항을 결정하며 그 이윤까지도 국가에 귀속하게 하고 손실이 발생하여도 이를 국가가 배상해 주도록 되어 있다. 따라서 기업은 정부의 하나의 부속물에 지나지 않으며 기업경영에 있어 어떠한 자율성도 없게 된다. 또한, 기업이 정부의 계획과 통제하에 운영되기 때문에 이윤추구에 대한 노력과 의지가 미약할 수밖에 없게 된다. 이처럼 존재 이유와 성장 동기를 잃은 기업을 경제주체로 보기에는 한계가 있다.

둘째, 비효율성과 관료주의의 팽배를 들 수 있다. 정부가 모든 산업을 통제하고 계획하기 때문에 생산측면에서의 비효율성을 초래할 뿐만 아니라 자원의 배분이 획일적으로 정부에 의해 주도되므로 분배측면에서도 비효율성이 존재하게 된다. 이러한 비효율적인 체제하에서는 도처에 관료주의가 팽배하기 쉬우며 관료주의는 경제발전의 효율성을 저해하는 요소로 작용하기 쉽다.

셋째, 만성적인 생산부족을 들 수 있다. 계획경제체제 하에서는 국민경제가 행정수단과 명령에 의해 관리되므로 기업의 이윤추구에 대한 동기가 미약하고 효율성이 극도로 낮아진다. 이윤추구에 대한 동기부족은 자연히 제품의 품질을 저하시키며 생산에 대한 동기가 희박하여 만성적인 생산부족을 초래하게 되어 결국 소비자의 욕구를 충족시키지 못하는 결과를 낳게 된다.

넷째, 적극성과 창조성의 결여이다. 재정수지, 자원관리, 대외무역관리, 노동시장관리는 물론 기업관리까지 모두 정부에 의해 획일적으로 운영되므로 기업은 정부의 분배에, 개인은 기업의 평균적 분배에 의해 수동적으로 운영된다. 이러한 평균적 분배는 결국 개인의 적극성을 저하시킴과 동시에 기업의 창조적이고 혁신적인 발전방향에도 부정적인 영향을 미치게 된다.

2. 중국 경제체제의 개혁

건국 후 1·5계획시기(1953~1957년)에는 스탈린식 사회주의 계획경제체제가 비교적 충실히 운영되었다. 그러나 이후 중소(中蘇)관계가 악화되고 대약진운동(大躍進運動)이 시작되면서 마오쩌둥(毛澤東)은 소련의 스탈린식 모델은 비판하고, 중국식 사회주의 계획경제체제를 추구하고자 하였다. 그러나 대약진운동의 실패로 중국식 사회주의 계획경제는 극심한 경기침체에 직면하였고, 급기야 '문화혁명' 시기에는 중국경제를 거의 파탄으로 몰게 되었다. 이에 따라 사회주의 계획경제체제는 1978년 중국공산당 제11기 3중전회(中全會)[1]에서 덩샤오핑(鄧小平)이 이끄는 개혁파에 의해 개혁·개방의 경제개혁이 추진되면서 마침내 붕괴하게 되었다.

1) 중국 경제체제 개혁의 성격과 배경

(1) 중국 경제체제 개혁의 성격

일반적으로 중국의 경제개혁은 단지 덩샤오핑을 중심으로 한 중국 지도부가 사회주의 계획경제제도를 포기하고 자본주의 시장경제제도를 도입한 것이라고 단정하고 있다. 또한, 중국 지도부가 현재 사용하고 있는 '사회주의 시장경제'라는 개념은 다만 정치적인 목적을 위한 임시적인 '방패막이'와 변명에 불과하다고 보고 있다. 그렇다면 중국의 경제개혁이란 과연 무엇인가? 중국입장에서 볼 때 경제개혁은 '중국의 경제발전을 저해하는 모든 제도와 정책을 바꾸는 과정'이라고 정의할 수 있다. 덩샤오핑은 이를 간단히 '검은 고양이나 흰 고양이나 쥐를 잡으면 좋은 고양이다'라는 유명한 '흑묘백묘론(黑猫白猫論)'으로 결론지었다. 즉, 경제발전이라는 '쥐'를 잡을 수 있는 제도와 조치가 '좋은 고양이'이며 '경제개혁'이란 바로 끊임없이 경제발전에 유리한 제도와 조치를 찾아내는 '과정'이라는 것이다.

국내외 상황의 변화는 경제발전에 직접적인 영향을 주기 때문에 경제발전에 적합한 제도나 정책 역시 끊임없이 바뀔 수밖에 없으며, 특히 중국처럼 다양하고 변화가 빠른 사회에서 과거 어느 시기에 성공했던 경험이라 하여 영원히 적용해야 한다는 보장은 없는 것이다. 따라서 시장경제체제 하에서는 당연한 일이지만 계획경제체제에서 탈피하는 과정에 있는 중국으로서는 이러한 환경을 점진적으로 만들어 나가는 것이 매우 중요하다.

이러한 관점에서 볼 때 중국의 경제개혁은 중국의 다양한 경제주체가 자주적으로 참여하여 부단히 시행착오를 통해 경험과 교훈을 축적하는 거대한 실험이라고 할 수 있다. 중국에서 덩샤오핑을 '개혁의 총설계사'라고 하는 것은 그가 어떤 경제발전 계획이나 구체적인 정책을 '설계'했기 때문이 아니라 바로 사람들에게 과감한 실험을 통해 경제발전이라는 '쥐'를 잡을 수 있는 제도와 방법을 찾는 권리를 부여하고 어느 정도의 시행착오를 허용하는 '흑묘백묘론'의 논리를 중국사회에 정착시켰기 때문이다. 1978년에 '흑묘백묘론'이 중국 지도부의 지도적 이념으로 자리잡은 것은 중국경제체제 변화에 있어 중요한 의미를 가진다. 왜냐하면 그 이전까지 중국에서 '흑묘백묘론'은 마오쩌둥과 그의 극좌파 계승자들에 의해 줄곧 비판되어 왔으며 '흑묘백묘론' 대신 특정 이데올로기를 우선시하는 이른바 '잡초론(雜草論)'[2]이 장기간 중국 지도부의 지도적 이념으로 자리잡고 있었기 때문이다.

중국 '문화혁명'시대에 크게 유행한 이 '잡초론'은 '흑묘백묘론'과는 전혀 상반되는 사고방식을 보여주고 있다. '잡초론'에 의할 경우, 만약 '자본주의적 색깔'을 가진 정책이라고 결정되었다면 그것이 경제발전에 아무리 유리하여도 반대해야 하며 거꾸로 '사회주의적 색깔'을 지닌 정책이라고 결정될 경우에는 경제발전에 아무리 손해를 주더라도 무조건 실시해야 한다는 것이다.

결국 마오쩌둥과 그의 극좌파 계승자들이 기존의 '잡초론'을 중국 지도부의 지도 이념으로 유지하고 있는 한 중국의 근본적인 개혁은 불가능할 수밖에 없었다. 따라서 중국이 변하려면 더 이상 사회주의와 자본주의 성질에 관한 마오쩌둥의 이데올로기와 언행을 가치 판단의 절대적 기준과 행동의 지침으로 삼지 말고 그 대신 경제건설과 실험 결과를 우선시하는 사고방식을 가져야 했다. 덩샤오핑의 '흑묘백묘론'은 바로 이러한 객관적인 필요에서 나온 것이며 이것이 중국경제체제 개혁을 가능하게 했던 원동력이 된 것이다.

(2) 중국 경제체제 개혁의 배경

1950년대 초 소련의 흐루쇼프는 소련 공산당 내에서 '스탈린 격하운동'을 벌여 스탈린식의 일부 지도적 이념을 거부하려고 했으나 국내외적으로 매우 큰 저항에 부딪힌 적이 있으며 이는 나아가 중소관계 결렬의 결정적인 원인이 되었다. 사실 마오쩌둥이 '문화혁명'이라는 정치운동을 일으킨 근본적인 원인도 따지고 보면 자신의 사후에 중국 지도부 내에서 '제2의 흐루쇼프'와 같은 인물이 나타나 기존의 정치노선과 지도적 이념을 수정하는 것을 방지하기 위한 것이었다. 마오쩌둥의 예감은 적중했지만 역사는 결국 마오쩌둥의 노선을 변경한 덩샤오핑의 손을 들어주었다.

중국의 상황에서 마오쩌둥이 사망한 후 만약 덩샤오핑이 흐루쇼프처럼 공개적으로 '마오쩌둥 격하운동'을 하게 된다면 엄청난 사회적 혼란이 발생했을 것이다. 특히, 마오쩌둥의 정치노선에 대한 공개적인 부정은 덩샤오핑과 중국 공산당의 정통성에 대한 부정으로 이어질 수 있기 때문에 중국 정치제도 자체에 커다란 위협이 될 수 있었다.

그러나 노련한 정치가인 덩샤오핑은 결국 큰 혼란 없이 마오쩌둥의 노선을 수정하는 데 성공했다. 실제로 현재 중국에서는 공산당의 지도적 역할을 제외하고 마오쩌둥 시대의 정치, 경제, 사회적인 흔적을 찾아보기 어렵게 되었다. 심지어 개혁·개방을 '자본주의로의 복귀'라고 하면서 전면적인 비판태도를 취하는 소수의 극좌파들도 마오쩌둥 시대의 정통적인 '잡초론'자 보다는 훨씬 개방적인 사고방식을 가지고 있을 정도로 중국사회가 이미 크게 변한 것이다.

1976년 마오쩌둥 사망 이후 그의 유훈(遺訓)에 의해 정권을 장악한 화궈펑(華國鋒)과 그 일파는 마오쩌둥의 부인 장칭(江靑)을 중심으로 한 극좌파들을 과감히 제거함으로써 중국이 정치적으로 혼란에 빠져 들어갈 위험을 방지하였다. 또한, 그들은 문화혁명의 종결을 선포함과 동시에 경제건설을 중심과제로 하는 방침을 세우는 등 약간의 개혁을 실행하기 시작했지만 마오쩌둥 시대의 노선과 사고방식을 근본적으로 바꿀 용기와 능력을 갖지는 못했다.

화궈펑 지도부의 경제운영 미숙에 따른 정책실패로 인해 당시 중국 지도부 내의 개혁파를 중심으로 근본적인 경제개혁의 필요성을 주장하는 목소리가 한층 높아져 갔다. 따라서 마오쩌둥의 '잡초론'을 계속 견지해 온 화궈펑 일파 대신에 '흑묘백묘론'을 일관적으로 견지해 온 덩샤오핑이 복권하여 경제개혁을 추진하게 되었다. 이와 같이 마오쩌둥이 사망한지 불과 2년만인 1978년에 개혁이 시작되었으며 이러한 개혁이 급속히 진전되었던 것은 중국에 덩샤오핑이라는 '개혁의 총설계사'가 있었기 때문이다.

덩샤오핑은 지도부에 복권한 후 '마르크스·레닌주의와 마오쩌둥 사상을 견지하고 사회주의 노선을 견지하며 인민민주주의 독재를 견지하고 공산당의 지도적 지위를 견지한다'는 이른바 '4가지 기본원칙'을 제시하였다. 이 중 가장 중요한 것은 공산당의 지도적 지위를 견지한다는 것으로 이는 당시 중국 각 계층의 이익구조를 기본적으로 그대로 인정함으로써 급격한 변화로 인한 사회의 혼란을 방지하는 데 중요한 역할을 하였다.

덩샤오핑은 또한 마오쩌둥에 대해 공헌이 절대적으로 크지만 과오도 있다고 평가하는 동시에 마오쩌둥의 과오가 집권당인 공산당 자체의 과오이기도 하다는 식으로 당시 역사와 마오쩌둥의 역사를 일체화시킴으로써 덩샤오핑이 마오쩌둥의 사업을 계승한다는 점을 부각시켰다. 또한, 개혁을 통해 공산당 자신이 이러한 과오를 바로 잡을 것이라고 선언함으로써 덩샤오핑은 마오쩌둥의 노선을 배반했다는 비난을 면했을 뿐만 아니라 마오쩌둥의 업적을 공산당의 지도력 강화와 정치체제 유지에 이용할 수 있었다.

그러나 덩샤오핑의 개혁사상의 핵심은 전술한 바 있는 '흑묘백묘론'으로서 마오쩌둥과는 반대로 그 어떤 이념이나 이데올로기의 전제조건 없이 다만 생산을 증대시키고 사람을 부유하게 할 수 있는 것이라면 그대로 실행하라는 것이었다. 또한, 효율성을 중시하면서 모든 것을 실험을 통해 검증하라는 덩샤오핑의 논리는 국민들에게 설득력을 가지고 있었을 뿐 아니라 정치적 반대파들에게 비판의 여지를 남겨 놓지 않았다. 그는 또한 정치적인 면에서 개혁은 반드시 공산당의 지도를 전제로 해야 한다는 가장 중요한 한계를 그었으며, 만약 그 누가 덩샤오핑의 경제정책을 비판한다고 해도 실험을 통해 중국에 적합한 방식을 찾아야 한다는 그의 논리는 부정할 수 없을 것이다.

2) 중국 경제체제 개혁의 단계적 과정

1978년 이후 중국은 경제체제개혁을 시작하여 건국이후 수십년간 계속되어 오던 계획경제체제를 '사회주의 시장경제체제'라는 중국 특유의 경제체제 건설을 위해 노력하고 있다.

중국 경제체제의 개혁과정은 실제로 전통적인 계획경제체제의 지속적인 약화와 축소로 이어져 결국 계획경제체제가 해체되는 과정으로 설명될 수 있다. 아울러 중국 특유의 사회주의 시장경제체제를 건설하여 시장경제체제를 지속적으로 강화, 확대하는 발전과정으로 볼 수 있다. 이와 같은 중국의 경제체제 개혁은 국민경제의 모든 영역에 엄청난 영향을 미치고 있다. 하지만 주지해야 할 사실은 중국의 경제체제개혁이 사회주의체제 하에서 진행된 개혁이지 사회제도나 정치제도의 개혁은 결코 아니라는 점이다.

중국의 실질적인 경제체제개혁은 1978년 말 덩샤오핑의 경제개혁과 함께 시작하였으며 다음의 4단계로 나누어 설명할 수 있다.

(1) 농촌 개혁기(1978~1984년)

중국의 경제체제 개혁은 1978년 12월에 개최되었던 중국공산당 제11기 3중전회(中全會)로부터 시작되었다. 이 회의에서 당과 국가의 목표를 이데올로기 중심에서 경제건설 중심으로 전환할 것을 결정함과 동시에 과거 중앙집권적 경제관리 체제의 문제를 지적하면서 분권화(分權化)와 물질적 유인(誘因) 제공을 중심으로 하는 개혁방향을 제시하였다.

중국 경제체제 개혁의 초기 단계에 있어서는 농촌 개혁이 주를 이루었는데, 그 핵심은 집단농장의 해체와 이를 대체하는 '농가책임경영제(農家責任經營制)'[3]의 채택을 들 수 있다. 이 제도하에서 매 농가는 국가로부터 일정한 토지를 분배받아 15년 동안의 경작권을 보유하여 자율적으로 경영하고, 농업세의 납부, 수확의 일부를 국가가 지정한 가격으로 판매하는 등의 기본적인 의무를 수행한 후 잉여 농산물 전부를 자유로이 처분하도록 허락함으로써 개별 농가에게 큰 이득을 가져다주게 되었다.

농업부문에서의 이러한 개혁은 큰 성과를 거두었다. 1978~84년 연평균 농업생산액 증가율이 8.5%에 이르러 개혁·개방 이전의 2.5배 이상으로 상승하였고, 곡물 생산량도 연평균 8%의 높은 증가율을 보였다. 특히 이러한 성과가 생산요소 투입의 증대에 기인하기 보다 생산성 향상의 결과로 얻어졌다는 점에 크게 주목할 필요가 있다. 이러한 농업생산성 및 소득 증대의 결과로 농촌에서의 잉여 노동력 방출과 자본축적이 가능해 졌으며, 향진기업(鄕鎭企業)의 성장과 농촌 공업화가 크게 진전되는 성과를 낳게 되었다.

한편 이 기간 중 도시지역에서도 다소의 개혁 조치가 시도되었다. 우선 상업 및 서비스 부문을 중심으로 개체호(個體戶)[4]라고 불리우는 소규모 개인기업의 설립을 허용하였으며 국유(國有)기업에 대해서도 일부 경영 자주권이 부여되었고 이윤유보제[5]가 실시되었다. 그러나 이러한 일련의 개혁조치의 효과는 미미한 수준에 머물렀다. 그 이외에도 경제특구의 설치 및 외국인직접투자의 유치 등 이 시기에 시작되었던 대외개방정책은 그 이전의 자력갱생(自力更生) 정책과 뚜렷이 구별되는 것으로, 이후의 대외개방 확대 및 심화에 큰 기여를 하게 되었다.

글상자 2.1 향진기업

향진기업(鄕鎭企業)은 농촌지역에 설립되는 대표적인 집체기업이다. 향(鄕)과 진(鎭)은 중국 농촌의 행정단위를 의미하는데 시(市) 아래에 향과 진이 있다. 향진기업은 향, 진 소속의 농민들이 중소기업을 설립하고 경영과 생산 및 판매를 자율적으로 결정하여 운영하는 기업이다. 향진기업은 원칙적으로 독립채산제(獨立採算制)로 운영되며 행정기관에 등록하고 납세의 의무를 진다. 1997년부터 시행하고 있는 「중화인민공화국 향진기업법」에 따르면 향진기업이란 '농촌집단 경제조직 혹은 농민이 주(主) 투자자이며 향과 진에 위치해 농업을 지원하는 각종 기업을 말한다'라고 규정하고 있다. 향진기업은 농촌의 잉여노동력을 흡수하는 기능을 하였으며, 동시에 농촌인구의 급속한 도시유입에 따른 각종 사회적 문제를 억제하는 기능을 수행하였다. 따라서 향진기업은 농촌 공업화의 주체로서 '농민이 토지를 떠나도 농촌은 떠나지 않으며(離土不離鄕), 공장에 들어가도 도시로 이주하지 않는(進廠不進城)' 역할을 수행함으로써 중국 농촌경제를 지탱하는 막강한 풀뿌리 경제주체로 자리매김하고 있다.

(2) 도시 개혁기(1984~1988년)

농촌 중심의 제1단계 개혁이 큰 성과를 거두면서, 1984년 이후의 중국 개혁은 보다 체계화되는 동시에 개혁의 중심이 도시 상공업 부문으로 확대되는 새로운 단계로 접어들게 되었다. 이러한 새로운 단계로의 진전은 1984년 10월 중국공산당 제12기 3중전회를 계기로 이루어졌다고 할 수 있는 바, 이 회의에서 채택된 「경제체제 개혁에 관한 결정」이 제2단계 개혁의 기본방향을 제시하였다.

상기 '결정'에 의하면, 기업의 활력을 제고하기 위하여 정부와 기업의 직능을 분리하고 합리적인 가격체제를 수립하여 시장의 자원배분 기능을 확대해 나간다는 것은 기존 경제체제의 핵심을 개혁하겠다는 의미를 갖는다고 볼 수 있다. 그러나 당시의 개혁이 시장경제로의 이행을 목표로 하는 것은 아니었고, "계획경제와 시장 조절기능의 결합" 또는 "공유제(公有制)를 기초로 하는 계획적 상품경제" 등의 성격을 갖는 이른바 중국특색의 사회주의 건설을 내세우고 있다. 또한, 1987년 제13차 전국당대회에서는 이러한 논리들을 전체적으로 정당화하는 이론적 기초로서 이른바 '사회주의 초급단계론(初級段階論)'[6]을 제시하였다.

이 시기에 실시된 체제개혁의 특징으로서 이른바 이중체제(二重體制) 형성을 들 수 있다. 좁은 의미의 이중체제는 계획과 시장의 병존을 의미하는 것으로 과거 정부의 계획과 통제에 따라 생산을 하던 국유기업에 대하여 일정 부분의 생산은 여전히 계획체제 하에서 이루어지도록 하되 이 계획의 할당분을 초과하는 생산에 대해서는 시장을 통한 자유로운 거래를 허용한다는 것을 말한다. 한편 넓은 의미의 이중체제는 계획과 시장의 병존은 물론이거니와 소유제의 다양화도 포함하는 것이다. 기존 국유기업의 사유화 개혁에는 매우 신중한 입장을 유지하되, 개인기업(個體戶), 사영기업(私營企業),[7] 외자기업(外資企業) 등 새로운 비국유기업의 등장을 허용하였다. 결국 이러한 개혁은 새로운 기업의 시장진입을 확대하고 소유제를 초월하여 기업들간의 시장경쟁을 유도함으로써 자원배분의 합리화와 효율화에 크게 기여하였다.

이 시기에는 또한 금융, 재정 및 세제, 대외무역, 외자도입 등 경제 전반에 걸쳐서 시장경제적 요소가 광범위하게 도입되었다. 이들 부문의 개혁은 과거 중앙이 독점하였던 권한을 광범위하게 지방 및 기업으로 이양하는 분권화 개혁이 그 핵심을 이루었다. 즉, 과거의 단일 은행체제에서 탈피하여 새로운 은행 및 비은행금융기관의 설립 및 이를 통한 금융기능의 효율성 제고, 지방과 중앙정부간의 재정청부제(財政請負制)[8] 실시를 통한 지방의 경제성장에의 적극성 제고, 지방 대외무역회사의 설립 허용을 통한 중앙의 독점적 대외무역권의 철폐 및 수출대금 중 일부 외환의 지방 및 기업내 유보 허용, 외자도입 승인권한의 지방 이양 등이 실시되었으며, 이로 인해 지방의 경제적 권한이 크게 확대되었다.

(3) 치리정돈(治理整頓)의 시기(1989~1991년)

중국정부는 1980년대 말의 고인플레[9]와 1989년 천안문(天安門)사태로 인한 경제적, 사회적 불안 확대에 대응하여 안정 확보를 국정의 최우선 과제로 삼게 되었다. 이에 따라 강력한 긴축정책이 실시되었는데, 특히 인플레 억제를 위하여 가격통제와 대출억제 형태의 행정적 수단을 통한 금융긴축이 실시되었다. 또한, 일시적이고 부분적인 개혁후퇴도 나타났는데, 그 대표적인 조치로 본격적인 가격개혁의 연기와 80년대 후반 급속히 증가했던 비국유기업에 대한 통제강화[10]를 들 수 있다.

그러나 이러한 치리정돈 시기에도 기본적인 개혁방향은 지속되었다고 볼 수 있다. 즉, 본격적인 가격자유화는 취소되었으나, 상대가격 구조를 합리화하는 차원에서 주요 물자의 가격을 조정하였고, 또한 비국유기업에 대한 강력한 통제도 일정 기간 후에는 크게 완화되었는데, 이는 고용창출에 대한 이들의 기여에 대한 인정에서 비롯되었다고 보인다. 즉, 1980년대 말 비국유기업의 위축으로 말미암아 중국 경제성장은 급격히 쇠퇴하였고 이에 따라 신규고용 창출이 힘들어지면서 실업이 증가하게 된 바, 이에 따라 정책당국은 점차 비국유기업에 대한 통제를 완화하지 않을 수 없게 되었다.

(4) 경제개혁 심화기(1992년~현재)

1992년 덩샤오핑의 '남순강화(南巡講話)'[11]는 중국의 개혁·개방을 심화시키는 결정적인 계기가 되었다. 새로운 변화를 요구하는 덩샤오핑의 선도에 따라 1992년 제14차 전국당대회에서 경제체제 개혁의 목표로 '사회주의시장경제'를 공식 채택함으로써 중국의 경제체제개혁이 새로운 단계로 접어들게 되었다. 이듬해인 1993년에는 헌법에 사회주의시장경제를 명문화하였으며 10월의 공산당 제14기 3중전회를 통하여 개혁방향을 보다 구체화하였다.

이 시기에는 시장화 개혁이 가속화 되어 소비재 시장뿐만 아니라 생산재 및 중간재 시장, 노동시장, 자본시장 등 생산요소 시장이 활성화되기에 이르렀다. 특히 상하이(上海)와 선쩐(深圳) 두 곳에 주식시장이 개설되어 자본시장의 개혁 실험도 본격화 되었다. 또한, 국유기업의 개혁도 현대기업제도의 건립이라는 명목으로 재산권의 명료화를 통한 기업의 독립법인화에 중점을 두었으며 기업간 인수·합병 장려를 통하여 국유기업의 효율화가 추진되었다.

특히 중소기업에 대해서는 매각, 임대경영 등을 보다 활성화하는 등 실질적 사유화가 진행되었으며 중앙은행 기능의 확립과 4대 국유 전업(專業)은행의 상업은행화를 골자로 하는 금융개혁의 추진도 이루어졌다. 이 밖에도 환율의 단일화를 이룩한 외환개혁, 일부 생산기업에 대한 대외무역권 부여를 포함하는 대외무역의 자유화 확대 등 대외무역 부문의 개혁도 진일보 되었다.

한편, 이 기간 중에 외국인직접투자의 급격한 증가가 주목할 만 하다. 중국은 개혁개방정책을 시작한 이후 지속적으로 대외개방을 확대해 왔으며, 그 핵심요소로서 외국인직접투자의 유치에 역점을 두어 왔다. 중국의 점진적 대외개방은 지역적으로 '점(點)→선(線)→면(面)'으로 개방지역을 확대하여 왔으며 1992년 이후에는 '4연(沿)[12]개방'이라는 전방위(前方位) 개방으로 확대되었다. 투자업종에 있어서도 1992년 이후 종래에는 금지되었던 도소매업, 운송업, 금융업 등의 서비스업은 물론 이거니와 발전소, 도로 등의 사회간접자본 투자도 크게 확대되었다.

3) 중국 경제체제 개혁의 특징

중국 경제체제 개혁의 첫째 특징으로서 점증적(漸增的) 개혁이라는 점을 들 수 있다. 즉, 중국의 개혁은 부분적 개혁으로 시작하여 점진적으로 개혁을 확대·심화시켜 나가는 특징을 보여 왔다. 특히 하나의 개혁을 단행하여 수혜자를 만들고 이를 기초로 새로운 개혁을 추진해 나가는 일종의 선순환(善循環)을 만들어 나가고자 하는 것이었다. 즉, 구(舊)체제 핵심에 대한 본격적인 개혁은 미룬 상태에서 주변 부분의 자유화를 통하여 개혁의 수혜자 겸 새로운 개혁의 주도자를 창출해 나가면서 핵심부문의 개혁을 유도하는 성격을 말한다.

둘째, 중국의 경제체제 개혁은 특정 지방이나 혹은 부문을 대상으로 실험을 거친 후 이를 전국적으로 확산시키거나 혹은 수정, 철폐하는 방식을 취해 왔다. 이러한 특징은 앞에서 지적한 점증적 성격과 관련된 것이지만, 개혁방식에 있어서 전반적인 청사진을 작성하고 이에 의거하여 체제를 전환시켜 가는 계획적 개혁이 아닌 상황 변화에 융통성 있게 대응하는 성격을 띠고 있다는 점이다.

셋째, 중국의 경제체제 개혁은 시장화에 중점을 둔 반면, 사유화는 적어도 표면적으로는 부정하거나 매우 점진적으로 도입해 가는 특징을 가졌다는 것이다. 즉, 시장이 자원배분의 역할을 담당한다는 의미에서의 시장화는 이제 거의 완성 단계에 진입하여 90% 이상의 상품거래가 시장에서 이루어지고 있으며 노동, 자본, 토지사용권 등 생산요소의 시장거래도 실질적으로 크게 진전되고 있다. 그러나 국유기업, 특히 대중형 국유기업의 사유화는 아직도 채택되지 못하였으며, 다만 다양하고 새로운 비국유기업의 등장을 허용하고 기업들 간의 시장경쟁을 유도하게 되었다.

넷째, 중국의 경제체제 개혁은 효과적인 분권화를 달성해 왔다는 특징을 가지고 있다. 이러한 분권화가 특히 진전된 것은 성(省)을 중심으로 지구(地區), 현(縣), 촌(村)에 이르는 지방단위에 대한 분권화라고 할 수 있다. 이는 각급 지방의 당정 관리들의 이해관계를 개혁과 연계시킴으로써, 지방들의 경쟁적 경제개발 추진을 유도하는 데에 성공하였다. 이러한 지방차원에서의 적극적인 경제개발 추진이 중국 경제성장의 원동력으로 작용했던 것이다.

끝으로 중국의 개혁정책은 대외지향적이라는 특징을 지니고 있다. 즉, 아시아 신흥공업국의 경제성장에 자극을 받아 개혁 이전의 자력갱생 정책을 실질적으로 포기하고, 적극적인 수출장려 정책과 외자유치 정책을 실시하였다. 이러한 대외지향적 개발정책은 노동집약적 경공업 성장을 유도함으로써, 중국의 산업구조를 요소부존 구조에 부합하도록 전환하는데에 크게 기여하였다. 한편 중국의 대외지향적 경제성장은 특히 동남부 연해지역을 중심으로 큰 성과를 거두었는데, 이 과정에서 이 지역과 혈연·지연 관계가 깊은 홍콩, 대만의 화교 자본의 기여가 매우 컸다는 평가를 받고 있다.

3. 중국식 사회주의 시장경제체제

1) 중국식 사회주의 시장경제체제의 도입 과정

(1) 중국식 사회주의 시장경제체제의 건설

중국은 1978년 개혁·개방 초기 이후부터 국내상황에 적합한 사회주의 시장경제체제를 건설하기 위한 방안을 강구하여 왔다. 개혁·개방 이후 중국의 지도부와 국민들은 국가위주의 계획경제체제와 경쟁위주의 시장경제체제간의 효율성에 대한 차이를 실감하면서 시장경제체제에 대한 긍정적인 평가와 인식이라는 사고의 대전환을 가져오게 되었다.

개혁·개방 초기 중국정부는 사회주의와 시장경제의 모순과 대립을 최소화하고 계획경제의 관념을 불식시키기 위하여 노력하였다. 중국 공산당 제12기 및 제13기 당대회를 거치면서 개혁·개방과 시장경제체제의 적용범위를 확대해 나갔으며 1990년대의 제14기 중전회(中全會)에서는 중국경제체제 개혁의 목표를 '사회주의 시장경제체제 건립'이라고 명확히 하고 있다. 사회주의 시장경제체제란 중국의 특수한 사회주의제도 하에 건립된 시장경제를 말하는 것으로 이는 곧 중국경제발전의 기본방향으로 향후 시장경제체제의 건립을 중국경제발전을 위한 핵심으로 삼는다는 것이다. 따라서 중국의 사회주의 시장경제체제로의 개혁목표와 확립은 중국 공산당이 사실상 경제체제를 시장경제체제로 선택한 것으로 볼 수 있다.

(2) 사회주의 하에서의 시장경제의 실행

중국의 개혁·개방의 방향과 시장경제체제로의 전환은 중국이 다시는 계획경제체제로 돌아가지 않을 것임을 의미하는 것이다. 이러한 시장경제체제가 계획경제체제를 유지해 온 사회주의 국가에서 이와 같이 강력한 힘을 가지게 된 이유는 다음과 같이 설명할 수 있을 것이다.

오늘날 중국의 경제활동은 복잡하고 세분화된 사회적 분업이 잘 이루어져 있고 경제조직이나 노동자 모두 독립된 경제적 이윤을 가질 수 있으며, 사회주의 체제하에서 화폐제도와 시장이 이미 매우 중요한 역할을 담당하고 있다. 이러한 복잡하고 다양한 사회변화 속에서 많은 기업들은 소비자들의 요구(Needs)에 부합하기 위해서 시장의 흐름과 변화에 맞추어 무엇을, 얼마만큼을, 누구를 위하여, 어떻게, 어디에서 생산할 것인가를 스스로 결정하고 있다. 즉, 시장경제제도로 시장의 '보이지 않는 손(Invisible hands)'이 작용하고 있는 것이다.

중국의 경제제도를 자본주의냐 사회주의냐의 관점으로 논할 수는 없을 것이다. 왜냐하면 중국정부는 사회주의제도 아래 시장경제제도가 함께 존재할 수 있음을 강조하고 있기 때문이다. 즉, 그들의 논리에 따르면 시장경제제도가 본래 어떠한 사회주의냐 혹은 자본주의냐 하는 성질을 갖고 있지 않다는 것이다. 그러므로 중국식 사회주의 시장경제제도를 이해하기 위해서는 사회주의는 계획경제, 자본주의는 시장경제라는 단순논리로 접근해서는 곤란하다는 것이다. 즉, 중국정부는 시장경제체제가 자본주의의 전유물(專有物)이 아니며 사회주의 체제 하에서도 얼마든지 실행가능하다고 여기고 있는 것이다.

(3) 중국식 사회주의 시장경제체제의 기본 특징

중국정부는 중국민족의 역사와 정치, 사회, 경제적 조건 등의 특수한 상황을 감안하여 중국 특유의 사회주의 시장경제체제를 건설하기로 하였다. 사회주의 시장경제는 사회주의 경제제도 및 정치제도와 결합될 뿐만 아니라, 사회주의 정신문명과도 결합된다고 볼 수 있으며 다음의 몇 가지 기본적인 특징을 가지고 있다.

첫째, 중국의 시장경제 운영의 기초는 공유제(公有制)에 기반을 두고 있다는 점이다. 중국은 서구 선진국과는 달리 사유제(私有制)를 시장경제주체로 보는 것이 아니라 공유제를 시장경제운영의 기초로 삼고 있다. 공유제를 위주로 하여 기타 각종 소유제를 시장경제의 주체로 삼고 있는데 이는 경제운영의 기초가 다르기 때문에 나타나는 본질적인 차이로 볼 수 있다.

둘째, 중국의 시장경제체제는 사회주의 원칙을 실현하는 데 초점을 두고 있다. 대부분 자본주의 국가들의 시장경제운영은 재산의 사유제를 근간으로 하고 있으며 이에 따라 사유재산의 확대와 소득차이가 현저히 발생하고 있는데 반하여 사회주의 경제체제는 공유제 위주로서 사유재산의 증가와 분배를 일정 수준으로 제한하고 있다. 소득분배를 함에 있어 노동, 생산요소, 사회 각종제도 등에 입각하여 모든 사회구성원의 바람직한 사회적 공평성을 추구한다. 이는 결국 지역발전의 균형과 빈곤층을 최소화하여 부유국가 건설을 실현하고자 하는 것이다.

셋째, 중국식 사회주의 시장경제는 국가의 시장경제에 대한 거시적인 조절통제를 인정하고 있다는 점이다. 시장경제는 자원배분 및 자원이용의 효율성을 강조함으로써 전통적인 계획경제에 비해 생산력 발전에 유리하다. 하지만 시장경제는 국가전체 차원에서의 총공급과 총수요의 균형을 해결할 수 없을 뿐만 아니라, 분배의 시행에 있어서도 소득격차에 따른 양극화를 초래할 수 있다는 폐단을 가지고 있어 결국 사회의 안정과 공동부유 실현에 있어 불리하게 작용할 여지가 있다. 이상과 같은 시장경제의 본질적인 문제점과 한계성은 국가의 유효 적절한 거시적인 조절통제기능이 필요한 근본이유가 되는 것이며, 특히 중국과 같은 개발도상국에서는 이러한 국가의 조절통제기능이 더욱 필요하다고 볼 수 있을 것이다.

넷째, 중국식 사회주의 시장경제는 물질문명의 건설에 기여함과 동시에 사회주의 정신문명의 건설과 결합되어야 함을 강조하고 있다는 점이다. 이는 중국식 시장경제가 자본주의 시장경제에 따른 문화적 측면의 폐단일 수 있는 배금주의(拜金主義)와 향락주의 및 극단적인 개인주의를 부정하는 시장경제임을 강조하는 것이다. 이는 곧 사회주의 물질문명의 건설과 사회주의 시장경제가 결합될 때만 중국식 시장경제는 중국 사회주의 건설에 기여할 수 있다는 의미이다.

2) 중국식 사회주의 시장경제체제의 방향

중국 공산당 제14기 중전회(中全會)에서는 사회주의 시장경제체제의 추구방향을 크게 다섯 가지로 설정하여 실행하고 있다.

첫째, 현대화된 기업제도의 확립이다. 현대화된 기업제도란 재산권 및 책임제도의 명확, 정치와 기업의 분리, 관리의 과학화를 지향하는 제도를 말한다. 현대화된 기업을 건설하는 것을 사회주의 시장경제체제를 건설하는 구심점으로 두고 있으며, 실질적으로 선진국 시장경제체제의 미시적 부분을 수용하는 것으로 볼 수 있다.

둘째, 공정한 시장체제의 수립이다. 공정하고 질서있는 시장체제의 건립은 시장경제발전에 있어 필수적인 사항이다. 중국정부는 건전한 시장체제의 성장을 위해 점진적으로 정부의 역할을 축소시켜 나간다는 계획을 가지고 있다. 정부는 앞으로 시장에 직접 참여하기보다는 보다 질서있고 개방된 시장환경을 제공하기 위해 노력할 방침이다.

셋째, 효율적인 거시적 경제관리이다. 경제운영의 거시적 관리는 경제운영의 모든 방면에 걸친 것으로 전체 국민경제 활동의 계획적인 조절과 통제를 말한다. 거시적 경제관리의 의의는 경제발전과정에서 나타나는 각종 문제점과 구조적 불균형을 수정, 예방하여 국민경제의 정상적 운영을 돕는 데 있다. 향후 중국정부는 시장경제의 요구에 부합하는 거시적 조절관리체제의 수립을 추구할 계획에 있다.

넷째, 노동에 근거한 개인소득분배제의 확립이다. 개인소득분배는 노동에 의한 가치창조에 근거하여 각종 제도와 효율과 공평의 원칙에 의해 분배한다. 또한, 기업은 물론 정부기관 스스로 임금수준과 지급방식에 대한 기준을 만들 수 있도록 하였으며 이를 통하여 노동자의 생산성을 향상시킨다는 목표를 세우고 있다.

다섯째, 사회보장제도의 건설이다. 사회보장제도란 국가가 일정한 법률과 정책에 근거하여 사회구성원의 기본생활권을 보장하는 사회안전망을 의미한다. 시장화의 경제에서 사회보장제도는 사회구성원의 사회·경제적 안정의 역할을 추구한다. 중국정부는 사회 다방면을 고려하여 사회보장체제를 건설하고 이를 통하여 사회구성원의 생활 안정과 사회주의 시장경제의 정상운영을 통해 국가의 점진적인 발전을 추구하고자 한다.

중국정부는 사회주의 시장경제체제에서 이상의 중요한 다섯 가지를 사회주의 시장경제체제의 발판을 마련했느냐의 근본기준으로 삼고 있다.

3) 중국식 사회주의 시장경제체제에 대한 평가

중국의 경제체제 개혁과정은 공산당 일당독재를 중심으로 한 사회주의 공유경제의 확산과정으로 볼 수 있다. 중국정부도 이를 위하여 사회주의 시장경제를 도입하여 중앙집권적 통제하에서 시장화 정책들을 도입 및 확산시켜 왔다. 그러나 중국의 사회주의 시장경제 도입 확대는 중국정부가 목표로 하고 있는 사회주의 체제의 건설과는 대립되는 측면이 엄연히 존재하고 있다. 오늘날 중국이 추진하고 있는 사회주의 시장경제화는 이미 돌이킬 수 없는 흐름으로 인정받고 있다. 이에 공유제와 공산당 중심의 사회주의 체제건설과 관련된 정치이념도 조금씩 변화되고 있다.[13]

하지만 분명한 것은 오늘날 중국정부가 추진하고 있는 중국식 사회주의 시장경제는 정치체제의 민주화를 동반하지 않은 수단으로써 시장경제를 도입하고 있다는 점을 알아야 할 것이다. 그러므로 중국식 사회주의 시장경제는 자본주의 국가에서 실현되고 있는 민주주의 제도의 바탕 위에서 확산, 심화되고 있는 시장경제체제와는 다른 측면에서 이해해야 한다. 따라서 사회주의와 공산당 일당독재 체제의 유지라는 정치적 프레임 속에서 중국식 사회주의 시장경제를 어떻게 양립시켜 나가야 할지는 향후 중국정부가 해결해 나가야 할 중요 과제로 볼 수 있다.

4. 중국경제의 대내외 현황 및 전망

1) 최근 중국경제의 대내외 현황

(1) 주요 대내외 경제지표

중국은 1978년 개혁·개방 이후 오늘날까지 세계경제사에서 그 유래를 찾아볼 수 없을 정도의 높은 경제성장을 달성하고 있으며 2010년에는 일본을 제치고 세계 제2위의 경제대국으로 부상하였다. 2019년 중국의 명목 GDP는 14조 2,434억 달러를 기록하고 있으며, 1인당 명목 GDP 역시 1978년 225달러에서 2019년 1만 121달러로 약 45배가량의 증가를 보이고 있다. 또한, 중국은 지속적인 경제성장과 더불어 수출방면에 있어서도 2019년 2조 499억 달러를 기록하여 세계 제1위의 수출대국으로 성장하였다. 수출품목별 구조에서도 과거의 1차상품 및 잡화의 비중은 축소된 반면 기계 및 운송장비 등 기술집약적인 2차상품의 비중은 꾸준히 확대되고 있는 실정이다. 수입에 있어서도 중국은 2019년 2조 770억 달러로 미국에 이어 세계 2위의 수입국으로 부상하였다. 이와 같이 최근 중국 무역량이 폭발적으로 증가하게 된 요인으로는 2001년 중국이 WTO에 가입하게 되면서 전면적인 개방이 이루어지게 되었기 때문이다.

한편 중국은 외환보유액면에서도 괄목할만한 성장을 기록하였다. 2019년 중국의 외환보유액은 3조 1,080억 달러로 세계 제1위를 기록하고 있는데 이는 그동안 중국의 지속적인 무역수지 흑자와 외국인직접투자(FDI) 유입의 증대결과로 설명될 수 있을 것이다 (표 2.1 참조). 이와 같이 최근 중국의 외환보유액 급증은 대외적으로 위안화평가절상 압력을 가중시키는 중요 요인으로 작용하고 있다. 이에 중국정부에서는 자국기업의 해외진출을 적극적으로 장려하는 '조우추취(走出去) 전략'을 실시하여 중국이 보유한 외환보유액을 적절하게 소비하게 함으로써

표 2.1 중국의 주요경제 지표 추이 (단위: 억 달러)

항목	1978	1980	1990	2000	2005	2010	2015	2019
GDP	1,473 (10)	1,882 (11)	3,546 (11)	11,985 (6)	22,439 (4)	59,305 (2)	108,669 (2)	142,434 (2)
1인당 GDP	2,250 (175)	3,130 (–)	3,410 (178)	9,460 (141)	17,150 (128)	43,820 (94)	82,800 (73)	101,210 (72)
무역액	210 (29)	380 (25)	1150 (11)	4,740 (8)	14,220 (3)	29,730 (2)	39,570 (1)	45,760 (1)
수출	98 (28)	181 (28)	621 (14)	2,492 (7)	7,620 (3)	15,780 (1)	22,750 (1)	24,990 (1)
수입	109 (27)	200 (22)	533 (14)	2,251 (7)	6,600 (3)	13,950 (2)	16,820 (2)	20,770 (2)
FDI 유입액	–	–	349	4,072	6,033	10,573	12,627	13,814
외환 보유액	1.7 (40)	−13 (37)	111 (7)	1,656 (2)	8,190 (2)	28,470 (1)	33,300 (1)	31,080 (1)

출처: 中華人民共和國國家統計局, 2020, 『中國統計摘要-2020』 (中國統計出版社).
주: ( ) 안은 세계 순위를 말함.

위안화평가절상 요인을 상쇄함은 물론이거니와 해외시장에서 외국기업들이 보유한 우수한 제조기술 및 경영노하우를 적극적으로 습득하게 함으로써 중국기업의 글로벌화를 적극적으로 추진하고 있다.

(2) 산업구조의 변화

중국경제의 급성장과 함께 산업구조도 크게 변화되고 있다. 특히 1978년 개혁개방정책으로 외국기업의 중국진출이 활발해 지면서 2차 및 3차 산업이 차지하는 비중이 높아진데 비해 1차 산업의 비중이 저하되고 있는 실정이다. 이는 중국의 산업구조가 개혁·개방 이후 공업화와 더불어 서비스산업화가 빠르게 진행되고 있음을 의미한다. 표 2.2에서 보는 바와 같이 GDP에서 서비스산업이 차지하는 비중은 1978년 23.9%에서 계속해서 증가하여 2019년에는 53.9% 수준을 기록하고 있다. 그러

표 2.2 중국의 산업 및 공업구조 변화 (단위: %)

연도	GDP 구성 변화			
	1차 산업	2차 산업	(공업)	3차 산업
1978	28.2	47.9	44.1	23.9
1980	30.2	48.2	43.9	21.6
1985	28.4	42.9	38.3	28.7
1990	27.1	41.3	36.7	31.6
1995	19.9	47.2	41.0	32.9
2000	15.1	45.9	40.4	39.0
2005	12.1	47.4	41.8	40.5
2010	10.2	46.9	40.0	43.0
2013	10.0	43.9	37.0	46.1
2015	9.0	40.5	33.8	50.5
2019	7.1	39.0	32.0	53.9

출처: 中華人民共和國國家統計局, 2020,『中國統計摘要-2020』(中國統計出版社).

나 이러한 3차 산업의 비중은 일본의 65%, 미국의 75%에 비하면 아직도 낮은 수준이라고 할 수 있음은 물론이거니와 인도의 62%, 브라질의 73% 등 여타 개도국 수준에도 못 미치는 실정이다. 이와 같이 중국의 3차 산업 발전이 미약한 주요 이유로는 외국기업에 대한 정부의 규제, 서비스업에 대한 국영체제의 유지 등으로 금융, 보험, 통신 등 고부가가치 서비스업종 발달이 미약하였기 때문이다.

(3) 세계의 생산공장에서 세계의 시장으로

개혁·개방 이후 중요한 변화 중 하나는 중국이 공업생산의 불모지에서 세계의 생산공장으로 변모했다는 점이다.[14]

표 2.3에서 보는 바와 같이 중국은 철강, 석탄, 시멘트, 화학비료, 면직포, TV, 자동차의 생산에서 세계 1위를 차지하고 있고, 자전거, 전지, 맥주, 의류, 방직품 등 100여 종의 경공업 제품에서도 세계 1위를 차지하고 있다. 특히, 중국의 철강 생산량은 1978년 3,178만 톤에서 1996년 1억 톤을 넘어서 현재 세계 1위의 생산국이 되었으며, 2019년에는 약 10억 톤을 생산하고 있다. 컬러TV 생산량은 1978년 4,000대에 불과하던 것이 2019년 약 1억 9,000만 대로 세계 1위를 차지하게 되었으며, 자동차 생산에 있어서도 1978년 14만 9,000대에서 2019년에는 무려 2,552만 8,000대를 생산하여 무려 170배 가량의 증가를 보여 자동차 대국인 미국을 제치고 세계 1위의 자동차 생산국으로 부상하기에 이르렀다.

이와 같이 중국이 오늘날 '세계의 생산공장'으로 급부상할 수 있게 된 주요 원인으로는 1978년 개혁·개방 이후 다양한 세제상의 혜택 및 인센티브 등을 제공하여 외국기업들의 중국진출을 계속해서 장려한 결과로 해석된다. 중국에 진출한 외국기업 입장에서는 그동안 중국에서의 생산 및 경영활동이 저렴한 노동력을 활용할 수 있을 뿐만 아니라 넓은

표 2.3 주요 공산품 생산량과 중국의 순위

품목	단위	1978년		2000년	
		생산량	순위	생산량	순위
원유	만 톤	10,405	8	16,300	5
발전량	억 KWH	2,566	7	13,566	2
조강	만 톤	3,178	5	12,850	1
석탄	억 톤	6.18	3	12.99	1
시멘트	억 톤	0.65	4	5.97	1
화학비료	만 톤	869	3	3,186	1
면직포	억 M	110	1	277	2
컬러TV	만 대	0.40	8	3,936	1
자동차	만 대	14.9	–	207	8

품목	단위	2015년		2019년	
		생산량	순위	생산량	순위
원유	만 톤	21,456	4	19,101	6
발전량	억 KWH	58,106	1	75,034	1
조강	만 톤	80,383	1	99,634	1
석탄	억 톤	36.50	1	38.46	1
시멘트	억 톤	23.59	1	23.50	1
화학비료	만 톤	7,432	1	5,731	1
면직포	억 M	893	1	576	1
컬러TV	만 대	14,476	1	18,999	1
자동차	만 대	2,450.40	1	2,552.80	1

출처: 中華人民共和國國家統計局, 2020, 『中國統計摘要-2020』(中國統計出版社).

소비시장을 확보할 수 있다는 점에서 중국진출의 가장 큰 유인으로 작용한 것으로 분석된다.

그러나 최근에는 이러한 중국이 생산기지로서의 매력이 점차 감소되어 가고 있다. 즉, 중국 경제발전과 더불어 노동자들의 임금수준이 상승되고 있으며, 토지임대료 및 원자재 가격도 급증하고 있고 위안화 가치 상승 등으로 대중 투자비용 상승이 급격하게 발생하고 있는 등 중국의 현지경영 환경이 나날이 악화되어 가고 있다. 이와 같이 최근 중국이 생산기지로서의 매력이 점차 상실되어 가고 있는데 반하여 거대 소비시장으로의 매력은 증가하고 있다. 2018년 미중무역 분쟁 발생과 2020년 '코로나19'로 인한 경기침체에도 불구하고 중국은 지속적인 경제성장으로 인하여 2020년 1인당 GDP가 1만 달러를 이미 초과하였으며, 이러한 추세가 계속된다면 2035년에는 2만 달러를 넘어설 것으로 예상된다. 이러한 국민소득의 증가는 중국의 내수시장규모를 확대시키는데 큰 기여를 하고 있는바 가전제품, 휴대전화, 맥주, 자동차 등 소비재 판매에서 중국은 현재 세계 최대의 소비규모를 기록하고 있다. 이와 같이 최근 14억 중국인은 세계의 공장에서 일하는 노동자에서 거대시장에서 소비하는 소비자로 변모하고 있으며, 이에 따라 외국 다국적기업들은 중국을 저렴한 노동력 활용차원보다는 넓은 소비시장을 개척하기 위한 차원에서의 진출로 패러다임이 전환되고 있다.

(4) 지역경제의 변화

1949년 신중국 성립 이후부터 개혁·개방 이전까지 중국은 '삼선(三線)건설'로 대표되는 내륙 중심의 투자 및 지역발전 전략을 추진하여 왔다. 이에 따라 개혁·개방 이전 중국의 경제성장은 연해지역과 중서부 지역의 균형발전이 이루어졌고, 1952년부터 1978년까지 동부지역과 내륙지역이 중국의 전체 GDP에서 차지하는 비중은 큰 변화가 없었다. 개혁·개방 이후부터 1990년대 말까지는 선부론(先富論)에 입각하여 연해와 동부지역을 중심으로 하는 불균형 발전전략이 추진되었다.

즉, 1980년대 초부터 1990년대 초반까지 경제특구, 연해개방도시, 연강(沿江)경제구, 내륙 중심도시, 철도와 고속도로의 연선(沿線) 및 국경연변(沿邊) 지대로 이어지는 다층적인 지역개방 전략을 추진하여 왔다. 그 결과 연해지역과 내륙지역 간, 동부·중서부지역 간 발전격차가 확대되는 결과를 초래하게 되었다. GDP에서 연해지역이 차지하는 비중은 1978년 52.5%에서 2005년 61.7%로 늘어난 반면, 중서부지역이 차지하는 비중은 47.5%에서 38.3%로 낮아지게 되었다.

이에 중국정부는 1990년대 말부터 연해지역과 내륙지역 간의 균형발전을 통한 발전격차 완화 및 시너지효과 극대화를 위하여 1999년 서부대개발(西部大開發) 전략, 2003년 동북진흥(東北振興) 전략, 2006년 중부굴기(中部崛起) 전략, 2013년 일대일로(一帶一路) 전략 등이 차례로 중앙정부의 승인을 받아 추진되고 있다. 이러한 지역간 균형발전 전략 추진을 통하여 2005년을 기점으로 중서부지역이 중국경제에서 차지하는 비중이 점차 높아지고 있는 실정이며 2019년의 경우 중서부지역의 GDP가 중국 전체 GDP의 45.6%를 차지하고 있다.

표 2.4 중국 GDP의 지역별 분포 변화 (단위: %)

	1952	1978	1980	1985	1990	1995	2000	2005	2010	2015	2019
전체	100.0	100.0	100.0	100.0	100.0	100.0	100.0	100.0	100.0	100.0	100.0
동부	51.6	52.5	52.2	52.8	54.9	58.4	60.4	61.7	57.2	55.4	54.4
중부	31.3	29.1	29.6	29.1	28.6	26.1	24.4	23.4	24.1	24.5	24.8
서부	17.1	18.4	18.2	18.1	16.5	15.5	15.2	14.9	18.7	20.1	20.8

출처: 中華人民共和國國家統計局, 2020, 『中國統計摘要-2020』(中國統計出版社).

글상자 2.2 일대일로

시진핑 국가주석이 2013년 9~10월 중앙아시아 및 동남아시아 순방에서 처음 제시하였다. 일대일로(一帶一路)는 중국이 내놓은 최초의 공개적이고 체계적이며 종합적인 지역협력 및 지역개발전략으로 육해상 신(新)실크로드 경제권을 형성하고자 하는 중국의 국가전략으로 중국의 향후 35년(2014~2049년)의 대외노선에 대한 '구상'이자 '비전'으로 평가된다. '일대(一帶)'는 여러 지역들이 통합된 '하나의 지대(One belt)'를 가리킨다. 구체적으로는 중국-중앙아시아-유럽을 연결하는 '실크로드 경제벨트'를 뜻한다. '일로(一路)'는 '하나의 길(One road)'을 가리킨다. 동남아시아-서남아시아-유럽-아프리카로 이어지는 '21세기 해양 실크로드'를 뜻한다. 일대일로는 중국의 지정학적 위치를 활용하여 내륙과 해양을 연결하여 60여 개국 44억 명을 아우르는 글로벌 경제의 중심적 역할을 구축하고자 하는데 그 추진 목적이 있으며 미국의 '팍스 아메리카(Pax America)'에 대응하여 중국이 세계 경제 질서의 중심 역할을 하기 위한 '팍스 차이나(Pax China)'시대로 나아가는 발판을 마련하기 위함이라는 분석도 있다.

2) 중국경제 성장의 요인

1978년 개혁·개방 이후 중국경제는 연평균 10%내외의 고속성장을 실현하여 왔으며 2010년에는 일본을 제치고 세계 2위의 경제대국으로 부상하게 되었다. 2019년에 접어들면서 중국의 경제 성장률이 6%대로 다소 둔화되었지만 경제규모 면에서 미국을 따라잡는 것은 시간문제로 보여진다. 이와 같이 중국경제가 역동적인 성장을 이룩할 수 있었던 주요 요인을 제시하면 다음과 같다.

첫째, 저렴하고 풍부한 인적자원을 들 수 있다. 즉, 중국은 개혁·개방을 통하여 높은 기술수준과 풍부한 자본을 지닌 외국 기업들을 적극 유치하여 국내의 값싸고 풍부한 노동력과 결합하여 저렴한 제품을 생산할 수 있었으며 이를 해외로 수출하여 막대한 달러를 벌어들일 수 있었던 것이다. 이는 중국이 시장경제의 발달과 함께 14억이라는 거대한 소비시장을 형성하는 선순환을 이룬 결정적인 원인으로 작용하기도 했다.

둘째, 바로 '붉은 자본주의'[15]를 들 수 있다. 중국에서는 공산당의 심기를 불편하게 하는 행동만 하지 않으면 개인이든 기업이든 마음대로 돈벌이에 몰두할 수 있다. 알리바바(Alibaba) 같은 초거대기업이 출현하거나 앤트(Ants) 파이낸셜처럼 고객의 신용등급을 마음대로 조정하더라도, 그 누구도 이에 대한 불만을 제기할 수 없다. 왜냐하면, 중국 당국에 거스르지 않는 한 돈벌이에 관한 규제는 아무것도 존재하지 않기 때문이다. 이러한 상황은 마치 산업혁명 직후의 영국이나 1990년경에 2차 산업이 비약적으로 발전했던 미국의 상황과 흡사하다.

셋째, 개혁개방정책 추진과정에서 장기간의 경제발전 계획을 치밀하게 수립하여 이를 빈틈없이 실천하게 한 최고지도자의 강력한 리더십과 유능한 당정(黨政) 간부의 역할도 빼놓을 수 없다.

끝으로, 하이테크, 유니콘(Unicorn) 기업[16]의 대두이다. BATH(Baidu, Alibaba, Tencent, Huawei)를 필두로 거대 IT기업이 속속 등장하여 중국경제에 새로운 활력을 불어 넣고 있다. 또한, 오늘날 중국은 세계 최대의 유니콘 기업 보유국가로 부상하였는데 2019년 기준으로 중국이 보유한 유니콘 기업 수는 206개로 이미 미국(203개)을 추월하였으며 3위 국가인 인도(21개)와는 상당한 격차를 보이고 있다. 이와 같이 오늘날 중국은 기업가 정신으로 무장한 수많은 청년들이 스타트업 창업을 통해 다양한 비즈니스 모델과 혁신적인 제품 개발에 나서고 있는 데다 벤처캐피털(Venture capital)이 이들에게 과감하게 투자하면서 유니콘 기업의 산실로 부상하게 되었으며 최근 이러한 유니콘 기업들이 중국 경제성장의 새로운 발전 동력을 제공하고 있다.

3) 중국경제의 문제점

(1) 에너지 부족

넓은 국토를 가지고 있는 중국은 석유, 철광석 등 풍부한 지하자원을 보유하고 있으나, 고도경제성장과 국민생활수준의 향상에 따른 에너지 소비량이 나날이 증가하고 있는 실정이라 오늘날 주요 자원의 상당부분을 수입에 의존하고 있다. 1993년 이후, 에너지 순수입국으로 돌아선 중국은 2010년 이후로 석유수입 의존도가 지속적으로 상승하여 2019년의 경우 70%에 달하였으며 2017년부터 세계 최대의 원유수입국이 되었다. 게다가 급속한 경제성장으로 중국의 석유수입 의존도는 향후 지속적으로 높아질 전망인데 반해 중국 내 원유와 천연가스 매장량은 이르면 14년 이내에 고갈될 것이라는 관측이 나오고 있다.

이러한 에너지의 안정적인 확보를 위하여 중국정부에서는 '자원외교'를 통한 에너지 확보에 전력을 기울이고 있다. 즉, 중국 시진핑(習近平) 국가주석이 2018년 베이징(北京)에서 '중국-아프리카 협력포럼'을 개최한 것도 자원 확보와 유엔 등 국제사회의 주도권 경쟁에서 아프리카를 우방국으로 만들기 위한 목적이며, '상하이협력기구(Shanghai Cooperation Organization)'를 창설한 것도 중앙아시아에서 자원확보에 유리한 위치를 점하기 위한 것이다. 한편 중국정부는 에너지 확보를 위한 범정부 비상대책기구인 '국가에너지소조(小組)'를 2005년 출범시켜, 향후 국가 에너지 발전전략과 계획수립, 전 세계적 에너지 개발, 에너지 대외협력, 국가적 에너지 절약방안 등 에너지 관련 중대정책을 연구하고 이를 국무원(國務院)에 제의하기에 이르렀다.

중국이 이처럼 '에너지소조'를 발족해 에너지 확보에 총력을 나선 것은, 미국 주도의 국제석유시장에서 안정적인 에너지원을 확보하지 못할 경우 경제발전과 군사력 증강 등 국가의 종합안보가 큰 위협을 받을 수

글상자 2.3 상하이협력기구

상하이협력기구는 중국, 러시아, 우즈베키스탄, 카자흐스탄, 키르기스스탄, 타지키스탄 등 6개국 정상들이 2001년 7월 14일에 설립한 국제기구이다. 1996년 4월 26일 중국 상하이(上海)에 모인 러시아, 중국, 카자흐스탄, 키르기스스탄, 타지키스탄 정상들이 「국경 지대의 군사적 신뢰 강화를 위한 조약」을 체결하면서 '상하이 5국(Shanghai Five)'이 형성되었다. 2001년 6월 15일에 우즈베키스탄이 합류하면서 상하이 5국은 상하이협력기구로 개편되었으며 인도, 파키스탄은 2017년 6월 9일 가입하였다. 상하이협력기구는 테러리즘, 분리주의, 극단주의를 "3대 악(惡)"으로 규정하고 이에 대한 공동 대응을 모색하는 한편 중앙아시아, 유라시아의 안전보장 확립을 설립 목적으로 한다. 또한, 회원국 간의 정치, 경제, 군사, 문화 등 폭넓은 분야에서의 협력 강화를 도모하고 있다. 이러한 이유로 상하이협력기구가 북대서양조약기구(NATO)를 견제하기 위해 만들어 졌다고 보는 시각도 있다. 현재 상하이협력기구의 회원국은 중국, 러시아, 인도, 파키스탄, 카자흐스탄, 우즈베키스탄, 키르기스스탄, 타지키스탄 등 8개국이며, 옵서버(Observer)로는 아프카니스탄, 벨라루스, 이란, 몽골 등 4개국이 있다.

도 있다는 위기감이 작용한 것으로 분석된다.

(2) 소득격차

중국은 1978년 이래 개혁개방정책을 과감히 실행하여 비약적인 경제성장을 이룩하였으나 이러한 급속한 경제성장과정에서 도농간, 지역간, 계층간 소득격차가 크게 확대되어 왔다. 이러한 소득격차의 확대는 내란 및 폭동을 유발하여 사회안정을 위협할 정도로 심각한 사회문제로 부상하고 있다. 소득격차를 파악할 수 있는 가장 대표적인 지니계수(Gini coefficient)[17]의 경우 0.4를 초과하면 소득분배 구조에 심각한 문제가 있는 것으로 파악할 수 있는데 중국은 이미 2000년에 0.458을 기록하였다.[18] 한편 연해지역과 중서부지역 간의 소득 격차 역시 표 2.5에서 보는 바와 같이 심화되고 있는데, 중국의 최고 소득지역인 상하이(上海)시와 최저 소득지역인 구이저우(貴州)성 간의 1인당 GDP 차이는 1990년 7.3배에서 2000년에는 11.3배까지 확대되었다. 그러나 2000년대 이후부터 중국의 중서부지역 투자 확대로 그 격차는 점차 축소되

표 2.5 중국의 소득격차 변화

		1978	1985	1990	2000
소득 격차 (위안)	상하이(上海)시 1인당 GDP(A)	2,485	3,811	5,911	30,047
	구이저우(貴州)성 1인당 GDP(B)	175	420	810	2,662
	A/B(배)	14.20	9.10	7.30	11.30
도농 격차 (위안)	도시가처분 소득(A)	343	739	1,510	6,256
	농민순수입(B)	134	398	686	2,282
	A/B(배)	2.56	1.86	2.20	2.74
		2005	**2010**	**2015**	**2019**
소득 격차 (위안)	상하이(上海)시 1인당 GDP(A)	51,474	76,074	103,141	157,279
	구이저우(貴州)성 1인당 GDP(B)	5,052	13,119	29,847	46,433
	A/B(배)	10.20	5.80	3.50	3.40
도농 격차 (위안)	도시가처분 소득(A)	10,382	18,779	31,195	42,359
	농민순수입(B)	3,370	6,272	11,422	16,021
	A/B(배)	3.08	2.99	2.73	2.64

출처: 中華人民共和國國家統計局, 2020, 『中國統計摘要-2020』(中國統計出版社).

고 있기는 하지만 2019년 현재 여전히 3.4배의 현저한 격차를 유지하고 있다.

도농간 소득격차 역시 이미 우려의 수준을 넘어서고 있는데 도시 가처분소득 대비 농촌 순수입의 비율이 1978년 2.56배에서 지속적으로 확대되어 2010년의 경우 3.08배의 격차를 보였으나 최근에는 다소 줄어들어 약 2.64배의 격차를 보이고 있다.

중국정부에서는 이러한 소득격차문제를 근본적으로 해결하기 위하여 최근 '균부론(均富論)'을 내세워 부의 균등한 분배를 통한 질적인 경제성장을 모색하고 있는 바 이를 위하여 표 2.6에서 보는 바와 같은 소득분배시스템, 세제 등 다방면에 걸쳐 제도개선책을 제시하고 있으나 아직까지 가시적인 성과는 없는 상황이다.

(3) 인구 노령화와 노동력 공급의 약화

중국의 경제성장은 노동력의 투입 확대를 통해 이루어져 왔다고 할 수 있으나, 1970년대 중반 가족계획[19]을 실시한 이후 인구증가율이 크게 둔화되어 노동력 공급 증가속도가 급격히 떨어지고 있는 실정이다. 2019년 기준으로 중국 인구의 자연증가율은 0.334%의 매우 낮은 수준을 유지하고 있는 바, 이러한 추세가 지속될 경우 중국의 인구는 2031년 14.6억 명으로 최대에 달한 후 감소세로 전환되어 '인구절벽'에 직면

표 2.6 중국정부의 소득분배 불균형 해소방안

분야	정책목표
부의 분배	사회적 분배시스템의 표준화, 지나치게 높은 소득에 대한 단속, 극빈층 지원확대, 불법소득 단속강화, 최저소득보장
국영기업	감독 및 행정시스템 강화로 독점횡포 방지
세제	소득세법 개정, 상속제 도입, 합법적 소득원 보호

할 것으로 전망되고 있다. 한편 중국은 출산율 저하와 함께 평균수명 연장에 따른 인구 노령화도 급속하게 진행되고 있는 가운데 임금도 지속적으로 상승하고 있어 노동 투입에 의한 성장이 제한을 받을 것으로 전망되고 있다. 중국 노동력의 인력구조에 있어서도 2010년 이후부터 생산가능인구(15~65세)의 비중은 하락하기 시작하였고, 65세 이상의 노령인구의 비중은 점차적으로 상승하여 2019년의 경우 12.6%를 기록하고 있다 (표 2.7 참조). 이러한 인구의 노령화는 노동력 공급의 축소는 물론 사회보장 부담을 가중시킴과 동시에 전반적인 임금수준의 상승을 가져옴으로써 중국의 중장기 성장잠재력을 저하시키는 요인으로 작

표 2.7 중국의 인구 현황

	1978	1980	1990	2000
인구(A,만 명)	96,259	98,705	114,333	126,743
자연인구 증가율(%)	1.200	1.187	1.439	0.758
65세 이상 인구비중(%)	–	4.9*	5.6	7.1
취업자 수(B, 만 명)	40,152	42,361	64,749	72,085
(B/A, %)	41.7	42.9	56.6	56.9
직공 평균 임금(위안)	615	762	2,140	9,333
	2005	**2010**	**2015**	**2019**
인구(A,만 명)	130,756	133,972	137,462	140,005
자연인구 증가율(%)	0.589	0.479	0.496	0.334
65세 이상 인구비중(%)	7.7	8.9	10.5	12.6
취업자 수(B, 만 명)	74,647	76,105	77,451	77,471
(B/A, %)	57.1	56.8	56.3	55.3
직공 평균 임금(위안)	18,200	36,539	62,029	90,501

출처: 中華人民共和國國家統計局, 2020,『中國統計摘要-2020』(中國統計出版社).
주: *는 1982년 기준 통계임.

용할 것으로 보인다. 이러한 인구 고령화와 노동인구 감소 문제가 심각한 사회적 문제로 대두되자 중국정부에서는 2013년 부모 중 한쪽이 독자(獨子)일 경우 두 자녀까지 허용하기로 정책 방침을 수정한데 이어 2016년부터는 '전면적 두자녀 정책'을 실시하게 되었으며 2021년부터는 세 자녀 허용정책을 실시하고 있다.

(4) 실업문제

매년 중국의 노동력은 약 1,600만 명씩 증가하고 있으나 이들을 수용할 수 있는 고용창출에는 한계가 있어 실업이 증대되고 있는 실정이다. 여기에 국유기업의 개혁과 구조조정과정에서 나타난 대규모 실업은 사회안정을 위협하는 큰 요인이 되고 있다.

공식적으로 발표된 중국의 2019년 실업률은 3.6%이나 실제 실업률은 그 이상(일시 해고자와 농촌 잉여노동력 포함)일 것으로 추정된다. 현재 중국의 실업은 특정 산업과 지역에 집중되고 있으며,[20] 실업통계에 잘 잡히지 않는 농민공(農民工)과 대졸자들이 큰 부분을 차지하고 있는 실정이다.

중국경제가 과거와 같이 두 자릿수의 고도성장을 지속적으로 유지하기가 어려울 것이라는 점을 감안한다면, 이러한 실업사태는 장기화 될

표 2.8 중국의 실업률 현황

구분 \ 연도	1990	1995	2000	2004	2006	2010	2013	2015	2019
실업자수 (만 명)	383.2	519.6	595.0	827.0	847.0	908.0	926.0	966.0	945.0
실업률 (%)	2.5	2.9	3.1	4.2	4.1	4.1	4.1	4.1	3.6

출처: 中華人民共和國國家統計局, 2020, 『中國統計摘要-2020』(中國統計出版社).

가능성이 높지만 실업자의 대부분이 농민공들로 고향에서 토지를 소유하고 있고 과거와는 달리 정부로부터 보조금과 재취업 서비스를 제공받고 있기 때문에 직접적으로 중국의 사회불안 사태로 이어질 가능성은 희박한 것으로 보인다.

4) 중국경제의 향후 전망

중국경제는 GDP 규모면에서 2010년 이미 일본을 추월하였으며, 중국경제의 고도성장이 지속될 경우, 향후 20년 내 미국을 추월하여 세계 최대 경제대국으로 부상할 것으로 전망되고 있다. 대부분의 분석기관들은 2035년을 전후하여 중국의 GDP 규모가 미국을 앞지를 것으로 예상하고 있다. 이를 구체적으로 살펴보면, 골드만 삭스(Goldman Sachs)는 중국이 2039년에 미국을 추월할 것으로 예상하였으며 카네기재단의 중국경제 전문가인 앨버트 키델(Albert Keidel)은 2030년 중국이 미국경제를 추월하고, 2050년에는 미국의 두 배에 달할 것으로 예측하였다. 한편 영국의 싱크탱크 경제경영연구소(CEBR)는 중국은 숙련된 '코로나19' 방역 통제 덕분에 경제 위기를 상대적으로 빨리 극복하고 있다면서 이전 예상보다 5년 앞당긴 2028년에는 미국을 제치고 세계 최대 경제대국으로 부상할 것으로 예상하였다. 또한, 중국 국무원(國務院) 산하 발전연구중심은 "미국과 경제·기술·지정학적 경쟁이 가속화하고 있음에도 내수시장 중심의 새로운 발전 전략을 채택한 중국의 경제적 부상을 막을 수는 없을 것"이라고 하면서 중국경제가 2032년에 이르면 미국을 제치고 세계 1위로 올라설 것이라고 예상하였다.

주

1) 전국인민대표대회(줄여서 '全人大')가 국가차원의 조직이라면 전국대표대회(黨대회)는 공산당의 최고권력기관을 지칭한다. 그러나 평상시 최고의사결정기구는 중앙위원회라고 하는데, 임기가 5년이고 위원수는 3백명 내외로서 6,000만 공산당원을 대표한다. 중앙위원회는 5년에 한번 당대회를 소집한다. 전인대가 3월에 열리는데 비해 9월에 열리며, 당대회 이후 매년 한차례 중앙위원들만 모여 갖는 회의를 중앙위원회 전체회의, 즉, '중전회(中全會)'라고 부른다. '11기 3중전회'라고 하면 제11차 당대회 이후 세 번째로 열린 중앙위원회 전체회의라는 것을 의미한다.
2) 잡초론이란 바로 '사회주의 잡초를 심을지언정 자본주의 싹을 키워서는 안된다'라는 이데올로기 중심의 극단적인 이념을 말한다.
3) 중국 농업 경제개혁의 대표적인 사례로, 1978년 이후에 나온 제도가 아니며, 일찍이 1960년대 초에 농업 집단화의 비효율성에 자연재해까지 겹쳐, 많은 농민들이 아사(餓死)하는 사태가 발생하자 중국의 일부 지방에서 비상조치로 '농가책임경영제'를 실시하여 현저한 농업 증산효과를 거둔 적이 있었다. 그러나 얼마 후 단지 이 제도가 '사회주의'적인 농업 집단화정책에 상충된다는 한 가지 이유만으로 금지되었고 '농가책임경영제'에 호의적인 태도를 보인 덩샤오핑이 후일 실각하게 되는 중요한 원인으로 작용하게 된다.
4) 8인 미만의 종업원을 고용하는 사기업(私企業)을 말한다.
5) 이윤유보제는 과거에 국가재정에 흡수되었던 이윤의 일부를 자체 유보하고 이를 그 기업내에 생산발전기금, 종업원 복리기금, 보너스 기금 등으로 나누어 사용하도록 하는 것을 말한다.
6) 중국은 생산력이 낙후되어 사회주의 초급단계에 머물러 있기 때문에 우선적인 임무인 생산력 발전에 매진해야 한다는 것이다. 이 이론에 따르면 생산력이 낙후한 중국으로서는 생산력 발전, 즉, 경제건설이 가장 우선 과제여야 한다는 것이다.
7) 8인 이상의 종업원을 고용하는 사기업(私企業)을 말한다.
8) 지방 재정수입의 일정액을 중앙에 상납한 후 잔여 재정 모두를 지방정부에 귀속시키는 것을 말한다.
9) 중국정부는 1980년대 말 본격적인 가격개혁을 준비하여 실질적인 가격자유화 실시단계에 들어섰으며 이러한 가격개혁 실시 전망에 따른 인플레 기대심리는 심한 사재기 현상과 저축의 인출 및 이에 따른 높은 인플레를 야기하였다.
10) 비국유기업에 대한 통제강화 논리로는 비국유기업이 급증하면서 기업들 간에 희소자원(자금, 전력, 주요 원자재 등)에 대한 확보경쟁이 심해지고, 이 과정에서 경제질서가 파괴되어 국유기업의 정상적 운영이 힘들어 졌다는 점을 들 수 있다.
11) 1992년 1월 말부터 2월 초까지 덩샤오핑이 천안문사태 후 중국 지도부의 보수적 분위기를 타파하기 위해 상하이(上海), 선쩐(深圳), 주하이(珠海) 등 남방 경제특구를 순시하면서 너욱너 개혁과 개방을 확대할 것을 주장한 담화를 말한다.
12) 4연(沿)이란 연해(沿海), 연강(沿江), 연변(沿邊), 연선(沿線)을 의미한다.
13) 가령, 2002년 11월 중국 공산당 중앙위원회 전체회의에서 장쩌민(江澤民) 총서기

는 사영(私營)기업가의 공산당 입당을 허용하게 되었는데 이는 자본가의 입당을 엄격히 제한했던 기존의 공산당 내부 방침과는 많이 변화된 당(黨)의 방침이다.

14) 18세기에서 20세기 초반까지 100여 년간 영국이 세계의 생산공장 역할을 담당하였고, 20세기 초반부터 1970년대까지는 미국이, 제2차 세계대전 이후에는 일본이 그 역할을 담당해 왔다. 그러나 1990년대 이후 중국이 그 역할을 담당하고 있다.
15) 공산주의 국가가 자본주의 경제 체제를 채택하는 것을 의미한다.
16) 기업가치가 10억 달러 이상인 비상장 스타트업(Start-up) 기업을 말한다.
17) 소득이 어느 정도 균등하게 분배되는가를 나타내는 소득분배의 불균형 수치로서, 0과 1사이의 값을 가지며 그 값이 클수록 소득분배가 불균등함을 나타낸다.
18) 중국정부가 마지막으로 발표한 2017년 지니계수는 0.467을 기록하고 있다.
19) 중국의 한 가구 한 자녀 정책을 말하는 것으로 중국에서는 '計劃生育'라고 한다.
20) 오늘날 중국의 실업은 지역적으로는 국유기업이 밀집한 동북 3성, 업종별로는 방직과 기계 등 그동안 혹독한 구조조정을 겪은 제조업 부문에서 심각하게 나타나고 있다.

참고문헌

고정식. 2015.『도표와 통계로 배우는 중국경제』. 서울: 신아사.

곽복선 외. 2014.『중국경제론』. 서울: 박영사.

구기보·홍기석. 2017.『중국경제론(제2판)』. 서울: 삼영사.

김동하. 2012.『현대 중국경제와 통상제도』. 부산: 부산외국어대학교 출판부.

김상욱. 2011.『중국지역경제론』. 서울: 신아사.

김용선. 2013.『중국경제와 통상』. 천안: 남서울대학교 출판국.

김태식. 2020. "중국의 경제 질서 변화와 지역 간 경제 불균형 문제에 관한 연구."『질서경제 저널』, 제23권 제1호.

박동수. 2016.『중국경제』. 서울: 도서출판 두남.

박병광. 2002. "개혁시기 중국의 지역격차 실태와 영향."『국제지역연구』, 제6권 제2호.

박선화. 2018. "중국의 경제성장 패러다임 전환과 노동정책의 변화."『중국지식네트워크』, 제11권.

서봉교. 2017.『중국경제와 금융의 이해』. 서울: 도서출판 오래.

신주식. 2006. "중국 사회주의 시장경제 이론형성의 근원과 발전과정에 관한 연구."『중국연구』, 제38권.

오승렬. 2001. "중국경제의 변화와 대외경제정책."『중국학연구』, 제20권.

이상윤. 2018. "중국식 시장경제의 지속가능성 연구: 중국 국정운영방식을 중심으로."『중국학논총』, 제58권.

이정식. 2018. "중국 개혁개방 40년: 경제발전 회고와 전망."『중국학논총』, 제60권.

이종찬 외. 2018. "중국 지역별 산업구조와 경제성장."『현대중국연구』, 제20권

제1호.
이효영. 2003. “중국의 WTO 가입과 경제개혁: 중국의 향후 경제제도 개혁에 대한 WTO 가입의 함의.”『경영경제』, 제36권 제1호.
조수성 외. 2018.『중국학입문』. 서울: 신아사.
조준현. 2014.『중국경제 개혁·개방에서 지속가능한 발전으로』. 부산: 부산대학교 출판부.
하버드대학 중국연구소 지음. 이은주 옮김. 2018.『하버드대학 중국 특강』. 서울: 미래의 창.
한재현. 2020.『쉽게 배우는 중국경제』. 서울: 박영사.
허흥호. 2017.『중국경제의 이해』. 서울: 비앤엠북스.

3장

중국의 사회문화

남대엽(계명대 중국어중국학과)

중국은 거대한 국가이다. 황하문명에서부터 시작된 5,000년의 역사와 한국의 약 100배에 달하는 국토에서 기원한 다양한 문화를 보유하고 있다. 본 장에서는 우선 중국의 지리적 특성과 행정단위에 대해 개괄한 후 현대 중국의 사회구조를 이해할 수 있는 인민공사와 단위사회에 대해 살펴본다. 그리고 대약진 시기 도시와 농촌의 인구 이동을 억제하기 위해 시행된 호구제도, 개혁개방과 함께 도입된 한 자녀 정책이 현재 사회 및 교육 환경에 미치는 영향을 분석한다. 마지막으로 현재 중국의 가장 중요한 문제로 꼽히는 환경, 소수민족 문제를 이해하고 세계에서 사랑받는 중국 음식과 차 그리고 술에 대해 살펴보자.

1. 중국의 지리적 특성과 사회구조

1) 중국의 기후와 행정단위

중국의 정식 명칭은 중화인민공화국(PRC: People's Republic of China)이다. 약 14억의 세계 최대 인구를 보유해 전 세계 인구에서 5명 중 1명은 중국인이다. 국토 총면적은 960만 km^2로 세계에서 4번째로 넓은 영토를 가지고 있다. 동서 5,200km의 거리로 약 4시간의 시차가 발생하지만, 베이징 표준시간을 공통으로 사용하며, 한국과는 1시간의 시차가 발생한다. 기후적으로는 동북지역의 냉대기후, 서북지역의 건조기후, 서남지역의 고산기후, 중부지역의 온대기후, 하이난지역의 열대기후까지 기후백화점의 모습을 보이고 있다. 광활한 국토와 함께 국경을 접하고 있는 국가들도 많다. 동쪽의 북한에서부터 시작해 시계 반대방향으로 러시아, 몽골, 카자흐스탄, 키르기스스탄, 타지키스탄, 아프가니스탄, 파키스탄, 인도, 네팔, 부탄, 미얀마, 라오스, 베트남 등 14개 국가와 국경선을 마주하고 있다. 이같이 다양한 국가들과 국경선을 맞대고 있다는 점은 멕시코, 캐나다 등과만 국경선을 접하고 있는 미국과 큰 차이점이다.

중국의 행정구역은 4개의 직할시와 23개의 성(省), 5개 자치구, 2개의 특별행정구로 구성되어 있다. 4개의 직할시는 중국의 대도시를 상징하는 베이징과 상하이 그리고 한국의 개항장이었던 인천과 유사한 기능을 맡고 있는 톈진과 중국 중서부지역의 성장을 견인하는 충칭이 포함되어 있다.[1)] 5개 자치구는 중국 대륙의 외곽지역에 위치한 네이멍구자치구, 광시장족자치구, 시짱자치구, 닝샤후이족자치구, 신장위구르자치구를 말한다. 2개의 특별행정구는 중국 남부 연안에 위치해 과거 영국과 포르투갈의 지배를 받았던 홍콩과 마카오를 포함한다.

중국의 성은 한국의 도(道)와 유사한 행정단위이며 중국인에게 매우 깊은 의미가 있다. 성의 구분은 큰 강과 산맥 등과 같은 지리적 요인과 점령과 분할과 같은 역사적 배경으로 구분되는 경우가 많다. 여기에는 베이징을 둘러싸고 있는 허베이성, 상하이시를 접하고 있는 장쑤성, 저장성 등이 포함된다. 중국에서는 처음 사람을 만났을 때 상대방의 고향을 가장 많이 묻고 상대는 자신이 태어난 성으로 답변한다. 이때 두 사람이 같은 성이거나 인접한 성 출신이면 서로에게 특별한 호감을 표하는 경우가 많다.

그리고 중국의 마지막 23번째 성은 타이완성을 의미한다. 한국에서는 타이완을 독립국가로 간주하는 경우가 있지만, 여기에는 논쟁의 여지가 있다. UN에서도 1971년 중화인민공화국이 타이완(중화민국)을 대체했다. 현재 타이완은 UN에서 공식적인 국가로 인정받지 못하고 있다. 하지만 실질적으로 타이완은 정치, 경제적으로 독립된 체제를 유지하고 있기 때문에 일부 국제기구에서는 타이완을 별도의 단위로 구분하기도 한다.

한편 중국은 56개의 민족으로 구성된 다민족 국가이다. 이 중 국민 대다수(91.5%)를 차지하는 한족을 제외한 소수민족은 중국 외곽지역의 자치구에 집중되어 있다. 그 중 소수민족의 인구 비중이 높은 5개의 자치구는 몽골에서 분리된 네이멍구자치구, 광시좡족자치구, 시짱자치구(티벳), 닝샤후이족자치구, 신장위구르자치구 등이 있다. 이외에도 우리와 밀접한 연변 조선족자치주 등이 있지만, 이는 성 단위 이하의 자치구로 5대 자치구와는 구분된다.

지도 3.1 중국 지도

2) 인민공사와 단위사회

중국의 현대 사회구조를 이해하기 위해서는 1949년 중화인민공화국 설립 이후의 역사를 살펴보아야 한다. 중국 공산당은 공동생산 공동분배 원칙을 실현하는 공산주의 유토피아를 건설하기 위해 농촌과 도시에 각각 인민공사(人民公社)와 단위사회(單位社會)를 설립했다. 인민공사는 대약진운동 시기 농촌에 도입된 행정단위로 약 5,000여 가구를 하나의 집단농장으로 조직하고 그 안에서 생산과 분배를 책임지게 하는 제도이다. 단위사회는 마오쩌둥 시기 도시에 설립된 기업이자 행정단위로 정부는 단위를 중심으로 도시 노동자를 분배하고 사회를 통제했다. 단위는 소속 근로자들에게 평생직장과 함께 주택을 제공했으며 기본적인 의료와 보험 등의 사회보장혜택을 제공했다. 하지만 이 같은 제도는 개인의 노동 의욕을 저하시키기 때문에 많은 문제점을 노출시켰으며 그 결과 경제성장에 부정적인 영향을 미쳤다.[2)]

마오쩌둥 시기의 사회구조는 개혁개방정책과 함께 와해되기 시작했다. 인민공사는 개별 농가가 경작할 작물을 직접 선택하고 생산량의 일부를 자유 시장에서 거래하는 '농가책임제'가 도입되면서 해체되기 시작해 1984년 공식적으로 사라졌다. 국유기업 중심의 단위사회 역시 개혁개방으로 자영업, 사영기업, 외자기업, 합자기업 등 다양한 형태의 기업이 등장하면서 위기를 맞았다. 특히 농촌에서 자생적으로 등장한 향진기업은 국유기업의 경쟁력을 약화시키며 단위사회의 해체를 가속화했다. 그리고 중국정부가 1990년대 생존이 어려운 국유기업을 대상으로 강력한 구조조정 정책을 시행해 대규모의 실직자가 발생하자 단위사회를 통한 통제력이 크게 약화되었다. 현대 중국사회에서도 기업단위라는 용어가 사용되지만, 이는 과거 평생 고용과 각종 사회보장혜택을 보장하던 과거의 단위사회와는 다른 의미로 통용되고 있다.

한편 중국의 노동 및 사회복지 제도는 중국 특색의 사회주의 시장경제의 발전과 궤를 같이한다. 개혁개방 이전 농민과 도시근로자들은 인민공사와 단위사회로부터 비록 높은 수준은 아니지만 다양한 종류의 사회보장혜택을 받을 수 있었다. 하지만 중국에 시장경제 요소가 도입되고 도시가 확대되면서 노동제도에도 변화가 발생했다. 우선 1994년 노동법과 2008년의 노동계약법이 개정되고 종신고용제가 폐지되면서 유연한 근로계약제도가 도입되었다.[3)]

그리고 기존 단위사회에서 보장하던 복지체제를 대신해 단계적으로 실업보험, 양로보험, 의료보험 등이 제도화되었다. 특히 1998년 중국 사회보장제도는 전면적인 개혁과정을 거쳐 그 수혜자 수가 급증했으며, 2010년 '중화인민공화국 사회보험법'이 제정되며 양로보험과 의료보험의 수혜범위가 전 국민으로 확대되었다. 여전히 도시와 농촌 간 그리고

글상자 3.1 중국정치 개관

- 국명: 중화인민공화국(中華人民共和國, PRC: People's Republic of China)
- 수도: 베이징(北京) (인구 2,172만 명)
- 면적: 약 960만 ㎢(한반도의 약 44배)
- 국경선 총길이: 2만 2,800km(한국, 러시아, 몽골, 카자흐스탄, 키르기스스탄, 타지키스탄, 아프가니스탄, 파키스탄, 인도, 네팔, 부탄, 미얀마, 라오스, 베트남 등 14개 국가와 육지 접경)
- 인구: 약 14억 명(2019년 기준, 대만, 홍콩, 마카오 제외)
- 민족: 한족(漢族, 약 91.5% 차지)과 55개 소수민족으로 구성, 조선족(朝鮮族)은 약 183만 명
- 언어: 漢語(중국어) 사용

단위들 간에 사회보장의 격차가 존재하지만 과거에는 국가가 단위를 중심으로 근로자의 복지를 책임졌던 구조에서 이제는 시장경제 체제하에서 기업과 정부가 근로자의 복지를 같이 책임지는 구조로 전환되고 있다.

2. 호구제와 한 자녀 정책의 유산

1) 호구제와 농민공의 비극

호구제도는 대약진운동 시기 도시와 농촌의 인구이동을 제한하기 위해 만들어졌다. 당시 도시와 농촌 간에는 큰 차별이 존재했고 다수의 농민들은 일자리와 복지혜택을 얻기 위해 도시로 이동했다. 마오쩌둥 집권 시기 공산당 정부는 중화학공업을 육성하기 위해 농민들로부터 낮은 가

사진 3.1 중국 농민공의 모습

격에 농산품을 구매해 도시에 공급하고 도시근로자들에게는 평생직장과 함께 임대주택, 의료보험, 교육 등의 사회복지 혜택을 제공했기 때문이다. 이에 따라 공산당 정부는 도시의 급격한 팽창과 정부 재정지출의 증가를 억제하기 위해 호구제도를 제정하고 농민의 도시 유입을 제한했다.

따라서 초기 중국 호구는 농업호구와 비농업호구(도시호구)로 구분되어 발급되었으며, 출생지와 본적 등이 적혀 있어 타 지역으로의 이동이 제한되었다. 이는 태어날 때 발급받는 것으로 일종의 신분제도와 같은 역할을 했다. 물론 매우 예외적인 경우에 호구를 변경하는 것이 허용되었지만, 1979년까지 중국의 도시 인구는 20% 미만으로 억제되었다.

개혁개방 이후 호구제도에도 변화가 발생했다. 동부 연해 지역을 중심으로 경제특구가 지정되고 외국 자본이 들어와 공장이 설립되면서 농업호구를 가진 농민들이 비공식적으로 도시에 들어와 생활하는 경우가 늘어났다. 이들은 도시의 건설 현장 및 공장 근로자, 식당 종업원, 미화원 등과 같은 업종에서 저임금의 풍부한 노동력을 제공하며 중국 제조업의 가격 경쟁력을 높이는데 중요한 기여를 했다. 중국 국가통계국에 따르면 2019년 기준 전국 농민공은 약 2억 9,000만 명으로 5년 전에 비해 1,700만 명 증가했다. 현재 중국 전체 인구의 약 20%가 농민공으로 도시에서 생활하고 있다.

문제는 이같이 농업호구를 소유한 농민공들이 도시에서 생활은 가능하지만, 자녀 교육과 의료보험과 같은 복지혜택을 누릴 수 없으며, 이는 중국사회의 양극화를 촉진시키는 중요한 문제로 떠올랐다는 점이다. 호구제도와 농민공의 문제는 정부의 이목을 끌었다. 1990년대 정부는 이같은 사회의 변화와 불평등한 상황을 해소하기 위해 중소도시에 한해 호구를 개방하는 정책을 시행했다. 하지만, 대도시의 농민공 쏠림 현상이 지속되고 사회문제로 대두되자 2004년에는 대도시에서 농민공의 직종 제한을 폐지하고 농민공 자녀들도 공교육을 받을 수 있는 권리를 부여했다. 그리고 2014년에는 호구제도 개혁을 실시해 농업호구와 비농업호구를 주민호구로 통일시켰다.

그렇다고 호구제도가 완전히 사라진 것은 아니다. 여전히 중국 인민들이 가장 살고 싶어 하는(일자리가 많은) 대도시에서는 인구의 급격한 증가를 억제하기 위해 호구 변경을 허용하지 않고 있기 때문이다.

도표 3.1 중국 농민공 추세 (단위: 만 명)

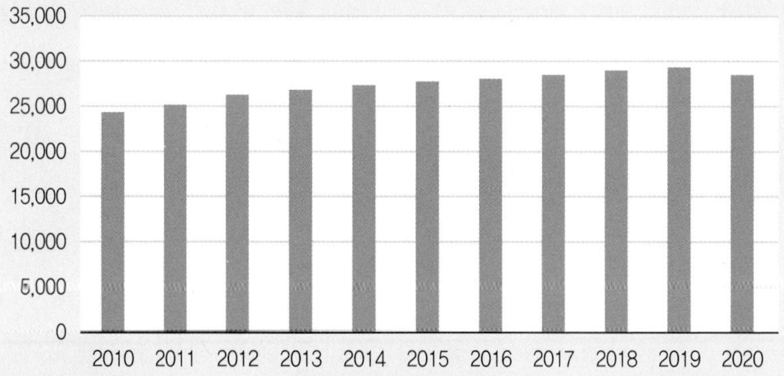

출처: 중국국가통계국.

도표 3.2 2020년 농민공 주요 종사 업종

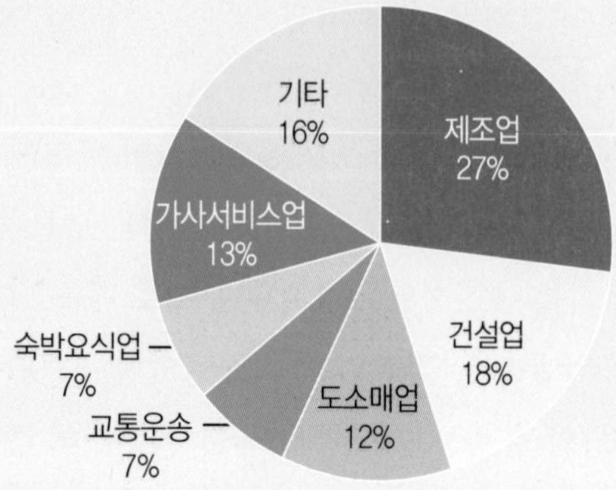

출처: 중국국가통계국.

2) 중국 인구구조와 '한 자녀 정책'의 완전 폐지

2019년 현재 중국의 공식 인구 통계는 14억 명이다. 중국은 전통적으로 인구 대국이었지만, 1949년 중화인민공화국 설립 당시의 인구는 5억 4,167만 명에서 출발했다. 치열했던 국공내전이 끝나고 국내 정치가 안정화된 후 식량 생산 증가와 함께 위생환경이 개선되면서 인구도 급격하게 증가하기 시작했다. 마오쩌둥은 거대한 인구는 중국이 가진 장점이라 여겨 다산을 장려했다. 하지만, 인구의 급격한 증가는 경제학에서 이야기하는 인당 자본의 축적을 방해해 장기적으로 경제발전을 저해할 수 있다. 이에 따라 중국정부는 1970년대부터 '완시샤오(晩稀小)' 가족계획을 추진하며 인구의 폭발적인 증가를 억제하기 시작했다.[4] 동 정책의 영향으로 합계출산율(한 여성이 일생 동안 출생할 것으로 예상되는 자녀의 수)은 1970년 5.8명에서 1978년 2.7명으로 크게 감소했다. 하지만 전후 베이비붐 세대가 다시 결혼 적령기에 접어들면서 중국 총인구는 지속 증가했고 덩샤오핑은 1980년 '한 자녀 정책'을 시행했다.[5]

'한 자녀 정책'은 한 부부가 한 명의 자녀만을 낳게끔 강제한 정책으

도표 3.3 중국 인구 추세 및 전망 (단위: 100만 명)

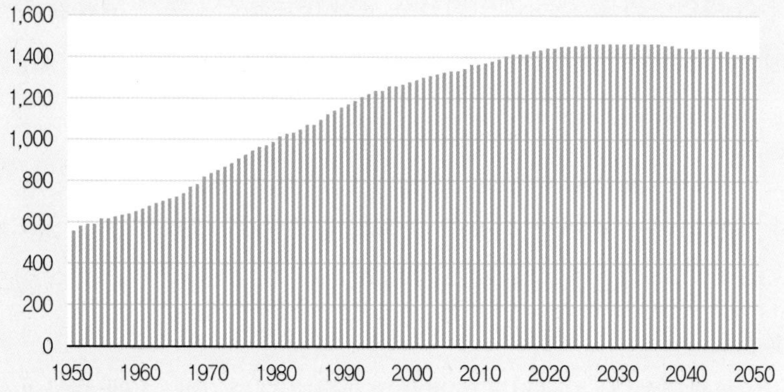

출처: UNCTAD.

로 두 명 이상 출산 시 일련의 제재와 벌칙을 부과했다. 일부 지역에서는 두 자녀 부부에게 불임 수술을 강요하고 허가받지 않은 임산부에게 낙태를 요구하기도 했다. 강력한 '한 자녀 정책'으로 중국의 인구증가율은 다소 완화되었지만, 이같이 인권을 침해하는 요구들로 인해 국내외에서 많은 비판을 받기도 했다.

강도 높은 '한 자녀 정책'으로 신생아가 빠르게 감소하면서 중국에 생산가능인구 감소와 노령화 문제가 등장하기 시작했다. 생산가능인구란 만 15세에서 64세까지의 인구를 말한다. 중국은 과거 반세기 이상 생산가능인구가 증가하면서 경제성장에 필요한 노동력을 공급하고 고속성장을 유지할 수 있었다. 하지만, 출산율이 감소하며 중국의 생산가능인구는 2015년을 전후해서 감소하기 시작했다. 이는 중국이 과거와 같은 고속성장을 유지하기 어려운 중요한 요인이다.

한편 중국은 세계에서 가장 빠른 속도로 인구 고령화에 진입하고 있다. 일반적으로 고령화는 만 65세 이상의 인구가 전체에서 차지하는 비중으로 측정한다. 중국의 65세 이상 인구 비중은 2010년 이미 8%를 초과했으며 이후 빠르게 증가해 2030년에는 15%에 달할 것으로 예상된다. 노령인구의 증가는 개인적으로 생산가능인구의 부양 부담을 늘려 소비를 위축시키고, 국가적으로는 사회보장비용을 증가시켜 경제성장에 부정적으로 작용한다.

이에 따라 중국은 2010년 들어 '한 자녀 정책'을 전면 수정했다. 우선 2011년에는 부부 중 한 명이 독자인 경우 두 자녀를 낳을 수 있도록 허용했다. 그리고 2015년에는 모든 부부가 두 자녀까지 낳을 수 있도록 허용했다. '한 자녀 정책'은 완전히 폐기되었다. 하지만, 그 정책 효과는 불분명하다. 중국정부는 정책 효과를 기대했지만, 실제 중국의 출생아 수는 2014년 1,687만 명에서 2018년 1,523만 명으로 감소했으며 2020년에는 1,200만 명까지 축소되었다. 중국도 한국과 마찬가지로 결혼과 출산에 대한 경제적 압박이 심화되면서 신생아수가 지속 감소하고 있다.

이에 따라 2021년 중국정부는 다양한 출산 장려 정책을 실행하고 있다. 우선 결혼의 가장 큰 장애물로 인식되는 부동산 가격을 억제하기 위

도표 3.4 중국 생산가능인구 추세 (단위: 100만 명)

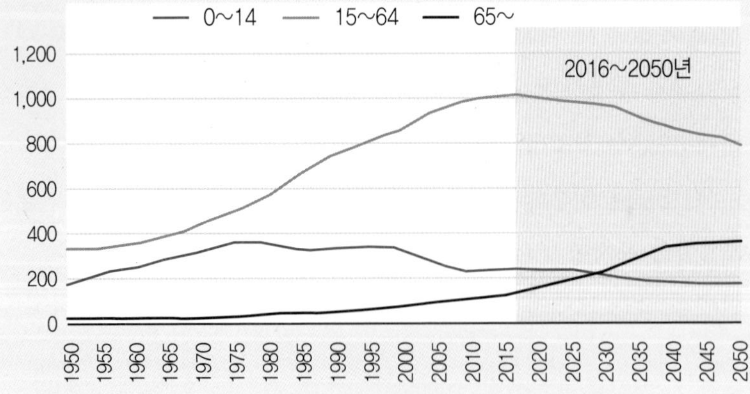

출처: UN, the 2015 Revision of World Population Prospects.

해 부동산 대출을 큰 폭으로 제한했으며, 자녀의 교육비 부담을 경감시키기 위해 사교육을 전면 금지시켰다. 하지만 이 같은 정책들이 실제 중국의 출산율을 회복시킬 수 있을지는 미지수이다.

3) 교육체계와 현대판 '맹모삼천지교'

중국의 교육체계는 기본적으로 한국과 같은 6-3-3-4학년 제도를 시행하고 있다. 의무교육 기간도 초등학교에서 중학교까지로 한국과 같다. 차이가 있다면 학기가 9월에 시작해 이듬해 2월에 종료된다는 점이다. 그리고 한 가지 주의할 점은 중국에서 중학교와 고등학교는 초급중학(初級中學)과 고급중학(高級中學)으로 불려 한국어로 번역할 때 두 학교 모두 중학교로 번역될 수 있다는 점이다. 본문에서는 한국식으로 중학교와 고등학교로 구분해 사용하겠다.

중국의 교육체계는 취학 전 교육(유치원)에서부터 시작된다. 의무교육은 아니지만 중국의 특성상 많은 수의 부부가 맞벌이하는 관계로 유치원은 대부분 종일제로 운영된다. 문제는 대도시를 중심으로 중산층 이상의 자녀를 대상으로 하는 고급 유치원이 폭발적으로 증가하면서 비싼 학비가 사회 문제로 대두되고 있다는 점이다. 그리고 초등학교는 5~6세에 입학해서 6년 과정을 이수하며 2019년 기준 전국에 16만 6,000개교에 약 1억 명의 학생이 있고 학생과 교원의 비중은 교원 1명당 학생 약 17명을 담당하고 있다.

의무교육에 해당하는 중학교에서는 국어, 역사, 도덕과 법치 등의 과목은 정부가 지정하는 교과서만을 사용해야 한다. 중학교에서 고등학교로의 진학률은 93.7%로 매우 높은 수준이지만, 일반 고등학교 진학률은 55.2% 수준이다. 상대적으로 한국의 특성화고와 유사한 중등직업학교로의 진학률이 상대적으로 높은 편이다. 한편 대도시의 소위 일부 명문 고등학교 진학을 위한 치열한 입시 경쟁이 발생하고 있다. 학부모들은 베이징대, 칭화대 부속 고등학교, 런민대 부속 고등학교 등에 입학시키기 위해 어릴 적부터 과외를 시키며, 중국 대도시의 부동산 가격을 평가할 때도 한국 강남 3구와 같이 학군의 요인이 매우 중요하게 반영된다.

중국에서 대학 진학이 보편화 된 것은 2000년대 이후다. 1998년 중국의 고등교육(전문대, 4년제 대학 포함) 진학률은 10% 미만이었다. 이후 정부의 고급 인재 육성 계획과 함께 전국의 대학 수가 급증하면서 진학률도 동반 상승했다. 중국의 대학 수는 2000년 1,041개에서 2019년 2,595개로 증가했으며, 고등교육 진학률도 42.7%까지 상승했다. 중국의 대학 입학시험은 '가오카오(高考)'라 불리며 매년 6월 초 전국에서 동시에 실시되고 이틀에 나누어 진행된다는 특징을 가지고 있다.

문제는 대학이 급증하면서 대졸자도 크게 증가했지만, 이들의 눈높이에 부합하는 일자리가 부족하다는 점이다. 중국의 대졸자는 2000년 95만 명에서 2018년 753만 명까지 증가했다. 하지만, 중국경제가 가공무역 위주의 전통 제조업에 치중해서 발전했기 때문에 대졸자를 받아줄 고임금의 사무직종은 크게 증가하지 않았다. 그래도 현재까지는 중국경제가 지속 성장하며 대학 졸업 후 6개월 이내 취업률이 90%를 상회하고 있지만, 향후 경제성장이 부진할 경우 대졸자의 실업 문제는 중요한 사회 이슈로 대두될 가능성이 매우 높다. 한편, 공산당과 유교의 국가답게 중국에서도 공무원에 대한 인기가 매우 높다. 2018년 기준 공무원 시험 경쟁률은 63대 1을 기록했다.

중국은 한국의 최대 유학생 파견국이다. 중국 교육부에 따르면 2018년 기준 중국에는 약 196개 국가에서 유학 온 49만 2,185명의 유학생이 있다. 이 중 한국 국적은 5만 600명으로 전체 유학생의 10.3%를 차지하고 있다. 그다음으로 유학생이 많은 국가는 태국(2만 8,608명), 파키스탄(2만 8,023명), 인도(2만 3,198명), 미국(2만 996명) 등이 있

도표 3.5 국외 고등교육기관 한국인 유학생 통계

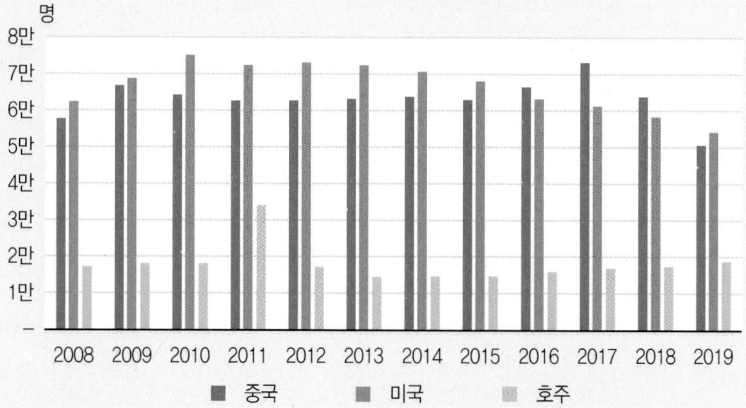

출처: 한국통계청.

다.[6] 중국은 적극적인 대외 협력 및 교류 정책을 표방하면서 외국 유학생들에게 상당한 장학금 혜택을 제공하고 있다. 2018년 기준 중국정부 초청 국비장학생은 6만 3,041명으로 2016년 4만 9,022명 대비 크게 증가했으며 전체 유학생 중 약 11%가 장학금을 받고 중국에서 수학하고 있다. 한국 기준에서도 중국은 최대 유학생 파견대상 국가이다. 한국 교육부에 따르면 2019년 국외 고등교육기관 한국인 전체 유학생의 약 24%(5만 600명)가 중국을 선택했으며, 미국과 1~2위를 다투고 있다.

3. 현대 중국의 아킬레스건: 환경오염과 분리독립 문제

1) 스모그와 친환경정책

"중국의 심각한 환경문제는 해결하기 매우 어렵다"라는 문장은 반은 맞고 반은 틀리다. 우선 중국의 환경문제는 매우 심각하다. 서양 국가들이

200여 년에 걸쳐 진행한 산업화를 50년 만에 압축 실현하며 생태환경의 균형이 급격하게 무너졌다. 2018년 기준 전국 338개 도시 중 217개(64.2%) 도시의 대기오염 수준이 환경 기준치에 미달하고 있으며 여전히 고강도 오염이 빈번하게 발생하고 있다. 이 같은 대기오염에 따른 조기 사망자수는 100만 명당 842명으로 OECD 평균 대비 2.1배 많다. 여기에 눈에 잘 드러나지 않는 수질오염과 토양오염은 대기오염보다 더욱 심각한 것으로 알려져 있다.

한편 중국의 오염 문제가 해결하기 매우 어렵다는 말은 틀렸다. 물론 쉽다는 이야기는 아니다. 하지만 1952년 영국의 런던 스모그(1만 명 이상의 사망자 발생)와 80년대 한국의 청계천을 생각해 보면 중국의 오염 문제도 경제발전과 인당 소득의 증가에 따라 해결될 수 있다. 역사적으로 산업화를 진행하는 국가에서는 인당 소득이 5,000~2만 달러 사이에서 환경오염 문제가 가장 심각했으며 그 이후 환경문제가 개선되는 추세를 보여 왔다. 현재 중국의 인당 소득이 1만 달러 수준이라는 점을 감안하면 향후 중국경제가 성장하면서 환경문제도 개선되리라 기대할 수 있다.

중요한 점은 중국정부가 환경문제의 심각성을 인식하고 개선 의지를 분명히 하고 있다는 점이다. 특히, 대기오염은 중국 인민들이 눈으로 확인 가능하고 실생활과 직결되는 문제로 사회안정을 중시하는 공산당 입장에서 절대 소홀히 하기 어려운 문제다. 과거 중국 환경보호부 부장 천지닝(陳吉寧)은 매일 "업무의 시작은 기상 후 창문을 열어 대기오염을 확인하는 것으로 시작한다"고 말했다.[7)]

중국정부는 2013년 '대기오염방지행동계획'을 시작으로 2014년 '환경보호법', 2016년 '대기오염방지법', 2018년 '수질오염방지법'과 '환경보호세법', 2019년 '토지오염방지법' 등을 차례로 제정하거나 개정해 발표했다. 그리고 이상의 법률들은 기존의 환경 기준을 강화하는데 그

사진 3.2 산둥성 옌타이시의 스모그

친 것이 아니라 관리 및 책임 소재를 명확히 하고 제재와 벌금 수준을 크게 상향시켰다는 점에 그 의의가 있다. 그 결과 2018년 생태환경부는 총 152.8억 위안의 벌금을 부과했는데 이는 2014년 대비 약 5배 증가한 수치이다. 이 외에도 중국정부는 탄소배출권 거래제도 활성화, 오염업종 구조조정, 녹색금융 활성화, 신재생에너지 산업 육성 등을 통해 중국의 환경문제를 해결하고자 노력하고 있다.

중국정부의 환경보호 노력은 일부 그 결실을 보이고 있다. 대기오염을 측정하는 주요 지표인 초미세먼지(PM 2.5) 농도는 2013년 입방미터 당 63.3㎍에서 2019년 47.7㎍로 6년 만에 24.6% 감소했다. 물론 이 역시 세계 평균에 비해 매우 높은 수준이지만 중국의 환경문제가 해결 불가능한 것은 아니다.

도표 3.6 주요국 초미세먼지(PM2.5) 농도(㎍)

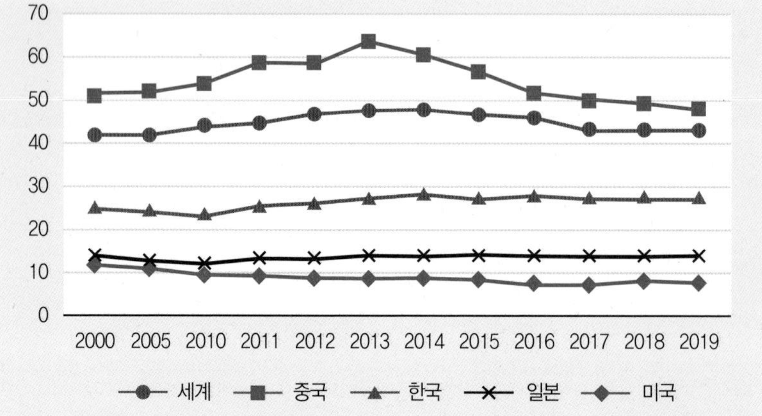

출처: OECD.

2) 소수민족과 분리독립 문제

중국은 다양한 민족으로 구성되어 있다. 우선 전체 인구의 91.5%를 한족이 차지하고 있으며 나머지 8.5%는 55개의 소수민족이 구성하고 있다. 주요 소수민족으로는 광시성의 장족(2016년 기준, 1,693만 명), 동북3성의 만주족(1,039만 명), 서북지역의 회족(1,059만 명), 신장 지역의 위구르족(1,007만 명), 서남지역의 묘족(943만 명) 등이 대표적이다. 특이한 점은 소수민족 인구가 점차 증가하고 있다는 점이다. 1964년 인구조사에서 전체 인구의 5.8%를 차지했던 소수민족은 1982년 6.7%를 기록했으며 이후 지속 증가해 2016년 8.5%까지 증가했다. 이는 중국정부가 엄격하게 시행했던 '한 자녀 정책'에서 소수민족은 예외로 해 주었던 요인도 있지만, 소수민족이 밀집해 있는 중서부 지역의 경제발전과 의료 환경의 개선도 인구증가에 일부 영향을 미친 것으로 분석된다. 그리고 문화대혁명 이후 소수민족 우대 정책이 시행되면서 감춰두었던 본인의 민족 정체성을 회복하는 사람들이 증가한 것도 중요한

요인으로 꼽힌다.[8)]

중국정부는 소수민족 인구 밀도가 높고 문화적 정체성이 공유되는 지역에 대해서는 상대적으로 높은 수준의 자치적 지위를 부여하고 있다. 가장 대표적인 지역으로는 광시장족자치구, 네이멍구자치구, 신장위구르자치구, 시짱티베트자치구, 닝샤후이족자치구 등 5대 자치구가 있다. 5대 자치구 이외에도 연변 조선족 자치주과 같이 자치구보다 규모가 작은 행정단위도 있다. 종합적으로 중국에는 소수민족이 중심이 되는 5개 자치구, 30개 자치주, 120개 자치현, 1,173개 민족향이 존재한다. 이들 지역은 민족과 종교, 언어 등에서 다른 민족들과 구분되는 강한 동질성을 보유하고 있다.

그렇다고 소수민족이 모두 평화롭게 만족하며 생활하고 있다는 것은 아니다. 소수민족을 중국인으로 동화시키는 문제는 현재 중국정부의 가장 중요한 정책 과제 중 하나이다. 우선 청나라 때 중국으로 편입된 신장위구르자치구는 독립된 민족과 언어, 종교를 보유하고 있다. 이들은 중국 대륙에서 혼란이 발생할 때마다 분리독립 운동을 추진한 역사를 가지고 있다. 1933~1934년, 1943~1949년 독립국가인 동투르키스탄공화국을 설립한 경험이 있으며, 최근에는 2009년에도 성도 우루무치에서 분리독립을 주장하는 격렬한 시위가 발생해 197명이 사망했다. 티베트 지역은 청나라 시기 중국이 점령해 청나라 멸망 후 잠시 독립했지만, 신중국이 설립되며 다시 중국으로 병합되었다. 이후 1959년 분리독립을 주장하는 대규모 시위가 발생했지만, 정부군의 무력진압 후 달라이 라마는 인도로 망명했다. 2008년에도 유혈사태가 발생해 라싸 도심에서 반정부 시위대가 중국 공안과 충돌하면서 13명이 사망했다.

중국정부는 분리독립에 매우 강경한 태도를 취하고 있다. '하나의 중국'은 중국 공산당이 가장 중요시하는 통치 원칙 중 하나이다. 우선 중국에는 홍콩, 신장, 티베트, 네이멍구와 같은 분리독립의 씨앗을 안고 있

사진 3.3 중국 시짱 자치구의 주도 라싸에 있는 달라이라마의 궁전

는 지역이 많다. 이 중 어느 한 지역이라도 실질적인 자치 정부를 구성하거나 분리독립 할 경우 다른 지역으로의 연쇄적인 도미노 효과를 우려할 수밖에 없다. 여기에는 타이완 문제도 포함되어 있다. 그리고 소수민족이 거주하고 있는 국경지역에는 중국의 발전에 매우 중요한 천연자원과 수자원이 대량 분포되어 있다. 특히 티베트 지역은 황하나 양쯔강, 주강, 메콩강 등 중국 핵심 수자원의 발원지이다. 만약 티베트가 분리독립하고 수자원을 무기화한다면 중국에게는 매우 위협적일 수 있다.[9]

이 같은 우려를 반영해 중국정부도 소수민족에 대한 유화책과 강경책을 동시에 사용하고 있다. 우선 개혁개방 이후 경제성장 과정에서 확대된 중서부 지역과 동부지역 사이의 경제적 격차를 축소하기 위해 노력하고 있다. 이를 위해 중국정부는 2000년 서부대개발, 2005년 중부굴기(中部崛起) 등과 같은 중서부 경제발전 전략을 도입했다. 중서부와 동부를 연결하는 철도와 고속도로를 건설하고 소수민족지역의 경제, 문화, 교육 발전을 위한 다양한 지원책을 시행했다. 그 결과 2000년대 이

후 중서부 지역의 경제성장률이 동부지역을 추월하면서 지역 간 소득 격차는 다소 축소되고 있다. 한편 경제적 기회를 찾아 중서부로 이주해 온 한족이 지역 경제권을 장악하면서 소수민족이 느끼는 상대적 박탈감이 더욱 커진다는 분석도 존재한다.[10]

이에 반면 강경책도 시행되고 있다. 국제탐사보도언론인협회와 UN 등 전문기관에 따르면 현재 1,100만 명의 위구르인 중에서 약 100만 명이 중국이 재교육 시설이라고 주장하는 수용소에 수감된 적이 있거나 현재 수감 중이라고 밝히고 있다. 홍향후 콩 시위와 소수민족 문제는 '하나의 중국'을 강조하는 공산당 리더십을 판단하는 중요한 기준이 될 것이다.

표 3.1 중국 소수민족 인구 현황 (단위: 만 명)

	민족	분포	인구
1	장족(壯族)	광시, 윈난, 광둥	1,693
2	회족(回族)	닝샤, 간쑤, 허난, 신장, 칭하이, 윈난 등	1,059
3	만주족(滿族)	랴오닝, 허베이, 헤이룽장, 지린, 네이멍구 등	1,039
4	위구르족(維吾爾族)	신장	1,007
5	묘족(苗族)	구이저우, 후난, 윈난, 광시, 충칭, 후베이 등	943
6	이족(彝族)	윈난, 쓰촨, 구이저우	871
7	토가족(土家族)	후난, 후베이, 충칭, 구이저우	835
8	티베트족(藏族)	시짱(티베트), 쓰촨, 칭하이, 간쑤, 윈난	628
9	몽골족(蒙古族)	네이멍구, 랴오닝, 지린, 허베이, 헤이룽장 등	598
14	조선족(朝鮮族)	지린, 헤이룽장, 랴오닝	183

출처: 중국국가통계국.

4. 중국의 음식, 차와 술

중국인은 음식 문화를 매우 중시한다. 식당에서 음식을 주문하는 모습을 보면 그 사람의 교양 수준을 판단할 수 있다. 그만큼 음식과 관련된 다양한 문화와 전통이 있기 때문이다. 우선 중국의 음식은 크게 판(飯)과 차이(菜)로 구분된다. 한국식으로 번역하면 밥과 반찬이 될 수 있지만, 그렇게 단순하지 않다. 중국의 판은 쌀밥을 포함해 주식으로 먹을 수 있는 만두, 국수 등이 포함되며, 차이는 그 외에 탕을 제외한 모든 음식을 망라한다. 그리고 중요한 차이점은 한국에서는 밥을 먹기 위해 반찬을 같이 시켜 먹는다면, 중국에서는 반찬으로 먼저 식사를 하고 허기진 부분을 가장 마지막에 주식으로 판을 시켜 채운다는 특징이 있다.

차이를 먹는 것에도 순서가 있다. 식사에 앞서 전채요리와 탕을 먼저 먹는다. 식욕을 돋우는 전채는 차가운 음식으로 육류와 채소로 구분되어 나오며, 탕과 함께 먼저 배를 채워준다. 그 다음 본격적으로 따듯한 메인 요리들이 나오는데 중국 요리를 정식으로 먹으려면 채소와 육류 그리고 생선이 구비되어야 한다. 그리고 음식들이 한 상 가득히 펼쳐졌을 때 색상이 단조로워서도 안 된다. 일반적으로 채소부터 시작해 생선이 나오면 메인 요리가 끝났다고 할 수 있다. 이렇게 차이를 모두 먹고 나면 마지막으로 판을 주문해 부족한 배를 채우고 디저트로 과일 등을 먹는다.

현대 중국의 4대 요리는 베이징요리, 상하이요리, 광둥요리, 쓰촨요리를 포함한다.[11] 베이징은 청 왕조의 수도였기 때문에 화려한 궁중요리가 발달했으며, 북방지역답게 만두와 면 요리가 유명하다. 가장 대표적인 요리로는 오리를 거꾸로 매달아 화덕에서 오랜 시간 구워서 담백한 오리 훈제를 만들어 내는 베이징카오야를 꼽을 수 있다. 동부연안의 상하이요리는 풍부한 해산물을 바탕으로 비교적 단맛이 강하다. 가장 대표적인 요리는 민물에서 잡히는 큰 털게를 쪄서 먹는 요리가 유명하다.

사진 3.4 베이징 카오야

광동요리는 다양한 식재료와 조리법으로 유명하다. 청나라 이전부터 외국과의 교류가 많았던 지역인만큼 세계의 다양한 향신료가 일찍부터 보급되었으며 바다를 접하고 있어 다양한 식재료를 구할 수 있었기 때문이다. 소위 중국에서도 광동요리를 보고 "다리가 있는 것은 식탁과 사람 빼고 다 먹는다"고 농담을 주고받는다. 광동요리는 담백한 맛이 특징이고 굴소스 등과 같은 다양한 조미료를 사용해 음식의 풍미를 더한다. 마지막으로 한국사람들이 가장 좋아하는 쓰촨요리는 매운맛이 특징이다. 중국 특유의 산초 열매를 조미료로 사용해 입 주위를 마비시키는 마라(麻辣) 음식들이 많다. 최근 한국에서도 대학가를 중심으로 마라탕이 큰 인기를 얻고 있다.

한편 중국 음식 중에는 뜨거운 기름을 사용해 볶는 요리가 많다. 그래서 중국 음식을 먹으면서 다이어트나 건강을 우려하는 한국사람들이 많다. 하지만 중국 사람들은 식사와 함께 차를 항상 같이한다. 4000년 이상의 전통을 가지고 있는 종주국으로서 중국인의 차 사랑은 특별하다. 과거 아편전쟁을 유발할 만큼 매력적인 음료이며, 과학적으로도 알칼리성의 차가 기름으로 산성화된 신체를 중화시켜 준다고 알려져 있다. 그리고 차는 식사뿐만 아니라 손님 접대나 선물용으로도 매우 유용하게 사용된다. 일반적으로 녹차가 가장 많지만 최근 한국에도 널리 알려진 윈난푸얼, 모리화차(쟈스민차) 등도 유명하다.

글상자 3.2 중국의 전통 술 – 바이지우

중국 음식문화에서 술은 매우 중요한 부분이다. 손님을 접대하거나 결혼식 등과 같은 주요 행사에는 항상 술이 함께 한다. 중국은 세계에서 가장 일찍 술을 제조한 국가 중 하나로 곡물을 주원료로 도수가 높고 무색투명한 백주(고량주, 白酒)가 대표적이다. 귀주마오타이주, 우량예, 펀지우, 시펑지우 등이 명주로 손꼽히며 한 병에 20만 원을 훌쩍 넘기는 고급술도 많다. 일반적으로 40~65도 사이가 보편적이어서 한국 술에 비해 도수가 매우 높아 처음 마실 때는 특별한 주의가 필요하다.

주

1) 이 중 충칭시는 중화인민공화국 설립 이후 줄곧 쓰촨성에 포함되어 있다가 도시의 성장과 인구 증가로 1997년에서야 4번째 직할시로 개편 조정되었다.
2) 성균중국연구소, 2018, 『차이나 핸드북』 (서울: 김영사), p. 242 참조
3) 현재 중국 노동법에 따르면, 중국기업은 근로자와 두 번의 단기 근로계약을 맺을 수 있으며 세 번째에는 종신근로계약을 체결해야 한다.
4) 완(晩)은 남자 25세 여자 23세가 넘어 결혼하고, 시(稀)는 출산과 임신은 4년 정도 간격을 두어야 하며, 샤오(少)는 자녀를 적게 낳아야 함을 의미한다.
5) '한 자녀 정책'의 정식 중국 명칭은 '计划生育政策'이며 일부 학자들에 따르면 실제로 당시 중국의 대다수 농촌에서는 한 자녀 정책이 초기에만 강력하게 집행되고 이후 빠르게 완화되었다는 분석도 있다 (해리슨 e. 솔즈베리[2013], 『새로운 황제들』).
6) 이 같은 수치는 과거에 비해 감소한 수치임. 2016년 한국 유학생 7만 540명(전

체의 15.9%), 미국(2만 3,838명) 등과 차이가 있다. 대한민국 외교부(2020), 중국 개황 2020 참조.

7) “중국 신임 환경부장 “하루 첫 일과는 하늘 보기,” 『경향신문』, 2015년 3월 8일 (https://www.khan.co.kr/world/china/article/201503082149535#csidx96ded8b9a108d9995d9759e98f20887).

8) 성균중국연구소 (2018), pp. 301-305 참조.

9) 황하와 양쯔강 등은 거대한 규모로 인해 티베트자치구, 칭하이성, 네이멍구자치구 등 여러 곳에 발원지를 두고 있다.

10) “한족 대량 이주·경제적 소외·문화 말살 … 갈등 끊이지 않는 ‘중국의 화약고’ 신장,” 『경향신문』, 2014년 5월 22일, https://www.khan.co.kr/world/china/article/201405222150475#csidx0f043a283f0ef4e80fe6e75e187cd68.

11) 중국은 전통적으로 음식을 중요시하며 다양한 지역의 요리가 유명했지만, 개혁개방 이후 중국경제가 발전하면서 중국의 대도시를 중심으로 음식문화가 발전했다.

참고문헌

김상욱. 2011. 『중국지역 경제개론』. 서울: 신아사.

성균중국연구소. 2018. 『차이나 핸드북』. 경기: 김영사.

이중톈. 2008. 『이중톈, 중국인을 말하다』. 서울: 은행나무.

조수성 외. 2018. 『중국학입문』. 서울: 신아사.

한재현. 2020. 『쉽게 배우는 중국경제』. 서울: 박영사.

해리슨 e. 솔즈베리. 2013. 『새로운 황제들』. 경기: 다섯수레.

대한민국 외교부. 2017. 중국 개황 2017, https://www.mofa.go.kr/www/brd/m_4099/view.do?seq=367503&srchFr=&srchTo=&srchWord=%EC%A4%91%EA%B5%AD&srchTp=0&multi_itm_seq=0&itm_seq_1=0&itm_seq_2=0&company_cd=&company_nm=&page=1

대한민국 외교부. 2020. 중국 개황 2020, https://www.mofa.go.kr/www/brd/m_4099/view.do?seq=367629&srchFr=&srchTo=&srchWord=%EC%A4%91%EA%B5%AD&srchTp=0&multi_itm_seq=0&itm_seq_1=0&itm_seq_2=0&company_cd=&company_nm=&page=1

중국국가통계국. https://data.stats.gov.cn/

E나라지표. http://www.index.go.kr/main.do?cate=1

OECD. https://data.oecd.org/

UNCTAD. https://unctadstat.unctad.org/wds/ReportFolders/reportFolders.aspx

COVID-19
Column

코로나19 이후의 중국경제

윤성환(계명대 중국어중국학과)

'코로나19' 사태로 세계경제가 마이너스 성장이 불가피했던 상황 하에서 중국은 유일하게 플러스 성장을 달성하여 다른 국가들과는 차별화된 모습을 보여 왔다. 즉, 중국은 정부의 엄격한 봉쇄조치와 신속한 경기부양책에 힘입어 '코로나19' 위기로부터 가장 먼저 벗어날 수 있었고, 의약품 등 해외수출 증가도 경기회복의 한 축을 담당하게 되었다. 그러나 분명한 것은 '코로나19' 사태는 중국경제에 적지 않은 영향을 가져다 줄 것으로 예상되며 이러한 영향으로 중국경제는 이전과는 다른 변화를 경험하게 될 것으로 전망된다.

'코로나19'로 인한 중국경제의 가장 두드러지는 변화 중 하나로 최근 주목받는 것이 바로 가속화되는 중국 디지털경제의 발전을 들 수 있다. '코로나19' 사태 이후, 중국정부는 인공지능(AI), 클라우드(Cloud), 빅데이터(Big Data), 5G 등 디지털 기술을 활용한 방역과 조업재개를 강조하면서 디지털경제 육성에 전력을 다하고 있다. 아울러, 인터넷 기업을 중심으로 디지털 헬스케어, 재택근무, 온라인 교육 등의 다양한 언택트(Untact) 서비스 모델들이 출시되면서 관련 사업분야도 빠르게 성장하고 있다. 중국은 '코로나19' 위기를 디지털경제 발전을 위한 전략적 기회로 삼고, 정부의 적극적인 지원정책과 인터넷 기업의 공격적인 투자를 유도하고 있다. 향후 중국은 '코로나19' 사태의 책임론 등으로 격화되고 있는 미·중 기술패권 경쟁에 보다 능동적으로 대응하기 위하여 디지털 기술에 대한 독자적인 개발과 공격적인 투자를 한층 가속화할 것으로 전망되고 있다. 즉, 중국은 자국 내 독자적인 플랫폼 밸류 체인(Platform value chain)을 형성해 나가며 미국의 FANG(Facebook, Amozon, Netflix, Google) 등의 인터넷 기업에 대항할 것으로 보이며, 양국의 디지털 전환도 독립적으로 추진될 가능성이 높아지고 있다. 이러한 미·중 간 디지털경제의 디커플링(Decoupling)[1)]과 기술보호주의 확대, 중국의 디지털 내수시장 확대 등 대외여건 변화는 한국 기업들에게 새로운 도전과 기회를 동시에 제공할 것으로 예상되고 있다.

한편 '코로나19' 이후 중국의 경제성장 전략에는 큰 변화가 예상된다. 2021년은 중국의 제14차 5개년 규획[2)]이 시작되는 한 해로 중국정부에서는 '쌍순환(Dual circulation) 성장전략'을 제시하고 있다. 쌍순환 성장전략은 '코로나19' 확산 이후 글로벌 경제의 불확실성과 미·중 무역분쟁 장기화 등을 감안하여 기존 수출중심의 성장전략의 한계를 극복하고 거대한 중국 내수시장의 잠재력을 제대로 활용하기 위한 것으로 중국의 구조적 성장한계에 대응하기 위한 차원에서 마련되었다. 즉, 쌍순환 성장전략은 미국의 공격적인 디커플링 정책에 대응하기 위해 '국제 대순환'에서 '국내 대순환'으로 전환하는 것을 말하며 그 핵심은 "내

수 대폭발과 시장 대개방"으로 요약할 수 있다. 거대한 14억 중국 내수 소비의 부양을 통해 향후 10년 내에 중국 내수시장 규모를 미국 수준으로 성장시키고 미국의 사다리 걷어차기 전략에 의해 무력화된 「중국제조 2025」 산업 업그레이드 전략은 '시장 대개방'을 통하여 보완하겠다는 것이다. 쌍순환 성장전략을 통해 중국은 향후 10년 내 미국을 제치고 세계 1위 경제규모의 국가적 위상을 차지하게 될 것으로 전망되고 있다. 다만, 여전히 중국의 첨단제조-자본시장-서비스 산업의 국제경쟁력이 미국에 못 미치고 있어 대담한 금융산업·첨단제조·서비스업 개방을 통한 외국 글로벌 기업의 중국시장 진출과 그로 인한 중국내 고용확대-생산증대-소비확대의 선순환과 산업구조의 업그레이드를 통한 중국 경제의 내부역량 강화를 달성해야만 한다.

주

1) 모건 스탠리가 처음 사용한 용어로 한 나라 경제가 특정 국가나 세계의 경기 등과 같은 흐름을 보이지 않고 탈동조화(脫同調化)되는 현상을 말한다.
2) 중국은 1953년부터 5년 단위로 중기 경제발전계획을 수립하고 있는데 제14차 5개년 규획은 2021년부터 2025년까지의 중국의 경제발전계획을 의미한다.

2부

일본

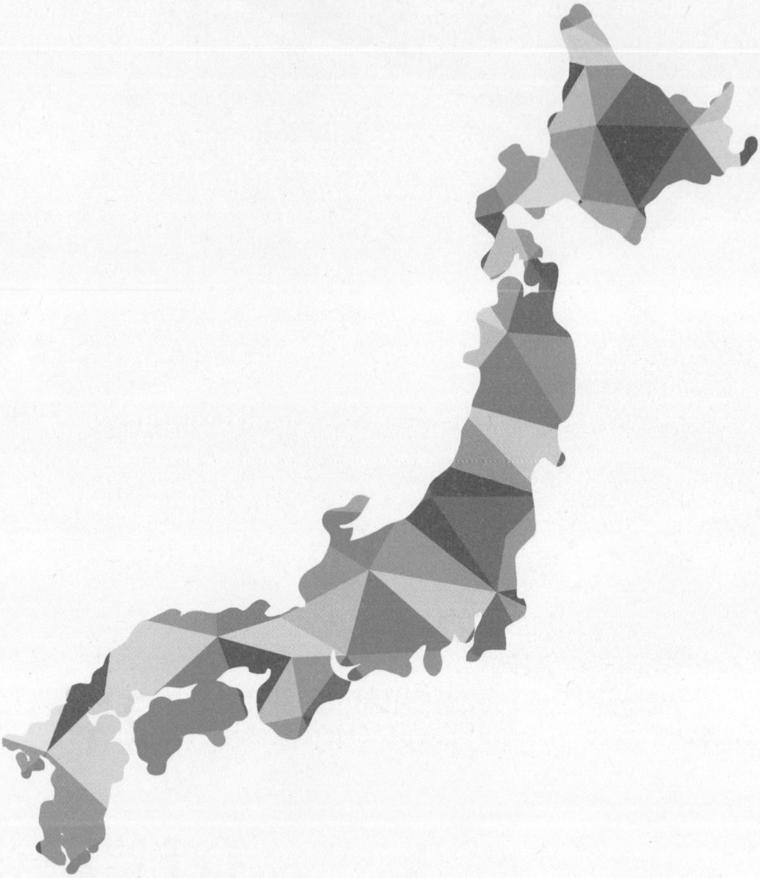

4장

일본의 정치 시스템

김명수(계명대 일본어일본학과)

이 장에서는 일본정치를 이해하기 위해 가장 기본적인 의원내각제의 원리와 역사, 그리고 일본국헌법의 특징과 최근의 개헌론에 대해서 검토한다. 일본에 관한 미디어의 뉴스 중 우리나라 국민이 가장 인상 깊게 듣고 기억하는 분야 중 하나가 일본의 정치이지만, 시스템이나 작동원리에 익숙하지 않아 이해하기 어려운 측면이 있다. 한국의 경우 대통령 5년 단임제로 5년 동안 임기가 보장되지만, 일본은 의원내각제를 채택하여 총선거가 수시로 실시되며 수상이 바뀌는 일이 많다. 실제로 아베 총리 이전의 민주당 정권의 경우에는 1년마다 수상이 바뀌기도 했다. 민주당뿐만 아니라 정치가 불안할 때는 자민당에서도 여러 번 1년짜리 수상이 많았다. 따라서 일본정치를 이해하기 위해서는 정당정치의 방식이나 국정운영의 스타일에서 한국과 확연한 차이가 있음을 이해해야 한다. 한국의 경우에는 대통령의 임기가 5년 단임제이기 때문에 임기 내에 결과를 내기 위해 무리하는 경우가 많다. 부동산정책이나 교육정책과 같이 효과를 빨리 나타낼 수 있는 분야에 치중하는 것도 그 때문이다. 정책의 효과가 긍정적이었느냐 부정적이었느냐의 문제는 별도로 하더라도 무리한 정부정책이 국민들에게 오랫동안 아픈 상처를 남기는 경우가 많다. 그런 시각에서 보면 일본의 1년짜리 정권이 어떤 정책을 펼 수 있을 것인가 하는 의문이 드는 것은 당연하다. 그래서 이 장에서는 먼저 한국 정치제도와 비교하는 방식으로 일본의 정치 메커니즘을 소개함으로써 일본정치에 대한 이해를 돕고자 한다. 두 번째로 1990년대의 정당 체제가 어떻게 변해왔는지를 살핀다. 이장에서 다룰 세 번째 주제는 일본국헌법 제9조와 전후 개헌론의 전개이다. 일본국헌법 제9조가 갖는 의미를 살피고 현재 진행되고 있는 개헌론의 전개 과정을 살펴본다.

1. 일본 의원내각제의 원리와 국회의 구성

1) 의원내각제의 원리

일본의 의원내각제는, 국회의 신임에 기초하여 내각이 만들어지고, 내각이 국회에 대한 책임을 지는 시스템이다. 행정부의 수반으로 권력이 한 곳에 집중된 한국의 대통령제와는 구성과 운영원리가 많이 다르다. 일본의 경우 입헌군주제를 채택하고 있어 군주(일본에서는 천황)가 존재하지만, 헌법에서 정한 극히 제한된 권력을 가지고 있을 뿐이다. 일본에서 군주의 권한은 형식적이며 의례적일 뿐이다. 일본국헌법 제1조에서도 "천황은 일본국의 상징이자 일본 국민통합의 상징으로서 이 지위는 주권이 존재하는 일본 국민의 총의에 기초한다"라고 규정하고 있다(상징천황제). 헌법 제65조에 의하면, 실질적인 정치적 권한과 책임은 내각에 있다. 헌법 제66조는 내각의 구성과 국무대신의 자격 및 국회에 대한 연대책임의 원리를 규정하고 있다. 즉, "내각은 법률이 정하는 바에 따라 그 수장인 내각총리대신 및 기타 국무대신으로 이를 조직한다"고 내각 구성을 규정하고, "내각총리대신 기타 국무대신은 문민이어야 한다"라고 문민 통치의 원리를 규정하였으며, "내각은 행정권의 행사에 대해 국회에 대해 연대하여 책임을 진다"고 되어 있다.[1] 한국과 마찬가지로 국무를 행하는 각 부서가 있고, 그 부서의 최고 책임자를 대통령제인 한국은 '장관'이라 부르는 것에 대해 일본은 형식적이지만 군주로부터 임명되기 때문에 '대신'이라고 부른다. 이들 대신들의 모임이 내각이고 내각을 총괄하는 대신이 내각총리대신이다. 대신(大臣)은 군주를 돕고 관원을 지휘 감독함으로써 각 부서를 주재한다는 의미를 담아 재상(宰相)이라고도 부르며 가장 으뜸가는 재상이라는 의미로 내각총리대신을 수상(首相)이라 부르기도 한다.[2]

일본국헌법 제67조에서는 총리의 지명과 참의원에 대한 중의원의 우월을 규정하고 있다. "내각총리대신은 국회의원 중에서 국회의 결의로 이를 지명한다."고 되어 있지만, 다수결을 따를 경우 대부분 다수당의 총재가 내각총리대신으로 지명된다. 우리에게 익숙한 고이즈미 준이치로(小泉純一郎)나 아베 신조(安倍晋三) 총리는 자민당이 다수당일 때 총재로 선출되어 내각총리대신에 지명된 사례이고, 하토야마 유키오(鳩山由紀夫)나 간 나오토(菅直人) 수상은 민주당이 다수당을 차지했던 때(2009. 9~2012. 12) 총재에 지명된 사례이다. 간혹 다수당이 과반수를 넘기지 못해 절대적인 우위를 점하지 못하면 다수당이 아닌 당에서 총리가 나오기도 한다. 1994년 자유민주당(자민당), 일본사회당, 신당 사키가케의 연립정권이 추대한 사회당의 무라야마 도미이치(村山富市) 총리가 대표적인 사례이다. 당시 무라야마 총리는 자민당의 정권 재창출 전략에 이용된 측면이 있지만 1947년 이후 47년 만에 탄생한 사회당 출신 총리가 되었다.[3] 제67조 제2항에는 "중의원과 참의원이 다른 지명의 의결을 했을 때, 법률이 정한 바에 따라, 양 의원의 협의회를 열어도 의견이 일치하지 않을 때, 또는 중의원이 지명의 의결을 한 후, 국회 휴회 중의 기간을 제외하고 10일 이내에 참의원이 지명의 의결을 하지 않을 때는, 중의원의 의결을 국회의 의결로 한다"는 내용이 규정되어 있다. 사실상 중의원이 총리를 지명할 수 있게 되어 있는 것이다. 이렇게 지명된 총리에게는 각부의 국무대신을 임면(任免)할 수 있는 권한이 있으며, 국무대신의 과반수는 국회의원 중에서 선임되어야 한다 (제68조).

2) 일본 국회의 구성과 선거

일본에서 국회가 최초로 개설된 것은 1890년이지만, 메이지 천황이 '국회 개설의 칙유'를 내린 것은 1881년 10월 12일이다. '입헌 정치의 진실한 모습은 정당에 의한 정치'라며 국회 개설과 의원내각제를 주장하

도표 4.1 일본의 국회와 내각의 관계

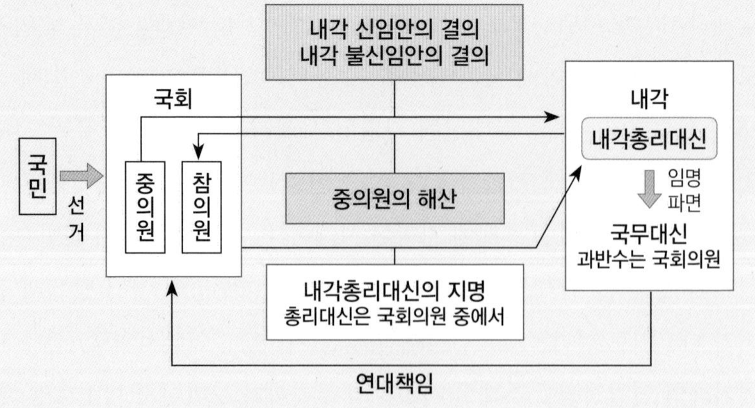

던 오쿠마 시게노부(大隈重信)가 사쓰마와 조슈파를 중심으로 한 '1881년의 정변'으로 물러난 직후였다.[4] 1889년 2월 11일 대일본제국헌법과 중의원의원선거법이 공포되었다.

1890년 7월 제1회 중의원 의원 총선거로 제1회 제국의회가 개회되었다. 당시 제국의회는 중의원과 귀족원의 양원으로 구성되었는데, 귀족원은 황족, 화족, 칙임의원에 의해서 구성되었다. 1947년 5월 3일 일본국헌법이 시행되면서 화족제도와 귀족원이 폐지되면서 국회의 상원으로 참의원이 설립되었다. 따라서 여전히 일본의 국회는 한국과 달리 양원제를 채택하여 중의원과 참의원으로 구성된다 (제42조). 이들 중의원 의원과 참의원 의원은 국민의 선거로 선출된다 (제43조). 2021년 현재 중의원은 465명으로 의원 임기는 4년이다. 소선거구에서 289명을 선출하고 176명은 비례대표로 선출한다. 정당의 득표율에 비례해 당선자 수가 결정된다. 참의원은 245명으로 의원 임기는 6년이다. 선거구에서 147명을 선출하고 98명은 비례대표로 선출한다.

선거권은 2015년 공직선거법 개정(동년 6월 19일 공포)으로 2016년 6월 이후 18세 이상에게 주어지게 되었다. 일본이 중선거구제에서 소선거구제로 바꾼 것은 1994년 3월이었다. 1988년에 발각된 정치인들의 뇌물 수수 사건인 리크루트 사건은 뒤에서 상술하게 될 '55년 체제'가 해소되는 계기가 되었고, 국민의 정치개혁 열망을 자극하여 소선거구제가 성립하게 된 계기가 되었다. 다음의 인용문에 당시 정치개혁에 대한 문제의식이 잘 드러나 있다.

> "중의원은 한 선거구 정수가 3~5명의 중선거구제. 자민당은 각 선거구에서 유력 파벌이 경쟁적으로 복수의 후보를 내세우고, 같은 편을 때리는 것도 불사하며 과반수 확보를 지향한다. 야당으로의 정권교체라는 선택지는 사실상 없고, 총리는 헌법에 없는 '정권 여당'의 파벌 역학으로 선택된다. 여당의 족의원,[5] 횡적 소통 없는 각 부처 관

료, 업계 등 '철의 삼각동맹'이 밀실에서 경제·사회의 이해 조정을 맡았다. 각 부처를 통솔해야 할 내각은 구심력을 잃고, 여당 주도 시스템의 그늘에서 국회는 공동화했다."[6]

한국의 경우 제헌의회 이래 제11대와 제12대를 제외하고는 꾸준히 소선거구제를 중심으로 비례대표제가 혼합되어 있다. 실질적으로 양당제 구조가 형성되어 있는 상황에서 소선거구제가 유지되면 소수 정당의 성장이 불가능하다는 비판이 제기되기도 하지만, 같은 이유로 소선거구제를 통한 안정적 정국 운영이 가능하다며 지지를 표하는 이들도 있다. 절차적 민주주의가 보장된 이후 소위 보수 정권과 진보 정권 사이의 정권 교체가 수시로 이루어지고 있는 한국의 역사를 상기해 보면, 일본과 같이 정부 여당끼리의 경쟁인 중선거구제 하에서는 민주주의의 원리가 작동할 여지가 상대적으로 줄어든다. 따라서 일본에서도 꾸준히 여당의 족의원, 각 부처 관료, 업계로 이루어진 '철의 삼각동맹'의 해체를 중요한 정치개혁의 하나로 간주해 왔다. 이에 대한 추동력과 계기를 마련해 준 것이 리크루트 사건이라는 외부 충격이었다. 헤이세이 전기의 정치사를 두고 선거제도 개혁, 특히 소선거구제 도입 여부를 둘러싼 공방으로 점철되었다는 평가는 과장된 것이 아니다.[7]

국회는 내각에 대해 '내각불신임'을 결의할 수 있으며, 이에 대해 내각총리대신은 '중의원 해산권'을 가지고 있어 상호 견제가 가능하다. 과거에 내각불신임안이 가결된 사례가 4회 있었다. 1948년 12월 13일의 제2차 요시다 시게루(吉田茂) 내각, 1953년 3월 14일 제4차 요시다 내각, 1980년 5월 16일 오히라 마사요시(大平正芳) 내각, 1993년 6월 18일 미야자와 기이치(宮澤喜一) 내각 때이다. 중의원 해산은 보통 내각이 정책 추진에 어려움을 겪고 있을 때 국민의 지지를 등에 업고 정면 돌파를 강행할 때 이루어진다. 현행 헌법 체제에서 수상에 의한 중의원 해산은 총 25회가 단행되었는데, 그 마지막이 2021년 10월 14일에 기시다 후미오(岸田文雄) 내각 때이다. 수상 취임 후 10일 후에 이루어져 전후 최단 기록을 경신하였고, 해산 후 17일 만에 총선거가 실시되었다. 2005년 8월 8일에 이루어진 고이즈미 내각 때의 중의원 해산은 중의원에서 우정민영화 법안이 부결된 직후에 이루어졌다. 제2차 아베 내각 때인 2014년 11월 21일 이루어진 중의원 해산은 아베노믹스 추진에 따른 반대 목소리를 잠재우기 위해 일본 국민에게 직접 가부를 묻기 위해 단행되어 '아베노믹스 해산'이라 부르기도 했다.

3) 전후 55년 체제의 해체

1881년 10월 메이지 천황에 의한 '국회 개설의 칙유' 이후 일본에 조직된 정당은 자유민권운동을 주도한 이타가키 다이스케(板垣退助)의 자유당(1881년 11월)과 오쿠마 시게노부가 1882년에 결성한 입헌개진당(立憲改進黨)이었으나 이후 여러 차례의 이합집산을 거쳐 이토 히로부미(伊藤博文)가 조직한 입헌정우회(1900년 성립)와 입헌국민당(1910년 성립)으로 사실상 양당 체제로 확립되었다. 1927년 헌정회와 정우본당이 입헌민정당으로 합당한 이후부터 1940년 10월 대정익찬회(大政翼贊會)가 성립할 때까지는 입헌정우회와 입헌민정당이 양당 체제를 유지했다.[8] 관제 국민통합 단체였던 대정익찬회가 성립한 다음 해 2월부터 패전할 때까지 모든 정치활동이 금지되었기 때문에 현재 정당의 계보는 소위 '(전후) 55년 체제'에서 시작된다고 볼 수 있다.

'55년 체제'란, 1955년에 시작된 자유민주당과 일본사회당의 2대 정당을 중심으로 한 정당정치운동의 틀을 가리킨다. 1955년 10월에 좌우 양파로 분열되어 있던 일본사회당이 통일되자, 이에 자극을 받은 보수진영에서는 자유당과 일본민주당의 보수합동에 의해 자유민주당이 탄생했다. 이로써 국회의 의석을 자민당과 사회당에서 나누어 갖는 '자사

체제(自社體制)'의 2대 정당 체제가 만들어졌다. 당시 사회당은 자민당의 절반 이하 의석수밖에 획득하지 못하고, 그 때문에 만년 여당인 자민당과 만년 야당인 사회당이라는 구도가 형성되어 자민당의 일당 지배가 오랫동안 계속되었다. 하지만 1993년 8월 자민당에서 이탈한 일부가 사회당, 민사당, 공명당, 일본신당 등과 반자민의 기치 아래 호소카와 모리히로(細川護熙) 내각을 발족시키면서 '55년 체제'가 붕괴하였다. 1994년 무라야마 내각, 1996년의 제1차 하시모토 류타로(橋本龍太郎) 내각에서는 사회당(사회민주당)과 자민당이 연립여당이 되어 '55년 체제의 변형 부활'이라 불리기도 했다. 사회민주당은 제2차 하시모토 내각에서는 각외협력(閣外協力)으로 전환하였고, 1998년 오부치 게이조(小淵惠三) 내각에서는 완전히 이탈하였다. 사회당 세력이 더 약소화하면서 '55년 체제'는 완전히 종식되고 말았다. 이후 자민당의 독주가 계속되어 현재에 이르고 있다.

다만, 1998년 4월에 성립한 민주당이 2009년 8월 말의 중의원 선거에서 자민당을 물리치고 정권 교체에 성공한 적이 있었다. 2009년 9월 하토야마 내각이 출범한 때부터 2012년 11월 노다 요시히코(野田佳彦) 수상이 중의원을 해산할 때까지 3년 동안 민주당 정권이 계속되었다. 하지만 2011년 3·11 동일본대지진으로 발생한 재해에 기민하게 대응하지 못하고 소비세 증세를 둘러싼 당내 노선 투쟁 등으로 정권 재창출을 성공시키지 못하고 자멸하고 말았다. 선거 참패 이후 민주당의 지리멸렬로 인한 대안세력의 부재로 자민당의 독주체제에 변화를 가져오지 못했다. 55년 체제 이후 현재까지 일본 정당의 이합집산을 정리하면 도표 4.2와 같다.

도표 4.2 '55년 체제' 이후 일본 정당 흐름도

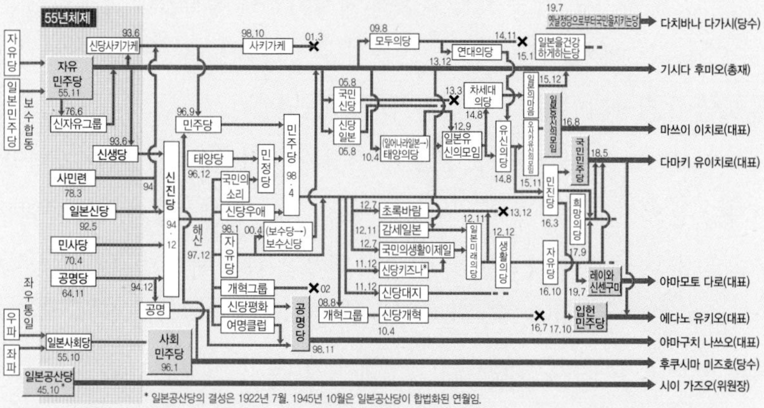

* 일본공산당의 결성은 1922년 7월. 1945년 10월은 일본공산당이 합법화된 연월임.

출처: とうほうの 最新データ集, https://toho.tokyo-horei.co.jp/kominnavi/seiji_newdata.php (검색일: 2021. 11. 23).

2. 55년 체제의 해체와 1990년대 일본정치의 변화

1) 사회당의 몰락

1988년 리크루트 사건으로 자민당의 다케시타 노보루(竹下登) 정권이 무너진 뒤 우노 소스케(宇野宗佑)와 가이후 도시키(海部俊樹)를 거쳐 미야자와가 총리가 된다. 다케시타 정권 붕괴 후 일본의 총리가 계속 단명한 것은 본래부터 그들이 권력의 실세가 아니라 정치적 위기를 넘기기 위해 잠깐 내세운 얼굴마담에 불과했음을 의미한다. 당시 정국 주도의 실질적 권력은 다케시타와 가네마루 신(金丸信)을 중심으로 한 최대 파벌인 게이세이카이(經世會)에 있었다. 하지만 가네마루가 도쿄사가와큐빈(東京佐川急便) 정치자금 문제로 퇴진하면서 게이세이카이의 회장인 가네마루의 후계를 둘러싸고 하타 쓰토무(羽田孜)를 내세운 오자와

이치로(小澤一郎)파와 오부치를 옹립한 반오자와파로 양분되었다. 다케시타의 후원을 얻은 오부치가 회장에 내정되면서 오자와를 배제하려 하자, 오자와는 개혁포럼21이라는 하타파 중심의 파벌을 만들어 소선거구제 도입에 적극적인 중견·청년층의 지지를 얻었다.[9)]

다케시타파의 분열 결과, 1993년 8월에는 사회당, 신생당, 공명당, 민사당 등의 8개 정당과 파벌이 연합해 지원한 일본신당의 호소카와를 총리로 하는 정권이 탄생했다. 정권의 탄생을 배후에서 연출하고, 전후 55년 체제를 종식시킨 것은 오자와였다. 호소카와 정권은 오자와의 지원을 받으며 소선거구 비례대표병립제 도입 등 선거제도 개혁과 정치자금규정법 개정 등을 실현했다. 하지만 1994년 4월 호소카와 수상이 스캔들로 자민당의 공격을 받고 사임했다. 이후 하타가 호소카와의 후임으로 취임하지만 2개월의 단명에 그쳤다. 이러한 혼란 속에서 자민당은 1994년 6월 사회당 위원장인 무라야마를 수상으로 내세워 정권 재탈환에 성공했다. 무라야마 수상은 1995년 8월 '전후 50주년 종전기념일을 맞이하여'라는 성명에서 식민지 지배와 침략에 대해 사죄하여 한국인들에게도 익히 알려진 인물이다 (무라야마담화). 무라야마 수상의 뒤를 이어 1996년 1월에 하시모토가 수상에 취임했다. 1993년 8월 자민당이 야당이 된 이래 2년 5개월 만에 자민당 출신이 수상에 취임한 것이다. 하시모토의 뒤를 이어 1998년 7월에 오부치, 2000년 4월에 모리 요시로(森喜朗)가 자민당 중심 연립정권의 수상에 취임하지만, 모두 단명하고 말았다. 다케시타 정권 붕괴 후 일본정치의 혼란을 여실히 보여준다.[10)]

자민당의 견제 세력으로 55년 체제의 다른 한 축을 담당하던 사회당이 1990년대에 갑자기 쇠퇴한 이유 중 하나는 사회당의 가장 큰 지지세력이었던 노동조합의 변화였다. 1987년 조합원 약 800만 명을 거느리는 전국 통일 노조인 전일본민간노동조합연합회가 발족하는 과정에서 노사협조가 중시되고 기존의 좌파적 색채가 약화하였다. 좌파적 성향의

관공노 계열 노동조합이 내부 붕괴로 치달은 것이 사회당의 조직적 기반을 약화시킨 것이다.[11)]

도이 다카코(土井たか子)의 총재 취임 이후, 1989년 참의원 선거에서 자민당의 36석보다 많은 46석을 획득하였고, 1990년 초 선거에서는 136석을 얻었다. 사회당이 재도약할 수 있는 발판이 마련된 것이었다. 하지만 사회당 주류 정치인들의 소극적 대응으로 기회를 살리지 못했다. 1991년 통일지방선거 패배의 책임을 지고 도이가 위원장에서 물러나자 사회당 내부 분열과 혼란이 다시 극에 달했다. 결국 사회당 일부가 오자와에 동조해 호소카와 정권에 참여했고, 다른 쪽은 연립정권에서 이탈해 자민당, 사회당, 신당 사키가케 정권에 참여해 무라야마가 총리에 취임하기도 했다. 1996년 1월 무라야마 총리 사임 후 사회당은 사회민주당으로 개칭, 하토야마 등이 이끄는 민주당과의 통합을 결정하지만, 하토야마가 이를 거부하면서 개별 입당으로 바뀐다. 결국 사민당은 민주당에 개인 자격으로 입당한 사람, 사민당에 남은 사람, 신당 결성에 참여한 사람 등으로 흩어졌다.[12)]

2) 포퓰리즘 정치의 등장

정권 재탈환에 성공한 자민당 정권은, 하시모토 내각에서 주센(住專) 문제와 야마이치증권을 비롯한 금융위기에 대응하는 한편, 오키나와 후텐마(普天間) 기지 반환에 관한 미국과의 합의를 마무리 지었다. 1996년 10월에는 소선거구 비례대표 병립제에 의한 첫 중의원 선거에서 승리하며 제2차 하시모토 내각을 출범시켰다. 하시모토는 제2차 내각에서 행정개혁에 본격 착수해 성청(省廳) 재편에 나섰다. 1997년 11월에는 재정구조개혁법을 통과시켰고, 직자국채를 삭감해 재정을 재건하고자 했다. 그러나 1998년 7월 참의원 선거에서 참패하면서 선거 결과의 책임을 지고 사의를 표명했다. 그 뒤를 이은 오부치 내각과 모리 내각의 지지율은 최악이었고 자민당에 대한 불만이 커졌다. 2000년 11월에는 야당이 제출한 모리 내각 불신임 결의안의 성립을 노린 여당 의원들의 내부 반란이 발생했을 정도였다.[13] 일본의 정치나 경제 등 모든 분야에서 일본이 바뀌어야 한다는 분위기가 확산했다. 이런 변화에 대한 열망 속에 재등판을 꾀한 하시모토와 고이즈미가 총재 자리를 두고 대결에 나섰다. 결국 국민의 변화에 대한 열망을 정치적으로 잘 활용하여 전술에서 언론의 관심과 대중적 인기를 거머쥔 고이즈미가 총리에 취임했다.

고이즈미 정권은 역대 어떤 자민당 정권과도 다른 포퓰리즘형 정치를 전개했다. 고이즈미에게는 파벌 기반이 없었기 때문에, 그는 이러한 점을 역이용해 조각(組閣)에서도 총리의 권한을 전면에 내세우고 종래의 파벌 안배 인사에서 벗어나 각료와 당 인사를 모두 직접 결정했다. 많은 여성을 각료에 임명했다. '구조개혁 없이 경기회복 없다'는 슬로건으로 도로 관련 4개 공단, 석유공단, 주택금융공고 등의 민영화를 포함해 '성역 없는 구조개혁'을 추진하겠다는 방침을 전면에 내세웠다. 구조개혁 노선이 환영받으면서 고이즈미 내각은 약 80%의 경이적인 지지율을 기록했다.

고이즈미 정권에서 정책 운용의 주축은 다케나카 헤이조(竹中平藏)를 좌장으로 한 경제재정자문회의였다. 동 자문회의에서 2001년 6월에 '경제재정에 관한 기본 방침 2001'을 각의결정하였다. 여기에는 경제자산을 효율이 낮은 부문에서 성장 분야로 돌리는 구조개혁의 단행과 우정(郵政) 분야 3개 사업의 민영화, 국채발행액의 30조 엔 이하로의 억제, 공공투자의 대폭 삭감, 사회보장제도와 지방 재원의 전면적 재검토 등 고이즈미 개혁의 주축이 될 정책 대부분이 담겨있었다. 고이즈미 정권은 특히 우정민영화를 구체제 타파의 결전장으로 삼았다. 우정민영화에 대한 찬반양론이 격렬하게 대립하는 가운데 고이즈미 정권은 2005년 4월 우정민영화 관련 법안을 국회에 제출했다. 야당은 물론 자민당 내에서도 우정족의원을 중심으로 강력한 반발이 있었고 조반의원(造反議員)도 다수 나왔다. 중의원에서는 간신히 가결되었지만, 참의원에서는 법안이 부결되면서 폐기됐다. 고이즈미 총리는 민영화의 찬반을 국민에게 묻겠다면서 즉각 중의원 해산과 총선거로 맞섰다. 자민당에서는 민영화 반대 의원을 공천에서 배제했고, 배제된 의원들은 신당을 결성하거나 무소속으로 출마해야 했다. 이들 의원의 선거구에 자민당 집행부는 '자객'으로 불리는 대항 후보를 공천했다. 결과적으로 현역 의원들이 줄줄이 낙선했다. 철저한 반대파 분쇄는 우정민영화를 총선거의 유일한 쟁점으로 삼은 고이즈미식 '극장정치'의 교묘한 전술이었다. 그 결과 고이즈미 자민당은 압승했고 선거 후 특별국회에서 법안은 가결되었다.[14)]

고이즈미 내각은 1990년 이후 등장한 내각 중에서도 가장 성공한 내각이다. 바꿔 말하면, 일본에서 고이즈미 총리처럼 하지 않으면 성공할 수 없었다. 호소카와 정권의 성취는 한계가 있었고, 자민당·사회당·신당 사키가케 정권 하에서 사회당은 자멸의 길을 걸었다. 하시모토 정권은 경제위기로 힘을 소진했고, 간신히 정권 교체에 성공했던 민주당 정권은 가장 실패한 사례가 되었다. 아베 정권은 고이즈미 이상으로 장기 집권하면서도 고이즈미 정권 같은 명확한 성취를 이룩하지 못했다. 그에 반해 고이즈미는 처음 선언한 것을 거의 달성했다. 그런 의미에서 성공한 정권이라고 할 수 있다. 하지만 이러한 역사 속에서 읽을 수 있는 가장 큰 문제는 1990년 이후 정치가 성공하기 위해서는 고이즈미와 같은 포퓰리즘적 방식을 채택해야 한다는 '교훈'을 남겼다는 것이다. 그러므로 고이즈미 정권의 성공은 곧 1990년 이후 일본 정치가 해결해야 할 어려움과 고민을 보여주는 사례로 평가되어야 할 것이다.[15)]

3) 민주당 정권의 실패와 아베의 최장기 집권

2009년 8월 30일 실시된 중의원 선거에서 일본 국민은 자민당을 외면하고 민주당을 선택했다. 기존 115석이었던 민주당의 의석은 3배 가까이 증가하여 308석이 되었다. 압승이었다. 자민당은 고이즈미 정권 때 획득한 300석에서 119석으로 줄어들었다. 민주당의 압승이자 자민당의 완패였다. 하토야마가 총리가 되고 정권 교체가 실현되었다. 민주당의 압승은 상당 부분 포스트 고이즈미 자민당 3대 정권의 자멸에 의한 것이었다. 그렇기 때문에 고이즈미 정권의 성공은 상당 부분 고이즈미 개인의 포퓰리스트적인 퍼포먼스 능력에 의존했다고 볼 수 있다. 고이즈미의 구조개혁 노선을 계승하여 출범한 제1차 아베 내각이 2007년 9월 건강상의 이유로 퇴진한 이후 후쿠다 야스오(福田康夫), 아소 다로(麻生太郎) 정권이 들어섰으나 국민에게 인기가 없었다. 2009년 8월 중의원 선거 직전 아소 내각의 정권 발족 직후 지지율이 53%, 수개월 뒤에 15%라는 낮은 지지율로 국민에게 외면당했다. 따라서 민주당이 선거 결과를 두고 '혁명적'이라고 표현했지만, 기실 일본 국민이 자민당에 실망한 결과라고 보는 것이 타당할 것 같다. 그러한 국민의 정치적 선택은 한국에서도 자주 찾아볼 수 있다. 특정 정당이 잘해서 선택한다기보다 정부 여당에 실망한 국민이 불가피하게 야당을 선택한 결과였다.[16]

민주당 정권이 지향한 것은 영국식으로 정부와 여당을 일체화시키고, 정책 결정에서 명실공히 '정'을 '관'의 위에 두는 것이었지만, 초기의 구상과는 달리 당과 정부가 분립하는 체제가 되고 말았다. 결과적으로 당과 정부의 일체화가 실현되지 못한 시점에서 이미 민주당 정권의 실패는 예견되었다고 보아야 할 것이다. 민주당 정권은 당정의 일체화를 전제로 했기 때문에 자민당 정권에서 양자 간의 조정 기능을 맡는 당의 정책조사회나 사전심사제를 폐지해버렸다. 그 결과 당의 논의를 정부 정책에 반영하는 상시적인 구조가 상실되고 말았다. 게다가 정부 내에서도 관방장관과 국가전략담당대신의 역할이 애매하게 남아 있었다. 만약 내각의 정책조정 기능을 국가전략국이 한 손에 쥐게 된다면 관방장관은 불필요하다. 그러나 그때까지의 어느 정부에서도 이 역할은 관방장관의 몫이었고, 제도적으로도 그렇게 설정되었다. 당연히 국가전략국 구상을 추진하면 관방장관과 알력이 생기게 마련이다.

또한 '정'과 '관'의 관계에서는 각 성에 대신과 부대신, 정무관 등 여당 정치인으로 구성되는 정무3역회의를 두어 정책 결정의 중추로 삼는 한편, 성 차원의 정책을 범정부 차원에서 조정하는 역할을 해온 사무차관 회의를 폐지하고, 이를 대신들의 각료위원회로 대체했다. 즉, 각 성 관료의 최고직인 사무차관의 권한을 극소화해 이를 정치 주도로 대체한 것이다. 그 결과 관료들이 주체적으로 정책 결정에 관여하는 회로도 대폭 사라졌다. 그들은 지시받은 것만 하면 됐다. 따라서 만약 각료위원회나 정무3역 회의가 분열된다면 모든 것이 붕괴하는 리스크를 정권이 지게 되었다. 실제로 민주당 정권은 당정 일원화의 원칙을 관철하지 못했을 뿐 아니라 양자 사이의 제도적 조정 시스템을 파괴해버렸기 때문에, 정치 주도라는 이름 아래 '관'을 권력의 중추에서 배제하였고 결과적으로 내각이 과다한 조정 리스크를 지게 되었다.[17)]

민주당 정권 시절, 하토야마, 간, 노다 등 3대 총리의 내각 지지율은 죄다 발족 당시의 60~70%대에서 말기에는 20% 전후로 내려앉았다. 지지율 급락은 국민의 커다란 기대가 단기간에 큰 실망으로 바뀌는 패턴을 밟아온 결과이다. 국민은 실망을 반복하면서 차츰 민주당 정권을 포기했다. 민주당 정권 3대 내각의 연속 추락은 정치 주도의 실패에 기인한다는 점에서 제1차 아베 내각, 후쿠다, 아소 등 포스트 고이즈미 3대의 추락과 닮았다. 2012년 12월에 실시된 중의원 선거에서는 자민당이 118석에서 294석으로 3배 가까이 의석을 늘리며 압승했고, 민주당은 지난 중의원 선석에서 획득한 308석의 5분의 1 이하인 57석을 얻는데 그쳤다. 현직 관방장관과 대신이 차례로 낙선하는 괴멸적 참패를 기록했다. 지난 3년 동안 민주당 정권에 의한 국정운영이 국민을 얼마나 실망시켰는지 알 수 있다. 이번 정권교체는 3년 전 일어난 일과 매우 흡사하다. 자민당의 대승리는 스스로 쟁취한 것이라기보다 민주당 정권의 대실패로 굴러 들어온 승리였다.

여러 차례 정치 주도의 실패를 거치면서 아베 정권은 민주당이 내건 급진적인 정치 주도를 부정하고, 이를 교묘한 관저주도로 대체했다. 실제로 관저가 성청의 관료들을 뜻대로 움직이고, 예산의 방향을 결정하는 것은 내각인사국과 경제재정자문회의로 충분했다. 관방장관은 성청의 국장급 인사를 관리함으로써 성청 전체에 대한 절대적인 영향력을 발휘할 수 있었고, 고이즈미 정권처럼 포퓰리즘과 경제재정자문회의의 민간인 활용을 솜씨 있게 조합하면 여론에 정치 주도의 이미지를 만들 수 있었다. 민주당 정권의 실패가 너무도 참담한 것이어서 사람들은 더 이상 정치 주도를 내세우는 것을 신뢰하지 않았다. 그보다는 경기회복에 대한 기대가 컸다. 이런 사회 분위기의 변화에 민감하게 대응한 것이 아베의 자민당이었다.[18)]

제2차 아베 내각은 일본 역사상 최장기 집권을 기록했다. 아베 총리는 고이즈미의 뒤를 이어 2006년 9월에 처음 취임했다가 각료들의 불상사, 연금 납부기록 분실 문제, 건강 문제 등으로 2007년 9월 퇴임했다. 제2차 아베 내각은 민주당 정권의 실패를 배경으로 2012년 12월에 발족하여 2014년 12월까지 존재했고, 제3차는 2014년 12월부터 2017년 11월까지, 제4차는 2017년 11월부터 2020년 9월까지였다. 아베를 수반으로 하여 11번의 조각이 이루어진 것은 일본 헌정사상 최다기록이 되었다. 아베 총리는 집권 기간 아베노믹스로 대표되는 경제 부흥 전략과 헌법 9조의 개정을 목표로 한 개헌논의를 주도했었다. 외교에서는 큰 성과를 내지 못했다고 평가된다. 아베 총리는 2020년 8월에 지병을 이유로 사임을 발표했지만, 당시 '벚꽃을 감상하는 모임' 참가자가 호텔이 지불하는 비용 일부를 총리 측에서 보전해 준 사실이 발각되어 공직선거법과 정치자금규정법 위반 혐의로 조사를 받고 있던 터라 지병을 이유로 사임한다는 아베 총리의 발표를 그대로 믿는 국민은 많지 않았다. 아베의 후임으로 총리에 취임한 스가 요시히데(菅義偉) 총리 역시 자신이 관방장관이었을 때 벌어진 일임에도 불구하고 자신과는 무관한 일이라고 반복해서 설명했지만, 그의 설명 역시 설득력이 부족했다. 취임 당시부터 아베의 아바타라고 불리며 아베 정권의 계승을 명시했던 스가 총리였지만, 국내 정치에 대한 지도력과 외교력 또한 문제가 되었다. 결국 2021년 10월의 갑작스러운 퇴진을 발표하였고, 그 후임에 기시다 후미오 전 정무조사회장이 취임하였다. 2021년 10월 4일 취임한 기시다 총리는 14일에 중의원을 해산하고 그달 31일 총선거를 통해 공명당과의 연립으로 과반수를 획득하여 11월 10일에 제2차 기시다 내각을 발족시켰다. 해산 당시의 의석수 분포와 당시의 선거 결과를 보면 다음과 같다.

2021년 5월 7일 기준으로 의석을 확보한 정당은 다음과 같다. 자민당(중의원 278석/참의원 111석, 이하 같음), 공명당(중29/참28), 입헌민주당(중110/참44), 일본공산당(중12/참13), 국민민주당(중7/참12), 사회민주당(중1/참1), 낡은 정당으로부터 국민을 지키는 당(중1/참1), 희망의 당(중1/참0), 레이와신센구미(중0/참2), 오키나와사회대중당(중0/참1)이다. 이 중에서 희망의 당과 오키나와사회대중당은 정당조성법의 정당 요건을 충족시키지 못한 정치단체이다. 중의원의 경우 자민당이 총 464석의 59.9%인 278석을 차지해서 단독 과반을 넘겼고, 연립여당인 공명당의 의석까지 합치면 66.2%에 달했다. 하지만 참의원의 경우에는 자민당이 총 245석의 45.5%인 111석을 차지하는 데 그쳐 단독 과반을 넘기지 못했다. 연립여당인 공명당의 28석을 합해야 57.0%로 겨우 과반을 차지할 수 있었던 것이다.

2021년 10월 31일 치러진 중의원 총선거의 결과를 보면 여당인 자민당이 261석, 연립여당인 공명당이 32석을 차지하여 이전 의석에서 12석이 줄었지만, 여전히 절대안정다수를 넘어서 자민당 정권이 계속 연장되었다.

3. 전후 일본국헌법의 성립과 제9조

1) 전후 일본국헌법의 성립

1889년 2월 11일에 공포되었던 제국주의시대의 대일본제국헌법은 흠정헌법(欽定憲法)으로 발포되어 1890년 11월 29일부터 시행되었다. 흠정이란 뜻은 황제가 직접 제도나 법률을 제정하는 것을 의미하기 때문에, 대일본제국헌법을 흠정헌법이라고 부르는 것은 메이지 천황의 의사에 따라서 제정되었다는 의미이다. 흠정헌법에 대응하는 개념이 국민의 뜻에 따라 제정되었다는 의미의 민정헌법(民定憲法)이다. 민정헌법은 국회에서 제정되고 국민투표에 의한 확인 절차를 거쳐야 한다. 패전 이후 1947년 5월 3일에 시행된 일본국헌법은 이전의 대일본제국헌법과 달리 민정헌법이다. 따라서 현행 일본국헌법을 개정하기 위해서는 일본 국민의 뜻을 물어야 하고, 일본 국민의 뜻을 묻는 국민투표를 국민에게 제안하기 위해서는 국회에서의 발의 절차를 거쳐야 한다. 국회 발의는 중의원과 참의원 양원에서 3분의 2 이상의 찬성을 얻어야 한다.

사실 전후 일본의 헌법은 일본정부나 국민이 주도한 것은 아니었다. 당시 일본을 점령하고 있던 연합국군총사령부(GHQ)가 일본정부에 지령을 내려 군국주의를 배제하고 민주주의를 추진하는 정책을 실행하게 되는데, 대일본제국헌법을 대신하여 일본 통치의 근거가 될 새로운 헌법의 제정을 지시했다. 1946년 공포된 일본국헌법은 3개의 중요한 원칙이 있었다. 첫째, 주권이 국민에 있다는 주권재민의 원칙이었다. 대일본제국헌법에서 주권자로 되어 있던 천황은 새로운 헌법에서는 국가의 상징으로 규정되었다. 둘째, 평화주의였다. 국제평화를 달성하기 위해 무력 사용을 부정하고 육군이나 해군과 같은 전력 보유를 포기하였다 (뒤에서 상술). 셋째, 기본적 인권을 존중하여 사람이 살아가는데 필요한 자유와 평등을 보장하고자 했다. 현행 일본국헌법을 이해하기 위해 대일본제국헌법과 비교해 보면 표 4.1과 같다.

표 4.1 구헌법과 신헌법의 비교

	대일본제국헌법	일본국헌법
제정	1889년 2월 11일 발포 1890년 11월 29일 시행	1946년 11월 3일 공포 1947년 5월 3일 시행
형식	흠정헌법	민정헌법
주권	천황주권, 천황대권중심주의	국민주권, 권력분립주의
천황	신성불가침의 존재, 국가의 원수이자 통치권의 총괄자	일본국과 일본 국민 통합의 상징, 형식적·명목적인 국사 행위의 담당자
전쟁과 군대	천황에게 육해공군의 통수권, 신민에게 병역의무	전쟁 포기와 일체의 병력 보유를 포기
국민의 권리	신민으로서의 권리, 법률의 범위 내에서 보장	사회권을 포함한 기본적 인권 보장
국회	천황의 협찬 기관, 이원제, 귀족원은 특권계급의 대표, 국정조사권 없음	국권의 최고기관, 유일한 입법기관, 중의원·참의원 모두 국민의 대표기관, 국정조사권 있음
내각	천황의 보필 기관, 국무대신은 천황에 대한 책임을 진다	최고의 행정기관, 의원내각제를 취하고, 국회에 책임을 진다

계속 ▶▶

표 4.1 계속

	대일본제국헌법	일본국헌법
재판소	천황의 이름으로 재판을 행한다. 위헌입법심사권 없음	사법권의 독립, 위헌입법심사권을 갖는다. 최고재판소 재판관의 국민 심사
헌법개정	천황의 발의, 제국의회의 결의	국회의 발의, 국민투표

출처: https://heiwa.yomitan.jp/4/3308.html (검색일: 2022. 2. 2).

2) 헌법 9조의 내용

전후 일본의 헌법 중에서 제9조만큼 찬성과 반대의 의견이 격렬한 조항은 없다. 전쟁을 포기한 점, 자위전쟁도 침략전쟁도 하지 않는다는 점, 전쟁에 필요한 군비나 교전권을 부인하는 것 등이 담겨 있다. 이러한 내용 때문에 헌법 9조를 둘러싼 개헌논의가 헌법 제정 이후부터 지금까지 꾸준히 이어지고 있다. 하지만, 헌법 제정 당시 총리였던 요시다 시게루가 "세계에 유례가 없는 조항을 헌법에 게재하여 … 평화애호의 국민으로서, … 평화단체의 선두에 서서 평화를 촉진하고 평화에 기여한다는 포부를 담아 전쟁 포기의 조항을 헌법에 게재했다"고 1946년 9월 15일 의회에서 답변한 것에서도 평화주의가 강력한 헌법 제정의 원칙이었음을 알 수 있다.[19]

제9조는 1항은 '정의와 질서를 기조로 하는 국제평화를 성실하게 희구하고, 국권의 발동인 전쟁과, 무력에 의한 위협 또는 무력의 행사는, 국제분쟁을 해결하는 수단으로서는, 영구히 이를 포기한다'고 규정하고 있다. 제9조 2항은 "전항의 목적을 달성하기 위해 육해공군 기타 전력은, 이를 보유하지 않는다. 국가의 교전권은, 이를 인정하지 않는다"고 규정한다. 이러한 내용을 담고 있기 때문에 전후 연합국의 주도로 새롭게 성립한 일본국헌법을 평화헌법이라고 부르기도 하고, 헌법 9조가 가

지는 역사성과 평화에 대한 상징성을 세계에 알려 전쟁을 항구히 포기하겠다는 의지를 담아 이를 세계유산으로 등록하려는 움직임도 있었다.[20)]

4. 전후 개헌론의 전개

1) 냉전시대의 개헌론

당초 일본국헌법 제정 과정에서 당시 헌법문제조사위원회 위원장 마쓰모토(松本烝治)가 GHQ의 강요가 있었다고 주장한 것이 이후 개헌론자들이 개헌을 주장하게 된 근거가 되었다. 1950년 한국전쟁 발발과 함께 경찰예비대가 발족하면서 재군비에 대한 찬반 논쟁이 있었고, 자위대의 설립을 둘러싼 합헌성 문제가 제기되었다. 당시 냉전체제의 심화로 개헌논의가 활발해졌고, 1952년 창당한 개진당(改進黨)과 하토야마 이치로(鳩山一郎)의 일본민주당은 자주적 헌법의 제정과 군대 창설을 주장하였다. 1954년 하토야마 내각이 성립되면서 개헌 문제가 크게 쟁점화했지만, 1955년 2월 중의원 선거에서 개헌 의석 확보에 실패하였다. 1955년 11월 결성된 자유민주당(자민당)은 당의 사명과 정강에 헌법의 자주적 개정과 점령체제에 대한 재검토를 명기했다. 하지만 1960년 기시 노부스케(岸信介) 내각에서 추진한 미일안보조약 개정이 사회적 혼란과 국론 분열로 이어지고, 사회당과 공산당 및 시민사회의 강력한 반대로 개헌논의가 수면 아래로 가라앉았다.[21)]

강력한 개헌론자이던 나카소네 야스히로(中曾根康弘)가 1961년 월간지 정론(正論)에 '고도 민주주의 민정헌법 초안'을 발표하고, 퇴진한 기시 총리가 '자주헌법제정국민회의' 의장을 맡는 등 개헌을 위한 노력이 계속되었다. 하지만 극심한 안보투쟁 이후 성립된 이케다 요시토(池

田勇人) 내각은 개헌 문제로 인한 정쟁을 피하고자 경제성장에 더욱 집중하였다. 1980년 중·참의원 동시 선거에서는 자민당이 압승을 거두어 개헌논의가 더욱 활발해졌지만, 당시 스즈키 젠코(鈴木善幸) 총리는 국회 답변에서 자민당이 3분의 2 의석을 확보해도 개헌하지 않겠다고 했다. 한편 우파 종교단체와 사회단체 및 작가, 문화인들이 1981년 결성한 '일본을 지키는 국민회의'는 헌법 개정을 통한 천황의 국가원수화 등을 제시하였다. 자민당은 창당 30주년이던 1985년 발표한 신강령(新綱領)에서 기존 헌법의 원칙과 정신을 존중하되 시대에 맞게 헌법을 수정하려는 노력을 계속하겠다고 언급했다. 하지만 개헌론자로서 당시 총리였던 나카소네는 자신의 내각에서는 개헌을 정치과제로 하지 않는다고 천명했다. 이처럼 냉전기에는 자위대 문제 및 몇몇 사안을 중심으로 개헌논의가 계속되었지만, 혁신 세력 및 여론의 강한 반대로 개헌논의가 정치적 부담이 되고 있었다.[22]

2) 탈냉전시대의 개헌론

탈냉전과 국제정세의 변화는 개헌논의가 다시 활발해지는 계기가 되었다. 특히 1990년 걸프전의 발발과 UN의 평화유지활동에 대한 공헌이 쟁점이 되었다. 걸프전 이후 1992년 6월 15일 PKO 법안이 통과되면서 자위대의 해외 파견 등에 대한 논란이 가속화되었고, 1993년의 북핵 위기는 일본이 미일 동맹 하에서 유사시 어떻게 미군을 후방 지원할 수 있는가에 관한 질문을 던졌다. 특히 일본의 국제적 공헌을 강조하며 오자와가 제기한 '보통국가론'은 개헌론이 재등장하는 중요한 계기가 되었다. 오자와는 헌법 전문이나 헌법의 기본원칙 등은 그대로 유지하면서도 UN을 통해 일본이 적극적으로 세계평화에 공헌할 수 있도록 개헌해야 하고, 따라서 자위대의 해외파병이 가능한 개헌이 이루어져야 한다고 주장했다. 1990년대의 가장 큰 특징은 야당들이 개헌론에 가세했다는 점이다. 1994년 자민당과 연립정부를 구성하게 된 사회당은 미일 동맹을 긍정하고 자위대의 존재를 인정하는 노선으로 전환하였다. 이처럼 야당에서도 개헌론이 제기된 배경에는 해석개헌에 의존하는 것만으로는 일본이 탈냉전 이후의 국제환경변화에 능동적으로 대처할 수 없다고 보았다. 또한, 사회당과 같은 호헌 세력이 약화하고 새로운 보수정당들이 지지를 확대하게 되었다는 정치적 변화도 있었다. 사회당과 공산당의 반대가 있었지만 1999년 7월에는 중·참의원에 헌법조사회를 설치하는 국회법이 통과하였고, 2000년 1월에 양원에 설립된 헌법조사회는 2005년 4월 최종보고서를 제출하였다. 특히 자민당은 양원의 헌법조사회에 대응하여 모리 전 총리를 위원장으로 하는 '신헌법기초위원회'를 설치하였으며 2005년 10월 '신헌법초안'을 발표하였다.[23]

탈냉전 이후 일본의 개헌논의는 현행 헌법 정신의 존중을 바탕으로 국제정세의 변화에 대응해야 한다는 논리와 함께, 천황의 국가원수화와 자위대 해외파병, 집단적 자위권 행사 등을 중심으로 이루어졌다. 또한, 알권리·환경권 등 새로운 조항의 추가와 참의원 문제, 수상공선제 도입과 총리 권한 강화, 헌법 개정 발의 여건 등이 개헌 논의의 주요 쟁점이 되었다. 헌법조사회가 국회에 설치될 수 있었던 배경에는 1997년 310인의 초당파적 의원모임으로 결성된 '헌법조사위원회설치추진의원연맹'이 있는데, 이후 '헌법조사추진의원연맹'으로 개칭하고 헌법 96조의 정비에 중점을 두었다. 하지만 사회당·공산당을 중심으로 하는 호헌 세력은 국민의 알권리, 환경권, 인권조항, 사생활 보호 등의 쟁점화는 이를 구실로 헌법 9조를 개정하려는 것에 불과하다고 비판하였다.[24]

3) 2000년 이후의 개헌론

2000년 1월부터 활동을 시작한 헌법조사회는 2005년 4월 국회에 최종 보고서를 제출하였다. 헌법조사회 설치 이후 각 정당도 이에 대응하여 개헌논의를 위한 기구를 당내에 설치하였다. 자민당과의 연립정부에 참여한 공명당은 국민주권, 항구평화주의, 기본적 인권의 존중이라는 3원칙과 헌법 9조의 유지를 기초로 환경권이나 프라이버시권과 같은 내용을 더할 수 있다는 가헌론을 제시하였다. 민주당은 2004년 6월 '헌법제언 중간보고' 그리고 2005년 10월 31일 '헌법제언'을 발표하였다. 민주당은 현행 헌법의 긍정적 역할을 높이 평가하였지만, 헌법 해석의 문제가 있다고 보았다. 국제사회의 요청이나 시대변화에 대응하기 어렵다는 점을 인정하면서 총리주도, 분권화, 인권과 국제협조주의 등을 반영하는 개헌의 필요성을 확인했다. 한편 자민당은 2005년 11월 '신헌법초안'을 발표하였는데, 특히 주목할 것은 헌법 9조의 2항을 전면 개정하여 총리가 최고 지휘자가 되는 '자위군'의 보유를 명기하는 것이었다. 자민당은 헌법 개정 논의를 통해 일본의 전통과 가치, 국민의 의무와 책임, 국제평화활동에 대한 적극적 참여 등을 강조하였다. 2007년 8월, 헌법심사회(憲法審査会)가 헌법조사회를 계승하여 설치되었다.

개헌논의의 진행과 함께, 2006년 총리에 취임한 아베는 9월의 취임연설(전후 체제로부터의 새로운 출발)에서 "21세기에 적합한 새로운 헌법 제정을 위해 몰두하고, 자신의 정권 과제로서 헌법 개정을 국민에게 호소"한다고 표명하였다. 이는 자민당의 28명 총리 중 국회소신표명연설에서 헌법 개정을 내세운 두 번째 사례로, 초대 하토야마 이치로 총리 이후 처음이다. 아베는 특히 헌법 개정을 위한 첫 단계로서 헌법 96조의 개정 절차를 명확하게 하고자 하였으며, 2007년 5월 통과시킨 국민투표법(日本国憲法の改正手続に関する法律)을 통해 이를 구체화할 수

있었다. 아베 총리는 집단적 자위권의 해석개헌을 추진하기 위해 2007년 5월 이에 부정적이던 내각법제국 장관을 퇴임시켰다. 또한, 사적 자문기관인 '일본의 안전보장의 법적 기반의 재구축에 관한 간담회'를 구성하였는데, 2008년 간담회는 3가지 이유를 들어 집단적 자위권 행사를 위한 헌법 해석 변경이 가능하다고 결론 내렸다. 당시 헌법 '9조'의 개정에 대해서는 반대가 상당했지만, 개헌에 대한 여론은 대체로 우호적이었다고 할 수 있다. 니혼게이자이신문(日本経済新聞)이 2000년 4월 실시한 여론조사에서는 개헌에 찬성한다는 응답이 61%였으며, 헌법기념일을 앞둔 2007년 5월 조사에서는 헌법 개정에 찬성하는 응답자가 51%, 반대자가 35%였으며, 마이니치신문(毎日新聞)에서는 찬성이 51%, 반대가 19%로 나타났다.[25)]

일본의 아베 총리는 2017년 5월 3일 요미우리신문과의 인터뷰에서 그리고 개헌파 집회에서, 헌법 개정을 실현하여 도쿄올림픽이 개최되는 2020년부터 시행하는 것을 목표로 한다고 했다. 그해 실시된 10월 중의원 선거에서 승리한 뒤에는 헌법 개정에 대해 보다 적극적인 의지를 표명하고 꾸준히 개헌을 위한 논의를 주도해 왔지만, 결과적으로 2020년 9월에 퇴진함으로써 임기 내 개헌은 좌절되고 말았다. 다만 이후 아베 정권을 계승한 스가 내각이나 기시다 내각 역시 개헌에 적극적인 견해를 보이고, 야당의 일부 세력 또한 이에 동조하고 있기 때문에 헌법 9조를 중심으로 한 개헌논의는 급물살을 탈 가능성도 있다. 참고로 2020년 5월 시사통신이 실시한 '헌법에 관한 여론조사'에 의하면 '개정하지 않는 편이 좋다'고 대답한 사람들의 비율이 69%로 '개정하는 편이 좋다'고 대답한 29.9%를 상회했다. 개정에 반대하는 사람들의 남녀 비율은 남성이 56.9% 여성이 80.0%였다.[26)] 하지만 여전히 국제정세의 변화와 국내 정치 담당자들의 의지에 따라 찬반 여론이 출렁이고 있음을 알 수 있다.

글상자 4.1 해석개헌과 집단적자위권

해석개헌이란 헌법을 정식 절차를 거쳐 개정하는 것이 아니라 헌법 조문에 대한 해석을 변경함으로써 실질적으로 개헌과 같은 효과를 내는 것을 말한다. 근대국가는 기본적으로 삼권분립을 원칙으로 운영되고 있는데, 그 전제가 되는 기본법이 헌법이다. 국가권력의 합법성도 헌법에서 나온다. 혁명이나 쿠데타를 통해 비상사태를 발생시켜 헌법의 효력을 정지시킨 뒤, 새로운 권력을 수립하여 신헌법체제로 이행한 역사적 사례도 존재한다. 달리 이야기하면 그만큼 헌법 개정에 높은 장벽이 있음을 의미한다. 일본의 경우 헌법(일본국헌법) 제96조에서 개정을 위한 요건을 엄격하게 규정하고 있다. 이것이 전후 자민당에 의한 개헌 추진에 큰 걸림돌이 되었다. 제1차 아베 내각이 헌법 개정의 요건을 완화하는 국민투표법을 성립시킨 것도 그 때문이었다. 2012년 12월 제2차 아베 내각이 출범한 이래 다시 헌법 개정을 추진했지만 96조 개정이 국민의 반대 여론에 직면하여 헌법의 해석변경을 통해 사실상 헌법 개정을 실현하는 것으로 방향을 전환했다. 당시 초점이 된 것은 헌법 전문과 9조로, 집단적 자위권을 용인하는 내용이었다. 그때까지 역대 내각에서는 헌법에서 용인하는 것은 개별자위권일 뿐, 집단적 자위권은 헌법상 인정되지 않는다는 견해를 유지해 왔었다. 이것을 아베 내각에서 변경한 것이다. 동맹국인 미국의 지지를 얻은 아베 내각은 2014년 7월 각의 결정을 통해 집단적 자위권을 인정하는 해석개헌을 실행에 옮겼다.

집단적 자위권이란, 국제관계에서 무력공격이 발생했을 경우, 공격을 받은 국가와 동맹관계에 있는 타국이 그 공격을 자국의 안전에 대한 위협으로 간주하여 필요하다고 판단되는 상당한 정도의 반격을 가할 수 있는 권리를 가리킨다. 상상하고 싶지 않지만, 예컨대 북한이 주한미군(미국)을 공격했을 경우, 미국에 대한 공격이 자국에 위협이 된다고 판단, 일본이 북한에 반격을 가할 수 있다는 이미지를 떠올리면 되겠다.

주

1) 西川重則, 2005, 『わたしたちの憲法 全文から第103條まで』 (도쿄: いのちのことば社), pp. 10, 6-77.
2) 이하에서는 조문을 인용하는 등의 특기할 만한 사항이 아니면 내각총리대신을 총리로 약해 부르거나 수상으로 부르겠다.
3) 요시미 슌야 지음, 서의동 옮김, 2020, 『헤이세이(平成) 일본의 잃어버린 30년』 (서울: 에이케이커뮤니케이션즈), pp. 121-122.
4) 마키하라 노리오 지음, 박지영 옮김, 2012. 『민권과 헌법』 (서울: 어문학사), pp. 67-73.
5) 족의원(族議員)이란, 중앙성청의 정책 결정과 관계된 업계의 이익 보호에 강한 영향력을 갖는 국회의원이다. 예컨대, 도로족 또는 건설족, 우정족(郵政族), 농림족, 국방족, 문교족 등과 같이 특정 분야에 정통한 경험과 지식을 가진 경우가 많다.
6) 요시미 슌야 (2020), pp. 101-102에서 재인용.
7) 요시미 슌야 (2020), p. 103.
8) 대정익찬회는 중일전쟁과 태평양전쟁기의 관제 국민통합단체이다. 고노에(近衛文麿)를 중심으로 하는 신체제운동의 결과, 1940년 10월 12일에 결성되었다. 익찬회는 경제 신체제(통제회), 근로 신체제(대일본산업보국회)와 같이하는 고도국방국가체제의 정치적 중심조직이고, 대정익찬운동의 추진조직으로서 인식되었다.
9) 요시미 슌야 (2020), pp. 98-99.
10) 요시미 슌야 (2020), pp.99-100.
11) 요시미 슌야 (2020), pp. 115-117.
12) 요시미 슌야 (2020), pp. 121-122.
13) '가토의 난'이라 불리는 제2차 모리 내각 타도 움직임이었다. 당시 이 움직임을 주도했던 인물이 가토(加藤紘一)와 그의 맹우였던 야마자키(山崎拓)였다.
14) 요시미 슌야 (2020), pp. 123-127.
15) 요시미 슌야 (2020), pp. 131-132.
16) 요시미 슌야 (2020), pp. 132-133.
17) 요시미 슌야 (2020), pp. 142-145.
18) 요시미 슌야 (2020), pp. 152-153.
19) 西川重則 (2005), p. 18.
20) 세계유산 등록에 대한 구체적인 논의에 대해서는 太田光·中澤新一. 2006. 『憲法九條世界遺産』, 東京: 集英社를 참조하기 바란다.
21) 한의석, 2018, "일본의 헌법 개정 논의와 아베 총리의 개헌 구상," 『東西硏究』 제30권 1호, pp. 241.
22) 한의석 (2018), p. 242.
23) 한의석 (2018), pp. 243-244.
24) 한의석 (2018), pp. 244-245.
25) 한의석 (2018), pp. 245-246.
26) 時事通信 2020. 6. 22.

참고문헌

마키하라 노리오 지음, 박지영 옮김. 2012. 『민권과 헌법』. 서울: 어문학사.

요시미 슌야 지음, 서의동 옮김. 2020. 『헤이세이(平成) 일본의 잃어버린 30년』. 서울: 에이케이커뮤니케이션즈.

한의석. 2018. 「일본의 헌법 개정 논의와 아베 총리의 개헌 구상」. 『東西硏究』 제30권 1호.

西川重則. 2005. 『わたしたちの憲法 全文から第103條まで』. 도쿄: いのちのことば社.

時事通信. 2020. 6. 22.

太田光·中澤新一. 2006. 『憲法九條世界遺産』. 東京: 集英社.

5장

일본의 고도경제성장과 아베노믹스

김명수(계명대 일본어일본학과)

이 장에서는 현재의 일본경제를 이해하기 위한 기초지식을 검토한다. 빈사상태에 있던 일본경제가 한국전쟁을 계기로 복구의 단초를 마련할 수 있었음은 주지의 사실이다. 이를 일본에서는 '조선반도에서 일어난 특별한 수요'라는 의미를 담아 흔히 '조선특수'라고 부른다. 1950년대 중반부터 시작되어 1973년 제1차 오일쇼크가 시작될 때까지 이어진 고도경제성장을 모두 '조선특수'에서 그 원인을 찾을 수는 없지만, 고도경제성장의 계기를 만든 것은 사실이다. 1970년대 두 차례의 오일쇼크를 겪으면서 연평균 4.2%의 성장률을 보인 안정성장기를 거치고, 1980년대 후반에는 플라자합의를 계기로 세계적으로 유명한 '자산버블'을 겪게 된다. 거품이 붕괴하면서 그 영향이 현재까지 이어지고 있는데, 이를 지속된 기간을 헤아려 '잃어버린 20년'이라고도 부르고 '잃어버린 30년'이라고 부르기도 한다. 특히 '잃어버린 30년'의 경우 그 시기가 2019년에 물러난 '헤이세이(平成)' 천황의 재임기간(1989~2019)과 거의 정확히 일치하여 '헤이세이불황'이라 부르기도 한다.[1] 그 사이 고이즈미의 우정민영화를 비롯해 역대 수상들이 버블 붕괴 이후 일본경제에 큰 짐이었던 불량채권의 해소에 노력했다. 그리고 아베노믹스가 등장했다. 이와 같은 일본경제가 보인 일련의 퍼포먼스를 검토함으로써 일본경제에 대한 이해의 폭을 넓힐 수 있게 된다.

먼저 일본의 실질경제성장률을 도표로 제시하면 도표 5.1과 같다. 도표 5.1을 통해 일본경제의 성장률을 개관하면 3개의 시기가 뚜렷하게 구별되고 있는데, ①연평균 실질경제성장률이 무려 9.1%에 달하는 고도성장기, ②연평균 성장률이 4.2%였던 안정성장기, ③연평균 성장률이 0.7%에 불과한 저성장기이다. 이하에서는 이 순서를 따라 일본경

도표 5.1 일본의 경제성장률 추이(1956~2020년)

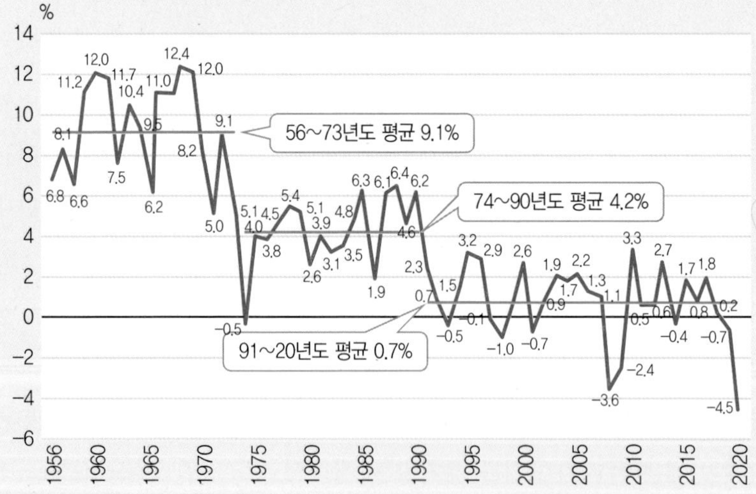

출처: 社會實情データ圖錄. https://honkawa2.sakura.ne.jp/4400.html

제를 개관해 보도록 한다.

1. 전후 일본경제의 개관(1): 고도경제성장기

먼저 전후 일본경제를 개관하기 위해서 일본경제가 보인 주요 호경기를 살펴보자. 표 5.1을 보면 각 기간에 대해 이름을 붙이고 있다. 진무경기의 진무(神武)는 일본의 첫 번째 천황의 이름이다. 진무천황이 즉위한 해인 기원전 660년 이래 가장 활발한 호경기였다는 의미를 담아 붙여진 이름이다. 이와토경기의 이와토(岩戸)는 일본 신화의 주신이자 태양신(여신)인 아마테라스오미카미(天照大御神)가 남신인 스사노오(建速須佐之男命)의 괴롭힘을 견디다 못해 아마노이와토(天の岩戸)라는 동굴에 숨어버려 세계가 암흑세계가 되었다는 전설에서 비롯된다. 신들의 간청으로 다시 동굴 문을 열고 나와 세상이 다시 밝아졌다는 내용인데, 그런 신화까지 끌어들여 신화의 세계 이후로 가장 호경기였다는 의미를 담고 있다. 올림픽경기는 따로 설명이 필요 없을 것 같다. 이자나기경기의 이자나기는 일본 열도를 창조했다는 신의 이름인 이자나기노미코토(伊弉諾尊)에서 유래한 말이다. 아마데라스오미카미의 아버지에 해당한다. 이와토경기보다 호경기로 지속된 기간이 훨씬 길었기 때문에 이와토 전설보다 거슬러 올라가 일본 열도의 창조 신화까지 다다른 것이다. 안정성장경기는 제1차 오일쇼크로 성장률이 둔화한 상태에서 성장이 지속되었음을 가리킨다. 공공투자경기나 하이테크경기, 그리고 IT경기 역시 따로 설명이 필요하지 않을 것 같다. 시기별로 호경기를 이끈 주요 원인이 무엇인지를 호경기의 네이밍에 반영한 것으로 이해하면 되겠다. 사자나미경기의 잔물결을 의미하는 사자나미(小波 또는 細波)에서 유래했다. 그만큼 성장률이 높지 않더라도 꾸준히 성장했음을 나타낸다.

표 5.1 일본경제의 주요 호경기

· 명칭	경기의 시작	경기의 최고점	경기의 끝	확장기+후퇴기
진무경기	1954년 11월	1957년 6월	1958년 6월	31개월+12개월
이와토경기	1958년 6월	1961년 12월	1962년 1월	42개월+10개월
올림픽경기	1962년 1월	1964년 1월	1965년 1월	24개월+12개월
이자나기경기	1965년 1월	1970년 7월	1971년 12월	57개월+17개월
안정성장경기 (쇼에네경기)	1975년 3월	1977년 1월	1977년 1월	22개월+9개월
공공투자경기	1977년 1월	1980년 2월	1983년 2월	28개월+36개월
하이테크경기	1983년 2월	1985년 6월	1986년 11월	28개월+17개월
헤이세이경기 (버블경기)	1986년 11월	1991년 2월	1993년 1월	51개월+32개월
사자나미경기	1993년 1월	1997년 5월	1999년 1월	43개월+20개월
IT경기	1999년 1월	2000년 11월	2002년 1월	22개월+14개월

출처: 일본경제신문사 『全図ニュース解説』 http://www.nikkei4946.com/zenzukai/

1) 진무경기

진무경기라는 이름의 호경기는 1954년 12월부터 1957년 6월 최고점에 이르기까지 31개월 동안 지속되었고, 이후 성장세가 꺾여서 1958년 6월까지 수축기를 거쳤다. 진무경기로 일본경제는 제2차 세계대전 이전 수준까지 회복할 수 있었다. 이러한 전후 최초의 호경기가 발생할 수 있었던 것은 소위 조선특수(朝鮮特需)라 불린 한국전쟁 당시의 특별한 수요 증가 때문이었다. 일본이 지리적 조건 때문에 한국전쟁의 병참기지가 되었다. 예컨대 도요타자동차의 경우 1950년 7월 BM형 트럭 1,000대, 그해 8월에 2,329대, 1951년 3월에 다시 1,350대를 수주하여 총 4,679대를 수주하였다. 이러한 특수의 발생으로 도요타는 월 생산량을 월 650대에서 1,000대까지 늘렸다. 도요타자동차의 업적은 조선특수에 의해 급속하게 회복할 수 있었다. 도요타자동차는 제22회 사업보고서(1950년 4월~9월)에서 다음과 같이 당시의 상황을 전하고 있다.

"과거에 항상 경영상의 무거운 질곡이 되고 있던 자동차의 판매통제 가격이 4월 중순 철폐되었기 때문에, 조선동란 발발 후 소재, 부품, 타이어 등 여러 차례의 가격 상승에도 불구하고 자동차 판매가격을 개정함으로써 수시로 채산을 시정할 수 있었고, 수요 및 생산의 상승과 맞물려서 쟁의 해결 후 업적은 매월 향상되었다."[2)]

소위 '조선특수'를 계기로 회복의 발판을 마련한 일본은 1956년부터 민간설비투자붐이 일었다. 광공업 생산의 증가는 전년에 비해 23.4%, 국민소득은 전년에 비해 13.9%로 정부의 예상을 3배 이상 뛰어넘은 수치였다. 이러한 호황을 가져온 원동력은 주로 민간의 설비투자에 의한 것이 많았다. 투자가 성장을 낳고, 성장이 국민의 소득을 증가시켜, 그것이 다시 새로운 투자를 가능하게 했던 것이다. 그중에서도 특히 건설 지출은 약 1조 60억 엔에 달해 전년 대비 17%의 증가세를 보였다.[3)] 표 5.2를 통해 알 수 있듯이, 1955년 1960년 사이 국내총지출(GDE)의 항목 중에서 민간고정자본형성, 즉 민간설비투자의 성장률이 21.1%로 가장 높다. 민간설비투자가 같은 기간 일본경제의 성장을 견인했음을 알 수 있다. 국내총지출의 항목별 기여도를 보면 민간최종소비지출이 63.1%로 가장 크지만 민간고정자본형성의 기여도 또한 24.0%로 4분의 1에 달한다. 민간최종소비지출을 제외한다면 민간설비투자가 꾸준히 일본경제의 성장을 주도했음을 알 수 있다.

진무경기라 이름 붙은 호경기는 일본경제에 자신감을 불어넣었다. 1956년 『경제백서』에서 "더 이상 전후(戰後)가 아니다. 우리는 다른 사태에 직면하게 될 것이다. 회복을 통한 성장은 끝났다. 앞으로의 성장은 근대화에 의해 뒷받침될 것이다."라고 선언한 것은 이러한 자신감의

표 5.2 경제성장의 요인 분해: 항목별 성장률과 항목별 기여율

	1952~1955년	1955~1960년	1960~1965년	1965~1970년	1970~1975년
실질국내총지출(GDE)	7.0	8.8	9.2	11.1	4.5
민간최종소비지출	8.4	8.5	8.6	9.3	5.5
정부지출	12.9	13.6	21.3	16.7	11.7
최종소비지출	1.1	3.1	5.3	4.3	5.4
고정자본형성	11.8	10.5	16	12.4	6.3
민간고정자본형성	6.6	21.1	13.1	19.6	1.9
재고투자	16.3	20.8	2.7	30.6	−30.1
수출	7.0	11.9	14.7	17	9.2
수입	12.4	15.3	12.4	16.6	6.6
실질국내총지출(GDE)	100.0	100.0	100.0	100.0	100.0
민간최종소비지출	73.0	63.1	59.9	51	72.2
정부지출	11.5	13.5	20.2	13.5	24.3
최종소비지출	3.0	6.9	8.8	4.7	12.3
고정자본형성	8.5	6.5	11.4	8.9	12.0
민간고정자본형성	10.1	24	20.5	33.2	9.5
재고투자	7.2	2.5	0.4	4.2	−7.9
수출	6.5	4.5	6.4	7.9	13.4
수입	−8.3	−7.6	−7.3	−9.8	−11.5

출처: 宮本又郎. 2008年. 『日本經濟史』. 東京:放送大學教育振興會. p. 172.
주: 상단은 항목별 성장률이고 하단은 항목별 기여율이다.

피력이었고, 이는 일본경제가 고도성장기에 돌입했음을 알리는 서곡이었다.[4)]

하지만 이러한 진무경기는 1957년부터 설비과잉으로 인한 반동으로 재고가 급증하면서 불황에 빠지게 된다. 이 불황의 성격을 놓고 당시 논

쟁이 있었다. 진무경기 기간 동안 지나친 설비과잉으로 장기정체를 겪게 될 것이라는 주장(냄비바닥형[なべ底型] 불황)과 일본경제의 성장기조가 강하여 불황은 재고조정에 의한 일시적인 것에 불과하다는 주장(V자형 불황)이 그것이다. 당시에는 '냄비바닥형 불황'이라는 주장이 득세하였으나 결과적으로는 바닥을 치고 회복하는 속도가 빨라 'V자형 불황'으로 입증되었다. 실제로 표 5.2에서 볼 수 있듯이, 1955~1960년 사이 재고투자의 증가율은 20.8%를 기록했으나 1960~1965년 사이의 재고투자 증가율은 2.7%에 불과했다.

2) 이와토경기

이와토경기는 1958년 7월부터 시작되어 1961년 12월에 피크를 맞이했고 이후 1962년 10월까지 수축기를 경험했다. 경제가 확대하는 호경기의 기간이 42개월이나 지속되었다. 이와토경기를 거치면서 일본경제는 본격적인 고도성장에 돌입하게 된다. 표 5.2에서 볼 수 있듯이 설비투자는 진무경기 때와 마찬가지로 여전히 활발하였지만 진무경기 때와 비교하여 개인소비, 민간주택, 수출 등의 증가율이 높아져 수요가 다양화했다는 특징을 보인다. 진무경기와 비교하여 또 하나의 특징으로 꼽을 수 있는 것은 신규설비의 가동에 따라 그에 걸맞게 공급능력이 증가했다는 점이다.[5)] "투자가 투자를 부른다"와 "기술혁신과 소비혁명"이라는 1960년 『경제백서』의 장절 표제는 이러한 상황을 잘 함축하고 있다(표 5.3). 중화학공업 중심의 기술혁신이 활발하여 산업구조가 고도화하였으며, 1960년대의 항상적 노동력 부족 현상은 설비투자 증가의 또 다른 결과이기도 하다. 이 시기 일본경제를 특징짓는 세 개의 키워드는 대중소비사회의 형성과 이케다 수상의 소득배증계획, 그리고 항상적인 노동력 부족 현상이다.

표 5.3 일본 『경제백서(經濟白書)』의 부제와 특징적 장절 표제

연도	경제백서의 부제	특징적인 장절의 표제 등
1956	일본경제의 성장과 근대화	'더 이상 전후가 아니다', 기술혁신과 세계경기, 근대화 투자의 검토
1957	너무 빨랐던 확대와 그 반성	투자경기의 전개, 차례차례 나타난 주의신호, 뒤떨어진 산업기반, 경제의 이중구조
1958	경기순환의 부활	냄비바닥형 저위(低位)의 보합세, '산이 높으면 계곡이 깊은 법', 재고조정극(劇)에서 과잉설비극으로, 포석(布石)의 해
1959	신속한 경기회복과 금후의 과제	경기회복의 메커니즘, '기술혁신', 경제구조의 근대화, 대기업과 중소기업의 단층
1960	일본경제의 성장력과 경쟁력	생산의 급상승, 기술혁신과 소비혁명, '투자가 투자를 부른다', '층계참(踊り場)', 무역자유화의 추진
1961	성장경제의 과제	현저한 수요 증가, 설비투자의 강성장(强成長), 국제수지의 여력, 노동력 부족, 물가구조의 변화
1962	경기순환의 변모	과열에서 긴축으로, 과도한 투자경쟁, 이중구조의 해소 과정, 성장요인의 변화, '일본경제의 전형기(轉型期)'
1963	선진국으로의 길	경기조정에서 회복으로, 소비자물가의 상승과 경제구조의 선진국화, 왜곡된 불균형성장의 시정, 뒤떨어진 사회자본
1964	개방체제 하의 일본경제	짧았던 경기 상승, '호황 느낌이 없는 성장', 개방체제의 이익, 노동수급의 핍박, 경제의 전화능력
1965	안정성장의 과제	기업도산의 증대, 기업이윤의 저하, 자본구성의 악화, 성장과 안정의 양립을 위해, 재정의 새로운 역할
1966	지속적 성장으로의 길	이번 불황의 성격, 수급의 균형, 경제성장의 천정 인상, 부문들 사이의 동적 균형, 재정정책의 새로운 전개
1967	능률과 복지의 향상	빨랐던 경기상승, 고능률경제의 원동력, 물가·지가 상승의 영향, 공해에 의한 사회적 비용

계속 ▶▶

연도	경제백서의 부제	특징적인 장절의 표제 등
1968	국제화 속의 일본경제	예상을 뛰어넘은 경제의 확대, 자본 거래의 자유화, 합병 제휴의 진전, 선진국형으로 이행하는 산업구조
1969	풍요로움에의 도전	경기 상승의 기록 경신, 높아진 국제수지의 천정, '그늘현상(げり現象)', 성장경제의 고뇌, 공해문제의 심각화
1970	일본경제의 새로운 차원	장기번영이 맞이한 시련, 국제수지 흑자의 지속, 인플레이션 없는 번영, 고도복지경제로의 전진
1971	내외균형 달성으로의 길	장기호황에서 경기후퇴로, 국제수지 흑자의 확대, 스태그플레이션, 경제성장 25년의 성과와 과제
1972	새로운 복지사회의 건설	엔화 평가절상의 영향, 복지 충실과 공공부문의 역할, 성장 패턴의 전환, 오키나와경제의 개관
1973	인플레이션 없는 복지를 향하여	경기 급상승과 대형재정·금융완화, 다국간통화조정·변동환율제이행, 물가의 급등

출처: 각 연도판『經濟白書』. 三和良一·原朗 編. 2007年.『近現代日本經濟史要覽』. 東京: 東京大學出版會. p. 158에서 일부 재인용.

1950년대 후반 진무경기를 거쳐 이와토경기에 해당하는 1950년대 말에는 호경기 때의 소득 증가를 배경으로 내구소비재붐이 발생하였다. 특히 냉장고, 세탁기, 흑백TV의 소위 '삼종의 신기(三種の神器)'라 불린 가전의 보급이 두드러져 '가전붐(家電boom)'이라 불렸다 (도표 5.2 참조). 가히 소비혁명이라고 부를 정도로 보급률이 급격하게 높아져 소위 대중소비사회가 도래했음을 알 수 있다. 소득에서 세금을 제외한 가처분소득이 증가하면서 대중들의 관심이 공급에서 수요로, 생산에서 소비로 옮겨가 경제의 발전이 내구소비재의 수요동향에 좌우되는 사회가 된 것이다. 이러한 변화는 1950년대 후반부터 1960년대 초반의 진무경기와 이와토경기를 거치면서 고도경제성장기 전반에 이미 형성되었다.

이와토경기를 특징짓는 또 하나의 키워드는 소득배증계획이다. 1960년 7월 취임한 이케다(池田勇人) 수상은 9월 소득배증론(所得倍增論)을

도표 5.2 내구소비재의 보급률

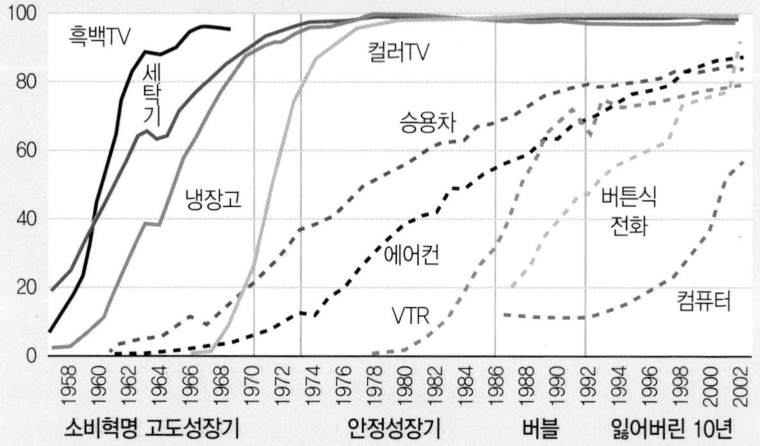

출처: 일본통계협회, 『統計日本』; 내각부 「소비동향조사」. 三和良一, 앞의 책, 164쪽 재인용.
주: 1963년까지는 인구 5만 이상 도시의 데이터이다.

발표하면서 연평균 7.2%로 꾸준히 10년 동안 성장하게 되면 10년 후에는 소득이 두 배로 늘어날 것이라고 했다. 더구나 이케다 수상은 "금후의 경제성장률을 경제기획청은 연율 7.2%라고 말하고 있지만, 내 생각으로는 너무 낮다. 적어도 연율 9%는 성장할 것이라고 확신하고 있다. … 과거의 실적으로 보아 1961년부터 3년 동안 연평균 9%는 가능하고 국민소득을 1인당 1960년도의 약 12만 엔에서 1963년도 약 15만 엔으로 늘린다. 이를 달성하기 위해 적절한 시책을 시행하면 10년 후에는 국민소득이 2배 이상이 된다. … 9% 정도의 성장이 없으면 10년이란 기간 동안 완전고용과 생활수준을 서구와 비슷한 수준으로 끌어올릴 수 없다"[6]며 자신감에 가득 차 있었다. 실제로 일본경제는 1964년의 도쿄올림픽 개최를 위한 설비투자의 영향도 있고 연평균 실질경제성장률이 8%를 유지하여 계획 시행 7년째가 되던 1968년에 소득배증계획의 목표치를 달성했다. 그만큼 경제성장의 스피드가 빨랐다.

'노동력부족시대(人手不足時代)'라 불릴 정도로 항상적인 노동력 부족 현상이 나타난 것도 이와토경기 때였다. 한국전쟁으로 인한 조선특수로 생산이 증가하고 경제가 확대 경향을 보였지만, 노동력의 수요는 그 정도로 호전되지 못했다. 당시의 공공직업안정소의 구직배율은 약 2배로 구직 초과 경향이 지속되었다. 실질임금 수준은 전후 혼란기에 대폭 낮아졌지만, 1952년에는 거의 제2차 세계대전 이전 수준까지 회복되었다. 1950년대 중반부터는 철강, 기계 등을 중심으로 투자나 생산이 증가하였고, 그에 따라 고용량도 증가하여 구인 기업의 수가 증가했다. 1955년 초부터 신규 학교 졸업자의 노동시장은 구인초과로 변했다. 노동력 부족 경향은 기능노동자층에도 미쳤고 일반노동자에 대한 구인도 증가했다. 구인과 구직이 거의 균형을 이루게 되었다. 노동력 수요의 증대를 계기로 실업자도 불완전취업자도 줄어들었다. 기업 간 노동 이동(異動)도 활발해져 상용 고용자의 이직률이 1956년 14.8%에서 1961년 22.0%로 증가했다. 1950년대 중반부터는 물가안정을 배경으로 명목임금의 상승이 상당히 둔화하였다. 그러나 노동시장의 변화는 임금에도 크게 영향을 주었다. 신규 학교 졸업자의 초임급은 1959년부터 상승하기 시작했다. 이런 현상은 특히 노동력 확보에 어려움을 겪는 중소기업에서 현저하여 1961년부터는 대기업과의 격차가 거의 사라졌다. 초임급의 상승은 청년층의 임금에도 파급되어 연령별 임금격차도 점차 줄어들었다. 이 무렵의 임금 상승은 기본급(수당 포함)의 증가가 주를 이루었다. 이는 노동력 수급의 어려움, 소비자물가의 상승, 생산성의 향상, 기업경영의 호전 등이 배경에 있었기 때문이다. 이에 따라 노동자의 생활은 종전 직후의 자산을 줄여가며 생활하는 '곶감 꼬치에서 곶감 빼 먹듯 하는 생활(竹の子生活)'에서 겨우 벗어날 수 있었다. 1960년대 들어서는 소득의 증가에 맞추어 소비가 증대하는 경향이 계속되었다. 고도경제성장기에 들어서서는 가계수입이 증가하여 '소비혁명'이라고 불릴 정도로 소비가 늘어나 소비자물가지수도 연간 6% 전후의 상승률을 보였다.[7] 1959년 2.2%였던 완전실업률이 1960년 들어 1.7%로 떨어진 뒤 60년대 내내 1.1~1.4%를 기록했다. 데이터를 보면 당시의 고용시장이 얼마나 노동력 공급자 중심의 시장이었는지를 알 수 있다.[8]

3) 올림픽경기

올림픽경기는 1964년 도쿄올림픽 개최를 위한 교통망의 정비나 경기 시설의 확충 등의 건설수요를 중심으로 일었던 호경기로 1962년 10월부터 시작하여 1964년 10월에 정점을 찍은 뒤 후퇴하기 시작하여 1965년 10월에 최저점으로 끝을 맺었다. 구체적으로 도카이도신칸센(東海道新幹線)이나 수도고속도로 등의 인프라 정비와 국립경기장이나 일본부도칸(日本武道館) 등의 경기 시설 정비가 이루어졌다. 도카이도신칸센은 일본국철이 1959년 4월부터 신단나(新丹那) 터널 아타미(熱海) 입구에서 기공, 도쿄올림픽 개회 직전인 1964년 10월 1일에 개통한 세계 최초의 고속철도이다. 수도고속도로는 1950년대 후반부터 자동차의 급증에 따른 차량정체가 사회문제가 되자 이를 해결하기 위해 구상되었다. 도쿄도 안의 각 지역과 주변 지역을 연결하기 위해 건설되기 시작한 수도고속도로는 1959년 2월에 착수되어 동년 5월에 도쿄올림픽 유치의 발표와 함께 올림픽 준비와 보조를 맞춰 1964년에 주요 공사가 마무리되었다. 일본부도칸은 올림픽 종목 중 유도경기장으로 건설되어 1964년에 개관하였다. 또한, 당시의 올림픽 경기를 가정에서 시청하기 위한 텔레비전에 대한 수요도 증가했다. 올림픽 때문에 이루어진 건설수요와 가전에 대한 수요였기 때문에 올림픽 종료 직후부터 수요가 급감하면서 불황이 도래했다. 이러한 흐름은 쉽게 이해되는 바이다. 이때 직면한 불황은 '증권불황'이라고 하는데 그 이유를 설명하면 다음과 같다.

고도경제성장기 중에서 특히 올림픽경기를 거치면서 증권시장의 성장이 두드러졌다. 투자신탁의 잔고는 1961년에 10조 엔을 돌파하여 4년 전과 비교하여 10배에 달했다. 당시 "잘 가라 은행이여, 반갑다 증권이여"라는 문구가 유행할 정도였다.[9] 하지만 이렇게 급성장하던 증권시장은 도쿄올림픽이 끝나면서 급변했다. 때마침 실시된 금융긴축의 실시와 함께 기업의 실적이 악화하기 시작했고 도산하는 기업이 줄을 이었다. 1964년 선웨이브와 일본특수강이, 1965년에는 산요특수제강이 부채 총액 500억 엔을 감당하지 못하고 도산한 것은 유명하다. 이러한 중공업의 부진과 같은 실물경제의 악화가 금융시장 특히 증권시장에 영향을 미쳤다. 야마이치증권과 같은 대형 증권회사가 대부분 적자를 경험하면서 위기에 직면했다. 이러한 상황을 극복하고자 일본은행은 기준금리를 1% 이상 낮추었지만, 효과는 크지 않았다. 1965년 5월에는 야마이치증권의 영업 악화가 신문에 보도되면서 야마이치증권에 대한 예금인출소동이 발생하였다. 사태의 심각성을 느낀 정부가 직접 나섰다. 증권업계에 대한 일본은행의 특별융자와 야마이치증권에 대한 흥은·후지·미쓰비시 3행에 의한 융자가 결정되었고, 동년 7월에는 그간 금기시됐던 적자국채의 발행이 전후 처음으로 결정되었다.[10] 닷지라인 이래로 유지해온 균형재정주의의 포기였다. 이러한 적극적인 부양조치로 동년 7월에 바닥을 쳤던 주가가 상승하기 시작하여 위기를 극복할 수 있었고 공황의 도래를 걱정하던 일본경제는 고도경제성장을 계속할 수 있었다.

4) 이자나기경기

이자나기경기는 1965년 10월에 시작되어 1970년 7월까지 57개월 동안 지속된 호경기로 이후 수축기에 들어가 1971년 12월에 끝났다. 당시 실질GNP 12%의 경이적 성장률을 기록했는데, 그 성장을 주도한 것은 재정과 수출이었다고 알려진다. 재정은 특히 항상적인 국채발행으로 뒷받침되었고 1965년부터 68년까지 베트남전쟁 특수로 수출이 크게 증가했다. 그 결과 1968년에는 서독을 제치고 미국에 이어 세계 제2위의 경제대국으로 성장했다. 『경제백서』에서도 선진국으로의 진입을 전망하고, 안정성장과 지속성장, 그리고 풍요로움 속에서 복지국가를 지향하던 시기였다. 도쿄올림픽의 개최와 경제대국으로서의 성장을 실감하며 일본의 자신감은 최고조에 달했고 이를 상징적으로 보여준 것이 1970년 오사카만국박람회였다 (표 5.3 참조).

1971년 8월 15일에는 매스컴을 통해 "달러 방어를 위해 미국 달러와 금, 기타 자산과의 교환을 일시 정지"한다는 닉슨 대통령의 발표는 이후 일본뿐만 아니라 세계경제에 큰 충격을 주었다. 이 일련의 과정을 보통 '닉슨쇼크'라 한다. 닉슨쇼크의 배경은 막대한 양의 베트남전쟁 전비 지출이고, 또 하나는 지속적 무역적자로 인한 달러의 국외 유출 증가였다. 이를 해결하기 위해 미국은 일본을 비롯한 세계 주요 국가에 대해 달러의 평가절하를 요구했다. 1971년 12월에는 전후 형성된 브레튼우즈체제가 소위 스미스소니언체제로 이행하면서 고정환율제의 환율변동폭을 확대하였다. 하지만 이 스미스소니언체제마저 붕괴하면서 1973년 2월에는 완전한 변동환율제로 이행하였다. 이때 일본 역시 달러의 평가절하 또는 달러에 대한 엔화의 평가절상 요구를 받아들여 엔달러 환율이 1달러=360엔에서 1달러=308엔으로 변화하였고, 이러한 엔고현상은 이후에도 계속되었다.

2. 전후 일본경제의 개관(2): 안정성장기와 버블경제

1) 오일쇼크와 스태그플레이션

1973년 10월 6일, 이집트와 시리아가 6년 전 제3차 중동전쟁에서 이스라엘에 빼앗긴 영토의 탈환을 목적으로 이스라엘을 공격했다. 10월 6일은 유대력의 속죄일로 욤 키푸르(Yom Kippur)라 불리는 신성한 날이었다. 당연히 경계가 느슨해지고 긴장이 풀리는 날을 골라 기습한 것이다. 제4차 중동전쟁이다. 전쟁 발발 초기에는 이스라엘이 고전했으나 미국 등의 지원을 받은 이스라엘이 반격하여 10월 24일 정전이 성립했을 때는 오히려 이집트와 시리아에 이스라엘군이 진주하는 결과를 낳았다.

이 제4차 중동전쟁은 세계경제에 큰 충격을 주었다. 전쟁 중에 아랍석유수출국기구가 친이스라엘 국가들에 석유 금수조치를 실시하고 석유수출국기구인 OPEC은 원유가격을 배럴당 3.0달러에서 5.12달러로 인상시켰다 (1973년 10월). 이러한 인상은 1년 동안 계속되어서 1974년 1월부터는 배럴당 12달러에 육박했기 때문에 무려 4배 가까지 인상되었다. 물론 당시 세계경기가 동시에 확대되고 있었기 때문에 석유에 대한 수요가 증가하고 있었다. 주요국의 석유 수요가 1972년 후반부터 7% 이상(年率) 급증한 것도 그 때문이었다. 때마침 발발한 제4차 중동전쟁이 원유가 인상을 가속화시켰다. 세계 전체적으로 석유에 대한 수요가 증가한 데다 OPEC 중심의 석유 감산으로 인한 공급감소가 겹치면서 원유가가 급등한 것이다.[11] 원유가 인상은 그대로 생산 비용 인상으로 이어졌다. 그 결과 세계적으로 스태그네이션과 인플레이션이 동시에 진행되는 스태그플레이션이 발생하여 경기가 침체한 가운데에서도 물가가 지속적으로 상승하는 결과를 낳았다. 일본의 고도경제성장이 멈추는 결정적 계기가 된 사건이기도 했다.

도표 5.3 원유 가격 추이

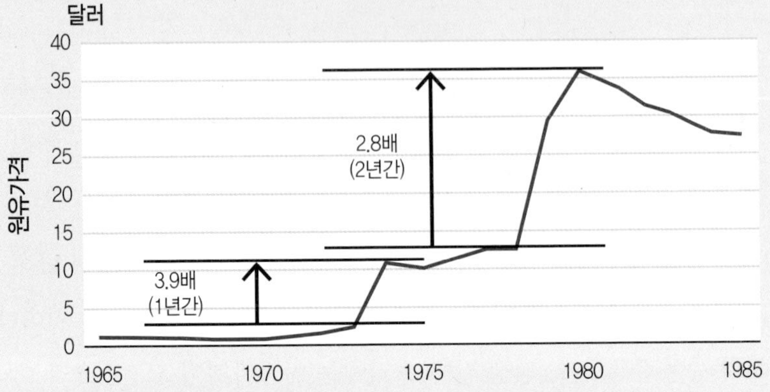

출처: IEA 데이터베이스, 일본총합연구소 작성; 日本總合研究所. Research Focus "新エネルギー基本計画検証シリーズ No.3". 2014. 3. 27. p. 3에서 재인용.

도매물가지수는 1973년에 15.6%가 상승했고 1974년에는 31.4%가 상승했다. 소비자물가지수는 1973년 11.7%, 1974년에 23.2%가 상승했다. 일본의 실질GDP 성장률은 전후 처음으로 마이너스가 되었다(−0.2%). 임금상승률도 1973년에는 20%, 1974년에는 33%의 상승을 보였다. 특히 전후 인플레이션을 경험했던 일본 국민에게 두 자리 수자의 물가 급등은 충격적이었다. 이러한 상황을 반영하여 당시에는 "광란물가(狂亂物價)"라는 말이 유행하기도 했다. 광란물가를 네이밍한 후쿠다 경제기획청장관은 '전치 3년'이라는 진단을 내리기도 했다. 오일쇼크 초기 일본정부의 인식과 대응은 1973년 11월 16일 각의결정된 석유긴급대책요강에서 확인할 수 있는데 그 내용이 다음과 같다.

> "제(諸)외국에서도 각종 에너지 소비 억제를 위한 조치가 취해지고 있는 사태를 감안하여 국민 전체가 서로 협력해 이 긴급사태에 대처해야 한다. 이를 위해 관공청(官公廳)의 석유 사용 절약에 대해 특별합의를 이루는 동시에 산업계, 일반 국민 등에 대해 실내온도의 적정

화(20℃), 광고용 장식용 조명의 자숙, 불요불급한 마이카 사용의 자숙, 고속도로에 있어서 고속 운전의 자숙, 불요불급한 여행의 자숙, 매주 2일 휴가제의 보급 촉진 등을 비롯한 석유 등의 소비절약을 위한 전 국민적인 운동을 전개한다. 또한, 석유판매업자, 전기사업자 기타 각 산업단체에 대해 구체적인 에너지 절약의 방법에 관한 홍보 활동을 행할 것을 요청한다."(1973년 11월 16일 각의결정, 財団法人省에너지센터 홈페이지로부터)[12)]

제1차 오일쇼크의 영향을 줄이기 위해 재정적으로는 공공사업의 집행을 촉진하거나 중소기업과 고용에 대한 대책을 마련하였다. 금융적으로는 기준금리를 1975년 4월부터 4회에 걸쳐 2.5% 인하하고 예금 준비율을 10년 만에 인하하는 등 금융완화를 실시했다. 1978년에는 겨우 조정과정이 종료되고 일본경제는 새로운 성장을 준비할 수 있었다. 이러한 상황은 다른 선진국 경제도 마찬가지여서 세계가 동시에 회복국면에 접어들면서 석유에 대한 수요도 증가했다. 석유 수요의 증가와 함께 원유가격도 다시 상승하기 시작했다.

제2차 오일쇼크는 이러한 상황 전개 속에서 발생했다. 원유가 급등으로 인한 석유위기 또는 오일쇼크가 1979년에도 한 번 더 발생한 것이다. 그 폭 또한 1980년 배럴당 12달러에서 1981년 배럴당 33달러로 2.8배 올라 가격 폭이 더 컸지만, 제1차 오일쇼크를 경험한 탓에 체질이 바뀐 기업들이 많아서 일본경제에 미친 영향은 제1차 오일쇼크의 그것에 비해 크지 않았다. 제2차 오일쇼크는 이란에서 발생한 정변과 미국과의 갈등으로 석유의 생산과 수출을 대폭 감소시킨 것이 원인이었다. 하지만 이란의 감산에도 다른 OPEC 가맹국이나 비OPEC국가들의 증산, 그리고 무엇보다 세계적으로 석유수요가 감소하면서 국제적 석유수급이 안정화하였다. 1980년 9월에 발생한 이란-이라크전쟁으로 양국의 석유 감산으로 세계의 석유수급은 다시 혼란에 빠지게 된다. 일본정부는 재정과 금융 양 부문에서의 긴축정책을 통해 인플레이션을 억제하고 에너지절약형 산업구조로의 전환을 통해 비교적 용이하게 석유가격 재상승으로 인한 영향을 흡수했다. 다른 주요 선진국에 비해 양호한 퍼포먼스로 국제경쟁력을 향상시킬 수 있었다. 이란·이라크 외 다른 산유국들의 증산과 원유가 급등으로 인한 수요감소 등으로 석유수급은 역시 도표 5.3에서 보이듯 서서히 안정을 찾아가게 된다.[13)]

2) 수출주도형 경기회복

1980년대 들어 미국경제가 회복하면서 일본경제의 장기불황 탈출을 가능하게 했다. 미국경제는 1982년에 바닥을 치고 1983년과 84년에는 확대 국면을 보였다. 연방준비제도이사회의 금융긴축으로 물가도 안정되어 갔다. 소비자물가지수의 경우 1981년 10.4%였던 것이 1982년 6.1%, 1983년 3.2%로 하락, 안정화하였다. 국민의 가처분소득이 증가하였고 불확실성 또한 제거되었다.

두 번의 오일쇼크를 지나면서 일본경제는 수출의존형으로 전환되어 갔다. 경상수지는 1981년 47억 달러에서 85년 492억 달러까지 증가하였고, 무역수지 또한 1983년 315억 달러에서 85년 560억 달러로 증가하였다. 대미 무역흑자 또한 1983년 182억 달러에서 85년 514억 달러로 과거 최고치를 경신했다. 이러한 대미 무역흑자가 증가한 원인은 첫째, 달러 가치가 상승하고 엔저 현상이 계속되었기 때문이다. 둘째, 미국과 일본 양국의 경기동향에 차이가 있었다. 미국의 실질국내수요 증가율이 1983년에 5.0%, 1984년에 8.7%였던 것에 대해 일본은 같은 기간 각각 1.9%와 4.0%였다. 셋째, 1980년대 들어서 원유가격이 꾸준히 하락하였다. 이러한 상황에서 미국과의 경제마찰이 격화된 것은 당연했다.

이러한 대미 무역흑자의 증가는 미국의 입장에서는 무역적자가 심각해졌음을 의미하는데 1980년대 전반 미국의 무역적자 증가는 재정적자의 증가와 함께 '쌍둥이 적자(Twin deficits)'라 불리면서 신자유주의의 선구로 여겨지는 레이거노믹스의 등장을 가져왔다.[14] 재정적자가 발생한 것은 세수 감소와 지출 증가에 그 원인이 있다. 기업의 투자를 늘리고 생산성 정체를 극복하기 위해 강력한 감세정책을 실시함으로써 세수가 줄어들었고(Laffer curve), 사회복지비와 국방비를 중심으로 재정지출이 확대했기 때문이다.[15]

3) 버블경기

미국은 무역적자를 해결하기 위해 영국, 프랑스, 독일, 일본 등 주요 선진국들의 협조를 요청했다. 1985년 9월 22일 미국을 포함한 G5의 재무장관과 중앙은행 총재가 미국 뉴욕의 플라자호텔에서 회의를 열고 각국이 외환시장에 협조개입을 단행하여 달러 강세를 시정하기로 합의한 것이다 (Plaza Accord). 달러에 대한 자국 통화의 가치를 절상함으로써 미국의 수출경쟁력을 높이는 데 그 목적이 있었다. 플라자합의 이후 각국에서 달러 강세가 시정되어 갔다. 일본 엔화 역시 달러에 대해 가치가 급격히 상승하는 엔고현상을 보였다. 도표 5.4에서 살펴볼 수 있듯이 플라자합의 하루만인 9월 23일에 달러당 235엔에서 20엔이 하락하였고 1년 뒤에는 거의 절반으로 떨어져 달러당 150엔대에 거래되었다.

이러한 엔고현상이 진행되면서 일본의 수출이 감소하였고 국내경기가 침체하였다. 엔고현상으로 엔달러 환율이 낮아지면서 달러 표시 원유를 포함한 원자재 수입 비용의 감소로 기업에 비용 절감이라는 유리한 환경을 조성하기도 한다. 하지만 일본의 수출기업 입장에서는 일본제품의 국제경쟁력 상실만큼 손실을 볼 수밖에 없었다. 수출기업 중심의 이른바 엔고불황이 시작된 것이다. 일본정부는 엔고불황의 우려에서

도표 5.4 플라자합의 전후 엔달러 환율의 추이

출처: http://www.federalreserve.gov/releases/H10/hist/dat89_ja.txt; https://commons.wikimedia.org/w/index.php?curid=5785709.

저금리정책을 단행했다. 1986년 1월, 3월, 4월, 11월, 1987년 2월, 총 5회에 걸쳐 5%에서 2.5%로 낮추어 기업의 금융조달비용을 줄여주고자 했다. 하지만 정책이 의도하는 바와 다르게 저금리 기조가 유지되면서 기업과 가계는 은행으로부터 자금을 차입하여 부동산과 주식 등의 자산에 투자했다. 사들인 부동산과 주식을 담보로 다시 은행에서 돈을 빌려 부동산과 주식을 사들였다. 특히 '에도시대 때부터 이어져 온 토지 불패의 신화'는 이러한 자산투자를 부추겼다.[16] 더 이상 투자가 아니라 투기의 영역으로 진입한 것이다. 일본사회 전체적으로 투기의 광풍이 불었다. 마치 1636년 12월부터 1637년 2월까지 네덜란드를 휩쓸었던 튤립 버블을 연상케 했다.[17]

풍부한 유동성에 힘입어 각종 자산가치가 상승했다. 1990년 3월까지 지난 5년 동안 은행의 대출 규모가 96조 엔까지 늘어났다. 1980년대 후반 일본의 주가는 재테크 수익이 포함된 기업수익보다 3배 이상 빠르게 상승하였다. 섬유업종의 주가수익비율은 평균 103배에 달했고, 서비스 주들은 112배, 해상운송 주들은 176배, 어업 관련 종목들은 319

배까지 뛰었다. 당시 민영화 과정을 밟고 있던 JAL의 주식은 주가수익비율 400배 수준에서 매각되었다. 닛케이평균주가는 이후에도 계속 올라 1989년 12월 29일 3만 9,915.87원을 기록하여 최고치를 기록했다. '성층권을 날고 있는 주가'의 뒤를 이어 부동산버블이 발생했다. 은행의 대출 중 절반 이상이 부동산 투기에 혈안이 된 기업들에 흘러 들어갔다. 금융감독 당국의 느슨한 감독을 받던 비은행 금융회사들의 부동산담보대출은 1985년 22조 엔에서 1989년 말 80조 엔으로 4배 가까이 급증하였고, 심지어 담보 부동산 가치의 2배 이상 대출이 이루어진 경우도 있었다. 또 부동산값이 너무 올라 월급쟁이들은 도쿄에서 작은 평수의 아파트조차 대를 이어 100년 이상 분할상환하는 조건으로 매입할 수밖에 없었다. 이마저도 어려운 이들은 교외로 밀려났다. 1990년 일본 전체 부동산 가치가 2,000조 엔이 넘는 것으로 평가되어 미국 전체 지가의 4배에 달하는 금액이었다. 심지어 도쿄 왕궁 부지의 가치가 캘리포니아 캐나다 전체 땅값보다 높다고 했다.[18]

보통 버블경기를 경고하는 메시지는 버블이 한창 진행되고 있을 때는 무시되기 마련이다. 경고 메시지를 진지하게 고민하는 분위기였다면 버블이 발생하지도 않는다. 버블경기가 전개하는 중에 경고를 진지하게 받아들이는 이성적인 사람이 늘어나게 되면 결국 버블은 붕괴하게 된다. 버블경기의 전개 중에 이익 실현에 참여하려는 욕망의 끈을 놓지 못하는 사람들이 결국 마지막 피해자로 버블의 후유증을 온몸으로 받게 된다. 일본의 경우 버블경기의 위험성에 대한 경고는 그사이 많이 있었지만 많은 사람이 이를 실감하게 된 것은 일본은행이 금융긴축을 실시하면서였다. 1987년 2월부터 2.5%로 유지되던 기준금리를 1989년 5월에 3.25%로 인상한 것을 시작으로 10월 3.75%, 12월 4.25%, 1990년 3월 5.25%, 1990년 8월 말에 6%까지 인상했다. 기준금리 인상과 함께 1990년 3월에는 토지융자총량규제를 도입하였고 영업특금(營業特金)

도 금지했다.[19] 결국 금융비용을 감당하지 못한 기업과 개인은 부동산을 매각해 부채를 청산하고자 했고, 이러한 매각 행렬이 이어지면서 투매

도표 5.5 버블 전후의 지가와 주가 추이

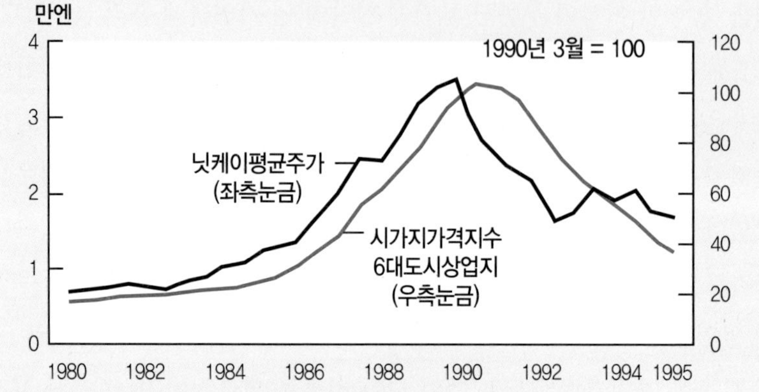

출처: "バブルの歴史(4) 強気な期待, 政策で加速"日本經濟新聞 2015. 9. 8.
주: 시가지가격지수의 출처는 일본부동산연구소

도표 5.6 일본은행 기준금리와 닛케이평균주가

출처: 田村秀男, "お金は知っている「平成不況の真犯人は政策当局 改元ムードに便乗, 止まない官僚の策謀」" Zakzak by 夕刊フジ 2017. 12. 8.

로 변했다. 부동산시장의 붕괴보다 조금 빠른 1990년 1월부터는 주가도 하락하기 시작했다. 1986년 11월부터 1991년 2월까지 호경기가 무려 51개월 동안 지속된 일본의 버블경기가 붕괴한 것이다. 이후 1991년 2월의 최고점을 지나면서 경기가 후퇴하여 1993년 10월에 버블경기의 순환이 생명을 다하게 된다.

3. 전후 일본경제의 개관(3): 저성장기와 아베노믹스

1) 버블 붕괴와 불량채권 문제

일본의 주가는 1990년 1월부터 하락하기 시작했지만, 지가는 1990년에도 여전히 맹위를 떨치고 있었다. 1991년 초까지 일본경제는 두 개의 역풍 속에서도 여전히 경기는 확대하고 있었다. 첫 번째 역풍은 일본은행의 금융긴축과 주가의 하락이었다. 전술했듯이 1989년 12월 25일에 기준금리를 인상하고 1990년에 들어선 뒤에도 2회에 걸쳐 기준금리를 인상했다. 주가도 1990년 1월부터 하락하기 시작해 기업에는 심리적으로 불안 재료가 되었다. 두 번째 역풍은 1990년 8월에 발생한 걸프전이었다. 8월 2일, 이라크군이 갑자기 쿠웨이트를 침공해서 전 영토를 제압하였고, 이에 쿠웨이트 국왕은 사이디아라비아로 탈출하여 망명정권을 수립했다. 각국의 비난이 이어졌고 UN 안보리는 이라크의 즉각적인 철수를 요구하며 이라크에 대한 경제제재를 결의했다. 1991년 1월에는 미군을 주력으로 하는 다국적군이 이라크에 대한 공습을 개시, 2월 말에는 쿠웨이트를 해방, 3월에는 이라크가 정전에 합의했다. 그 사이 원유가격이 대폭 상승해서 배럴당 약 16달러였던 유가가 9월 말에 배럴당 28달러까지 치솟았다. 석유제품의 가격이 급등했고, 일본 국민과 기업의 심리를 위축시켰다. 하지만 OPEC의 증산으로 원유가격은 안정을 되찾았다. 이런 상황에서도 경기가 위축되는 일은 없었다.

하지만 1991년 2월부터 1993년 10월까지 일본은 경기후퇴기에 들어간다. 1987년에서 90년까지 매년 5~6%의 높은 성장률을 보인 일본 경제는 1991년도 2.2%와 1992년도 1.1%를 거쳐 급기야 1993년도에는 −1.0%를 기록했다. 광공업생산지수는 보다 심각해서 1991년도에 0.7%가 감소했고, 1992년도와 1993년도에 각각 6.3%와 4.0%가 감소했다. 기업수익의 하락도 커서 같은 기간 각각 12.1%, 26.5%, 9.7%가 감소했다.[20]

버블이 붕괴하면서 은행 등 금융기관의 불량채권 문제가 심각했다. 금융기관의 불량채권이 최초로 공표된 것은 1992년 4월이었다. 당시 대장성(大藏省)이 발표한 내용에 따르면, 1992년 3월 말 시점에서 6개월 이상 이자가 지급되지 못한 연체 채권의 원본은 도시은행, 장기신용은행, 신탁은행의 21행 합계로 총 7~8조 엔 정도였고, 그중에서도 담보나 보증 등에 의해 커버되지 못하는 것이 2~3조 엔이었다. 동년 9월 9일 참의원 결산위원회는 보다 정확한 연체 채권의 액수가 7조 9,927억 엔이라고 밝혔다.[21] 이후 지속해서 금융기관의 불량채권 공표액이 변화하는데 불량채권을 어떻게 정의하느냐에 따라 포함되는 범위가 달라졌다. 표 5.4에서 알 수 있듯이 1995년 9월 말의 불량채권은 38조 엔으로 공표되었다. 버블이 붕괴한 후에도 당초 불량채권 문제에 대한 위기감은 그렇게 강하지 않았다. 하지만 금융기관의 직면하고 있는 상황의 실태가 드러나면서 불량채권 처리 문제가 정책적으로 주목받기 시작했다. 실제로 경제에 대한 영향이 현실화하여 나타나기 시작한 것은 1995년이었다.

1995년 7월, 코스모신용조합의 경영이 파탄했고, 8월에는 효고(兵庫)은행과 기즈(木津)신용조합도 파탄, 소위 '주센(住專)문제'[22]가 심각

표 5.4 불량채권 관계 연표

연월	내용
1992년 4월	1992년 3월 말의 불량채권 공표 (7~8조 엔)
1992년 9월	참의원 결산위원회에서 1992년 3월 말의 불량채권 금액의 상세내역을 공표 (7조 9,927억 엔)
1992년 10월 30일	1992년 9월 말의 불량채권 12조 3,000억 엔, 그 중 회수불능 채권액이 4조 엔이라고 공표
1992년 12월 2일	금융제도조사회 작업부회 중간보고에서 불량채권의 정보 개시(開示)의 방향을 제시
1995년 6월	불량채권의 정의를 확대, 불량채권액을 13조에서 40조 엔으로 수정
1995년 12월	1995년 9월 말의 불량채권이 38조 엔이라고 공표

출처: 小峰隆夫 編 (2011), p. 472.

한 상태에 빠졌다. 주센은 주택금융 전문기관의 약자로 1970년대부터 금융기관이 모체가 되어 설립된 주택론 전문회사이다.[23] 버블 붕괴의 영향은 1997년부터 1998년에 걸쳐 정점에 달했다. 1997년 산요(三洋)증권이 파탄했고, 이어 20대 대형은행 중 하나인 홋카이도척식(北海道拓殖)은행이 파탄했다. 이어 4대 증권회사의 하나인 야마이치(山一)증권이 자진 폐업했다. 1998년에는 일본장기신용은행과 일본채권신용은행이 잇따라 파탄을 맞았다.[24]

2) 고이즈미 내각의 우정민영화

1990년대 초부터 우정민영화론에 적극적이었던 미국의 보험업계와 경제단체, 그리고 미국정부가 매년 규제완화, 우편저금(郵貯)과 간이보험(簡保)의 폐지 및 민영화를 요구했다. 이 우정민영화 문제는 미국이 일본에 요구하는 각종 개혁을 상징하는 문제였다. 버블 붕괴 이후 불량채권을 해결해야 하는 일본정부의 입장에서는 민영화나 규제개혁 등을 중심으로 한 미국의 요구를 뿌리치기 어려웠다. 이때부터 역대 내각은 우정민영화에 대해서 적극적으로 검토하기 시작했다. 1996년 가을 하시모토 수상이 5대 개혁(행정개혁, 재정구조개혁, 사회보장기구개혁, 경제기구개혁, 금융시스템 개혁)을 발표했는데, 이를 받아 행정개혁회의가 발족했다. 1997년 행정개혁회의의 중간보고 때 처음 우정민영화가 행정개혁의 일환으로 정부 보고에 등장하여 우편은 국영으로 두고 우편저금과 간이보험을 민영화한다는 안이 제출되었다. 하지만 최종보고에서는 반대 여론에 직면하여 우정 3사업을 국영으로 유지한다는 의견으로 수정되었다. 2001년 1월에는 중앙성청 재편에 의해 우정성(郵政省)의 우정행정 및 우정사업 부문이 각기 총무성 우정기획관리국과 우정사업청으로 재편되었다. 그 후 2003년 4월 우정사업청이 일본우정공사가 되었다.

우정민영화와 관련하여 특히 중요한 부분이 그동안 우편저금을 재정투융자의 자금을 활용할 수 있도록 대장성 자금운용부에 위탁해 왔던 것을 폐지하고 일본우정공사가 자주적으로 운용할 수 있도록 하는 것이었다. 이때 우정공사의 자금운용은 원칙적으로 국채에 대한 투자만으로 제한되어 있었다. 1997년 제2차 하시모토 내각에서도 이러한 내용으로 우정민영화를 추진했었으나 실현되지는 못했다.

고이즈미 준이치로가 수상에 취임하자 고이즈미 내각은 우정민영화를 중요 시책의 하나로 제시하고, 고이즈미 스스로 우정민영화를 행정개혁의 핵심으로 내세웠다. 고이즈미 총리는 1979년 대장정무차관 취임 당시부터 우정사업의 민영화를 주장하기 시작하여 미야자와 내각의 우정대신 재임 때나 제2차 하시모토 내각의 후생대신 재임 때에도 계속 주장해 왔다고 알려져 있다. 하지만 우정 3사업의 민영화는 행정서비스의 저하로 귀결될 것이라는 반대론이 야당뿐만 아니라 여당 내에서도 분출, 중의원에서 부결되고 말았다. 그 후 우정민영화 관련 법안이 일부 수정되어 2005년 7월 중의원 본회의에서 겨우 5표 차로 겨우 가결되었지만, 8월 참의원 본회의에서 부결되었다. 자민당 국회의원 중 다수가 당론을 거부하고 반대표를 던진 것이다. 이러한 결과에 고이즈미 총리는 국민에게 직접 우정민영화의 찬반을 묻겠다며 중의원을 해산했다. 반대파 일부가 자민당을 이탈하여 신당을 결성하기도 했다. 자민당에 남은 우정민영화 반대파 의원들은 당의 공천을 얻지 못하고 무소속으로 출마, 이에 대해 고이즈미는 자객 후보를 공천하여 대항, 실제로 많은 현역 의원들이 이들에 의해서 낙선하였다. 9월에 실시된 중의원 선거에서 고이즈미가 이끄는 자민당이 여당만으로 3분의 2를 넘는 의석을 차지하여 압승, 10월 특별국회에서 우정민영화 관련 법안을 가결시켰다. 그 결과 2007년 10월에 도쿄 가스미가세키에 있는 일본우정공사 본사에서 일본우정그룹이 발족하였다. 이로써 우정민영화가 완성된 것이다.

3) 아베노믹스

2012년 12월부터 제2차 아베(安倍晋三) 내각이 등장한 이후 실시된 각종 경제정책을 통틀어 '아베노믹스'라고 한다.[25] 아베노믹스는 원래 제1차 아베 내각의 경제정책를 가리키는 용어였으나 당시의 경제정책은 재정지출 삭감, 공공투자 축소, 규제완화에 의한 성장력 확충을 주요 내용으로 삼아 제2차 아베 내각의 경제정책과 구별된다. 제1차 아베 내각의 경제정책은 기본적으로 성역 없는 구조개혁을 표방한 '고이즈미구조개혁' 노선을 계승하고 있었다. 이에 대해 제2차 아베 내각의 경제정책, 즉 아베노믹스는 디플레이션을 극복하기 위한 인플레이션 목표를 설정하고, 이를 달성하기 위한 무제한 양적완화 실시를 특징으로 한다. 이를 위해 일본은행법 개정까지 시야에 넣고 있었다. 최종적으로 2%의 인플레이션과 명목GDP 성장률을 3%로 설정했다. 구체적으로 2013년 6월 14일에 발표된 일본재흥전략(日本再興戰略)에서 전체상이 제시된 아베노믹스는 ①대담한 금융정책, ②기동성 있는 재정정책, ③민간투자를 환기하는 성장전략을 세 개의 축으로 하며 이는 보통 '세 개의 화살(三本の矢)'이라 불렸다. 1980년대 중반 미국의 레이거노믹스와 그 궤를 같이한다.

첫째, 대담한 금융정책은 장기간 지속된 디플레이션을 극복하기 위한 경기부양을 의미하는 리플레이션 정책이다. 일본은행법을 개정하여 무제한 양적완화를 추진함으로써 인플레이션 목표 2%를 달성하고 엔고현상을 시정함으로써 수출경쟁력을 회복한다는 내용이다.

둘째, 기동성 있는 재정정책은 대규모의 공공투자를 통해 유효수요를 창출한다는 내용이다. 재원 조달을 위해 일본은행이 매입 공개시장조작을 통해 정부가 발행한 건설국채를 매입해 장기 보유한다.

셋째, 민간투자를 환기하는 성장전략은 기업에 유리한 시장환경을 만들어 준다는 의미이다. 향후 법인세를 20%대로 낮춘다는 내용이나 투자환경의 조성, 규제의 철폐, 환태평양경제동반자협정(TPP)에 참가하여 해외 수출시장을 확보한다는 내용이 담겨있다.

하지만 아베노믹스의 추진에 의문을 품고 비판하는 이들이 많았다. 아베 총리는 아베노믹스의 시비를 묻고 추진력을 얻기 위해 2014년 11월 21일 중의원을 해산했다. 그래서 당시의 해산을 아베노믹스해산이라고 불렀고 선거 또한 아베노믹스선거라 불렸다. 12월 14일에 치러진 선거에서 475석 중 291석을 차지, 국민의 압도적 지지를 받았다. 2015년 9월에는 자민당 총재선거에서 재선한 뒤 기자회견에서 2015년부터 3년 동안을 아베노믹스 2.0으로 명명하고 '1억 총활약 사회'를 지향한다고 발표했다. 구체적으로 ①희망을 낳는 강한 경제(명목GDP 500조

엔→600조엔), ②꿈을 자아내는 양육 지원, ③안심할 수 있는 사회보장을 축으로 "새로운 세 개의 화살(新三本の矢)"을 구성하였다. 일본 국민의 지지가 계속되었기에 가능했다.

그렇다면 아베 총리에 의해 추진된 아베노믹스는 얼마나 효과를 거두었을까? 경제전문지인 『동양경제』를 통해 아베노믹스의 효과를 당초 발표한 아베 내각의 장래 추계치와 실적치를 비교 평가하면 다음과 같다.[26]

첫째, 2017년까지는 최초 상정치와 유사한 성적이었으나 2018년도 이후 실질성장률 목표치 2%에 크게 못 미치는 상황이 계속되었다.

둘째, 경기 자체는 대체로 무난하여 거의 완전고용 상태가 계속되었다. 그러면 임금상승과 함께 물가상승률도 높아지는 것이 일반적이나 일부 비정규직 고용을 제외하고 임금상승이 한정적이어서 물가상승률도 그렇게 높아지지 않았다. 2015년 4월부터 2020년 6월까지 코어 인플레이션율은 겨우 0.2로 거의 제로에 가까운 수준이었다. 아베 정권 8년 동안 실질임금은 노동자 1인당 3.5%나 하락했다. 또한, 두 번에 걸친 증세로 일본 국민의 가처분소득이 줄어들어 거의 소비가 줄었다.

셋째, 인플레이션율과 함께 장기금리도 상정치를 크게 밑돌았다. 아이러니컬하게 이것이 일본의 재정건정성을 높였다. 둔화된 장기금리가 국채비용의 증가를 억제하는 효과를 가져왔기 때문이다.

하지만 대체적으로 아베노믹스의 결과에 대해 그 양과 질에서 실패에 가깝다는 평가가 일반적이다.

글상자 5.1 아베노믹스

아베노믹스(Abenomics)는 자민당 총재 아베 신조(安倍晋三)가 구상한 일련의 경제정책으로 아베(Abe)와 이코노믹스(Economics)를 합성한 조어이다. 1980년대 미국 레이건 정권에서 실시된 신자유주의 경제정책인 '레이거노믹스(Reaganomics)'에서 나온 말이다. 아베노믹스라는 용어는 자민당 소속의 나카가와(中川秀直)가 붙인 이름으로 실제로 아베 총리가 처음 이야기한 것은 아니다. 이후 경제학자나 매스컴이 사용하기 시작하면서 화제가 되었다. ①재정출동, ②금융완화, ③성장전력을 '3개의 화살'로 하여 디플레이션과 엔고현상에서 벗어나고, 명목 경제성장률 3%를 달성하기 위한 공격적인 경제정책안으로 되어 있었다. 2015년에는 '새로운 3개의 화살'로 ①희망을 낳는 강한 경제(명목 GDP 500조 엔→600조 엔), ②꿈을 자아내는 양육 지원, ③안심할 수 있는 사회보장을 제시하고 추진하였다. 아베노믹스를 주도했던 아베 총리는 2020년 9월 사임했다.

주

1) 요시미 슌야 지음, 서의동 옮김. 2020, 『헤이세이(平成) 일본의 잃어버린 30년』 (서울: 에이케이커뮤니케이션즈).
2) 『トヨタ自動車75年史』, 제2장 제7절 제2항 "朝鮮戰爭による特需の發生," https://www.toyota.co.jp/jpn/company/history/75years/text/taking_on_the_automotive_business/chapter2/section7/item2.html.
3) 『大林組八十年史』, 제3편 제4장 제1절 "神武景氣–設備投資ブーム," https://www.obayashi.co.jp/chronicle/80yrs/t3c4s1.html.
4) 安藤良雄 외, 1994, 『昭和經濟史(中)』 (東京: 日本經濟新聞社), p. 199.
5) 安藤良雄 외 (1994), p. 204.
6) 塩口喜乙, 1975, 『聞書 池田勇人 高度成長政治の形成と挫折』 (東京: 朝日新聞社), pp. 267–291; 伊藤昌哉, 1985, 『池田勇人とその時代』 (東京: 朝日新聞社), p. 116.
7) 『職業安定行政史』 제6장 昭和時代(3) (獨立以後) '勞働經濟の變遷,' http://shokugyo-kyokai.or.jp/shiryou/gyouseishi/06-2.html.

8) 『年次統計』, '完全失業率,' https://nenji-toukei.com/n/kiji/10046.
9) 실제 일본어는 "銀行よさようなら´ 証券よこんにちは"였으나 문맥에 맞게 필자가 재구성했다.
10) 적자국채의 발행에 대한 당대의 인식은 "국채 발행은 금단의 열매가 될 우려가 있습니다. 만주사변 이래의 쓰라린 경험을 잊었습니까?"라는 일본은행 조사국의 요시노(吉野俊彦)의 발언에서 읽을 수 있다. NHK "そのとき歴史が動いた" 第284回 所得倍増の夢を追え－高度経済成長の軌跡－.
11) 新電力ネット, "価格と需要から見るガスと電力´ 自由化など3つの要素が電気料金に与えた影響(8)," 2017. 3. 29 (검색일: 2022. 1. 10).
12) 坪井賢一, "原油価格上昇を超えた狂乱インフレに！ 第1次石油危機から日本が得た「教訓」とは," DIAMOND online. 2010 .11. 12, https://diamond.jp/articles/-/10053 (검색일: 2022. 1. 10).
13) 『石油便覧』, 제2장 제6절 "石油危機(オイルショック)と石油高価格の時代," https://www.eneos.co.jp/binran/document/part01/chapter02/section06.html (검색일: 2022. 1. 10).
14) 레이거노믹스(Reaganomics)는 레이건 대통령의 이름과 경제정책을 뜻하는 이코노믹스의 합성어이다. 말 그대로 레이건 대통령 행정부에서 추진한 경제정책을 의미하는데 영국 대처 수상의 대처리즘(Thatcherism)과 함께 이후 각국의 보수정권들의 경제정책의 전형으로 여겨진다. 일본의 아베노믹스나 한국의 근혜노믹스 또는 초이노믹스 등이 그러하다. 대폭적인 감세정책, 친기업적 또는 친시장주의적 정책, 작은 정부를 지향한 규제완화 등을 주장하는 데에 공통점이 있다.
15) 田勝澈, 2003, "美國 쌍둥이 赤字(Twin Deficits)의 向後 展望과 우리 經濟에 미치는 影響 및 對應課題," 『금융경제연구』 제162호. 한국은행 금융경제연구원, p. 3.
16) "욕망과 혼돈의 기록, 도쿄 1991". KBS 스페셜. 2007. 2. 4. 방송.
17) 에드워드 챈들러 지음, 강남규 옮김, 2001, 『금융투기의 역사』 (서울: 국일증권경제연구소), p. 468. 1637년 2월 3일 튤립 시장이 붕괴했다. 튤립 버블에 대해서는 위의 책, pp. 41-53.
18) 에드워드 챈들러 (2001), pp. 435-438.
19) 영업특금이란 기업이 증권회사에 자금의 운용을 일임하는 특정금전신탁을 말한다. 통상의 특정금전신탁에서는 위탁자인 기업이 신탁재산의 운용을 지시하지만, 영업특금에서는 위탁자로부터 일임받은 증권회사가 자금의 운용을 담당한다. 또한 증권회사가 위탁자에게 일정한 수익을 보증하거나 손실에 대한 보전을 행하는 경우가 많았다.
20) 小峰隆夫 編, 2011, 「バブル/デフレ期の日本經濟と經濟政策」 第1巻, 『日本經濟の記錄－第2次石油危機への對應からバブル崩壞まで－』)東京: 內閣府經濟社會總合硏究所(ESRI)), pp. 389-393. https://www.esri.cao.go.jp/jp/esri/prj/sbubble/history/history_01/history_01.html (검색일: 2022. 1. 11).
21) 小峰隆夫 編 (2011), p. 470.
22) 예금을 받지 못하기 때문에 은행 차입이나 수탁저낭증권의 빌행 등으로 지금을 조달하고, 대출금리가 비교적 높았다. 그 때문에 융자심사가 느슨했고, 버블기

에 부동산에 대한 융자로 급경사했다. 1990년대 초의 버블 붕괴 후 지가 하락과 함께 불량자산이 증대, 회수불능의 불량채권이 주센(住專) 전체로 약 6조 5,000억 엔에 달했다. 1995년에는 8사 중 7사가 위험에 직면했다. 이에 대해 정부는 6,850억 엔을 1996년도 예산의 일반회계에서 지출, 채권 회수를 위해 1996년에 주택금융채권관리기구를 설립했다.

23) 1971년 6월에 산와(三和), 도요신탁(東洋信託), 요코하마(横浜) 등 9개 은행이 출자하여 설립한 일본주택금융이 최초이다. 그 후, 도시은행, 신탁은행, 제이지방은행(第二地方銀行), 생명보험 등이 각각 출자 모체가 되어 7사가 설립되었다. 당시 은행은 소액 대출이 많아 대출 절차나 채권의 보전 및 회수가 번잡했기 때문에, 직접 론을 꾸리지 않고, 구체적인 업무를 주센에 맡기고 모체은행은 여기에 융자하는 형태를 취했다. 小峰隆夫 編 (2011), p. 482.

24) 요시미 슌야 (2020), pp. 54–55.

25) 참고로 제1차 아베 개각은 2006년 9월부터 2007년 9월까지였고, 제2차는 2012년 12월부터 2019년 9월까지였다.

26) 「数字で見ると明らか「アベノミクス」残念な實績 在任期間中, 日本經濟はどれだけ'成長'したか」, 『東洋經濟 online』 2020. 9. 1. https://toyokeizai.net/articles/-/372523 (검색일: 2022. 1. 11).

참고문헌

에드워드 챈들러 지음. 강남규 옮김. 2001. 『금융투기의 역사』. 서울: 국일증권경제연구소.

요시미 슌야 지음. 서의동 옮김. 2020. 『헤이세이(平成) 일본의 잃어버린 30년』. 서울: 에이케이커뮤니케이션즈.

「数字で見ると明らか「アベノミクス」残念な實績 在任期間中, 日本經濟はどれだけ'成長'したか」. 『東洋經濟 online』. 2020.9.1. https://toyokeizai.net/articles/-/372523 (검색일: 2022. 1.11).

『トヨタ自動車75年史』 제2장 제7절 제2항 "朝鮮戰爭による特需の發生". https://www.toyota.co.jp/jpn/company/history/75years/text/taking_on_the_automotive_business/chapter2/section7/item2.html (검색일: 2022/01/10).

『大林組八十年史』 제3편 제4장 제1절 "神武景氣−設備投資ブーム". https://www.obayashi.co.jp/chronicle/80yrs/t3c4s1.html (검색일: 2022. 1. 10).

『石油便覽』 제2장 제6절 "石油危機(オイルショック)と石油高価格の時代". https://www.eneos.co.jp/binran/document/part01/chapter02/section06.html (검색일: 2022. 1. 10).

『年次統計』. '完全失業率.' https://nenji-toukei.com/n/kiji/10046 (검색일: 2022. 1. 10).

『職業安定行政史』 제6장 昭和時代(3) (獨立以後) '勞働經濟の變遷.' http://shokugyo-kyokai.or.jp/shiryou/gyouseishi/06-2.html (검색일: 2022. 1. 10).

NHK. “そのとき歴史が動いた” 第284回 所得倍増の夢を追え−高度経済成長の軌跡−.

小峰隆夫 編. 2011.「バブル/デフレ期の日本經濟と經濟政策」第1巻.『日本經濟の記錄−第２次石油危機への對應からバブル崩壊まで−』. 東京: 內閣府經濟社會總合研究所(ESRI). pp. 389−393, https://www.esri.cao.go.jp/jp/esri/prj/sbubble/history/history_01/history_01.html (검색일: 2022. 1. 11).

新電力ネット. “価格と需要から見るガスと電力´ 自由化など３つの要素が電気料金に与えた影響(8).” 2017. 3. 29.

安藤良雄 외. 1994.『昭和經濟史(中)』. 東京: 日本經濟新聞社.

塩口喜乙. 1975.『聞書 池田勇人 高度成長政治の形成と挫折』. 東京: 朝日新聞社.

伊藤昌哉. 1985.『池田勇人とその時代』. 東京: 朝日新聞社.

田勝澈. 2003. “美國 쌍둥이 赤字(Twin Deficits)의 向後 展望과 우리 經濟에 미치는 影響 및 對應課題.”『금융경제연구』 제162호, 한국은행 금융경제연구원.

坪井賢一. “原油価格上昇を超えた狂乱インフレに！ 第1次石油危機から日本が得た「教訓」とは.” DIAMOND online. 2010 .11. 12, https://diamond.jp/articles/-/10053 (검색일: 2022. 1.10).

“욕망과 혼돈의 기록, 도쿄 1991.” KBS 스페셜. 2007. 2. 4. 방송.

6장

일본의 저출산고령화와 격차사회

김명수(계명대 일본어일본학과)

여기서는 현대 일본사회를 특징짓는 각종 키워드를 통해 일본사회에 대한 이해를 시도한다. 일본의 socialgood.earth라는 단체에서 2021년 8월에 전국 20~60대 남녀 1,000명을 대상으로 실시한 '사회문제·social good에 관한 의식·행동조사'의 결과가 있다. 현재 일본사회가 안고 있는 각종 문제를 키워드 중심으로 정리해 놓았다.[1] 지진·분화·홍수와 같은 대규모 자연재해에 기인하는 사회문제는 일본이 항상적으로 안고 있는 문제이지만, 자살이나 저출산고령화, 지방마다 늘어나는 한계취락, 자산격차, 노후파산, 워킹푸어 등의 문제는 현재 한국에서도 징후가 보이거나 진행 중인 사회문제이다. 장기적인 시각으로 일본사회를 바라볼 때 심각한 문제가 아닐 수 없지만, 향후 한국에서도 크게 문제가 될 수 있는 내용이다. 이 장에서는 일본사회가 안고 있는 현상적 문제를 ①저출산과 고령화, ②주거공간의 변화와 인프라의 노후화, ③격차사회와 빈곤의 심화, ④자연재해와 환경 등 크게 네 개의 테마로 나누어 설명한다. 이러한 각종 사회문제에 대한 검토는 일본사회에 대한 이해에 그치지 않고 한국사회가 겪게 될 다양한 사회문제를 미리 인식하는 계기가 될 것이다.

1. 저출산과 고령화

1) 소자화(저출산)

일본에서 말하는 소자화(少子化)는 일반적으로 '출생 신생아 수가 감소하는 것'을 의미하는 것으로 한국에서 말하는 저출산과 같다. 인구학에서는 "'합계특수출생률(한 명의 여성이 일생 낳는 아이의 수)'이 상당히 오랫동안 '인구치환수준(장기적으로 인구가 안정적으로 유지되기 위한 합계특수출생률. UN은 선진국들의 인구치환수준을 2.1로 추계)'보다 낮게 유지되고 있는 상황"을 가리킨다. 2018년 일본의 출생률은 1.42였고 2019년의 1.36이었다. 출생률이 비교적 높은 선진국(2018년)은 프랑스 1.92, 스웨덴 1.85, 미국 1.82 등이다. 한편 낮은 나라는 독일 1.59, 이탈리아 1.34, 스페인 1.32 등이다. 한국의 경우는 2017년에 1.05였다가 2018년 0.98로 1 밑으로 내려갔고, 2019년에는 0.92, 2020년에는 0.84를 기록해 과거 어떤 나라도 경험하지 못한 심각한 합계출산율을 보였다.[7]

일본 총무성의 발표에 의하면, 2019년 4월 1일 현재 15세 미만 아동수는 전년 대비 18만 명 적은 1,533만 명으로, 1982년부터 38년 연속 감소하고 있다. 총인구에서 점하는 15세 미만 아동의 비율도 45년 연속 낮아지고 있다. 1950년에는 35.4%로 3명 중 1명이 아동이었지만, 2020년에는 12.0%로 8명 중 1명이 채 안 된다 (도표 6.1 참조). 합계출산율이 낮아지는 원인으로는 한 명의 여성이 낳는 신생아 수가 적은 이유도 있지만, 그 외에도 늦게 결혼하는 만혼(晩婚)과 함께 미혼(未婚)을 꼽을 수 있다.

2) 미혼화

일본의 결혼 건수는 1972년 109만 9,984쌍을 피크로 해마다 줄어들고 있다. 2018년의 결혼 건수는 58만 6,438쌍으로 피크 때와 비교하여 50만 쌍 이상이 줄어들었다. 2015년의 국세조사에서는, 35~39세 남성의 미혼율 35.0%, 35~39세 여성의 미혼율 23.9%로 조사되었다. 남성

도표 6.1 연령 구간별 인구의 비율 추이

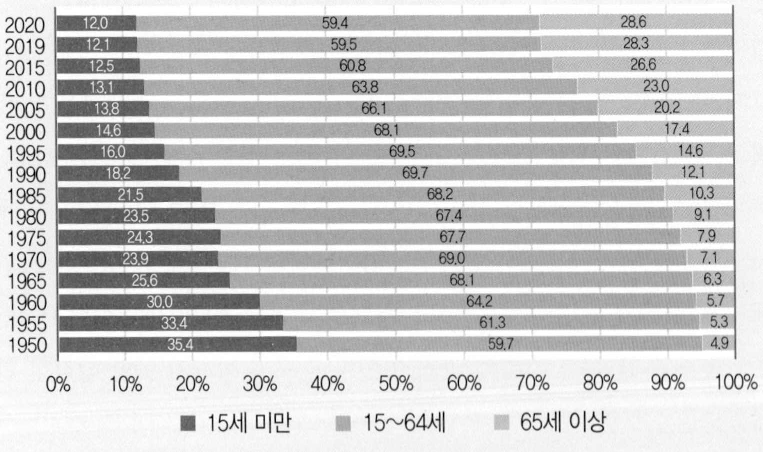

출처: 총무성 통계국 연령 3구간 인구 및 비율 추이 표를 이용해 도표화. https://www.stat.go.jp/data/jinsui/topics/topi1251.html (검색일:2022. 1. 12).

주: 2018년 및 2019년은 4월 1일 현재, 기타는 10월 1일 현재

의 3명 중 1명이 미혼이었고 여성의 4명 중 1명이 미혼인 셈이다. 40세를 지나 결혼하는 사람도 있지만, 남성의 생애 미혼율은 24.2%, 여성은 14.9%였다. 남성 4명 중 1명, 여성의 7명 중 1명은 결혼 경력이 없는 것이다.

미혼화가 증가하고 있는 배경에는 '경제적 불안', '배우자를 만날 수 있는 기회의 감소', '연애에 대한 기대감 상실' 등의 이유가 거론된다. 버블경제 붕괴 후, 비정규 고용이나 무직으로 가족을 부양할 만큼의 수입을 얻지 못하고, 부모와 계속 동거하는 패러사이트(Parasite) 싱글화가 진행되었고, 장시간 노동으로 여유가 없어 이성과 만날 기회가 적어졌다. 연애를 하게 되면 돈이 들고 귀찮다고 생각하는 사고방식이 늘어나고 있는 것도 미혼화의 원인이 되고 있다. 결혼하고 싶어도 할 수 없는 배경에 문제가 있는 듯하다.

3) 고령화

소자화(저출산) 문제와 함께 일본사회가 안고 있는 최대 현안 중 하나는 고령화 문제이다. 고령화는 65세 이상 인구가 전체 인구에서 차지하는 비중이 커지는 현상이다. 그 비중이 7%를 넘어가면 '고령화사회'라 부르고, 14%를 넘어가면 '고령사회', 21%를 넘어가면 '초고령사회'라고 부른다. 일본의 고령화 문제는 매년 그 심각성을 더해가고 있는데, 세계적으로 유례를 찾기 힘든 속도를 보여주고 있다. 총무성 통계국에 의하면 2019년 9월 시점에서 일본의 고령화율(65세 이상의 고령자가 인구 전체에서 점하는 비율)은 약 28.4%로 과거 최고치를 경신했다. 2019년 시점에서 일본은 고령화율로 세계 1위이다. 2위가 이탈리아로 23%, 3위가 포르투갈로 22.4%이다.[3] 2017년에 이미 일본은 초고령사회에 이미 진입한 상태이다. 더구나 2065년에는 38.4%까지 상승할 것으로 예

도표 6.2 일본의 고령화 추이와 장래 추계

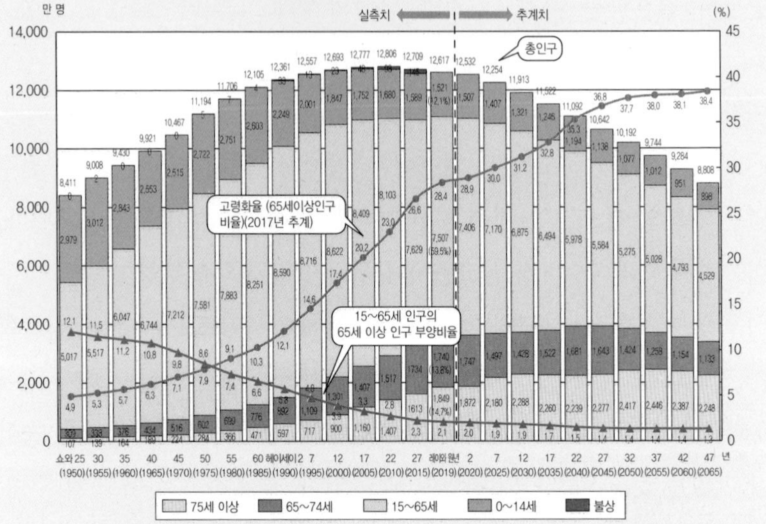

출처: 일본 내각부 통계. https://www8.cao.go.jp/kourei/whitepaper/w-2020/html/zenbun/s1_1_1.html (검색일: 2022. 1. 15).

측되어 앞으로가 더욱 심각할 것이다.[4)]

일본의 고령화율이 특히 높아지는 것은 장수보다 소자화(저출산)가 더 큰 요인이다. 평균수명의 증가도 고령화율을 높이는 방향으로 움직이지만, 실제로 선진 국가들에서 평균수명의 차이는 그렇게 중요하지 않고, 특히 중요한 것은 출생률의 차이여서 출생률 여하가 고령화율을 좌우하게 된다. 고령화율을 계산할 때 (65세 이상 인구)/(전체 인구)로 계산하게 되는데 분자에 해당하는 65세 이상 인구가 늘고 분모에 해당하는 전체 인구가 소자화(저출산)로 줄어들고 있다.

초고령사회로 진입한 뒤 고령화가 더욱 심화하면 사회가 안게 되는 많은 문제가 있지만, 무엇보다 심각한 것은 세대 갈등 문제이다. 사회적으로 한 명의 노인을 부양해야 할 젊은이들의 줄어들게 되면서 젊은 세대의 부담이 늘어날 것이다. 연금 부담이 늘어날 것이고 사회보장비의 지출도 증가할 것이다. 정부의 재정 부담은 현재 생산 연령에 속하는 젊은 층의 몫이다.

4) 독거노인의 증가

고령화사회나 핵가족화가 심화하는 가운데 65세 이상 노인이 혼자 사는 소위 '독거노인'이 증가하고 있다. 일본 내각부의 2019년 백서에 의하면, 독거노인은 2015년 기준으로 남녀 합해서 약 600만 명에 달했다. 남녀를 구분해 보면 남성이 약 200만 명, 여성이 약 400만 명이었다. 이 수치는 계속 증가하고 있어서 2025년에는 약 750만 명에 달할 것으로 예상된다.

독거노인의 증가 원인은 세 가지를 들 수 있다. 첫째, 다양한 이유로 의지할 수 있는 사람이 없기 때문이다. 소자화(저출산)가 진행되면서 2세대나 3세대가 같이 사는 가족이 줄어들었고, 생애 미혼율이 증가하여 가족 없이 그대로 고령자가 되는 사례가 늘었기 때문이다. 둘째, 익숙한 장소를 벗어나고 싶어하지 않는 고령자가 많기 때문이다. 같이 살자고 권하는 가족이 있어도 오랫동안 살아서 익숙한 장소와 친구들을 떠나고 싶지 않은 것이다. 셋째, 지금의 삶에 만족하고 있는 고령자가 많기 때문이다. 역시 내각부의 조사(2014년)에 의하면, 80% 가까운 고령자가 지금의 생활에 만족하고, 지금과 같이 혼자 사는 것도 좋다고 답했다.[5]

이런 독거노인이 안고 있는 문제로는 첫째, 보이스 피싱과 같은 금융 사기를 당할 가능성이 크다. 둘째, 노인성 우울증에 걸릴 가능성이 크다. 셋째, 알츠하이머나 치매 등의 인지 장애를 겪을 수 있는 확률이 높다. 넷째, 고독사의 가능성이 크다. 사망하더라도 한참 후에야 발견되는 사례도 적지 않다.

독거노인에 대한 대책으로 가장 좋은 것이 가족과의 유대를 강화하고 빈번한 연락을 통해 서로의 안부를 묻는 것이다. 하지만 가족이 없는 경우도 많다. 그런 경우에는 지역 돌봄센터의 지원을 받아 보호를 받을 수 있도록 하고, 성년후견제도를 통해 판단 능력이 저하된 고령자의 대리인으로서 재산관리와 계약체결 등을 도와줄 수 있다. 한국에서도 관련 피해자가 속출하고 있는 요즘 사회문제로서 관심이 점점 높아지고 있어 참고할 만하다.

또한 초고령사회로의 진입과 관련하여 대두한 또 하나의 문제가 노후파산(老後破産) 문제이다. 2014년에 방영된 NHK 스페셜 〈노인표류사회 "노후파산의 현실"〉에서 "생활보호수준 이하의 수입에도 불구하고 생활보호를 받지 못한 상태"에 있는 고령자의 상황을 '노후파산'이라고 부른 것이 계기가 되었고, 이후 사용이 확산하였다. 2014년 시점에서 독거노인 전체 약 600만 명 중, 3분의 1에 해당하는 약 200만 명이 노후파산 상태에서 지내고 있는 것으로 보인다. 현역 때 직장생활을 통해 모아놓은 저축이 있음에도 노후에 본인이나 가족이 병으로 쓰러지면 많은 의료비 지출을 감당해야 해서 누구든지 노후파산에 빠질 가능성이 있다.

5) 개호이직[6] 문제

가족을 개호[7]하기 위해 다니고 있던 회사를 퇴직하거나 운영하고 있던 가게를 접고 이직 또는 전직하게 되는 현상을 의미한다. 일본 총무성에 의하면, 개호나 간호를 위해 이전 일을 그만두었다고 응답한 사람은 약 9만 9,000명이고, 그중 80%가 여성이었다. 또한, 40대에서 50대의 소위 중간세대도 많아 기업뿐만 아니라 사회에도 큰 부담을 안기고 있다.

개호이직을 하게 되면 개호하는 사람은 이직(離職)으로 인한 다양한 부담을 지게 된다. 첫째, 경제적 부담이다. 이직으로 무직 상태가 되면 수입이 없어지고 개호를 위해 전직하더라도 수입이 격감하는 경우가 대부분이다. 일단 개호와 직장을 병행할 수 없어 개호를 위해 퇴직하게 되면 뒤에 재취업이 어려운 상황이 기다린다. 둘째, 정신적인 부담과 신체적인 부담이 크다. 이직(離職)하고 개호 중심의 생활을 하게 되면 사회와의 연계가 끊어지게 되어 소외감이나 고립감을 느끼는 일이 많다. 또한, 장래에 대한 고민까지 겹쳐서 더 많은 정신적인 부담을 지게 될 가능성이 크다. 이상의 이유로 힘들더라도 개호와 직장을 병행하는 경우가 많다. 실제로 다이와총합연구소의 조사에 의하면, 개호하고 있는 정규직은 40~50대가 중심이었고, 시설이나 서비스의 정비가 불충분해서 향후에도 직장생활을 영위하면서 개호를 담당하는 사람이 증가할 것으로 예상했다.

무엇보다 개호이직 문제가 대두하는 가장 큰 원인은 사회 전체 고령화의 심화에 있다. 그밖에 핵가족화나 저출산도 개호이직 문제와 어느 정도 관련성이 있다. 개호의 부담을 나누어질 가족이 없는 것이다. 따라서

도표 6.3 개호이직자 수의 추이

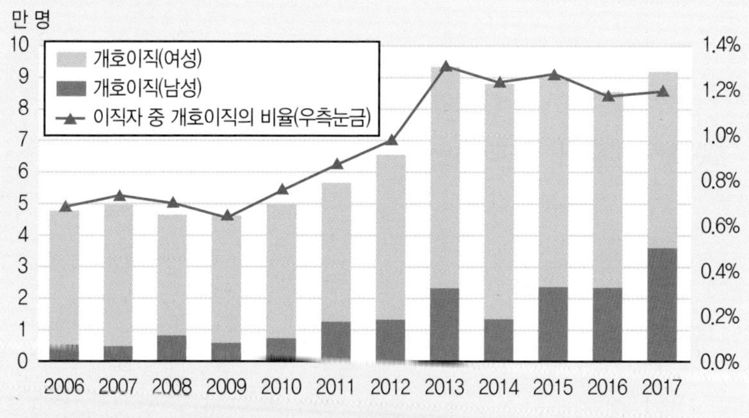

출처: 石橋未来, "介護離職の現状と課題", 大和總研, 2019년 1월에서 재인용.
주: 厚生労働省 「雇用動向調査」로부터 다이와총연 작성.

사회나 기업에서 이를 보완하기 위한 각종 제도를 마련하고 있지만 한계가 많다. 실제로 종업원수 30인 이상 사업체 중 70% 이상이 개호휴업제도, 개호휴가제도, 단시간근무제 등의 규정이 마련되어 있지만 30인 미만 사업체는 50~70% 정도에 그친다. 상기 제도의 이용률 역시 500인 미만은 낮았고 500인 이상의 경우도 개호휴업제도의 이용률이 30% 정도로 낮았다. 이용률이 낮은 주된 이유는 업무부담이 크고 대체 요원이 없는 것이 불안해서였다.[8] 한국의 경우는 저출산고령화 문제가 일본 못지않게 심각한 사회문제로 대두된 상황이라서 일본의 개호이직문제가 한국에서도 곧 현실화할 가능성이 높다. 크게 참고해야 할 것이다.

심각해지는 고령화 문제와 관련하여 '2025년 문제'가 자주 거론되고 있다. 2025년에는 인구의 약 3분의 1이 65세 이상의 고령자가 된다. 그 때가 되면 세대별 인구가 많은 '단카이 세대'(1947~49년의 제1차 베이비붐에 태어난 사람들)가 75세 이상인 '후기고령자'가 된다. 현시점에서도 개호 직원의 수가 부족하지만, 2025년에는 노동력 부족이 38만 명에 달할 것이라고 한다. 또 의료비나 사회보장비의 부담이 증가할 것이다. 따라서 개호뿐만 아니라 다양한 문제가 2025년경을 경계로 가속화할 것으로 예상되고 있어 이를 '2025년 문제'라고 부른다.

2. 지방 소멸과 인프라의 노후화

1) 도쿄 일극 집중

도쿄 일극(一極) 집중은 정치·경제·문화·인구 등, 사회의 자본·자원·활동이 도쿄에 집중함으로써 발생하는 문제를 말한다. 한국에서 말하는 '수도권 집중화' 또는 '수도권 밀집화'를 떠올리면 되겠다. 도쿄 일극화

도표 6.4 홍수, 지진, 쓰나미 등에 의해 영향을 받을 가능성이 있는 도시권

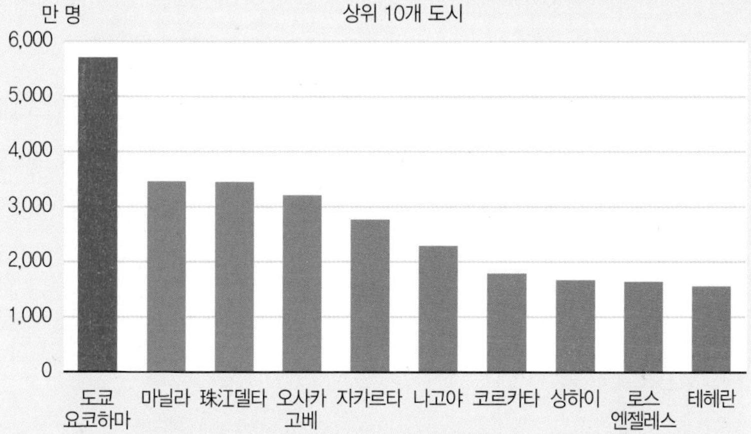

출처: 「Mind the risk: A global ranking of cities under threat from natural disasters (Swiss Re, 2014)」より国土交通省作成; 國土交通省, 「令和2年國土交通白書」. https://www.mlit.go.jp/hakusyo/mlit/r01/hakusho/r02/pdf/np103100.pdf (검색일: 2022. 1. 15).

에 의한 문제점을 열거하면 아래와 같다.

- 과밀: 밀집한 주택환경, 교통정체, 통근 러쉬 등
- 리스크에 대한 취약성: 지진이나 홍수 등의 자연재해나 테러 등에 의해 수도기능이 전멸할 가능성
- 지방의 인재 유출: 기업 본사 기능의 도쿄 집약으로 인한 지방대학 졸업생의 대량 유출
- 자산격차: 지가상승으로 도쿄에 토지를 보유한 사람과 그렇지 못한 사람의 자산격차 확대
- 규모의 불경제(不經濟): OECD에 의하면 약 700만 명을 넘으면 대도시권의 규모와 소득은 부의 상관관계에 처하게 된다.

도쿄뿐만 아니라 중경권(中京圈)·오사카권 등의 다른 도시부로의 인구집중도 심화하고 있다. 1950년 약 30%에 불과했던 일본의 도시화율

이 2050년에는 90%를 크게 넘을 것으로 예측된다. 도시로의 인구집중은 일본만의 현상이 아니라 세계적인 현상이다. 다른 선진국에서도 2050년의 도시화율이 90%가 될 것으로 예상되었다.

한편, 2020년 국토교통성 백서에 의하면, '홍수·폭풍우(嵐)·만조(滿潮)·지진·쓰나미(津波)에 의해 영향을 받을 가능성이 있는 도시권' 중에서 재해에 대한 종합적인 리스크는 도쿄·요코하마권이 가장 높다고 평가되었다.

2) 소멸 가능성 도시

'도쿄 일극화' 또는 '도쿄 일극 집중'과 대비되는 현상으로 '소멸 가능성 도시'라는 개념도 있다. 소멸 가능성 도시라는 것은, 2014년에 마스다(增田寬也) 전 총무상 등 민간 유식자로 구성된 일본창성회의(日本創成會議)가 발표한 '소자화나 인구이동이 멈추지 않아 소멸할 가능성이 있는 896개 지자체'를 가리킨다. 그중에서도 인구가 1만 명 밑으로 떨어진 523 시구정촌(市區町村)은 '소멸 가능성이 큰 지자체'로 지목되었다.

아오모리(青森), 이와테(岩手), 아키타(秋田), 야마가타(山形), 시마네(島根) 등 5개 현에서는 80% 이상의 시정촌에 소멸 가능성이 있다고 지적되었는데, 그러한 소멸 가능성 도시는 지방에만 있는 것이 아니라 대도시에도 존재한다. 도쿄도 도요시마구(豊島區), 사이타마현 미사토시(埼玉縣三鄕市), 지바시 하나미가와구(千葉市花見川區), 삿포로시 남구(札幌市南區), 히로시마시 아사북구(廣島市安佐北區) 등 대도시 인구집중 지역도 포함되어 있다.

한편 소멸 가능성이 있는 지자체가 늘어나면서 다양한 사회문제가 파생되고 있다. 빈집 증가, 한계취락, 그리고 경작포기지의 증가 등이다.

3) 빈집 증가 문제

소유자인 고령자가 이제 독거생활을 영위할 수 없어 노인 보호시설에 입소하거나 자녀의 집으로 옮기는 사례가 많아지면서 아무도 살지 않는 빈집들이 증가하고 있다. 2013년 전국의 빈집 수는 약 820만 호였다. 그중에서 매각용이나 임대용 등으로 부동산회사가 관리하는 것을 뺀 '소유자에 의해 정기적으로 이용되고 있지 않은 상태의 빈집'이 2013년 시점에서 318만 호였다. 이렇게 방치상태에 있는 빈집이 빈집 전체의 약 40%를 점하고 있고, 그 비율은 해마다 증가하는 경향을 보인다. 이대로 가면 15년 후에는 두 배 이상 증가하여 2,000만 호까지 확대할 수 있을 것으로 예상된다 (도표 6.5 참조). 향후 '단카이 세대'라 불리는 전후 베이비부머(1947~1949년 출생자)를 포함한 고령자가 급증할 것으로 보이기 때문에 빈집 증가 문제는 더욱 심각해질 것이다.

도표 6.5 일본의 빈집 수와 총주택 수 대비 비율 추이

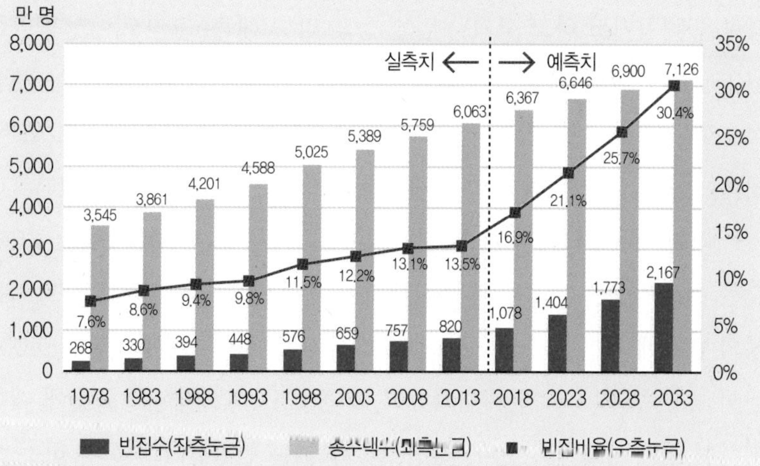

출처: "空き家数, 2033年に2170万戸へ倍増" IT media ビジネスonline, 2016. 6. 7. (검색일: 2022. 1. 11).

이렇게 빈집이 발생하는 원인으로 가장 일반적인 것은, 자택을 소유한 고령자가 노인보호시설에 입소하거나 자녀의 집으로 거주를 옮긴 경우이다. 하지만 그밖에 세제상의 문제가 원인으로 거론된다. 일본에서는 주택이 있는 토지는 '주택용지 경감조치'가 적용되어 나대지(裸垈地)보다 고정자산세가 싸다. 빈집을 철거하여 나대지로 하게 되면 고정자산세가 증가하게 되는 것이다.

이런 빈집 증가 문제가 낳고 있는 문제로 첫째, 지방 자치의 붕괴를 들 수 있다. 빈집이 증가하게 되면 세수 감소와 각종 시책의 비효율화로 도로나 수도와 같은 사회 인프라를 유지하기 어려워진다. 2013년의 조사의 경우 빈집 비율이 13.5%였는데, 그 비율이 30%를 넘으면 재정파탄이 우려된다. 2007년에 재정파탄에 몰린 홋카이도 유바리시(夕張市)의 빈집 비율은 33%였고, 2013년에 재정이 파탄한 미국의 디트로이트는 29.3%였다. 둘째, 이웃 주민에 대한 악영향이다. 지방의 경우 빈집이 발생하면 노후화가 급격히 심화하여 지붕이나 외벽이 떨어질 수 있고 심할 경우 건물이 기울어져 무너지는 일도 있다. 잡초가 우거지게 되면 경관을 해치기도 하고 모기나 말벌 등의 각종 해충, 그리고 야생동물들이 드나들 수도 있다. 또 노숙자가 불법으로 점거하거나 쓰레기를 불법적으로 투기할 수도 있고, 심할 경우 방화의 원인이 될 가능성도 있다. 셋째, 빈집이 증가하면 지역 전체의 자산가치가 감소할 우려도 있다.

이러한 각종 사회문제를 해결하기 위해 최근 일본에서는 AI나 VR과 같은 첨단기술을 활용한 부동산테크가 주목받고 있다. 일본 국토교통성의 발표에 의하면, 2019년 2월에 전국 603개 자치체에서 합계 9,000건이 넘는 빈집 정보가 게재되었고, 그중 1,900건 이상의 물건에 대한 계약이 성사되었다고 한다. 자산가치가 없는 빈집을 빌리고자 하는 사람이 리노베이션을 실시하고 6년 정도 운용할 수 있도록 매칭 플랫폼을 운영하는 사회적 기업도 출현하고 있다.[9)]

4) 한계취락 문제

한계취락(限界聚落 또는 限界集落)이라는 것은 고령화나 이주할 사람이 없어서 취락의 인구가 줄고, 지역사회로서의 기능이 떨어져 한계에 달한 집락을 말한다. 구체적으로 '취락 중에서 65세 이상의 인구가 50% 이상을 점하고 있는 상태'로 정의되고 있다. 국토교통성과 총무성의 공동조사에 의하면, 한계취락의 수는 전국적으로 1만 5,568개소가 있다. 오카야마, 히로시마, 야마구치, 돗토리, 시마네 등 주고쿠(中國)지방이 가장 많고, 이어 규슈(九州)나 시코쿠(四國)지방에 많이 존재한다. 이들 지역의 한계취락은 첫째, 원래부터 인구 50인 미만(30세대 미만)의 소규모 취락이었다는 점, 둘째, 산간부에 위치하는 취락이라는 점, 셋째, 관공서로부터 최저 10킬로미터 이상 떨어져 있는 취락이라는 공통적 특징을 갖는다.

한계취락이 증가하게 되면 다양한 문제가 발생한다. 첫째, 취락의 인구가 감소하면서 빈집이 증가한다. 일본의 빈집 증가 문제에 대해서는 별도 항목으로 살펴보았다. 둘째, 치안이 악화하여 범죄 발생 확률이 높아진다. 빈집을 이용하여 마약을 재배하거나 위법적인 마약거래가 일어나는 경우도 있고, 절도범이 훔친 물건을 은닉하는 장소로 활용되는 경우도 있다. 셋째, 각종 산업이 쇠퇴하게 된다. 보통 한계취락에 거주하고 있는 사람들의 대부분은 로컬 산업인 농업, 어업, 임업 등에 종사한다. 인구의 감소에 수반하여 한계취락이 늘어나면 이들 산업이 쇠퇴할 가능성이 있다.

이에 대한 대책으로 일본에서는 IT기업의 유치에 주목하고 있다. IT기업의 경우 인터넷 통신환경이 정비되어 있으면 비즈니스가 성립할 수 있다. 인구가 감소하는 한계취락에 IT기업의 오피스를 유치함으로써 기업의 종업원이 이주하게 되면 취락이 활성화할 수 있다는 것이다. 물론 고속 인터넷 환경을 구축하는 등의 다양한 인프라 정비와 IT기업을 유치하려는 지자체의 제도적 지원이나 세제 혜택 등의 유인책이 있어야 할 것이다. 한국도 향후 고려해 볼 만한 대책이라고 생각된다.

5) 경작포기지 문제

이전에는 작물을 재배했지만, 지금은 방치된 농지를 경작포기지(耕作放棄地)라고 한다. 5년마다 실시하는 일본의 농림업 센서스에 의하면 '이전에 경작하고 있던 토지로, 과거 1년 이상 작물을 재배하지 않고 향후 몇 년 동안 다시 재배할 의사가 없는 토지'를 경작포기지라고 한다. 경작포기지는 일본의 모든 지역에서 계속 증가하고 있다.

일본의 경지면적은 장기적으로 감소 경향이 계속되어 2018년에는 467만 헥타르가 되었다. 경작포기지가 농지의 비농업용 전용을 상회하고 있는 것이 경작면지 감소의 가장 큰 이유가 되고 있다. 2017년 경작포기지 면적은 2012년부터 4만 3,000헥타르(13%)가 증가해서 38만 6,000헥타르가 되었다. 증가율은 최근 둔화하고 있으나 경작포기지 면적이 비와호(琵琶湖) 면적의 5.7배, 경지면적의 8%에 달한다. 경작포기지는 일본의 어떤 지역에서건 계속 증가하고 있다. 그 주된 이유로 다음이 언급되고 있다.

첫째, 농업에 종사하는 사람이 줄고 있다. 기후에 따라 수입이 안정적이지 못하고, 노동강도에 비해 생산성이나 수입이 낮아서 젊은 층이 농업에 취업하는 일이 적어지고 있다. 2019년 농업취업인구는 168.1만 명으로 2010년부터 9년 동안 35% 이상 감소하였다. 평균 연령은 66.8세여서 농업에서의 고령화가 심화하고 있음을 알 수 있다.[10)]

둘째, 농업에 종사하지 않더라도 농지를 방출하지 않는다. 농민에게 농지는 귀중한 재산이다. 따라서 고령이 되어 더는 농사를 짓지 못하게 되더라도 농지를 매물로 내놓기 위해서는 농민의 각오가 필요하다. 상속받을 자손이 없어도 좀처럼 쉽지 않다. 한국 농촌에서도 쉽게 찾아볼 수 있는 현상인데, 향후 농지의 전용을 염두에 두고 토지 가격의 상승을 고려하여 방치하고 있는 경우도 많다.

이러한 농지포기지가 늘어나게 되면서 발생할 수 있는 문제로는 농지 상태의 악화, 잡초나 해충의 발생 증가, 야생 조류나 동물에 의한 피해, 쓰레기 불법투기지화 등을 들 수 있다. 농지포기지 증가에 대한 대책으로는 농업의 스마트화, 협동조합 조직, 생산물 공동판매, 도시와 농촌의 매칭 서비스 실시 등을 들 수 있다.

6) 인프라(사회자본) 노후화 문제

일본의 도로, 교량, 터널, 상하수도, 공공시설 등의 사회자본스톡, 즉 사회 인프라는 1960년부터 1970년대의 고도경제성장기에 집중적으로 정비되었기 때문에, 향후 20년 동안 노후화(건설 후 50년 이상 경과)가 진전되어 유지관리 및 갱신이 필요한 인프라가 일제히 증가하게 된다. 예컨대, 도표 6.6에서 볼 수 있듯이, 2033년에는 건설 후 50년 이상 도로교량의 비율이 60%를 넘을 전망이다.

1964년 도쿄올림픽이나 1970년 오사카만국박람회 등, 다른 지역보다도 일찍 공공투자를 집중시킨 수도권과 도쿄·오사카 중심의 근기권(近畿圈)에서 인프라의 노후화가 눈에 띄게 증가하고 있다. 이렇게 노후화한 인프라는 지진 등의 재해가 발생하면 사용이 정지된다. 『노후화하는 인프라』의 저자인 도요대학(東洋大學) 대학원의 네모토(根本祐二) 교수에 의하면,[11] 갱신비용은 앞으로 50년 동안 총액 450조 엔, 연간 9조 엔으로 시산되고 있는데, 재정 부족의 국가나 지방자치체에서는 예산이 없어서 실태조사조차 이루어지지 않고 있어 노후화를 방치할 수밖에 없는 상황에 빠져 있다.

도표 6.6 건설 후 50년 이상 경과하게 될 사회자본의 비율

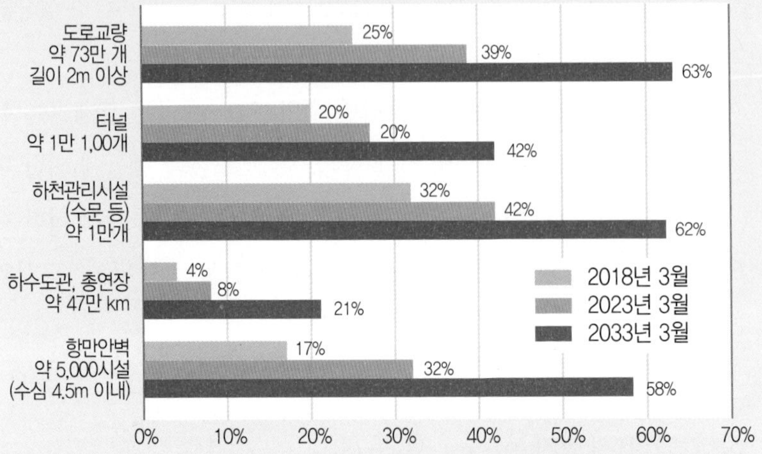

출처: 국토교통성 인프라 메인터넌스 정보 '사회자본의 노후화 현상과 장래'의 데이터를 기반으로 작성 https://wisdom.nec.com/ja/innovation/2019041801/index.html (검색일: 2022. 11).

주: 그래프 안의 숫자는 개산(概算) 표기

3. 격차사회와 빈곤의 심화

1) 빈곤문제

후생노동성의 조사결과(2018년 확정치)에 의하면, 2018년도의 생활보호수급자 수는 약 200만 명이다. 그래프를 보면 2015년 이후 몇 년 동안은 감소 경향이 미미하지만, 장기적으로 보면 1995년에 바닥을 치고 계속 증가하는 경향에 있음을 알 수 있다.

또한 후생노동성의 국민생활기초조사 결과에 의하면, 일본의 상대적 빈곤율은 2015년에 15.7%를 기록했다. 일본 인구 1억 2,700만 명 중 15.7%인 약 2,000만 명이 빈곤층이라는 것이다. 해외와의 비교에서는, OECD대일경제심사보고서(2017년판)에 의하면, G7 중에서 일본은 미

도표 6.7 생활보호수급자의 수와 보호율(인구 1,000명에 대해)

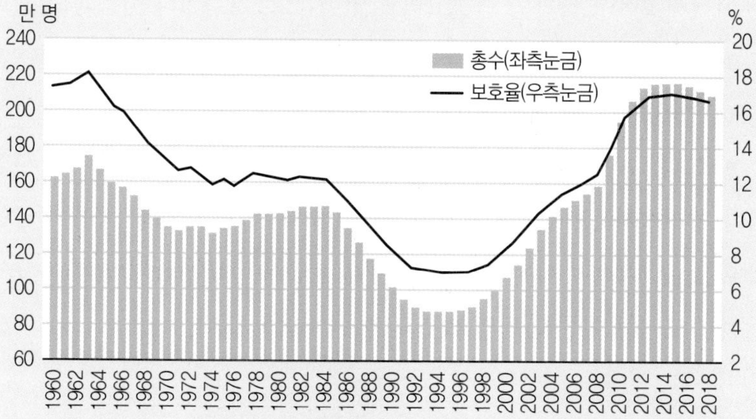

출처: 厚生労働省『平成30年度被保護者調査』; "生活保護を受けている人数と世帯数はどう推移している?" ファイナンシャルフィールド 2020. 7. 2. https://financial-field.com/living/entry-81234 (검색일: 2022. 1. 12).

국에 이어 두 번째로 높은 비율이다. 상대적 빈곤이라는 것은 그 나라의 문화수준, 생활수준과 비교하여 곤궁한 상태를 가리킨다. OECD의 기준에 의하면, 2015년 시점에서의 상대적 빈곤의 가처분소득은 122만 엔 이하, 4인 세대로는 약 250만 엔 이하가 된다. 10대 후반에서 20대 전반의 젊은 층, 70대 이상의 노인, 그리고 모자가정에 상대적 빈곤이 많이 존재한다.

또한 최근 40대 이상에서 부모와 동거하고 있는 히키코모리도 문제이다. 내각부 등의 조사에 의하면, 히키코모리 수는 100만 명에 가깝다고 알려져 있다. 일본에서 그 심각성이 강조되고 있는 무연사회(無緣社會)에 대한 경고 역시 히키코모리 문제와 무관하지 않다. 무연사회의 심화와 히키코모리 문제는 상호 원인과 결과로서 서로에게 영향을 미친다. 무연사회라고 하는 것은, 2010년에 방송된 NHK스페셜 〈무연사회-'무연사' 3만 2,000명의 충격〉에서 사용된 조어(造語)이다. 무연사회는 인간관계가 희박해지는 상황을 말로 표현한 것인데, 이 방송은 퇴직해 회사조직과의 연결고리도 없어지고, 가족이나 지역과의 연계도 희박해지면서 고립되고 결국에는 고독사하게 되는 사람이 연간 3만 2,000명이라는 사실을 지적하고 있다.

전국 자치체의 조사에 의하면, 최근 신원불명의 자살로 보이는 사망자나 행려병자 등, 정부의 통계에는 반영되지 않는 형태의 죽음이 급증하고 있다. '무연사회는 자유를 찾는 일본인이 고도성장의 인재 수요에 맞춰서 도시로 이동한 필연의 결과'라는 비판도 있다.

2) 쇼핑난민 문제

쇼핑난민(장보기난민, 쇼핑약자)은 다양한 이유로 식료나 생활에 필수품을 구입할 수 없는 사람을 가리킨다. 물건만이 아니라 우체국이나 병원, 관공서 등에서 요금을 내면 받을 수 있는 서비스를 향후 받을 수 없게 되는 것까지 포함한 사회문제이다. 쇼핑이나 생활에 관한 서비스를 받을 수 없게 되면 이는 사람의 생명과도 관계되는 문제이다.

경제산업성의 보고서에서는 전국에서 약 700만 명이 쇼핑난민의 처지에 있다고 추계했다. 쇼핑난민은 농촌이나 산간부에 있는 작은 마을에만 발생하는 것이 아니다. 지방의 도시를 비롯해 단지 등이 많은 베드타운, 대도시에도 존재한다.

쇼핑난민이 생기게 된 원인으로서는 첫째, 슈퍼의 폐업이나 상점·상점가의 쇠퇴를 꼽을 수 있다. 주민의 도보권 내에 있는 상점가나 슈퍼가 없어져 버리면 자가용 자동차 등 이동수단을 갖지 못한 노약자들의 쇼핑이 불가능해지는 것은 자명하다. 둘째, 공공교통기관의 축소로 인한 교통 불편을 들 수 있다. 자동차를 소유하지 못한 사람들의 경우 공공교통기관을 이용할 수 있지만, 산간벽지의 경우 공공교통기관의 쇠퇴가 뚜렷하다. 공공교통기관이 인구 과소지역의 경우에는 현실적인 이유로 주유소까지 없어질 수 있다. 실제로 경제산업성의 자원에너지청의 조사에 의하면 2017년 3월 말 시점에서 주유소가 3개 이하인 시정촌(市町村)이 전국적으로 302개였다. 아예 주유소가 없는 경우도 12곳이나 되었다. 셋째, 근본적인 원인으로 주민의 고령화가 있다.

쇼핑난민 문제에 대한 대책으로는, 택배 서비스의 충실, 이동 판매의 추진, 지방 자치체가 주도하는 커뮤니티 버스의 운행 등이 있는데, 이는 새로운 창업의 가능성과 사회 연대의 복원을 상징하는 분야로 주목할 수 있을 것이다.

3) 젠더 불평등(남녀격차) 문제

최근 한국에서도 상당히 사회적 이슈로 젠더 갈등이 자주 등장하고 있다. 이 젠더 갈등의 근본적 원인은 다양한 분야에서 이루어지는 젠더 불평등이다.[12)] 젠더라는 것은 남녀 성별을 의미하고, 성별에 따른 차별로 발생하는 불평등을 젠더 불평등이라고 한다. 특히 사회적·문화적인 성별 차이를 말하는 것으로 '남성이니까 이래야 한다'라든가 '여성이니까 이렇다'와 같은 사회로부터의 규정 같은 것이다. 극단적인 예로 아프가니스탄의 경우 여성이 남성보다 열등하고 보호받아야 할 존재로 인식되고 있다. 그 결과 가족 중에서도 낮은 지위를 가지고 있고 일부다처제가 존속할 수 있는 사회적 분위기가 형성되어 있다. 젠더 불평등은 여성 인권 침해의 원인이 되기도 하지만 경제적으로도 손실이 크다. 유엔세계식량계획(UN WFP)에 의하면, 농가의 남녀격차를 근절하게 되면 개발도상국의 농업생산고가 2.5%에서 4% 정도 증가하고, 그에 의해 세계의 기아 인구가 12%에서 17%, 인구수로 볼 때 1억에서 1억 5,000명이 줄어들게 된다. 남녀라는 성별 때문에 발생하는 불합리한 차별, 젠데 불평등이 일어나는 원인은 다양하지만, 대표적인 원인으로는 '전통적인 풍습이나 문화', '종교적인 이유', '생물학상의 역할 차이'가 꼽히고 있다. 젠더 평등에 대해서는 UN이 제시한 SDGs에서도 5번째 목표로 언급되고 있다.

세계경제포럼이 발표한 '세계 젠더 갭 보고서 2021'에 의하면, 조사한 153개국 중 일본은 120위였다. 분야별로 경제 117위, 정치 147위, 교육 92위, 건강 65위로 이전보다 순위가 하락했다. 경제에서는 특히 여성의 노동참가율이 72%에 달하고 있음에도 불구하고 관리직에 있는 여성의 비율이 14.7%에 불과했고, 파트타임직의 비율은 남성보다 여성이 약 2배에 달했다. 여성의 평균소득도 남성의 43.7%에 머물렀다. 일본사회의 젠더 불평등 문제가 심각한 것을 알 수 있다. 이를 상징적으로 보여주는 사례가 있다. 2018년 4월 스모 경기 중에 모래판 위에서 인사하던 남성이 갑자기 쓰러지자 여성이 모래판 위에 올라가 심장 마사지를 했더니 "여성은 모래판에서 내려와 달라"는 장내 방송이 흘러 큰 문제가 된 적이 있다.[13] 2021년 2월에도 도쿄올림픽·패럴림픽대회조직위원회의 모리(森喜朗) 위원장이 "여성이 많이 포함된 이사회의 회의는 시간이 걸린다"고 여성 멸시 발언을 해서 조직위원장을 인책 사임한 일도 있었다.[14] 일본의 젠더 불평등 문제가 상당히 뿌리 깊은 문제임을 알 수 있다.

4) 모자가정(母子家庭)의 빈곤 문제

일본의 한 부모 세대의 빈곤율은 50.8%(2015년 통계)로 절반을 약간 넘는 수준이다. OECD 가맹국 35개국 중 최악의 상황을 보여준다. 한 부모 세대 중 이혼이나 사별, 미혼 등으로 모친 혼자 아이를 키우는 가정을 가리켜 모자가정이라고 한다. 모자가정의 모친을 '미혼모(single mother)'라고 한다. 후생노동성에 의하면, 전국의 모자가정은 123.2만 세대이고, 부자가정(父子)가정은 18.7만 세대여서 모자가정의 비율이 훨씬 높다.

한 부모 세대의 평균 연간수입은 부자가정의 경우는 420만 엔, 모자가정은 243만 엔이어서 모자가정 쪽이 부자가정의 절반을 조금 넘는다. 한 부모의 취업상황은 미혼부의 경우 85.4%가 정규 직원이나 종업원인 것에 대해, 미혼모는 44.2% 정도만 정규 직원으로 근무하고 있었다. 비슷한 비율로 43.8%가 파트타임이나 아르바이트로 생계를 유지하고 있다. 특히 미혼모가 안고 있는 문제는 다음과 같다.

첫째, 수입이 적어서 빈곤한 상태에 있는 것이 가장 큰 문제이다. 내각부 남녀공동참획국의 '공동참획' 2019년 2월호에 의하면, 한 부모 가

표 6.1 모자가정과 부자가정 현황

	모자세대	부자세대
1. 세대수(추계치)	123.2만 세대	18.7만 세대
2. 한 보모 세대가 된 이유	이혼 79.5% 사별 8.0%	이혼 75.6% 사별 19.0%
3. 취업상황	81.8%	85.4%
정규 직원이나 종업원	44.2%	68.2%
자영업	3.4%	18.2%
파트타임이나 아르바이트	43.8%	6.40%
4. 평균 연간 수입(부모 어느 한쪽의 수입)	243만 엔	420만 엔
5. 평균 연간 취로수입(부모 어느 한쪽의 취로수입)	200만 엔	398만 엔
6. 평균 연간 수입(동거 친족을 포함한 세대 전원의 수입)	348만 엔	573만 엔

출처: 후생노동성, 『평성28년도전국친세대등조사』, https://socialgood.earth/singlemother_poverty/ (검색일: 2022. 1. 15).

정의 빈곤율은 절반 이상으로 2세대 중 1세대가 빈곤에 빠져 있다. 특히 미혼모의 수입이 적어 빈곤해지는 구체적인 원인으로서는 정규고용으로 일하는 것이 어렵기 때문이다. 많은 여성이 출산을 계기로 퇴직해 자녀 양육이 마무리될 때까지 전업주부로 있다가, 막상 일을 찾게 되면 자녀 양육 기간을 포함한 경력 단절이 정규고용으로 재취업하는 것을 어렵게 만든다. 결국 미혼모가 파트타임이나 아르바이트로 생계를 유지할 수밖에 없는 이유이다. 특히 미혼모가 병에 걸리게 되면 수입이 제로가 되는 문제도 있다. 이들 미혼모 가운데 양육비를 이전 배우자로부터 수취하고 있는 경우는 24.3%에 불과하다. 상대가 양육비를 지불할 능력이나 의사가 없는 경우도 있고, 헤어진 전 남편과 얽히고 싶지 않은 마음도 크다. 둘째, 일과 양육을 양립하는 것이 어렵다. 셋째, 정신적으로 힘든 경우가 많아 우울증에 걸릴 확률이 두 보모 가정에 비해 2배가 높다. 따라서 아동부양수당이나 의료비조성제도 등을 통해 한 부모 세대의 어려움을 지원하는 제도 정비와 활용이 필요하다.

따라서 사회보장비의 증대는 일본이 안고 있는 사회과제 중 가장 시급하게 해결해야 할 문제 중 하나이다. 2019년도의 정부예산(일반회계세출) 101.5조 엔 중에서 차입금 변제에 충당하고 있는 국채비 23.5조 엔, 지방에 배분하는 지방교부세 교부금 16.0조 엔을 제외한 정부예산(일반세출)은 62.0조 엔이다. 그중에서 사회보장 예산은 34.1조 엔이고 62.0조 엔의 55%로 절반 이상으로 점하고 있다.

세금에 사회보험료를 더한 '사회보장급부비'는 2016년도에 116.9조 엔이었고, 향후에도 계속 증가할 것으로 전망된다. 2025년에는 1947~1949년에 태어난 소위 '단카이 세대(団塊の世代)' 전원이 75세 이상이 되어 연금이나 의료비·개호비 등의 사회보장비가 한꺼번에 증대하는 '2025년 문제'가 지적되고 있다.

도표 6.8 사회보장급부비의 추이

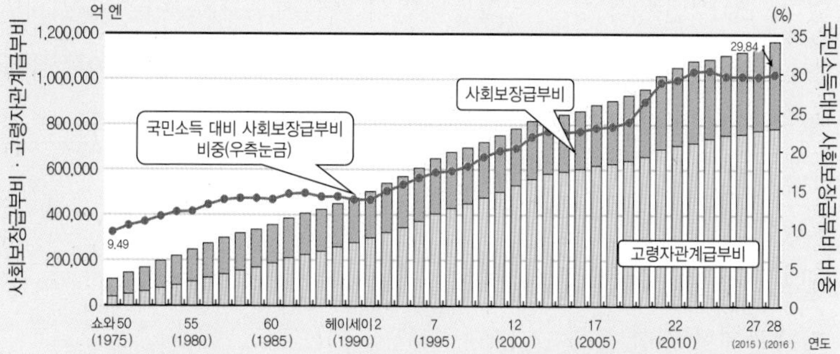

출처: 國立社會保障·人口問題研究所「平成28年度社會保障費用統計」; 내각부 통계. https://www8.cao.go.jp/kourei/whitepaper/w-2019/html/zenbun/s1_1_6.html (검색일: 2022. 1. 15).

5) 워킹푸어

워킹푸어란, 오전 9시부터 오후 5시까지 1일 8시간 풀타임으로 일하는데도 불구하고 수입에 여유가 없어 근근이 생활을 유지하는 사람을 가리킨다. 또는 생활보호의 수준조차 채워지지 않을 정도의 수입밖에 얻지 못하는 '일하는 빈곤층'을 말한다. 그러나 구체적인 의미나 정의에 대해서는 지금도 여전히 논쟁 중이다. 일본에서는 연간 200만 엔 이하로 정의되는 경우가 많다. 보통 비정규사원이 연간 200만 엔 이하이고 정사원의 경우 연간 300만 엔 이하라고 여겨진다. 이러한 워킹푸어는 일을 하고 있음에도 불구하고 빈곤을 벗어나지 못한다는 의미에서 당사자에게는 훨씬 더 큰 상실감을 안긴다. 그러한 상실감은 높은 수준의 자살률에 반영되어 있다.

후생성의 인구동태통계에서 사망자 총수에 대한 사망 원인별 순위(점유율)를 보면, '자살'은 9위(1.5%)였다. 1위는 암으로 27.9%, 2위는 심장질환 15.3%, 3위가 뇌혈관질환 8.2%였다. 세계와 비교해 보면(WHO의 2016년도 통계), 일본인의 자살자 수 순위(인구 10만 명당)는 14위

(18.5명)였다. 성별로는 남성이 17위(26.0명)였고 여성이 8위(11.4명)이었다. 2012년부터 경제가 회복되면서 자살자 수가 줄어들고 있지만, 일본은 G8 국가 중에서는 한국에 이어 가장 높은 자살률을 보이는 나라이다.[15] 2018년도 전 연령층의 자살 원인과 동기는 다음과 같다.

- 건강문제 49.2%
- 생활고 등의 경제문제 16.2%
- 가족관계로 인한 불화 14.9%
- 직장문제 9.5%
- 남녀관계 5.1%

1위는 심신의 건강문제이다. 구체적으로는 우울증과 같은 정신질환 등이 원인이다. 2위는 생활고나 빚으로 인한 경제 문제이다. 생활보호를 받고 있는 사람의 자살률은 일반 사람의 2배이다. 특히 20대에서는 6배나 된다 (2012년). 가족 내의 불화도 3위로 자살의 원인으로 높은 순위를 기록했다.

4. 자연재해와 환경

1) 대규모 자연재해

자연재해는 위험한 자연현상에 의해 인명이나 인간의 사회적 활동에 피해가 발생하는 현상을 가리키며 일본의 경우 자연재해의 빈도가 높은 나라이다. 일본의 법령에서는 '폭풍, 호우, 폭설, 홍수, 만조, 지진, 쓰나미, 화산분화 기타의 이상 자연현상에 의해 발생하는 피해'라고 정의한다.

수도 직하형 지진이나 동남해 트로프(Trough) 지진,[16] 후지산 분화가 일어나면 상당한 피해가 예상된다. 또 기후변동의 영향으로 심각한 풍수해도 매년 발생하고 있다. 일본정부는 국토강인화대책(國土强靭化對策)을 추진하려고 하나 재정문제 등의 한계에 직면하여 만전을 기하기 어려운 상황이다.

영국의 조사회사 EIU사가 발표한 『안전도시지수(*Safe Cities Index*)』 2019년판에서는 3년 연속으로 도쿄가 '세계에서 가장 안전한 도시'로 꼽혔다. '사이버 세큐리티' 1위, '의료·건강환경' 2위, '인프라 안정성' 4위, '개인의 안전성' 4위로 종합스코어가 1위였다. 오사카도 제3위에 랭크되어 있다.

한편, 세계 최대의 보험회사인 영국 로이즈가 케임브리지대학과 공동으로 실시하고 있는 도시 리스크의 지표(분쟁이나 재해의 위협을 시산한 것)에서는 리스크가 높은 도시로서 도쿄가 1위, 오사카가 6위에 올랐다.

2) 해양 플라스틱 문제(미세 플라스틱)

2015년 독일에서 개최된 G7 회의에서 해양 쓰레기, 그중에서도 특히 해양 플라스틱 문제가 세계적인 의제로 부상했다. 2016년에 열린 세계경제포럼에서는 물고기와 해양 플라스틱 쓰레기의 비율이 2014년 5:1에서 2050년에 1:1이 될 것이라는 전망을 발표했다. 국제 NGO인 세계자연보호기금(WWF)에 의하면, 이미 세계의 바다에 존재한다고 알려진 플라스틱 쓰레기는 합계 1억 5,000만 톤이고, 거기에 적어도 연간 800만 톤이 새롭게 유입하고 있어서 대책을 강구하지 않으면 2050년에는 바다에 서식하는 물고기의 총 중량을 넘어설 것으로 추정된다.

특히 문제가 되는 것은 직경 5mm 이하의 미세 플라스틱 문제이다.

해양 플라스틱이 파도와 자외선 등의 영향을 받게 되면 미세 플라스틱으로 형태를 바꾸게 되는데 자연적으로 분해되지 않고 수백 년 이상 자연계에 남아 있게 된다. 이러한 미세 플라스틱 쓰레기는 음료수나 식염(食鹽) 등에 포함되어 있을 가능성이 있다. 또한, 물고기와 같은 해양생물을 통해 최종적으로 인간이 섭취하고 있는 것은 확실하다. WWF는 "평균적인 사람은 1주일 동안 크레딧 카드 1장분(약 5g)의 플라스틱을 섭취하고 있다"는 충격적인 내용을 발표하기도 했다.

일본은 플라스틱 폐기량의 나라별 비교(2015년)에서 1인당 폐기량이 미국에 이어 두 번째였다. 또한, 홍콩, 미국에 이어 세계에서 세 번째 폐플라스틱 수출 대국(2018년 상반기)으로 2017년에 143만 톤의 폐플라스틱을 수출했다. 하지만 최근 그동안 폐플라스틱 수입에 적극적이었던 국가들이 차례로 수입을 규제하면서 일본 국내에서 처리되는 폐플라스틱의 양이 증가하고 있다고 한다.

도표 6.9 플라스틱 포장 쓰레기 배출량

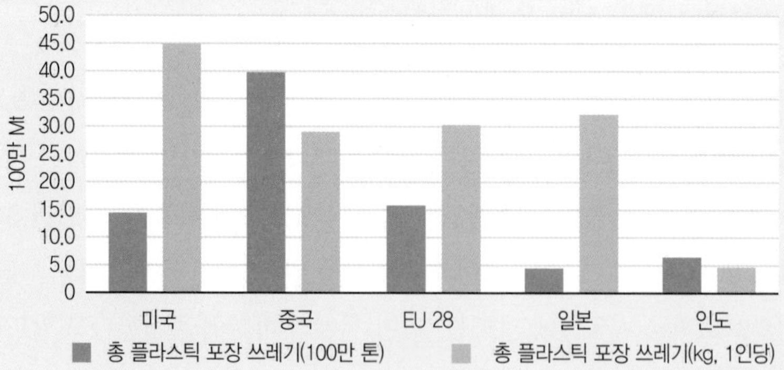

출처: UNEP (2018); SINGLE-USE PLASTICS: A Roadmap for Sustainability, p. 13.

3) 생물다양성의 상실

국제자연보호연합(IUCN)의 공표에 의하면, 세계에서는 40,000종 이상의 생물이 멸종 위기에 처해 있다. 일본 열도는 세계적으로도 생물다양성이 풍부한 나라이지만, 인구밀도가 높아 경제활동도 활발하여 개체 수가 감소하거나 멸종 우려 종이 다수 있다. 환경성이 '일본의 멸종 우려가 있는 야생 생물'을 발행하고 있고, 정기적으로 레드 리스트(Red list, 멸종될 위기에 처한 생물의 리스트)를 재검토하고 있다. 2012년 및 2013년에 공표된 제4차 레드 리스트에서는 10분류군 합계 3,597종이었고 계속 증가하고 있다.

생물다양성이 중요한 이유는 생물다양성을 기반으로 한 생태계로부터 인류가 얻을 수 있는 혜택이나 이익이 많기 때문이다. 이를 '생태계 서비스(Ecosystem services)'라고 부른다. 1997년 네이처에 발표된 논문에 의하면, 그 경제적 가치가 평균 33조 달러에 달할 것으로 추정된다. 이러한 생태계 서비스는 다음과 같이 네 가지로 나눌 수 있다.

① 공급 서비스

인류의 생활에 필요한 식료, 연료, 물, 목재, 광물 등의 자원을 공급하는 기능이다. 또한, 생물의 현상을 기반으로 착상(着想)된 기술이나 제품 수가 많고, 간접적으로도 인간 생활에 필요한 자원의 토대가 되고 있다. 어떤 생물을 잃는다는 것은, 현재는 발견되지 않았으나, 장래 발견될 가능성이 있는 그 생물의 자원으로서의 이용가치도 잃게 됨을 의미한다.

② 조정 서비스

예컨대, 삼림이 대기 중의 이산화탄소를 흡수하거나, 산사태를 방지하거나, 물을 정화하는 등 환경을 제어하는 기능을 가리킨다. 이런 것을 인공적으로 구축하게 되면 엄청난 비용이 든다. 생물다양성은 기상변화 등의 예측하기 어려운 사태에 대한 안정성이나 높은 회복성과 관계되어 있다.

③ 문화적 서비스
낚시, 해수욕, 등산, 단풍 구경 등 여가의 기회를 제공하는 기능이다. 다양한 자연환경에 의해 정신적 힐링이나 풍부한 감성, 미의식의 양성이 가능해진다. 지역 고유의 생태계나 생물들의 다양한 모습을 기반으로 지역에 고유의 문화나 종교가 형성된다.

④ 기반 서비스
상기 (1)~(3)까지의 서비스를 지탱하는 토대가 되는 기능이다. 예컨대, 광합성에 의한 산소의 생성, 박테리아 분해를 통한 동식물 사체의 토양화, 영양 순환, 물 순환 등 모든 생물의 생존기반인 환경이 제공되는 것을 말한다.

이와는 반대로 생물다양성의 상실로 입게 되는 손실도 많다. 일본의 사례를 몇 가지 열거해 본다. 첫째, 한국에서도 최근 문제가 된 문제인데, 꿀벌의 감소로 인한 농업의 위기이다. 세계적으로도 꿀벌의 개체 수가 감소하는 경향에 있다. 국제연합식량농업기구(FAO)에 의하면, 화분을 매개로 하는 동물의 멸종 속도는 100~1,000배가 되었고, 화분을 매개로 하는 무척추동물의 약 40%가 멸종 위기에 처해 있다. 미국의 식량 생산의 15~30%는 꿀벌에 의한 작물로의 송분(送粉)이 필요하다. 꿀벌이 없어지면 다양한 식물을 생산할 수 없게 될 가능성이 있는 것이다. 최근 일본의 농가도 같은 고민을 안고 있다. 둘째, '일본 늑대'라 불리는 승냥이의 멸종으로 야생 조류나 짐승으로 인한 피해가 커졌다. 생태계의 균형이 깨지면서 도미노처럼 농가에 그 피해가 발생하는 것이다. 셋째, 맹그로브의 벌채로 인해 쓰나미 피해가 증가하고 있다. 2014년 12월 스마트라 지진의 경우 해안에 맹그로브 숲이 있던 곳에서는 상대적으로 쓰나미의 피해가 적었다고 한다. 따라서 국제적으로도 1992년 생물다양성을 포괄적으로 보존하고 생물자원의 지속가능한 이용이 가능하도록 국제적인 규범 만들기가 본격화하였고, 그 결실이 '생물다양성 조약(CBD: Convention on Biological Diversity)'의 체결이었다. 일본 역시 이에 참여하고 있다.

4) 푸드 로스 문제

아직 먹을 수 있는 식품인데도 버려지고 마는 식품을 푸드 로스(식품 로스, Food loss)라 부른다. 전 세계에서 생산되고 있는 식료는 연간 40억 톤이라고 알려져 있는데, 그중 13억 톤이 버려지고 있다. 생산한 식료의 실제 3분의 1이 처분되고 있다. 농림수산성이나 환경청에 의하면, 2019년도에는 일본 국내에서 570만 톤의 푸드 로스가 발생했다고 한다.

이상 일본사회가 안고 있는 다양한 사회문제에 대해 키워드 중심으로 살펴보았다. 위에서 언급된 다양한 사회문제가 일본만의 문제는 아니다. 한국도 마찬가지로 현재 진행형으로 겪고 있는 문제이고 장래 발생할 가능성이 있는 문제들로 주목하고 있는 문제이다. 이를 어떻게 해결해 나갈 것인지에 대해서는 이제부터 충분한 사회적 합의를 만들어가야 하는 한국의 입장에서 사회적 공론화를 거쳐 온 일본의 사례가 많은 도움이 될 수 있을 것이다. 일본의 사회문제에 대한 이해는 곧 한국의 사회문제를 이해하는 데 도움을 줄 것이고 해결을 위한 시사점을 던져 줄 것이라고 생각한다.

글상자 6.1 일본에서 사회과제 실현을 위해 주목하는 개념들

(1) 먼저 RE100, 즉 'Renewable Energy 100%'가 있다. 재생가능에너지 100% 사용을 언제까지 실현하겠다고 기한을 정하고 계획을 세워 사무국의 승인을 받게 된다. 더 이상 선언적인 의미의 기후대책이 아니라 향후 기업의 생존 여부를 가릴 중요한 정책으로 각국 기업들 특히 해외 수출을 중시하는 기업에게는 신경이 쓰이는 문제이다. 재생가능에너지를 100% 이용한 제품만이 수출이 가능해질 것이기 때문이다. 일본에서는 2009년 발족한 JCLP(일본기후리더십파트너십)이 창구가 되고 있는데, 2021년 7월 현재 JCLP에 가맹하고 있는 169사 중 58사가 RE100에 참가하고 있다.

(2) 농림복합경영, 삼림농업, 혼농임업(混農林業)과 같은 용어로 쓰이는 agroforestry도 지속가능한 농업을 표방하고 있다. 삼림을 벌채하지 않는 농업과 임업이기 때문에 지구온난화의 원인이 되는 공기 중의 산소를 토양에 격리할 수 있다.

(3) 업사이클(upcycle)은 불용품을 새로운 가치를 갖는 다른 물건으로 재탄생시키는 프로세스를 의미한다. 리사이클의 일종이지만, 기존의 다른 제품의 원료나 소재로 전환되어 가치나 질이 저하되는 '다운사이클(downcycle)'이 아니라 제품으로 전환함으로써 가치나 질을 높이는 '업사이클'인 것이다.

(4) ESG는 환경(Environment), 사회(Social), 기업통치(Government)의 머리글자만 모은 것이다. 각 기업이 친환경적이고, 사회적 책임을 중시하며, 적정한 지배구조를 유지하는 경영을 선언하고 지켜가는 것이다. 투자할 때 이익이나 캐시 플로우 등의 재무정보에다가 비재무정보로서 ESG 요소를 중시하는 형태로 사용되고 있어서 ESG투자라고도 부른다. 한국에서도 최근 네덜란드 연기금이 석탄화력발전소에 대규모 투자를 강행했다는 이유로 한전에 투자했던 800억 원의 투자금을 회수해 버린 일이 있다. 소위 ESG 리스크 관리 문제가 향후 기업들에게 중요해질 것이라는 의미이다.

(5) 생태 발자국(Ecological Footprint)도 최근 화두가 되고 있다. 인

계속 ▶▶

간의 활동이 환경에 남긴 부하(負荷)를 나타내는 지표이다. 1992년 캐나다에서 개발된 지표로 그 정의는 '어떤 특정한 지역의 경제활동, 또는 어떤 특정한 물질 수준의 생활을 영위하는 사람들의 소비활동을 영속적으로 계속하는 데 필요하다고 여겨지는 생산가능한 토지 및 수역 면적의 합계'이다. 따라서 지역에 따라 어느 정도 적정규모를 넘는 경제활동을 하고 있는가를 알 수 있다.

(6) 윤리적 소비(Ethical Consumption)라는 것은 우리 소비자가 구입하는 상품이 언제, 어디서, 누가, 어떻게 해서 만들었는지 생산, 유통의 배경까지 고려하여 사회문제의 해결에 공헌할 수 있는 상품을 구입하자는 활동이다.

(7) 오픈 이노베이션(Open Innovation)이라는 개념은 기업 외부의 기술이나 아이디어를 적극적으로 받아들여 이노베이션을 전개하는 방법론이다. 이에 대해 지금까지의 자사만으로 연구개발을 행하는 수직통합형 이노베이션 모델을 '클로우즈드 이노베이션'이라고 명명했다.

(8) 탄소중립(Carbon Neutrality)은 대기 중 온실가스 농도가 더 이상 증가하지 않도록 순 배출량을 제로로 하는 것으로 '넷-제로(Net-Zero)'라고도 한다. 즉 탄소 배출량과 흡수량을 플러스 마이너스 제로의 상태를 가리킨다. 2020년 10월 스가 수상의 소신표명연설에서 2050년까지 탄소중립 또는 탈탄소사회의 실현을 선언한 뒤로 자주 등장하고 있다.

마지막으로 '순환형경제(Circular economy)'도 일본에서 주목도를 높이고 있는 개념이다. 제품을 생산하고, 사용 후에는 폐기해 버려 끝이라는 '직선'이 아니라 리사이클이나 리유즈 등으로 재생함으로써 원형으로 순환하는 경제의 틀을 가리킨다.

이러한 개념들은 일본에서만 주목받는 개념이 아니라 세계 각국이 사회 내적으로 체화시키려고 노력하는 개념들이다. 이번 기회에 익숙해지면 좋을 것 같다. 물론 더 많은 시대의 흐름과 과제를 표현하고 방향성을 제시하는 개념들이 있으니 독자의 관심을 환기시키면서 마무리한다.

주

1) 이하 일본의 사회문제에 관한 서술은 https://socialgood.earth/social-issues_japan/의 내용을 중심으로 필자가 각종 자료를 이용해 보완하였다. 따라서 특별한 언급이 없는 것은 상기 사이트의 내용을 참조했음을 밝힌다 (검색일: 2022. 1. 11).
2) "'0.84명' 어떤 나라도 경험 못한 '한국의 저출산'," 『한국일보(인터넷판)』, 2021년 2월 24일.
3) 2020년 통계에 의하면 상위 10위의 순위는 다음과 같다. 일본 28.4%, 이탈리아 23.30%, 포르투갈 22.77%, 필란드 22.55%, 그리스 22.28%, 독일 21.69%, 불가리아 21.47%, 마르타 21.32%, 크로아티아 21.25%, 푸에르토리코 20.83%이다. 한국의 경우에는 15.79%로 44위에 랭크되어 있다. GLOBAL NOTE https://www.globalnote.jp/post-3770.html (검색일: 2022. 1. 15).
4) 國立社會保障·人口問題研究所, 『日本の將來推計人口[平成29年推計]』 https://www.ipss.go.jp/pp-zenkoku/j/zenkoku2017/pp_zenkoku2017.asp (검색일: 2022. 1. 12).
5) 內閣府, 『平成26年度一人暮らし高齢者に関する意識調査結果(全体版)』.
6) 원래 '개호이직'이라는 표현이다. 이직은 '移職'이 아니고 '離職'이다. 즉 직장을 그만둔다는 의미이다.
7) 개호(介護)라는 표현은 일본어 '介添え看護'의 준말이다. '介添え'는 시중드는 사람이나 그 행위를 가리키는 말로 여기서는 병시중을 든다는 의미이다. 따라서 옆에 붙어 있으면서 시중들며 간호한다는 의미를 담고 있는 말을 줄여서 '介護'라고 부른다.
8) 石橋未来, 2019, 『介護離職の現状と課題』 (東京: 大和總研(정책연구보고서)).
9) 이상의 내용은 추가로 https://socialgood.earth/social-business_akiya/을 참조해서 작성했다.
10) 農林水山省, 『農業勞働力に關する統計』 https://www.maff.go.jp/j/tokei/sihyo/data/08.html (검색일: 2022. 1. 15).
11) 根本祐二. 2011. 『朽ちるインフラ: 忍び寄るもうひとつの危機』. 東京: 日本經濟新聞出版.
12) 한국사회의 젠더 갈등을 본격적으로 다룬 학술논문들은 많다. 최근 김기동 외(2021)는 젠더 정체성이 높을수록 젠더 갈등의 수준도 높고 이러한 패턴은 남성보다 여성에게서 더욱 두드러진다고 보았다. 또한 한국의 경우 다른 연령집단보다 20대가 더 높은 젠더 갈등 수준을 보이고 있고 정서적 양극화도 높아서 젠더 갈등의 정치화 가능성을 보여준다고 분석했다. 현재 한국의 정치 현실과 부합하는 결론이라고 생각된다. 김기동 외, "한국인의 젠더 정체성과 젠더 갈등", 『한국정치학회보』 55(4), 한국정치학회, 2021년, 5-42쪽이 있어 참조된다.
13) "土俵で心臓マッサージしていた女性に「降りて」," 『朝日新聞(DIGITAL)』, 2018년 4월 4일.
14) "「女性がたくさん入っている会議は時間かかる」 森喜朗氏," 『朝日新聞(DIGITAL)』, 2021년 2월 3일; "森喜朗会長が辞任表明, 女性蔑視発言は 「解釈の仕方」 「意図的な報道あった」," 『東京新聞(WEB)』, 2021년 2월 12일.
15) WHO의 2016년 발표에 의하면, 10만 명당 자살자 수 가 한국의 경우 26.9명(남

자 38.4명, 여자 15.4명)으로 러시아 31.0명(남자 55.9명, 여자 9.4명)에 이어 2위이다. 일본의 경우 같은 조사에서 18.5명(남자 26.0명, 여자 11.4명)이었다.

16) 트로프(Trough)는 배의 밑바닥처럼 생긴 깊은 바다의 해저 지형이다. 해양 밑 플레이트가 다른 플레이트 밑으로 가라앉는 경우에 생기는 해저의 골짜기이다.

참고문헌

김기동 외. 2021. "한국인의 젠더 정체성과 젠더 갈등." 『한국정치학회보』 55(4), 한국정치학회.

國立社會保障·人口問題硏究所. 『日本の將來推計人口[平成29年推計]』. https://www.ipss.go.jp/pp-zenkoku/j/zenkoku2017/pp_zenkoku2017.asp (검색일: 2022. 1. 12).

根本祐二. 2011. 『朽ちるインフラ: 忍び寄るもうひとつの危機』. 東京: 日本經濟新聞出版.

內閣府. 『平成26年度一人暮らし高齢者に関する意識調査結果(全体版)』.

農林水山省. 『農業勞働力に關する統計』. https://www.maff.go.jp/j/tokei/sihyo/data/08.html (검색일: 2022. 1. 15).

石橋未来. 2019. 『介護離職の現状と課題』. 東京: 大和總硏(정책연구보고서).

"'0.84명' 어떤 나라도 경험 못한 '한국의 저출산'." 『한국일보(인터넷판)』. 2021년 2월 24일.

"土俵で心臓マッサージしていた女性に「降りて」." 『朝日新聞(DIGITAL)』. 2018년 4월 4일.

"「女性がたくさん入っている会議は時間かかる」 森喜朗氏." 『朝日新聞(DIGITAL)』. 2021년 2월 3일.

"森喜朗会長が辞任表明, 女性蔑視発言は「解釈の仕方」「意図的な報道あった」." 『東京新聞(WEB)』. 2021년 2월 12일.

GLOBAL NOTE. https://www.globalnote.jp/post-3770.html (검색일: 2022. 1. 15).

https://socialgood.earth/social-issues_japan/ (검색일: 2022. 1. 11).

COVID-19
Column

팬데믹 시대 일본사회의 민낯

김명수(계명대 일본어일본학과)

일본이 1968년에 미국 다음으로 세계 제2위의 경제대국으로 올라섰을 때 세계가 놀라워했다. 1950년대 중반부터 시작해서 10년 조금 넘는 기간 동안 기록한 경제성장률은 경이적인 수준이었다. 1964년의 도쿄 올림픽과 1970년의 오사카 만국박람회는 이러한 일본의 국제적 위상을 확인시키는 상징적인 사건들이었다. 2000년대 들어서 역시 높은 성장률을 보이며 급성장한 중국에게 2010년 GDP 규모로 세계 제2위의 자리를 내주기까지 일본은 부동의 경제대국이었다. 그때만 해도 2위를 다시 탈환하기는 쉽지 않아도 중국과 경합을 벌일 것이라고 생각했다. 하지만 중국과의 격차가 점점 벌어졌다. IMF가 발표한 2021년의 GDP 규모는 미국이 22조 6,752억 7,100만 달러인 것에 대해 중국은 16조

6,423억 1,800만 달러, 일본은 5조 3,781억 3,600만 달러였다. 미국과 중국의 차이가 6조 달러였다면 중국과 일본은 11조 달러 이상이었다. 혹자는 일본이 잃어버린 30년의 정체기를 지나 쇠퇴기에 접어든 것이 아니냐는 일본 몰락 가속화를 경고하는 진단을 내놓기도 했다.[1)]

코로나19 확산으로 인한 펜데믹은 상기 현상을 더욱 심화시켰고, 일본사회가 안고 있는 다양한 사회문제를 드러냈다. 본문에서도 다루었고 한국도 비슷한 상황을 겪고 있지만, 소위 격차사회의 심화는 다양한 분야에서 일어나고 있다. 소득격차, 자산격차, 정보격차, 의료격차, 교육격차, 세대 간 격차, 지역격차 등이다. 2020년 8월, 무엇보다 7년 반 동안 각종 스캔들로 힘겨워하던 아베 총리가 지병 악화를 이유로 사임한 것은 이러한 각종 사회문제에 대해, 국민에 대해 책임지지 않는 정치의 전형을 보여준다. 도쿄올림픽의 성공적 개최를 통해 화려한 퇴장을 꿈꾸었던 아베 총리가 펜데믹 선언으로 올림픽이 연기되고 정치적 위기에 내몰리면서 큰 부담을 느낀 것이 아닐까 짐작해 본다. 다른 어떤 나라보다도 사회 시스템이 안정되었다고 여겨지던 일본사회, 무엇보다 펜데믹에 대한 대처에서 일본정부는 미숙함을 드러냈다.

일본 국내의 코로나19 환자 발생 현황을 보면 2021년 12월 말부터 감염 환자가 늘어나기 시작해 2022년 1월 들어 급격한 증가세를 보였다. 2022년 1월 16일 기준으로 확진자는 전일 대비 18,859명이 증가했다. 주로 간토 지방에서는 한국과 마찬가지로 도쿄와 가나가와, 사이타마, 지바현 등의 수도권을 중심으로, 간사이 지방에서는 오사카와 효고현을 중심으로 신규 감염자가 발생하고 있다. 백신 접종 현황은 2회까지 마친 사람들의 접종률은 78.6%였고, 3차 부스터 샷까지 맞은 사람들의 비율은 0.9%에 불과했다. 2022년 1월 12일 기준 한국의 3차 접종률 45.5%와는 크게 대조적인 상황이다.

검사자 수도 한국과 일본은 큰 차이를 보였다. 2021년 8월 20일 역대 최고치인 2만 5,992명의 확진자가 발생한 이후 불과 두 달 만에 확진자 수가 약 190분의 1수준이고 사망자 역시 45분의 1로 줄었다. 그 원인에 대해 백신 접종 효과, 철저한 감염 대책 준수, 일시적 집단 면역 효과, 일본 내 델타 변이 감염력 상실 등을 꼽고 있지만, 비슷한 접종률과 보다 높은 3차 접종률임에도 확진자가 쉽게 줄지 않는 한국의 사례만 보더라도 이러한 가설은 설득력이 떨어진다. 2022년 2월 초의 오미크론에 의한 확진자가 급증하고 있는 상황을 고려하면 이러한 설명은 더욱 궁색하다.[2] 한국의 방역 전문가들은 일본의 확진자 급감에 대해 상기 원인에 대해 신중한 태도를 취하면서 PCR검사 유료화가 검사량을 줄이면서 확진자 수가 줄어들었을 가능성도 언급했다. 현재 전대미문의 사태인 코로나19 펜데믹 시대에 암중모색을 거듭하고 있는 한일 양국의 방역 상황을 고려할 때, K-방역과 J-방역의 퍼포먼스와 그 결과를 비교 검토하는 것은 한일 양국의 사회 시스템의 불완전한 부분을 보완하는 데 큰 도움을 줄 수 있을 것으로 생각한다.

주

1) ""부유층이 일본을 버리기 시작했다" … 日 언론의 '일본 몰락 가속화' 경고," 『서울신문』 2022년 1월 11일.
2) 2022년 2월 5일 10시 기준으로 일본의 신규 확진자 수는 9만 8,374명이었고, 한국은 2월 5일 0시 기준으로 3만 6,362명이었다. 일본 야후와 한국 다음의 코로나 데이터를 참고했다.

3부

미국

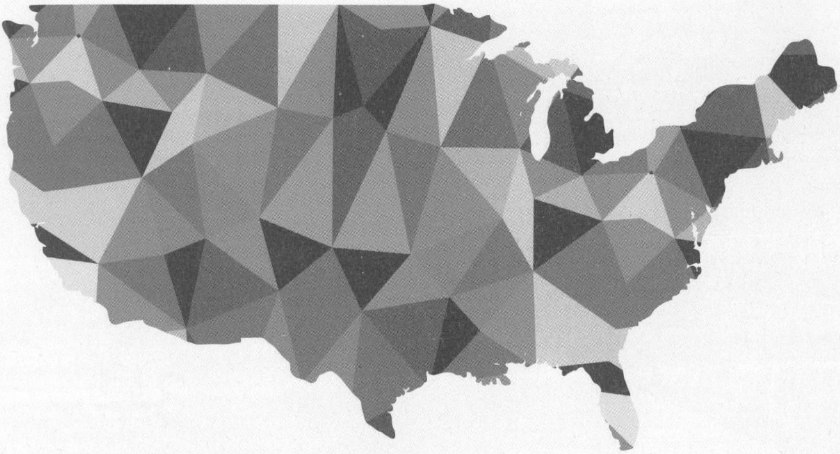

7장

미국의 민주주의, 견제와 균형 그리고 새로운 도전

김정규(계명대 미국학전공/사회학과)

미국은 세계 최초의 민주주의 정치 체제를 세운 국가이다. 지금은 민주주의 정치형태가 당연한 듯이 받아들여지지만, 그 역사는 장구한 인류의 역사 속에서 200년이 조금 넘는 정도이다. 고대 그리스나 로마제국 시대의 원로원 등에서 민주주의의 기원을 찾기도 하지만, 그것은 귀족 중심이었기 때문에 시민적 민주주의와는 거리가 멀다. 민주주의는 19세기에 들어와서야 유럽 대륙의 일부 지역에서 제한적인 형태로 시작되었는데, 국가적 차원에서 전격적으로 실시된 것은 미국이 처음이다. 물론 미국의 민주주의는 유럽의 계몽주의 전통에 영향을 받았다고 하지만, 만인이 평등하다는 원칙이 공표된 1776년의 미국 독립선언문은 민중의 투쟁으로 유명한 1789년 프랑스 대혁명보다 10년 이상 더 이른 것이었다. 미국은 영국의 식민지로부터 독립하면서 연방국가 형태의 통치체제를 채택하여 지방 분권 자치제를 동시에 구축하였다. 미국의 민주주의는 오늘날 세계 대부분의 국가에서 채택하고 있는 정치 구조로 발전하게 됨으로써 범세계적인 정치체제가 되었다. 그렇지만 미국의 민주주의는 미국의 국가적 특수성에 기반하고 있기 때문에 다른 어떤 국가와도 다른 미국만의 독특성 또한 존재한다. 이 장을 통해 미국 정치체제의 보편성과 특수성이 어떠한 부분이 있는지 살펴보고자 한다. 특히 미국의 헌법을 통해 미국의 민주주의 정치제도의 전반적인 특징을 이해하고, 행정부와 대통령, 입법부, 그리고 사법부 등의 영역으로 나누어 미국 정치의 본질적인 모습에 대해 논의한다.

1. 미국의 헌법과 민주주의

1) 헌법과 정치제도의 기초

미국을 이해하는 가장 기본적인 방법 중 하나는 미국의 헌법을 살펴보는 것이다. 어느 나라를 불문하고 헌법은 최고 수준의 높은 법률임과 동시에 국가의 통치구조와 국민의 기본권을 포함한 국가 정체성과 지향하는 가치가 함축되어 있다. 미국은 세계 최초로 공화정을 수립하여 민주주의의 기초를 마련하였다. 그것의 바탕이 된 미국의 헌법은 가장 오래된 성문 헌법으로 1789년에 공식적으로 선포되었다. 이후 민주주의와 자본주의를 체제의 중심으로 두고 있는 수많은 국가에 심대한 영향을 미쳤다. 한국도 예외는 아니어서 광복 후 정부가 수립되고 헌법이 제정될 때 미국 헌법의 상당한 부분을 참고했음을 짐작할 수 있다.

미국의 헌법은 민주주의 정치제도의 근간이자 미국인들의 사고와 행동에 가장 큰 영향력을 끼친 핵심 문서이다. 미국이 건국되기 전 유럽을 포함한 다른 국가들에도 법이 물론 존재하였다. 그러나 국가의 구성 요건, 국민의 권리와 의무 등을 비롯하여 국가 운영과 시민 권리가 명확히 기재된 것은 미국 헌법이 최초이다. 그렇다고 해서 미국의 헌법이 복잡한 구조로 되어 있는 것은 아니다. 최초 제7조로 구성되었던 헌법은 내용적인 충실성이 높아서 제정이후 전폭적인 개정은 한 번도 없었으며 사회의 발전과 변화에 따라 지금까지 27개의 수정조항만이 추가되어 현재에 이르고 있다.

정치제도와 관련한 헌법의 기본 목적은 국민들이 자신들의 의사를 직접적으로 반영할 수 있는 정부를 스스로 만드는 것에 있다. 국민들이 참여하는 자치정부의 형태는 미국에서 최초로 시작한 것은 아니다. 영국 등에서 자치정부의 형식이 존재하였다. 미국으로 이주해 온 최초의 영국인들이 본국의 자치제도를 모델로 하여 국민이 참여하는 자치정부의 형식을 채택하였다. 그러나 미국의 자치정부는 당시 영국에서의 자치정부와는 비교가 되지 않을 정도로 내용적인 면에서 일반 국민들의 정치참여 수준이 높았고, 국민들의 권리가 명확하게 제시되어 있었다. 다시 말하면 미국의 헌법은 국민에 의한 통치를 강조하여 정치지도자들이 국민에 의해 선출되는 공화정 국가를 수립한 것이다.

미국의 독립역사에서 미국이 영국으로부터 독립을 선언하면서 바로 정부를 형성하고 헌법을 제정한 것은 아니었다. 식민지에 대한 영국의 과도한 조세정책으로 인해 식민지 주민들은 큰 불만이 있었다. 여기에 1770년 3월 보스턴에서 노동자들과 영국군 사이에 다툼이 일어나 영국군이 시민들에게 총격을 가하여 5명이 사망하게 된 '보스턴 학살'로 불리는 유혈사태까지 발생하였다. 식민지 주민들의 누적된 불만은 1773년 12월에 발생한 '보스턴 차사건'을 통해 최고조로 나타났다. 영국의 세금 징수에 반발하던 주민들은 중국산 차를 수입하는 영국의 동인도 회사의 차를 불매 운동하였고, 이에 영국정부는 동인도 회사가 중간상을 거치지 않고 직접적으로 차를 판매까지 할 수 있도록 하였다. 이 때문에 식민지 상인과 밀수업자들은 크게 피해를 보게 되었다. 이들은 차를 실은 배가 항구에 입항하지도 못하게 막았는데, 친 영국계 총독이 있는 보스턴 항구에서는 입항을 허가하여 차를 하역하도록 하였다. 그러자 인디언 분장을 한 급진파들은 보스턴 항에 정박 중이던 배를 습격하여 하역을 기다리던 차를 모두 바다에 던져 버렸다. 차의 손해액은 어마하게 컸다. 영국은 보복적인 법률을 다시 제정하는 등 식민지 억압은 더욱 강해졌다.

상황이 좋지 않게 흐르자 조지아주를 제외한 12명의 식민지 주 대표들이 모인 제1차 대륙회의가 1774년에 소집되어 영국 의회의 입법권에 저항하고 영국과의 단절을 논의하게 되었다. 이러한 논의가 진행되는 중 1775년 보스턴 근교 지역인 렉싱턴과 콩코드에서 식민지 민병대와 영국군이 충돌한 전투가 발생하였다. 미국의 독립전쟁은 이 사건을 기점으로 시작되었다. 긴박한 상황이 발생하자 13개의 식민지 주 대표들이 모여 제2차 대륙회의를 열어 독립에 대해 투표했고 그 결과 대륙군을 창설하여 워싱턴(George Washington)을 총사령관으로 임명하였다. 그리고 미국 독립선언서의 기초작업을 거쳐 1776년 제3차 대륙회의에서 '자유롭고 독립된 연방' 국가를 설립하는 결의안을 통과시켜 7월 4일 미국 독립선언을 선포하게 된 것이다. 그러나 독립을 선언함과 동시에 미국이 세워진 것은 아니었다. 그 이후 긴 세월동안 영국과 독립전쟁을 수행하였고 1783년이 되어서야 미국의 승리로 전쟁이 끝나게 된다. 이후 1787년 필라델피아 대표 회의에서 미국의 헌법 초안이 비로소 발표되고 투표를 통해 1789년 미국만이 아니라 세계 최초의 대통령으로 워싱턴이 선출되었다. 독립선언문을 통하여 독립을 선포한 이후 11년이나 지난 후에 비로소 민주공화국으로서의 새로운 국가가 등장하게 된 것이다.[1)]

헌법의 주된 역할은 연방정부에 강력한 중앙집권적인 권력을 부여하여 각 주를 통제하고, 외교, 통상, 국방을 책임지고 관할할 수 있게 하는 것이었다. 그러나 헌법이 제정되고 미국이 건국될 당시 대부분의 주들은 연방정부의 중앙집권적인 권력을 쉽게 받아들일 수 없었다. 건국의 주체세력들은 주로 영국이나 주변 유럽국가에서 이주한 사람들인데, 이들은 주로 유럽의 중앙집권적인 국가에 의한 종교적, 정치적 억압을 피해서 왔기 때문이다. 또한, 유럽의 신분제 계급사회에서 제한된 경제활동의 기회만 가졌던 사람들이 경직된 경제적인 구조에서 벗어나서 자유로운 경제활동을 위해 찾아 온 곳이 바로 미국이었다. 그러한 사람들에게 개인의 자유라는 가치는 상당히 중요하게 자리 잡고 있었다. 따라서 개인의 자유를 억압하는 강력한 정부기관의 존재를 경계하는 것은 당연하였다. 그럼에도 불구하고 다양한 개인과 주들의 이해관계를 끌어안고 국민 개개인이 어느 곳에 살고 있더라도 동일한 기본권을 행사할 수 있도록 보장하는 헌법과 연방정부의 필요성이 더 크게 자리 잡았다. 그 결과 사회의 발전과 변화에 따라 적절하게 헌법이 적용될 수 있도록 헌법 수정을 가능하게 하여 최종 초안을 마련하였고, 지금까지 필요에 따라 27개의 수정조항이 새롭게 덧붙여져 시행 중이다.

미국 건국 당시 13개의 주였던 것이 현재 50개의 주로 역사적인 과정 속에 확장되어 오는 동안에도 건국 초기의 헌법적 가치는 크게 변화가 없었다. 주정부는 고도의 자치권을 가지고 있으며 주정부 아래 카운티를 비롯하여 각 행정단위에서의 자치정부의 자치권과 고유 권한은 상당히 크다. 그러나 헌법과 연방정부는 행정단위의 모든 자치정부를 포괄하고 통제하는 가장 높은 수준에 위치하고 있다. 그래서 주의회나 연방의회에서 통과된 주의 헌법이나 법규가 연방헌법에 위배될 경우 법률적 효력은 상실된다. 특히 국가적 이해가 걸린 경우나 역사 발전과정에서 주요한 사건들에 대한 최종 판단은 헌법에 기초하여 이루어졌고, 그 과정에서 헌법에 따른 결정은 사회변화에 크게 영향을 주었다. 미국이 번영해 갈수록 헌법은 어떤 개인이나 집단 보다 강력한 권위를 가지게 되어 미국인들에게 헌법은 거의 신성시 되고 있다고 해도 과언이 아니다.

미국의 정치제도도 당연히 헌법에 기초하여 만들어졌다. 미국의 초대 대통령으로는 독립전쟁에서 대륙군 총사령관을 지낸 워싱턴이 선출되었다. 대통령의 임기는 4년으로 당시에는 임기의 제한이 명문화되어 있지 않았다. 새로운 민주정치제도에 익숙하지 않은 국민들은 대통령을 국민이 선출한 국왕으로 여기기도 했다. 워싱턴에 대한 정가의 지지로 봐서는 그가 종신으로도 대통령을 할 수도 있었으나, 그는 8년 두 번의 임기를 하고는 대통령직에서 내려옴으로써 미국 민주주의의 틀을 다졌다. 이후 거의 모든 대통령은 4년의 임기를 한번이나 최대 두 번까지 하는 것이 불문율이었다. 그러나 미국이 경제적으로 가장 위기였던 대공황을 극복하고 제2차 세계대전을 성공적으로 이끈 제32대 대통령인 루스벨트(Franklin D. Roosvelt)는 1933년부터 1945년까지 유일하게 4선을 하였다. 이후 대통령의 임기를 성문화하여 수정헌법 제22조에 대통령의 임기를 2회 초과하여 할 수 없도록 규정하였다.

대통령을 비롯하여 미국정부에서 일하는 모든 공무원들은 임명직과 선출직으로 나누어진다. 다른 국가와 마찬가지로 대부분의 공무원들은 임명직이지만 상대적으로 국민들에 의해 선출된 공무원들이 많다는 것이 미국 정치제도의 특징이다. 예를 들어 장관을 비롯하여 연방정부의 공무원, 주정부의 장관과 공무원, 지방자치단체의 공무원 대부분이 임명직이다. 반면, 상원의원, 하원의원을 비롯하여 주의회와 지방의회의 의원들은 국민에 의해 선출된 공무원이다. 미국은 주지사나 시장과도 같은 지방행정부의 수장뿐만 아니라, 판사, 소방서장, 경찰청장, 검찰청장 등도 선출직인 경우가 상당히 많다. 만약 공무원의 지위가 상당한 정도의 권력을 국민에게 직접 행사할 수 있는 자리라고 한다면, 국민들이 직접 선출하게 함으로써 권력에 대한 국민들의 최소한의 동의를 확보하여 정당성을 가질 수 있게 하였다.

또한 모든 공무원들은 임명직이든 선출직이든 관계없이 일정한 임기가 헌법에 따르는 법률에 의해 규정되어 있다. 그러나 예외적으로 고위공직자들 중 연방대법원장과 연방판사들은 대통령에 의해 임명되지만 임기는 종신으로 보장하고 있다. 연방대법원의 주요 역할 중 하나는 수많은 법률과 정책들에 대한 논쟁이 있을 때 헌법에 비추어 시시비비를 가리는 일이다. 이러한 연방대법원의 판결은 역사적으로 미국의 사회변화에 크게 영향을 끼쳤다. 예컨대 소수자에 대한 차별, 이민, 인권, 선거제도와 투표 등에 관련한 대법원의 판결은 정치적으로 상당한 파급력이 있었다. 그렇기 때문에 연방대법원의 판결은 정치적 책임이나 영향에서부터 자유로울 수 있어야 한다. 그러므로 연방대법원장과 연방판사들의 독립적인 권한을 부여하는 것은 아주 중요하며, 비록 대통령에 의해 임명된 직이라고 할지라도 종신직을 보장하여 정치적으로 특정 분파에 매이지 않도록 한 것이다.

대통령을 포함한 모든 미국의 공무원들은 윤리의 위반이나 범죄 사실이 드러났을 경우 탄핵을 받을 수 있다. 만약 유죄로 최종 판결이 난다면 면직이 된다. 탄핵은 입법부의 고유한 행위이다. 정부 공직자들의 위법행위에 대한 소추라고 할 수 있지만 탄핵을 당했다고 해서 그 자체로 유죄로 인정되는 것은 아니다. 유죄 판결을 받을 정도의 법적인 위반이 아니라고 할지라도 공무원의 직을 계속 수행하는 데 있어 적절하지 못한 행위가 있다고 판단될 경우에도 탄핵할 수 있다. 고위 공직자들에 대한 탄핵은 하원에서 과반수의 찬성으로 탄핵안을 가결함으로써 위법행위에 대한 소추가 시작된다. 그리고 최종적으로 상원에서 연방대법원장의 주재 아래 3분의 2이상의 찬성을 얻었을 경우 탄핵안이 가결된다.

2021년 현재까지 하원에서 대통령 3명, 연방대법원장 1명, 연방판사 11명, 대통령자문위원 1명, 상원의원 1명에 대해서 탄핵안을 가결시켰다. 그러나 상원에서 7명의 연방판사들만 탄핵되고 나머지는 모두 부결되어 탄핵에 이르지 못하였다. 지금까지 하원에서 탄핵안이 가결되어 탄핵 소추된 대통령은 존슨(Andrew Johnson), 클린턴(Bill Clinton), 그리고 트럼프(Donald Trump) 대통령이다. 존슨 대통령은 남북전쟁 후 남부 연방 11개 주에 대한 처리 문제로, 클린턴 대통령은 르윈스키 스캔들에 대한 위증 및 사법 방해 혐의로, 그리고 트럼프 대통령은 권력 남용과 의회방해가 탄핵소추의 주된 이유였다. 그러나 이들 모두 상원에서 탄핵소추안이 부결되어 실제적인 탄핵은 이루어지지 않았다. 닉슨(Richard Nixon) 대통령은 워터게이트 사건으로 의회에서 탄핵을 요구하자 스스로 대통령직을 사임함으로써 실제 탄핵소추는 되지 않았다.

미국의 정치구조는 행정부, 입법부, 사법부로 분리되어 각각 독립적인 역할과 권한을 가진다. 각 영역 간 서로 균형과 견제를 통해 어느 한 부가 초월적인 권한 행사를 하지 못하도록 하고 있는 것이 헌법에서 의도하는 삼권분립의 핵심적인 부분이다. 또한, 모든 국민은 법 앞에 평등하며 동등하게 법의 보호를 받을 권리가 있음을 헌법에 명확하게 규정하고 있다. 개인뿐만 아니라 각 주도 헌법은 물론이고 다른 주의 법률도 인정하고 존중해야하며, 연방정부와 마찬가지로 국민의 주권에 바탕을 둔 민주적인 정부 형태를 구성해야 한다. 국민들은 헌법에 규정된 합법적인 절차를 통해 정부의 형태를 결정할 수 있으며 바꿀 수도 있는 권한을 지닌다.

결국 미국의 정치제도는 법치주의에 따른 민주주의 체제라고 할 수 있다. 그리고 법치주의의 바탕이 바로 헌법이다. 미국의 헌법은 사회발전과 변화에 따라 수정가능하며, 실제로 헌법의 수정은 그것에 따라 이루어져 왔다. 미국의 헌법 개정은 유연하게 할 수 있게 되어 있으나 실제 개정의 절차는 엄격하게 규정하고 있다. 그래서 일시적인 사건이나 여론 등의 영향에 따라 쉽게 수정할 수는 없게 하여 일관성을 유지하도록 하고 있다. 헌법의 수정을 위해서는 하원과 상원 모두에서 각각 3분의 2 이상 수정안을 찬성해야 수정 조항을 발의할 수 있게 된다. 그리고 모든 주 의회들의 3분의 2 이상이 동의하여 헌법의 수정을 위한 전국회의를 소집 요구할 수도 있다. 이렇게 해서 헌법의 수정 조항이 발의가 되면 최종적으로 미국 주를 통틀어 4분의 3 이상이 동의해야 비로소 수정조항이 효력을 가지게 된다.

2) 연방제

미국은 건국 당시 영국의 13개의 식민지 주가 연방국가 아래 그대로 미국의 주가 되었다. 지금은 모두 50개의 주로 구성된 연방제를 택하고 있다. 미국의 국기인 성조기는 13개의 선과 50개의 별로 이루어져 있는데, 이것은 건국 당시 13개의 주 그리고 현재의 50개의 주를 의미한다. 미국을 건국할 때 주와 연방정부의 역할을 규정하였는데, 연방정부는 주들을 통합하고 관할하며 식민지 시대부터 지속되었던 주들끼리의 단순한 연합을 넘어 하나의 국가 안에서 완전한 연합을 추구하였다. 한편, 영국으로부터 독립하면서 주가 가진 독자적 자율성과 주권을 그대로 확보하고자 하는 주들의 요구도 강했으므로 주정부에 상당한 정도의 자치권과 독자적인 권한을 부여하였다. 연방정부의 권한과 각 주의 권한을 적절하게 조절하여 권력의 균형을 찾는 것이 미국 건국 초기 정치제도 구성에서 핵심적인 부분이었다. 그 결과 연방정부는 외교, 국방, 미국 내의 안전, 이민, 국가전체의 복지와 인권 등에 관한 것을 관할하고 그 외 국민들의 일상생활과 직간접적으로 관계되는 대부분의 법률과 제도는 주에서 관할하게 하였다.[2)]

주로 교육, 기업조직, 근로조건, 결혼과 이혼, 치안, 공중보건, 지방

세 등과 관련된 법은 주에 위임되어 주법으로 규정하고 있다. 그래서 주마다 나름의 관련 법률을 가지고 있으므로, 어느 주에 사느냐에 따라 국민들은 다른 법적, 제도적 적용을 받는다. 만약 주와 주 사이에 상이한 법률의 적용으로 인해 갈등의 소지가 생길 경우 연방정부가 문제의 해결을 담당한다. 또한, 주의 법률과 제도에 의한 권한이 국가적 이익과 상충된다고 여겨질 경우 연방대법원의 판단에 따라 주의 권한을 무효화한다.

하나의 예로써 2010년 애리조나주는 불법이민자들을 강력하게 단속하기 위한 반이민법(SB1070)을 채택했다. 반이민법은 다른 주들에도 영향을 미쳐 앨라배마, 조지아, 유타, 인디애나, 사우스캐롤라이나주 등을 비롯하여 20여개 주에서 유사한 법을 만들려는 시도가 있었다. 이때 연방정부는 애리조나주가 반이민법을 채택하자 위헌 심판 소송을 연방법원에 제기했다. 불법이민자와 관련한 법률 제정 권한은 연방정부의 고유의 권한이며 따라서 주정부가 연방정부의 권한을 침해하는 것으로 판단한 것이다. 연방대법원은 이민자들의 인권을 침해할 소지가 있는 4가지의 쟁점 사항들 중 3가지 사항에 대해서 위헌 판결을 내림으로써 주정부의 반이민법 제정을 무력화시켰다. 미국의 연방제는 주를 가장 큰 단위로 하는 고도의 지방 자치제를 운영하는 것이며, 50개 주는 나름의 법률과 제도를 가지고 있다. 그러나 주들의 자치와 독립성은 국가 전체의 이익과 상충되지 않는 한에서만 허용된다.

2. 대통령과 행정부

미국의 대통령제는 당시 대부분의 유럽 국가들이 왕과 귀족을 중심으로 중앙집권적인 세습적 군주제를 하고 있던 상황에서 채택되고 시행된 것이기 때문에 획기적인 시도라고 할 수 있다. 더구나 국민들이 선출하고 임기가 제한되어 있다는 것은 혁명적인 권력구조였다. 당시 대통령이라는 존재는 영국의 국왕과도 같은 지위를 상정하고 만든 것이었다. 그러나 영국 왕실의 지나친 권력에 의해 큰 피해를 보았다고 생각한 식민지 출신 지도자들은 대통령이 가질 수 있는 막강한 권력에 대해 비판적인 생각을 가지고 있었다. 따라서 대통령이 국가의 원수로서 국가를 대표하는 자리이지만, 주로 행정부를 대표하는 권한을 행사하며, 입법부와 사법부의 견제와 균형 하에 제한된 권력을 사용하도록 하였다.[3] 헌법에 기초한 최초의 대통령 권한과 임기는 큰 변화 없이 건국 이래 지금까지 내려오고 있다.

미국의 대통령 임기는 4년이고 한 번에 한해 중임할 수 있다. 그러나 루스벨트 대통령은 예외적으로 4선을 하였는데, 그러한 것은 헌법에 임기만 정해져 있지 명시적으로 대통령을 할 수 있는 횟수는 정해져 있지 않았기 때문이다. 다만 초대 대통령인 워싱턴 대통령을 포함하여 루스벨트 대통령 이전까지는 불문율로서 전통적으로 그렇게 시행되어왔을

사진 7.1 백악관

뿐이다. 그래서 루스벨트 대통령 이후 1951년에 수정조항 제22조에 대통령의 임기 횟수를 2회로 제한하였다. 연임해서 연속으로 2번 할 수도 있고, 연임을 못했을 경우 그 다음 또는 나중에 다시 한 번은 더 할 수 있다. 대통령이 임기 중 그만두게 되면 부통령이 그 자리를 맡게 되는데, 그 사람이 다음 선거에서 대통령으로 당선되었을 경우 재차 다시 연임할 수 없다. 대통령이 궐위되어 부통령으로 대통령 자리를 맡은 것도 하나의 임기로 보기 때문이다.

대통령이 되기 위한 피선거권의 자격은 35세 이상이며, 미국에서 최소 14년 이상을 거주한 자로서 반드시 '태생적 미국 시민'이어야 한다. 다시 말하면 태어날 때부터 미국 시민이어야지 귀화하여 시민권을 취득한자는 대통령에 출마할 수 없다. 유일하게 대통령 출마 자격에만 '태생적 미국 시민'의 조건이 있고, 상하원의원을 포함한 다른 선출직에서는 이러한 조건이 적용되지 않는다. 미국 땅에 건너와 귀화한 이민 1세는 미국 시민권을 가졌더라도 본국과 미국 사이에 이중적 또는 복합적인 정체성을 띠기 쉽다. 또한, 미국이 이민으로 이루어진 나라지만, 최초 미국을 건국한 사람들은 스스로를 이민자가 아닌 개척자로 상징화하였다. 이러한 점들이 특별한 태생적 조건을 미국을 대표하는 대통령 피선거권의 자격 요건으로 만든 것이다. 대통령 출마자는 부통령을 러닝메이트로 지명한다. 결국 미국의 대통령 선거는 대통령과 러닝메이트인 부통령 후보에게 함께 투표하는 셈이다. 부통령은 당연직으로 상원의장이 되며 대통령이 궐위 시에 대통령의 지위를 물려받는다.

미국의 대통령 선거는 아주 독특하다. 국민들이 대통령 후보와 부통령 후보에게 직접 투표를 하지만 실제적으로는 대통령 선거인단의 명부를 선택하는 것이다. 선출된 선거인단이 후보에게 투표를 해서 최종적으로 대통령을 확정하게 된다. 선거인단은 각 주의 상원의원과 하원의원을 합친 수를 기준으로 할당되는데 상원 100명, 하원의원 435명 그리고 수도인 워싱턴 DC의 선거인단 3명을 합쳐서 현재 총 538명으로 구성되어 있다. 다시 말하면 선거인단은 미국의 인구수에 비례해서 그 수가 결정되고 주의 인구에 따라 인구가 많은 주는 상대적으로 많은 선거인단을 배정받는다. 예컨대 인구가 가장 많은 캘리포니아의 선거인단 수는 55명인데 반해 인구가 적은 델라웨어, 버몬트, 노스다코타, 사우스다코타, 몬태나, 알래스카, 와이오밍, 워싱턴DC는 3명에 불과하다.

대부분의 주에서는 대통령 후보 중 득표를 한 표라도 많이 한 사람이 그 주에 할당된 선거인단 수를 모두 차지하는 승자독식 제도를 채택하고 있다. 다만 메인주와 네브래스카주는 투표결과에 따라 비례해서 선거인단을 배분한다. 그러므로 대통령에 당선되기 위해서는 인구수가 많은 주에서 승리하는 것이 중요하다. 이렇게 독특한 선거제도로 인해 전체 득표수를 더 많이 차지하고도 선거인단의 수는 상대방보다 적게 확보하여 대통령에 당선되지 못하는 경우도 발생한다. 역대 미국 대선에서 공화당의 조지 W. 부시(George W. Bush)와 민주당의 고어(Al Gore), 공화당의 트럼프와 민주당의 힐러리 클린턴(Hillary Clinton)의 경우가 그러하였는데 모두 공화당 대통령 후보가 전체 투표수는 적었지만 당선되었다.

미국의 복잡한 대통령 선거제도는 오늘날 민심을 그대로 반영하지 못한다는 비판에 직면해 있다. 그래서 제도를 바꾸어야 한다는 목소리가 매번 선거 때마다 나오고 있으나 여전히 유지되고 있는 것은 헌법에 선거인단제도가 명시되어 있기 때문이다. 그런데 헌법을 개정하려면 여야는 물론이고 대부분의 주에서도 동의를 해야 하기 때문에 상당한 노력이 필요한 사항이므로 그렇게 쉬운 것이 아니다. 그렇지만 공화당과 민주당 양당이 적극적으로 동의를 한다면 수정하지 못할 이유는 없다.

하지만 선거인단제도의 장점을 주장하며 유지하고자 하는 목소리도 크다. 선거인단제도의 장점은 무엇보다 주마다 선거인단이 배정되어 있으므로 주의 크기와 상관없이 후보자들이 미국 전역을 골고루 순회하면서 지역 유권자들을 신경 쓴다는 것이다. 만약 그렇지 않다면 인구수가 많은 큰 주에만 집중적으로 관심을 갖고 상대적으로 인구수가 적은 주들은 소외될 수 있다. 또한, 승자독식의 선거인단제도는 소수 정당의 후보가 아무리 인기 있다고 할지라도 당선되기 어려운 구조이다. 그래서 이미 양당 제도를 구축하고 있는 거대 당인 공화당과 민주당이 새로운 정치 세력이 국민들로부터 인기를 업고 갑자기 등장하여 자신들과 경쟁하는 구도가 생기는 것을 달가워하지 않는다.

선거인단제도가 지속되는 한 지금의 양당 체제는 지속될 수밖에 없기 때문에 양당이 기득권을 놓기가 쉽지 않다. 그러나 미국의 대통령 선거인단제도는 민주주의 기본적인 원칙을 생각한다면 오늘날 그리 바람직한 제도는 아니다. 실제로 특정 정당이 우세한 지역에는 대통령 후보들이 크게 신경 쓰지 않는다. 그것보다 경합하는 주를 한번이라도 더 방문하여 유세하는 것이 선거를 이기기 위해서는 더욱 중요하다. 따라서 모든 지역을 골고루 신경 쓸 수 있다는 선거인단제도의 장점이 실제 선거에서는 몇몇 경합 주를 중심으로만 관심이 모아지기 때문에 설득력을 잃는다.

미국 대통령의 권한은 세계에서 가장 큰 영향력을 행사할 정도로 막강하다. 대통령의 권한은 크게 행정권한, 입법권한, 사법권한, 외교통상에 관한 권한 등 행정부만이 아니라 입법부와 사법부에 관련된 일부 권한까지 가짐으로 국가 통수권자로서의 최고 권력을 가진다. 대통령이 가진 권한 중 가장 직접적인 권한은 행정권한이다. 행정부 내에서 연방정부를 대표하고 행정 명령의 형식으로 법률과 규정을 제정할 수 있다. 행정 명령은 연방기관들에 대해 법적 구속력을 지니는 것으로 의회의 동의를 필요로 하지 않기 때문에 신속하게 추진하고자 하는 일들이나 의회에서 야당 등의 반대로 통과하기 쉽지 않은 일 등을 시행할 때 주로 발포한다. 대통령은 군대의 통수권자로서 육·해·공군의 총사령관일 뿐만 아니라 각 주에 있는 주 방위군들도 연방 군대로 소집할 수 있는 권한을 지닌다. 또한, 상원의 비준을 받아 장관을 비롯하여 모든 행정 부서장과 기관장을 포함하여 고위 연방 공직자를 임명한다.

대통령의 입법권한은 공공정책의 최고 수립자로서 갖는 권한이다. 삼권분립에 따르면 의회가 입법권한을 가지고 있지만 대통령은 행정수반으로서 국가 정책에 관련된 입법권을 행사할 수 있다. 입법부인 의회에서 입안하는 법률들의 상당 부분은 행정부에서 발의한 것을 기초로 한 것이다. 특히 대통령이 정책 수행에 필요하다고 생각될 경우 법안을 제안할 수 있고, 의회는 제안된 법안을 심의해야 한다. 제안한 법안에 대한 지지를 얻기 위해 백악관 내 의회 연락사무실을 두고 상하원 의원들에게 행정 정책에 대해 알려서 법안이 통과될 수 있도록 노력하는 것은 중요하다. 만약 의회가 제안된 법안을 다루지 않으면, 대통령은 특별회의를 소집할 수 있다.[4]

대통령의 또 다른 권한은 거부권 행사이다. 법안이 의회에서 통과되었다고 할지라도 대통령은 법안에 대해 거부권을 행사할 수 있다. 대통령이 거부권을 행사한 법안은 다시 의회로 넘어가 하원과 상원에서 모두 3분의 2 이상 거부권 행사에 대한 반대표를 얻어야만 법률로 제정된다. 거부권 행사는 대통령이 의회를 견제하기 위한 주요 수단이라고 할 수 있다.

대통령은 사법기관의 주요 공직자를 임명할 수 있는 권한을 가짐으로써 제한적이지만 사법부에 영향력을 미칠 수 있다. 특히 연방대법원 판사와 연방판사들을 상원의 비준을 거쳐 임명하는 권한은 미국 사회전체에 영향을 미칠 수 있는 강력한 권한이다. 연방판사들의 임기는 종신식이므로 사망하거나 본인이 사퇴하지 않는 한 임기가 보장된다. 대통령의 임기 중 궐위가 있을 경우에 한해서 대통령이 임명할 수 있는데, 대통령의 정치적 성향에 따라 보수 또는 진보적인 성향의 판사가 임명된다. 연방대법원은 역사적으로 인권과 사회변화에 영향력을 미치는 사건들을 다루어왔기 때문에 대통령의 판사 임명권은 사법권에 정치적인 영향력을 끼친다.

또한 대통령은 사면권을 가진다. 대통령의 사면권은 유죄 판결을 받은 모든 사람들에게 해당하는 것은 아니고 연방 법률을 위반한 사람들에게 한정된다. 주 법률을 위반한 사람들에 대해서는 주지사가 사면권을 가진다. 대통령은 이들에 대해 완전 사면 또는 형기 단축, 벌금 감면 등의 부분적 사면권을 가짐으로써 사법부의 판단을 무력화시킬 수 있는 권한이 있다.

한편, 대통령은 외교통상에 관한 권한을 가지고 있어서 미국을 대표하여 세계 다른 국가들과의 관계를 책임지고, 상원의 비준을 받아 대사와 외교관들을 임명하며, 다른 국가들과 조약을 체결하여 상원의 3분의 2가 동의할 경우 구속력을 가지게 된다. 또한, 전쟁과 안보, 기후와 환경 등 미국만이 아니라 세계적인 국가들과 함께 공동의 노력과 결정을 해야 하는 부분에서 미국 대통령의 권한은 아주 중요하다. 이외에도 대통령은 셀 수 없는 권한을 가지고 있으나 막강한 대통령의 권한이 무소불위의 권한은 아니다. 대통령은 대부분 연방정부에 대한 권한을 갖고, 각 주에는 주지사를 위시하여 주정부가 직접적인 관할권을 행사하므로 대통령이라고 해서 모든 것에 영향을 끼칠 수는 없다.

미국의 행정부는 현재 총 15개 부처로 구성되어 있다. 행정 각부는 미국 행정부의 핵심적인 역할을 하고 있으며 국내외에서 일어나는 수많은 일을 다루기 위해 조직된 주요 운영 단위이다. 장관은 상원의 비준을 얻어 대통령이 임명한다. 표 7.1에는 미국의 행정부처와 그 역할에 대해 요약되어 있다. 행정부처 이외에도 백악관 비서실에는 대통령의 주요 업무를 직접적으로 보좌하는 국가안전보장회의, 경제자문위원회, 통상대표부 등을 포함하는 참모조직과 부서들이 있다.

표 7.1 미국 연방 행정부

행정부처(Department)	역할
농무부(Agriculture)	농업부문 관련 업무, 농업 생산지원과 생산물 시장 개발, 식량지원, 농업분야 과학기술연구 실시, 국유림과 자연보호구역 관리
국방부(Defense)	펜타곤에 본부를 두고 군사 안보와 관련된 모든 문제 총괄
에너지부(Energy)	에너지 기술 연구 개발, 에너지 생산과 사용 규제, 석유가격 결정과 배당, 핵심 에너지자원 관리, 에너지 관련 오염물질 관리
교육부(Education)	학자금 대출 및 지원 프로그램 운영, 직업교육 프로그램, 연방 교육 지원 프로그램 운영
보건복지부(Health and Human Service)	노인의료보험(Medicare), 국민의료보장(Medicaid) 프로그램 시행, 미국국립보건원(NIH) 관리, 질병과 국민건강 관련 문제 총괄, 식품과 의약품 안정성 감독
국토안보부(Homeland Security)	테러 등 위험 탐지 대응, 국경보안, 수입 관세 징수, 출입국 법률 적용, 재난 대응
상무부(Commerce)	국제무역과 수출입 관련 업무 수행, 특허 관련 업무 담당
주택도시개발부(Housing and Urban Development)	주택공급과 주택산업 관련 프로그램 운영, 도시 환경 개선, 지역사회 개발 등의 문제 총괄
내무부(the Interior)	연방 소유 공유지와 천연자원 관리, 국립공원 관리, 자연/문화유산 보존, 어류야생생물 및 동물 보호기관 연결 관리
법무부(Justice)	대통령과 행정부 법적인 자문, 연방정부와 관련되는 법적 문제 처리, 연방수사국(FBI)을 통해 연방 범죄에 대한 법집행, 이민국(INS)과 마약관리국(DEA) 총괄, 지방 검사와 연방 재판소 집행관 지휘 감독, 연방 교도소와 형벌기관 감독
노동부(Labor)	임금 노동자들의 복지, 근로조건 개선, 산업안전, 노사 관계 등의 업무 감독 및 집행
국무부(State)	외교와 관련된 제반 업무 총괄, 외교관과 영사관들 감독

계속 ▸▸

표 7.1 계속

행정부처(Department)	역할
교통부 (Transportation)	교통정책 수립, 고속도로, 항만, 철도, 항공 등 교통과 관련된 업무 관할
재무부 (the Treasury)	국가의 재정과 금융관련 업무 총괄, 관세국 관리, 국세청(IRS)을 통해 조세를 결정하고 징수
보훈부(Veterans Affairs)	퇴역군인과 가족을 위한 연금, 의료, 복지 관련 업무 총괄

행정부처 이외에도 다양한 독립기관이 존재하여 행정부나 입법부에서 다루지 못하는 영역의 문제를 보완하고 독자적인 업무를 주관하고 있다. 독립기관들의 역할과 활동 영역은 아주 다양하다. 국민들의 실생활과 밀접한 우편서비스를 담당하는 기관으로부터, 국가 안보를 위해 첩보활동을 하는 기관, 환경을 감시 관리하는 기관, 중앙은행의 역할과 경제와 금융시스템을 관리 감독하는 기관 그리고 과학과 우주탐사를 주관하는 기관 등 다방면에 걸쳐서 책임을 맡고 있다. 행정부에서 관할해야 하지만 정부부처의 역할만으로는 충분하지 못한 전문적인 영역은 독립기관들이 다루고 있으며 상당한 정도의 독자적인 권한을 보장하고 있다. 미국 주요 독립기관들과 그 역할은 표 7.2에 요약되어 있다.

표 7.2 미국 주요 독립기관과 역할

주요 독립기관 및 국영업체	주역할
연방준비제도이사회(FRB: Federal Reserve Board)	중앙은행의 역할을 함. 채권과 현금의 유통량, 금리 결정 등을 비롯하여 국가의 통화정책 수립. 금융기관 및 금융시장 감독 및 규제
연방거래위원회(FTC: Federal Trade Commission)	독점금지법과 소비자보호법을 집행하여 독과점과 불공정거래를 규제함으로써 경쟁적 시장 기능 유지

계속 ▸▸

주요 독립기관 및 국영업체	주역할
중앙정보국(CIA: Central Intelligence Agency)	국가 안보와 관련된 외국 정부, 기업, 사이버 공간을 비롯하여 개인에 대한 정보까지 수집, 분석, 평가하여 미국정부의 관련 부처에 보고하는 임무
환경보호청(EPA: Environmental Protection Agency)	환경과 관련한 기준을 정하고 입법 제정하며 집행하여 국민의 건강과 환경을 보호하기 위함
연방통신위원회(FCC: Federal Communication Commission)	유선, 위성, 케이블 등을 비롯한 전자통신, TV, 라디오를 포함한 모든 국내외 통신의 사용을 규제하고 유무선 통신 서비스 공급사들을 규제
미국조달청(GSA: General Service Administration)	정부에서 사용하는 물품이나 장비 등을 구매하고 운영
연방정부기록보존소(NARA: National Archives and Records Administration)	원본문서, 미디어 자료, 지도, 컴퓨터 자료 등 연방 기록물들을 관리하고 감독
미항공우주국(NASA: National Aeronautics and Space Administration)	우주탐사 및 개발, 우주 관련 연구, 우주항공 기술 등을 관할하고 수행
국립과학재단(NSF: National Science Foundation)	미국대학과 연구소 등 미국이 과학 기술 연구와 교육을 지원하고 대학, 기업, 정부 간의 협력 증진
증권거래위원회(SEC: Securities and Exchange Commission)	주식과 채권에 관련한 시장 관리 통제
미국우정공사(USPS: United States Postal Service)	우편물의 수집, 운송, 배달에 관련한 제반 업무 관할과 지역의 우체국 관리 운영, 우편물의 요금 결정
국립노동관계위원회(NLRB: National Labor Relations Board)	노동법을 집행하고 부당한 노사관계, 노동자들의 집합행동 및 노동조합 등과 관련한 문제를 관할
인사관리사무국(OPM: Office of Personnel Management)	연방정부의 인사 관리에 대한 전반적인 업무를 담당
사회보상국(SSA: Social Security Administration)	연금, 장애, 퇴직 등과 관련한 국가 사회보험 프로그램을 운영

3. 입법부

미국의 의회는 상원과 하원으로 구분되어 있다. 상원의원은 주마다 2명씩 50개주 동일하게 선출되어 총 100명으로 구성되어 있다. 상원의원의 수는 주의 인구수와 면적 등과 관계없이 2명씩 동일하게 선출하도록 헌법에 규정되어 있다. 상원의원 수가 주마다 동일한 것은 상원의원은 주를 대표하는 의원이므로 50개의 주는 연방 아래 동일한 권리를 가지고 있다는 것을 의미한다. 상원의원의 임기는 6년이지만 6년마다 모든 의원을 일시에 선출하는 것이 아니라 2년마다 50개 주 중 3분의 1씩 새로 선출하는 구조를 가지고 있다. 다시 말하면 상원의원 전체가 한꺼번에 바뀌는 일은 벌어지지 않는다. 상원의원들의 임기를 1부, 2부, 3부로 나누어 전체의 3분의 1씩 짝수 해 2년마다 선출하는 시스템이다. 상원의장은 부통령이 맡게 되지만 부통령은 투표권은 없다. 다만 찬성과 반대가 같을 경우 부통령이 결정할 수 있는 권한을 갖는다.

사진 7.2 미국 국회의사당

상원은 연방 행정부에 동의를 하는 기관으로 주로 하원에서 통과된 법안을 심사하여 수정제안, 거부, 또는 통과를 시킴으로써 최종 법률을 확정하는 역할을 수행한다. 급진적이거나 인기 영합에 의한 포퓰리즘적인 법안이 하원에서 통과되었을 경우 법률로 제정되지 못하게 하는 통제권을 수행하는 것도 상원의 중요한 역할 중 하나이다. 따라서 상원의원의 임기도 상대적으로 길게 하고, 한꺼번에 상원의원들이 바뀌는 일을 방지함으로써 안정적인 국정 운영을 도모하기 위하여 이러한 임기제도를 채택하고 있다.

한편, 하원의원은 인구수에 비례하여 선거구를 확정하고 그것에 기초하여 선출함으로써 국민들의 의견을 직접적으로 대변하고 반영하는 법안을 제안할 수 있도록 되어 있다. 상원이 주의 대표라면 하원은 국민을 대표한다고 할 수 있다. 헌법에 따르면 조사를 10년마다 하여 인구변동에 따라 하원의석 수를 조정하도록 규정하고 있다. 현재 인구 60만 명당 1명 정도로 구성되어 있으며 의석수는 각 주의 인구수에 따라 할당 된다. 주 전체의 인구수가 60만 명이 되지 않는 7개의 주[5)]가 있지만 이들 주에서도 적어도 1명의 하원의원은 선출 할 수 있다. 반면 인구가 가장 많은 캘리포니아주의 하원의원은 52명이나 된다. 그러므로 하원의원은 인구 비례에 의해 선출하되 인구수가 적더라도 모든 주에서 주민을 대표하는 하원의원이 선출될 수 있도록 하였다. 현재 하원의원 모두 435명으로 구성되어 있으며 임기는 2년이다. 하원의장은 직접 하원에서 선출하는데 일반적으로 최대 의석을 지닌 정당에 속한 의원이 선출된다.

상원과 하원의 양원제로 의회를 구분하고 상하원의 임기를 달리하며, 하원의원의 임기가 상원의원에 비해 짧고, 상원과는 달리 2년마다 한꺼번에 모든 하원의원을 선출하는 것은 나름의 정치적 의미가 있다. 국민들의 대표 격인 하원은 사회변화와 거기에 따라 바뀌는 국민들의 민심을 신속하게 반영하기 위한 것인 반면, 주를 대표하는 상원은 안정성을 확보하고 균형적인 국가 운영을 가능하도록 하려는 이유이다.

상원과 하원은 모두 동일하게 법안을 제출할 수 있는 의회적 권한을 가지고 있다. 그러나 상원과 하원의 권한에서의 차이는 있다. 하원의 고유 권한으로 대표적인 것은 세입 인상에 대한 법안을 발의할 수 있는 것이다. 상원은 하원에서 발의한 세입 법안과 관련 법안을 검토하여 통과시키거나 아니면 부결시킬 수 있으며, 수정조항을 추가할 수도 있다. 그러나 법안 통과 전 상하원의원으로 구성된 양원협의위원회에서 상원과 하원이 모두 수용할 수 있는 타협안을 만들어 내야 한다. 또한, 하원은 대통령을 포함한 연방 공무원의 탄핵소추권을 단독으로 가지고 있다. 하원에서 재적인원의 과반수 출석과 출석인원의 과반수의 찬성으로 탄핵을 소추할 수 있다. 그러나 하원에서 탄핵 발의된 사안에 대하여 상원에서 심판하는 단독 권한을 가진다. 상원에서 출석인원 3분의 2 이상의 찬성을 얻게 되면 탄핵이 의결이 된다. 다만 대통령의 탄핵심리시에는 부통령이 아니라 연방대법원장이 상원의장의 역할을 맡게 된다. 한편 상원의 대표적인 독자 권한은 탄핵심판권 이외에도 외국과의 조약에 대해서 비준하고, 대통령이 임명한 연방정부 고위 공직자와 대사들을 승인하는 권한을 가진다.

미국 의회는 이외에 상임위원회를 비롯하여 여러 위원회를 두어 외교, 국방, 금융, 농업, 상업, 세출 등 관련 분야에서 입법을 전문적으로 다루며, 법안을 승인하거나 수정하거나 또는 폐기할 수 있다. 상임위원회의 통과 없이 제안된 법안은 상원이나 하원의 본회의에 상정될 수 없다. 법안의 제출은 의회만이 갖는 특권은 아니다. 법안은 대통령이나 행정부에서 제출할 수도 있으며, 시민들이 의원들에게 법안을 제출하여 발의하도록 할 수도 있다. 법안이 제출되면 관련 상임위원회로 배당되고, 해당 위원회는 공청회를 열어 제안된 법안에 대해서 찬성하거나 혹은 반대하는 사람들의 의견을 청취할 수 있도록 한다. 그 후 상임위원회가 법안을 승인하면 본회의에 상정되어 토론, 심의하고 승인, 거부, 심의 보류 등을 할 것인지 표결에 부쳐 결정한다. 법안이 최종 통과되기 위해서는 상원과 하원 모두에서 통과되어야 한다. 둘 중 한 원에서 법안의 수정이 필요하다고 제시할 경우 협의위원회를 만들어 양원의 의원들이 협상과 중재를 해서 수정안을 도출해 낸다.

법안이 의회를 통과하였더라도 최종적으로 대통령에게 송부되어 대통령은 10일 이내에 서명해야 한다. 만약 대통령이 기간 내 서명하지 않을 경우 법안은 통과된 것으로 간주되고 자동으로 효력이 발생한다. 다만 대통령은 송부된 법안에 대해서 거부권을 행사하여 법안 통과를 제지할 수 있다. 대통령이 법안에 이의를 달아 거부권을 행사하게 되면 다시 의회로 넘어가서 본회의 표결을 하게 되고 그 결과 3분의 2 이상의 찬성을 얻으면 대통령의 거부권은 무효화되고 그렇지 않으면 법률로서의 효력이 상실된다. 입법권을 가진 의회가 법을 제정하지만 제정된 법률에 대해서 집행하는 책임을 지는 것은 행정부이다. 따라서 대통령의 법률안 거부권의 행사는 법률 집행을 맡은 행정부가 집행과 관련하여 부적절하다고 생각되는 법률안에 대해서 제동을 걸 수 있는 권한을 부여한 것이다.[6]

의회는 입법기능 이외에도 국정조사권을 가진다. 국정조사를 통해 행정부와 사법부 공무원들의 업무와 자격 등을 조사한다. 국정조사를 위해서는 관련 분야의 다양한 외부 전문가를 초청하여 전문적인 분야의 세부 조사를 의뢰하고 국정조사 청문회를 준비한다. 국정조사 시 위원회는 증인들에게 증언을 강제할 수 있으며, 증언을 거부하면 법정모독죄를, 위증할 경우에는 위증죄를 적용할 수 있을 정도의 강력한 권한을 갖는다. 국정조사 청문회는 언론 등을 통해 국민들에게 모두 공개되기 때문에 주요 사건들에 대한 국정조사는 많은 국민들이 관심을 가지고 지켜보게 된다. 따라서 국정조사는 국정의 주요한 이슈를 국민들에게 알리는 주요한 방법임과 동시에 국민들의 관심을 끌어 정치적인 지지를 확보하기 위한 수단으로 사용되기도 한다.

4. 사법부

미국의 사법부는 크게 연방법원과 각 주의 주법원으로 나누어져 있다. 연방법원은 연방법과 관련된 사건들을 다루고 주법과 관련된 사건들은 주법원에서 주로 다룬다. 그러나 사건들의 사안에 따라 연방법과 주법 모두에 관련되어 있는 경우 양쪽에서 모두 다룰 수 있다. 또한, 소송과 관련된 사건들이 한 주가 아니라 여러 주에 걸쳐서 있을 경우에는 주로 연방법원에서 심리가 이루어진다. 따라서 연방법원과 주법원은 사건이 어느 법과 관련되어 있느냐에 따라 상호 배타적인 관할권을 지니고 있다. 그렇지만 일상에서는 사건들이 연방법과 주법 양쪽 모두 관련되어 있는 경우가 흔히 있고, 또 여러 주에 걸쳐서 있는 경우도 있기 때문에 연방법원과 주법원이 경합적인 관할권을 가지게 되어 서로 부딪히기도 한다. 미국의 사법제도는 기본적으로 3심제를 채택하고 있다. 그러나 이론적으로 보면 주지방법원, 주고등법원, 주대법원, 연방지방법원, 연방항소법원, 연방대법원까지 최대 6심까지 갈 수 있다. 그러나 현실적으로 이러한 경우는 매우 드물다.

연방법원 판사들은 대통령이 임명하고 상원이 인준해야 한다. 그러나 사법부의 독립적인 권한은 헌법에 의해 보장되고 있다. 이를 위해 무엇보다 법관의 독립성을 보장하고 있는데, 연방판사는 사망하거나 스스로 사임하지 않는 한 임기가 종신으로 보장된다. 그렇지만 다른 공무원들과 마찬가지로 판사도 재직 중 위법 행위를 하게 되면 탄핵 될 수 있다. 미국의 최고 법원은 연방대법원이며 여기서 내린 판결은 최종 판결이 되어 더 이상 상소할 수 없다. 연방대법원의 구성은 대법원장 1명 그리고 대법원 판사 8명으로 총9명으로 이루어져 있다. 연방대법원의 판결이 유효하기 위해서는 최소 6명 이상의 판사가 판결에 참석하여야 한다. 판결은 다수결에 의해 이루어지고 다수의견과 소수의견이 모두 공표된다. 만약 대법원 판사들 중 다수의견에 동의하지만 동의하는 이유가 다수의 의견과 다르다면 따로 동의의 이유를 제시하기도 한다. 연방대법원장은 대법원과 사법부의 최고 수장이지만 판결 시에는 다른 대법원 판사들과 마찬가지로 한 표만 행사한다.

연방대법원은 하급 법원들에 대한 판결에 불복하여 상소할 경우에만 재판이 진행되지만 외국의 고위급 인사들이 사건에 연루된 경우와 미국의 주 전체가 영향을 받을 수 있는 사건이 관련되어 있을 때는 제1심 관할권을 가지고 재판을 진행할 수 있다. 미국의 연방대법원은 합헌여부를 판단하는 권한도 있어서 한국의 헌법재판소와 대법원의 권한을 모두

사진 7.3 미국 연방대법원

가지고 있는 강력한 사법기관이다. 한국의 헌법재판소처럼 법안이나 행정 조치들이 헌법에 부합하느냐를 심사하고 판단하는 미국 연방대법원의 권한은 미국 역사 발전 과정 속에 아주 뚜렷하게 영향을 미쳐서 주요 시기에 미국 사회가 변화하는데 큰 역할을 하였다.

연방 사법부에는 대법원 아래 항소법원과 지방법원이 있다. 지방법원은 1차적인 사건을 심리하고 판단하는 법원이다. 미국의 50개주와 괌이나 사이판과 같은 미국령 전체에 걸쳐 95개의 지구로 나누어져 있으며 거주지와 가까운 곳의 법원에서 재판받을 수 있도록 하고 있다. 최소한 2명의 판사가 한 지방법원에 있어야 하며, 인구가 많은 지역은 더 많은 수의 판사가 있다. 판사들은 그 지구에 거주하는 거주민이어야 하는데 수도 워싱턴 DC가 위치하고 있는 컬럼비아 특별지구(District of Columbia)만이 예외이다. 연방지방법원은 주로 각 지역에서 발생하는 연방법 위반 행위들에 대해서 심리하고 판결한다.

한편, 항소법원은 지방법원에서 올라 온 판결을 심의하는 역할을 한다. 지방 순회 항소법원이 11개, 워싱턴 D.C. 내 연방지방법원으로부터의 항소와 연방 행정기관과 관련된 항소를 다루는 워싱턴 D.C.의 항소법원, 그리고 특허법원, 국제통상법원, 연방 행정법원 등의 사건들에 대해 2심을 맡고 있는 연방 순회 항소법원을 더해서 총 13개의 항소법원이 설치되어 있다.[7] 항소법원은 연방대법원으로 올라오는 사건들을 중간에서 심사해서 연방대법원의 업무 부담을 줄이려는 것이 가장 큰 목적이다. 실제로 연방대법원은 일반적으로 1년에 100건 내외의 사건만 심사할 수 있는 여건이므로 매년 수만 건이 올라오는 것을 감안하면 실제로 대부분의 사건들은 항소법원의 2심이 마지막이라고 할 수 있다.

미국의 주는 나름의 독자적인 사법제도를 가지고 법률을 제정하고 재판제도를 구성하는 주권이 있다. 따라서 주마다 주의 역사적 배경과 전통에 기초하여 다양한 형태로 법원이 조직되어 운영되고 있어서 주의 사법체계는 전국적으로 통일되어 있지 않다. 예를 들어 주의 지방법원은 지방법원(District Court), 순회법원(Circuit Court), 상급법원(Superior Court), 보통소송법원(Court of Common Plea) 등으로 다양하게 불리며 뉴욕주에서는 최고법원(Supreme Court)으로 불린다.[8] 주의 1심 법원은 일반적으로 1명의 판사가 단독으로 또는 배심원과 판사가 함께 사건을 심리한다.[9] 모든 주는 주의 최고법원으로 대법원을 두고 있는데 최고법원(Supreme Court), 항소법원(Court of Appeals) 등 다양한 명칭을 사용한다. 판사는 5명에서 7명으로 이루어져 있는데 7명으로 구성되는 것이 일반적이다. 1심 법원과 주대법원 사이에 주고등법원이 있는데 절반 정도의 주에서만 고등법원이 있고 상대적으로 인구가 적은 주 등에서는 고등법원이 설치되어 있지 않다. 다만 대법원 안에 따로 소법정을 설치하여 고등법원의 기능을 할 수 있도록 하고 있다[10].

한편 미국은 배심원제도를 채택하여 일반 시민들이 사법제도에 직접적으로 참여하도록 한다. 배심원제도는 미국의 민주주의가 사법제도 분야에도 적극적으로 실현되고 있음을 보여주고 있다. 고도의 법 지식이 있는 판사, 검사, 변호사와 같은 전문 법조인 엘리트에 의해 사법시스템이 독점되는 것을 막고 있다. 평범한 일반 시민들이 납득할 수 있는 수준의 증거, 기소 내용과 변론 등이 행해져야 하며 유무죄의 판단은 상식적인 수준에서 이루어져야 한다는 것을 반영하고 있다.

글상자 7.1 미국의 배심원제도

배심원으로 참여하는 것은 미국시민의 의무이다. 남녀를 불문하고 18세 이상인 자는 배심원의 의무를 수행해야 하고 특별한 이유 없이 이행하지 않을 경우 형사처벌까지 받을 수 있다. 배심원은 무작위로 선정되어 법원에서 연락이 오고 지정된 법원으로 출석하여 의무를 이행하게 된다.

미국의 배심원제는 형사배심재판과 민사배심재판으로 구분할 수 있다. 소배심은 평결배심으로 보통 주민 12명으로 구성된 배심원들이 사실문제를 심리하고 만장일치로 유무죄 또는 원고 승소 또는 피고 승소의 평결을 한다. 법관은 배심원의 판정을 바탕으로 법률관계에 대한 판결을 하게 된다. 대배심은 사건의 기소여부를 결정하는 기소배심으로 최소 12명에서 23명으로 구성되고 검사가 제출한 증거와 증언을 바탕으로 피의자의 기소 여부를 다수결로 결정한다. 소배심은 기소가 결정되어 재판이 진행되면 피고 또는 그를 대변하는 변호사와 기소한 검찰 측의 주장과 증거 등을 바탕으로 유무죄를 만장일치로 결정한다. 만장일치가 되지 않으면 배심원단이 새로 구성되어 재판이 다시 진행된다. 소배심에서 만약 무죄로 평결이 나면 이것은 최종 판결이 되어 재판이 끝남과 동시에 피고인은 풀려나고, 검사는 더 이상 항소할 수가 없다. 유죄로 평결이 났을 경우에는 피고인은 항소할 수 있으며 3심제에 따라 재판을 진행한다.

민사재판은 반드시 배심원제로 이루어지는 것은 아니나 당사자 중 일방이 민사배심재판을 청구하면 이루어진다. 배심원 6명에서 12명으로 소배심제로 구성되고 평결이 이루어진다. 형사재판의 경우와는 달리 반드시 만장일치로 평결이 내려질 필요는 없으며, 양 당사자들이 평결에 필요한 배심원의 수를 합의로 정할 수 있다. 합의가 없을 경우에는 보통 만장일치 평결을 따른다.

주

1) 앨런 브링클리 지음, 황혜성 외 옮김, 2008, 『있는 그대로의 미국사1』 (서울: 휴머니스트).
2) 앨런 브링클리 (2008).
3) 리처드 슈뢰더 지음, 이덕남 옮김, 2015, 『미국의 정부』 (미국 국무부 주한미국대사관 공보과).
4) 리처드 슈뢰더 (2015).
5) 알래스카, 델라웨어, 몬태나, 노스다코타, 사우스다코타, 버몬트, 와이오밍주는 주 전체의 인구가 하원의원 선출 기준인 60만 명 이하이다.
6) 리처드 슈뢰더 (2015).
7) 김범준, 2010, 『비교법 현안분석: 미국의 법률체계화 사법제도』 Vol. 4. (한국법제연구원).
8) 뉴욕주대법원은 Court of Appeals로 불린다.
9) 최대권, 2003, 『영미법』 (서울: 박영사).
10) 김범준 2010.

참고문헌

김범준. 2010. 『비교법 현안분석: 미국의 법률체계화 사법제도』 Vol. 4. 한국법제연구원. 181-206.

리처드 C. 슈뢰더. 2015. 『미국의 정부』. 이덕남 옮김. 미국 국무부 주한미국대사관 공보과

앨런 브링클리. 2008. 『있는 그대로의 미국사1』. 황혜성, 조지형, 이영효, 손세호, 김연진, 김덕호 옮김. 서울: 휴머니스트.

최대권. 2003. 『영미법』. 서울: 박영사.

8장

미국경제의 토대와 발전 그리고 과제

김정규(계명대 미국학전공/사회학과)

미국은 세계 경제를 이끌어 나가고 있는 주축일 뿐만 아니라 최대 경제 대국이라고 할 수 있다. 최근 거대한 인구와 시장을 앞세운 중국이 새로운 강자로 출현하였지만, 여전히 미국은 기술, 자본, 시장의 측면에서 초강국의 입지를 고수하고 있다. 미국의 자본주의 경제시스템은 미국식 물질주의 문화, 풍부한 자원, 거대한 소비시장과 맞물려 발전해 왔는데, 특히 제2차 세계대전 이후 세계 경제의 주역으로 우뚝 솟은 후 세계 경제 리더로서의 영향력을 지속적으로 유지하고 있다. 냉전체제 기간을 거치면서 사회주의 경제체제가 몰락한 이후 자본주의 경제시스템은 만국의 공동 경제시스템으로 자리 잡고 있다. 미국은 나름의 독특한 자본주의 경제시스템을 발전시켜왔는데 굴곡의 역사도 함께 존재한다. 이

장에서는 미국경제의 기본적인 토대가 되는 것은 무엇인지 역사적 문화적 측면과 더불어 살펴보고자 한다. 특히 20세기 초부터 오늘날에 이르기까지 미국 경제발전의 특징적인 모습을 구체적으로 논의함으로써 미국경제의 구조를 파악해 보고자 한다. 이와 더불어 21세기 기술과 정보가 더욱 중요시 되고 있는 세계경제 질서 속에서 미국경제의 대처와 발전 노력에 대해 논의하고, 미국경제가 새로운 세기에 맞게 되는 위기와 도전의 측면에 대해서도 살펴본다.

1. 미국경제의 발전 토대

미국의 자본주의 경제시스템은 미국의 역사를 통해 미국만이 아니라 세계 자본주의의 형성에 지대한 영향을 끼쳐왔다. 무엇보다 제2차 세계대전 이후 미국의 경제는 세계 경제의 주축으로 본격적으로 등장하여 미국 패권의 주춧돌 역할을 해 나갔다. 미국경제는 건국 이전의 식민지 시대부터 토대가 형성되었고, 영국으로부터 독립한 후 건국하면서 본격적으로 만들어진 시장원칙에 기초한 미국식 자본주의 시스템에 바탕을 두고 발전되어 오고 있다. 그 과정에서 아담 스미스가 주창한 원칙과 영국의 상업 경제의 특징적인 부분들이 크게 영향을 끼쳤다고 할 수 있다.

건국 당시 미국경제는 식민지 시대부터 지속되어 온 농업이었다. 대부분의 주민들은 농민이었고 변변한 대도시가 없던 때였다. 당시 뉴욕이 미국 최대의 도시였는데, 미국이 1776년 독립선언문을 작성하고 독립을 선포하기 이전 식민지시기 말 1771년 뉴욕의 인구는 2만 1,863명에 불과했다. 그리고 독립전쟁 후 연방정부를 본격적으로 구성하여 국가의 틀을 잡을 즈음인 1790년의 인구도 3만 3,131명에 불과하였다.[1] 당시 영국의 런던 인구가 100만 명을 넘었는데, 그것과 비교하면 미국은 변변한 대도시가 없는 자급자족형 농업국가의 형태를 띠었다고 할 수 있다.

당시 제퍼슨(Thomas Jefferson)을 비롯한 미국의 지도자들은 농장주들이 많았다. 남부지역은 온화한 기후, 넓은 토지 등 농업에 최적인 조건을 갖추고 있어서 농업 중심의 경제가 발달하였다. 특히 담배, 면화, 설탕, 양모 등을 생산하는 대규모 농장이 경제의 주축이었다. 미국의 수출품도 남부지역의 농산물이 주된 것이었다. 그러나 백인 이주자들이 남부지역에는 상대적으로 적어서 노동력이 부족했기 때문에 노예를 수입하여 노예 노동력에 의존하는 경제구조를 가지게 되었다. 대농장의 지배권을 갖고 있는 지주를 대변하는 남부출신 지도자들은 하나의 연방국가로 강력한 정부가 이끌어 가는 국가보다는 주가 독립적으로 주권을 갖는 반연방주의를 지지했다. 정부는 최소한의 역할을 하고 주정부 또는 대지주들의 자율적인 역할을 최대한 확보하는 농업국가의 형태가 미국이 나아갈 바임을 주장한 것이다.[2)]

그러나 뉴욕 등 북부지역의 도시들에서는 무역업, 운송업, 제조업, 금융업 등에 종사하는 상인계급이 부상하고 있었고, 그들의 영향력은 점점 커져갔다. 북부지역의 성장하는 상업계급의 이익을 대변하는 정치세력도 이때 함께 등장하였다. 국가 간의 무역과 거래, 제조업과 상업적 이익을 추구하기 위해서 국가적으로 통제할 수 있는 강력한 연방국가와 정부가 필요했는데, 연방주의자들은 강력한 정치세력으로 부상했다.

이 진영에서 가장 핵심적인 역할을 한 사람이 워싱턴 대통령 때 재무장관을 지낸 해밀턴(Alexander Hamilton)이다. 그는 미국을 새롭게 건국하면서 농업 중심 경제를 넘어 제조업을 바탕으로 하는 강력한 연방 국가를 만들기 위해 노력했다. 특히 경제적으로 자본을 창출하고 투자를 촉진하는 경제 체제를 구축하고자 하였는데, 연방정부가 독점적으로 통화를 발행할 수 있는 독점적 통화발행권을 가질 수 있게 하였다. 반면 주정부는 통화발행권을 부여하지 않음으로써 강력한 국가 통화정책을 구축하였다. 그리고 국가의 신인도를 높여 국채 발행을 가능하게 하여 국가의 발전과 성장을 위한 재정적인 투입이 가능하도록 하였다. 특히 영국과의 독립전쟁 중 재정 조달을 위해 자본가들에게 지게 된 부채를 연방정부가 인수하여 상환함으로써 뉴욕, 보스턴, 필라델피아 등 당시 미국의 대표적인 도시지역의 기업인과 금융업계 지지의 기반을 확보하였다.

또 한편, 주들끼리의 상품 교역에는 세금을 부과하지 않은 대신, 연방정부는 주들 간의 교역을 감독하도록 하였다. 연방정부가 다른 국가와의 무역 거래에 대해서는 독점적인 권한을 갖게 하였는데, 특히 수입물품에 대한 관세를 부과해서 연방정부의 재정을 확보하고자 하였다. 관세는 수입물품의 가격을 인상시켜서 미국의 국내 산업을 보호하는 역할도 함으로써 당시 유럽에 비해 열세에 있던 미국의 제조업을 보호 육성할 수 있도록 하였다. 그러나 미국의 보호관세는 유럽에서 수입하는 상품들의 가격이 올라가는 요인이 되었다. 유럽 제품들의 가격 경쟁력이 하락하게 되자 유럽 국가들은 미국에서 수입되는 상품에 보복하게 되었는데, 그 과정에서 피해를 본 것은 미국의 농산물이었다. 당시 미국은 농업이 주된 산업으로 주로 남부지역의 농산물 등이 유럽으로 수출되었다. 미국에서 수입하던 농산품의 가격을 유럽에서 낮추자 남부의 경제는 타격을 받았으며, 특히 남부 대지주들의 반발은 아주 컸다.[3]

그러나 북동부를 중심으로 제조업, 무역업, 금융업 등은 크게 발전의 발판을 마련하였다. 주변의 오대호와 운하 등을 통하여 교통을 확보하고 제조업에 적절한 환경을 지닌 시카고를 중심으로 하는 중서부지역 산업이 크게 발전하기 시작한 것도 이와 무관하지 않다. 따라서 북부지역은 제조업을 바탕으로 하는 자본주의 경제 질서가 본격적으로 뿌리내리기 시작했으나 남부지역의 농업 경제는 정체할 수밖에 없었다. 한편, 서부지역은 당시 대부분이 미개척지였지만 골드러시를 기점으로 사람들의 이주가 많아졌고 본격적인 개발을 시작하려던 시기였다. 고율의 관세로 인해 유럽에서 들어오는 공산품들의 가격이 올랐으므로 보호관세 부과에는 서부지역은 반대를 하였다. 그러나 서부 개발을 위해 철도와 도로를 비롯하여 사회 기반시설의 확충에 필요한 연방정부의 예산 확보와 지원이 절실했기 때문에 강력한 반대를 할 수는 없었다.[4)]

관세 정책을 비롯하여 남과 북의 지역 경제구조의 차이는 정치적 입장과 맞물려 지역 간의 반목과 갈등을 심화시켰다. 북부지역의 제조업이 과학과 기술의 발전에 따라 가내 수공업에서 대량 생산 방식으로 바뀌어 제조업이 대규모화 되자 공장에서 일할 수 있는 노동인력이 부족하게 되었다. 유럽에서 들어오는 이민자들의 수도 이러한 인력 부족을 따라 잡을 수 없었다. 반면 남부지역의 노예 노동력은 상당한 정도였다. 당시 남부의 인구 중 노예 인구가 40%를 차지하고 있었으며, 그들은 전체 농업 노동력의 절반이상을 담당하였다. 특히 노동집약적 산업으로 대표적인 남부의 면화산업은 미국의 주된 수출품이었고, 미국경제 전체에서도 큰 비중을 차지하였다. 값싼 노동력을 생산한 미국의 면화는 영국으로 주로 수출되었고, 미국과 영국의 섬유산업을 발전시켰다. 면화경제를 통해 남부 사람들은 북부에서 생산된 공산품과 서부의 농산물, 유럽에서 오는 각종 물품 등을 구입하여 삶을 영위하였다.[5)]

북부와 남부는 경제적, 정치적 갈등이 건국 이래 수면 아래 지속적으로 잠재되어 있었는데, 당시 경제적, 정치적 문제와 노예해방과 같은 다양한 요인이 얽혀서 남북전쟁이 발발하게 되었다. 전쟁의 명분은 노예해방이라는 상징적인 내용이 크게 부각되었지만 실제로는 경제적인 격차와 정치적 주도권과 관련된 요인들이 주된 것이었다. 예를 들어, 노예해방은 당시 남부의 대규모 경작을 통한 농업경제에 큰 타격을 주리라 생각되었고, 북부는 해방된 노예 노동력이 북부지역의 부족한 공장 노동인력을 일정부분 채울 수 있으리라 여겼다.

남부의 주들은 독자적인 농업경제를 유지할 수 있는 반연방주의야말로 그들의 경제적 생존과 직결된 것으로 보았다. 반면 북부지역은 노예해방이라는 인권 수호의 명분을 앞세워 강력한 연방국가를 유지함으로써 제조업, 무역업, 상업 등 다른 국가들과 경쟁할 수 있는 자본주의 국가로 나갈 방향을 설정하였다. 전쟁은 북부의 승리로 끝이 났고 미국경제의 주도권은 북부가 갖게 되었다. 산업도 북부를 중심으로 본격적으로 발전하기 시작하여, 이후 중서부 지역은 대규모 공업지역이 건설되었고, 뉴욕, 보스턴, 필라델피아 등의 북동부 대도시 들은 상업, 무역, 금융업 등의 중심지로 발전하게 되었다. 주로 강과 운하로 연결되던 운송로도 1869년 대륙 횡단 철도의 완공으로 대서양과 태평양을 잇는 획기적인 운송혁명이 일어나게 되었는데, 운송로의 확보는 미국경제가 도약하는데 있어 큰 계기가 되었다. 그러나 대륙횡단철도마저도 북쪽 지역을 잇는 것이었지, 남부는 그것에서도 제외되었다. 남부의 경제는 오랜 기간 동안 농업경제로 남아있게 되었으며 경제적으로 큰 진전이 없었다. 남부와 북부의 산업의 차이는 20세기 말까지 지속되어 경제적인 격차가 상당히 큰 정도로 벌어졌다 (Licht, 2004).[6]

미국은 북부지역을 중심으로 산업이 크게 발달하여 산업국가의 기틀을 다지게 되었는데, 1880년대 이르러서는 제조업과 상거래의 규모가 농업 생산량을 능가하게 되었다. 도시들의 크기도 급속하게 확장되었는데, 미국의 동북부와 중서부의 주요 도시들로 농촌인구와 이민자 인구의 유입이 가속화되고 도시의 팽창이 본격적으로 일어났다. 그러나 남부지역은 노예가 해방 된 후 대규모 농장을 소작농 방식으로 전환하였다. 노예가 사라지지게 되자 더 이상 노예 노동력을 바탕으로 한 대규모의 농업을 할 수 없게 된 것이다. 대신 해방된 흑인들에게 농토를 임대해 주고 산출물의 일정부분을 차지하는 소작농 방식은 흑인들과 대지주 모두의 요구를 충족시키는 방식이었다.

해방된 흑인들의 일부는 북부지역으로 일자리를 찾아 떠난 사람들도 있었지만, 다수의 흑인은 그대로 자신이 살던 남부지역에 남아있었다. 노예였던 상태에서는 매어있기는 했지만 의식주는 기본적으로 해결할 수 있었다. 그러나 해방된 이후 오히려 생존의 어려움에 처한 것은 흑인들이었다. 남부의 경제가 농업중심이다 보니 딱히 농사짓는 것 이외에는 마땅한 일자리를 구하기가 어려웠다. 지주들도 농사를 지으려면 노동력이 필요했기 때문에 소작농 방식으로 토지를 흑인들에게 임대해 준 것이었다. 그 결과 흑인들은 우선적으로는 일할 수 있었지만, 지주에게 산출물의 상당부분을 임대료로 주어야 했고, 변변한 집이나 생활기반이 없었기 때문에 지주들에게 우선 돈을 빌려서 생활할 수밖에 없었다. 결과적으로 흑인들은 과거에는 노예였지만 해방 이후에는 자유인이 된 채무자로서 노예였던 때와 거의 다름없이 지주들에게 종속되는 처지에 처하게 되었다. 결국 흑인들에게 정치적 경제적 자유는 제대로 주어지지 않았으며, 남부 전역에 걸쳐 흑인 사회는 빈곤으로 점철될 수밖에 없었다.[7]

미국의 초기 자본주의 경제발전에 있어서 빠뜨려서는 안 되는 것은 무한한 창의력과 도전 정신이 사회적으로 아주 중요한 가치로 받아들여졌다는 점이다. 실용주의 또는 프래그머티즘(Pragmatism)의 철학적 전통은 유럽에서 발전한 관념주의 철학과는 달리 과학적 논리에 바탕을 두고 경험적으로 삶속에 적용하여, 예측하고 문제를 해결하며, 행동을 할 수 있는 사고를 바탕으로 세계를 변화시키고자 한다. 실용주의 철학은 피어스(Charles S. Pierce), 제임스(William James), 듀이(John Dewey)와 같은 학자들에 의해 주창되었다.[8]

실용주의 철학은 유럽의 경험론이나 과학주의 전통에 힘입은 바 있다. 피어스는 거기에 머무르지 않고 관념이나 사고는 신념을 확립하는 것에 그 목적이 있으며, 신념이란 인간이 행동할 바를 지시해 주는 역할을 한다고 주장한다. 제임스는 이를 바탕으로 관념의 옳고 그름은 실생활에의 실천적 차이가 어떠한지에 따라 결정되는 것이며, 시공간을 초월하는 절대적 진리는 존재하지 않고 다만 실생활에 유용성이 있느냐의 여부에 따라 진리의 기준이 정해지는 것이기 때문에 상대적이고 변화하는 것임을 주장하였다. 이러한 실용주의 정신은 듀이에 의해 행동적인 실천적 요소가 확립되었고, 현실 생활에서 나타나는 문제 해결의 도구로서의 관념과 사상만이 의미 있다고 보았다. 실용주의 또는 프래그머티즘은 생활 속에서의 창조적 지성(Creative intelligence)을 강조하면서 생활 철학, 실천적 철학, 유용성과 상식의 철학으로 미국 사회의 지적 배경이 되었다.

미국 사회의 전반적인 분위기는 바로 이러한 실용주의 정신과 잘 맞아 떨어졌다. 미국 전역에 걸쳐 과학에 기반을 둔 새로운 발명과 제품 개발이 크게 번져 나갔는데, 초기에는 주로 농업과 관련된 농기구, 종자 개발, 농업용 기계 등의 발명품들이 농업의 생산성을 크게 높였다. 특히 휘트니(Eli Whitney)가 발명한 면화씨에서 섬유를 분리시키는 기계인 조면기는 면화생산성을 크게 높이는데 기여했을 뿐만 아니라 제작이 쉽고 부품을 교체하는 것이 용이했기 때문에 실용적이고 혁신적이며 표준화된 작업을 가능하게 하였다.[9] 간단하고 교체하기 쉬운 기계 방식으로 인해 유사한 제품들이 대거 등장하는 바람에 그 자신의 사업은 크게 성공하지 못했지만, 휘트니의 조면기 발명은 현대 조립 라인 생산 시스템에 기초가 된 선구적인 역할을 한 것이다.

휘트니의 조면기 발명이후 19세기와 20세기 초에 걸쳐 미국은 제조업과 과학기술 측면에서 뛰어난 발명과 혁신이 전개되었다. 전신 기술과 모스 기호를 개발한 모스(Samuel Morse)와 전화를 발명한 벨(Alexander Graham Bell) 등의 역할을 통해서 통신 기술에서 미국이 유럽을 능가하여 당시 최고의 기술을 확립하게 되었다. 통신 기술의 발달은 광대한 영토를 가진 미국이 하나의 통합된 국가로 발전할 수 있게

사진 8.1 휘트니의 조면기

출처: Eli Whitney Museum in Hamden, Connecticut. Photo by Tom Murphy VII https://en.wikipedia.org/wiki/Cotton_gin#/media/File:Cotton_gin_EWM_2007.jpg

한 밑바탕이 되었다고 할 수 있다. 이러한 통신 기술 개발의 전통은 20세기 인터넷 기술이 미국에서 처음으로 만들어져 세계 전체에 혁신을 일으킨 것의 바탕이 되었다. 발명왕이라고도 불리는 에디슨(Thomas Edison)의 등장도 이 시기였다. 그가 전기 기술을 개발하여, 대도시의 전등을 밝히고 뉴욕의 대표적인 금융거리인 월가의 사무실에 불을 켠 것은, 전기 시대의 시작을 알림과 동시에 신생국 미국이 유럽을 능가하는 산업국으로의 빛을 밝히는 것이었다. 교통과 운송 부분에서도 대륙횡단 철도가 1869년 최종 완성되어 동부와 서부가 연결되면서 미국 경제성장은 본격적으로 진행되었다.[10] 미국은 유럽과의 교역을 하던 대서양 시대와 더불어 아시아지역을 상대로 무역을 하는 태평양 시대가 열리게 되자 경제적인 부분뿐만이 아니라 외교적인 영역까지 미국의 영향력이 세계적으로 확대되었다.

2. 현대 경제의 시작

19세기 말에서 20세기 초반을 거치면서 유럽에서 들어오는 이민자들의 수가 급격하게 증가하였다. 도시들은 팽창하여 뉴욕과 시카고 같은 곳이 대도시의 면모를 갖추기 시작하였다. 전력을 대량으로 생산할 수 있는 발전시설이 만들어지고 도시와 공장 등으로 전력 공급이 가능해지자 소규모 산업에서 대량제조 산업으로 산업구조와 제조 공정이 바뀌게 되었다. 숙련노동자들의 수도 크게 증가하였다. 엘리베이터의 발명은 고층 건물의 건설을 가능하게 만들었고, 전철을 통해 원거리 통근이 가능하게 되었으며 도시의 공간이 바뀌게 되었다. 미국경제는 새로운 도시 건설과 제조업의 활성화 그리고 이에 따른 금융업의 활황으로 20세기 초에는 거침없이 성장하게 되었다.

그러나 1929년에 시작하여 1930년대에 닥친 대공황은 미국 경제성장에 급격한 제동을 걸었다. 당시 금융의 중심지로 부상한 뉴욕의 월스트리트 증권시장에서 1929년 10월 24일 목요일부터 10월 29일 화요일까지 거의 모든 주가가 폭락하면서 주식 시장이 붕괴된 사건을 시작으로 대공황은 10년간이나 지속되면서 미국경제에 큰 타격을 주었다. 제1차 세계대전 이후 급속한 경제성장으로 인해 쌓인 부는 미국사회를 경제적 낙관주의로 가득 차게 만들었다. 주식 시장은 지속적으로 상승할 것이라는 믿음에 투기적으로 주식을 사 모으는 사람들이 크게 늘었다. 사람들은 쉽게 대출을 얻어서 부채도 많았다. 1920년대 후반 철강, 건설, 소매, 건설업, 자동차 등의 산업이 최고의 기록들을 갈아치우는 등 경제적 지표도 정점을 찍고 있었다. 그러나 실제 시장은 농업과 공업 부문의 극심한 격차가 심각했고, 호황이었던 산업도 침체 국면에 들어 US 스틸의 철강, 포드를 비롯한 자동차 산업 등 대규모 기간산업들에서 침체의 전조가 나타났다.

경제 불황의 이러한 신호에도 불구하고 주식 시장은 여전히 낙관론이 팽배했고 투기적 투자에 의해 상승세가 지속되었다. 그러나 1929년 10월 중순경부터 지속되어왔던 주식 시장의 불안정성이 심각해지자, 지금까지 주가를 떠받치고 있던 시장에 대한 믿음이 일순간에 무너져 주식 매도가 대규모로 일어났다. 결국 거대 금융업자들의 노력에도 불구하고 순식간에 주식 시장은 무너져 내려 오랜 암흑기로 들어가게 되었다. 이 여파로 파산한 은행이 거의 40%에 육박했으며, 경제규모도 이전 보다 절반 정도로 축소되었고, 실업자 수도 크게 늘어 전체 노동력의 20%를 훌쩍 넘어섰다. 미국의 대공황은 미국뿐만이 아니라 미국과 무역을 하고 있던 유럽을 시작으로 세계 경제 전반에 걸쳐 큰 영향을 주었다.[11)]

대공황으로 인한 경제 침체가 지속되자 대통령에 당선 된 루스벨트는 미국경제를 재건하기 위하여 뉴딜정책을 실시하였다. 뉴딜정책은 금융 위기를 안정시키고 일자리를 늘여 실업자를 구제하는 것이 핵심적인

사진 8.2 대공황을 묘사한 작품

출처: Photo by Sonder Quest on Unplash. https://unsplash.com/photos/1p_Qz9SLOrQ

목표였다. 그때까지 미국의 경제는 자유주의 경제학이 주류를 이루었는데, 그것에 따르면 시장은 자율적인 특징이 있고 경제는 순환적이어서 불황이 있으면 호황도 있으므로 정부의 역할을 최소화하고 시장의 역할에 경제 회복을 맡기는 것이었다. 그러나 대공황으로 이미 무너져 내린 시장이 스스로의 자율적 힘으로 회복하는 것은 어려웠으며, 그렇다하더라도 그 기간을 기다리기에 시민들은 고통을 감내하기 어려웠다.

뉴딜정책은 케인즈(John Maynard Keynes)의 경제이론이 기초가 되었다. 경제 공황의 원인은 공급에 있는 것이 아니라 수요가 충분하지 않기 때문에 유효수효의 부족을 해결하는 것이 경제 회복의 관건이라는 것이 케인즈 경제학의 시각이었다. 케인즈는 정부가 적자재정을 감수하고도 주도적인 재정 확장 정책을 펼 것을 주장했다. 또한, 저축은 개인으로서는 좋을 수 있으나 경제 전체를 보았을 때 소비를 위축시키고 산출과 고용을 감소시켜 경제를 경직화시킨다는 것이었다. 하지만 정부가 직접적인 수요증대 정책을 실시하여 경기회복을 위한 마중물의 역할을 하면 그 영향으로 민간투자가 증가하고 결국 실업률이 줄어들 수 있다는 것이 그의 경제이론의 핵심이었다. 루스벨트 대통령은 케인즈의 경제이론을 끌어들여 정부가 직접 경제에 개입하여 은행개혁법, 산업개혁, 복지정책 등을 실시하였으며, 금본위제와 금주법 등을 폐지하였다. 화폐 공급을 늘리고, 대규모 공공사업을 수행함으로써 일자리를 창출하고, 조세정책을 수정하여 소득을 재분배함으로써 국민들의 소비를 진작시키고자 하였다.

여러 논란들이 있었지만 특히 뉴딜정책으로 정부 주도 아래 대규모 건설들이 진행되었는데, 일자리를 창출하였을 뿐만 아니라 민간이 쉽게 할 수 없는 댐 건설 등과 같은 공공 기반 사업을 수행함으로써 추후 미국경제가 재도약 할 수 있는 발판을 마련하였다. 한편, 사회 보장법은 미국에서의 복지제도 시작을 알리는 것이었다. 고용주와 직원이 급여에서 일정부분을 서로 부담하여 사회보장 프로그램을 만들고, 직원들에게 퇴직연금, 실업보험, 장해사망보험금 등을 지급하는 사회안전망을 만들었다. 비록 당시에는 수혜자가 일정부분 부담하는 선택적인 사회보장제도였지만 이후 미국 복지제도의 틀을 구축하였다. 연방정부의 적극적인 경제 활동에의 다방면적인 개입은 장기적으로 미국경제가 회복되는 결과를 달성하였다. 그러나 정부 재정에 큰 부담도 동시에 가져다주었다. 뉴딜정책은 제2차 세계대전이 발발하자 전시 경제체제로 들어가면서 일단락하게 된다.[12)]

제2차 세계대전이 일어나자 미국의 산업은 전쟁에 동원되어 전시에 필요한 군수물자들을 집중적으로 생산하기 위한 체제로 바뀌었다. 민간기업과 공장은 각종 무기와 군수물품을 만드는 곳으로 바뀌었으며 그 생산량은 어마어마했다. 유럽 전역이 전쟁터로 휩싸이는 바람에 유일하게 본토에서 전쟁을 치르지 않은 미국은 연합군이 유럽과 태평양 전쟁에 필요한 대부분의 물자를 생산했다. 전쟁이 끝난 후 미국은 본토가 피해를 보지 않은 유일한 승전국으로서 전쟁특수를 통해 제조업을 중심으로 경제적 호황기를 맞게 되었다. 이후 1960년대 초까지 태어난 베이비붐 세대는 이를 이어가는 주요 노동력으로 미국 경제성장의 중추적인 역할을 하였다. 유럽과 아시아는 전쟁으로 인해 어려움에 처했지만 미국은 승전국의 트로피를 크게 받은 유일한 경제 대국으로 세계에 등장하게 된 것이다. 전쟁 후 미국의 달러화는 절대적인 우위를 차지하게 되고, 압도적인 경제력을 갖추게 되었다. 미국은 주도적으로 전쟁으로 인해 황폐화 된 유럽 등의 재건을 위해 국제부흥개발은행(IBRD)을 설립하여 전쟁 후 세계 경제의 부흥을 위해 대대적인 지원을 하였다. 이것은 세계 경제의 부흥이 곧 미국경제의 지속적 발전과 맞닿아 있었기 때문이기도 했다.

제2차 세계대전의 특수를 누린 미국경제가 전쟁 후에도 지속적으로 성장한 것은 아니었다. 1950년 초반까지 경제성장률은 떨어졌는데, 전쟁 특수가 끝난 탓도 있었지만 군수물자를 만들던 공장들이 민간 소비재를 생산하는 공장으로 순식간에 바뀔 수는 없어서 국민들이 필요한 소비재 부족 현상이 나타났다. 미국경제를 재차 끌어 올린 것은 다름 아닌 한국 전쟁이었다. 경제적인 측면에서 한국 전쟁은 제2차 세계대전에서 쓰다 남은 군수품을 소비할 수 있었으며, 군수공장이 다시 돌아가고 세계대전 후 실업자 신세가 된 군인들이 재고용되었다. 미국경제가 제2차 세계대전 이후 전환기에 불안한 모습을 보일 때 한국 전쟁은 미국경제의 기초를 재차 다지는 역할을 한 것이다.[13)]

세계대전 이후 미국인들의 삶은 거시 경제의 등락과는 관계없이 그리 나쁘지 않았다. 전시 중에 일자리가 많아서 어느 정도 재산을 모을 수 있었고 국가에서 발행한 전시채권 등을 통해 재산 축적도 가능했다. 또한, 미국경제가 안정되기 시작해서 지속적으로 성장하자 최고의 풍요로운 삶을 구가하는 국민들이 되었다. 특히 소비가 미덕이라는 가치가 팽배해 있던 사회에서 소비를 통해 행복을 추구하는 중산층이 대거 등장하게 되었다. 한마디로 풍요의 시대, 미국의 황금기라고 불리던 시기였다.

교외화가 시작되어 복잡한 도심을 떠나 교외 지역에 대규모 주택단지로 사람들이 보다 나은 삶의 질을 추구하기 위해 빠져 나갔다. 그렇게 되자 대중교통 시스템이 제대로 갖추어져 있지 않은 상태에서 자동차의 수요가 급증하였다. 관련되는 산업과 공장도 끊임없이 돌아갔다. 석유 수요가 많아지자 남부의 텍사스 주 등을 비롯하여 여러 곳에서 유전 개발이 가속화되면서 댈러스와 휴스턴과 같은 남부의 도시들이 성장하게 되었다. 또한, 온화한 기후, 교통의 발달, 수로의 개발로 인해 서부 지역으로 사람들이 몰려가게 되어 캘리포니아, 애리조나, 네바다 주 등에서 대도시들이 급격히 성장하였으며, 캘리포니아 주의 로스앤젤레스는 서부를 대표하는 대도시로 등장하게 되었다.

1960년대까지 잘 나가던 미국경제는 1970년대 들어오면서 어려움을 겪게 된다. 유럽과 일본이 전쟁 후 재건에 성공하여 세계 시장에 강자로 등장했다. 독일과 일본의 자동차를 비롯한 공산품들이 미국에 본격 진출했고 품질과 생산성이 미국 제품을 능가했다. 최고의 제품으로 인정받아 오던 메이드인 유에스에이(Made in USA)가 투박하고 고장 잘 나는 제품의 이미지로 전락하기 시작했다. 정치적으로는 소련과의 냉전으로 대결하고 있었고, 미국이 참전한 베트남 전쟁의 상황이 좋지 않은 방향으로 전개되었다. 1950년대 중반부터 시작된 반문화운동, 흑인민권운동, 페미니즘운동 등이 1965년 시민권리법(Civil Right Acts)의 제정으로 결실을 맺은 후 사회적으로 적용되는 단계에서 갈등과 분열이 일어났다. 과열된 경제는 인플레이션을 발생시켰고, 이를 진정시키느라 금리도 인상되었다.

무엇보다도 미국경제에 타격을 준 것은 제1차 석유파동이 발생한 것이다. 중동의 불안정한 정세 속에서 중동의 석유수출기구(OPEC)는 석유 생산과 가격을 담합했고 이에 따라 석유 가격은 폭등하였다. 당연히 물가도 따라서 치솟게 되었으며 실업률은 증가했다. 국내총생산(GDP)은 증가했지만 물가 상승이 GDP의 성장 분을 상쇄시키며 실질적인 GDP는 하락했다. 주가도 덩달아 크게 떨어졌다. 정부는 물가를 안정시키기 위해 임금을 동결하고 금리를 인상하는 등 금융정책을 시행하였지만 외부의 석유가격 인상으로 올라간 물가를 잡지는 못했다. 물가는 올라가는데 경기는 침체되는 스태그플레이션 현상이 발생하였다. 그러자 연방준비제도이사회(FRB)는 금리를 인하하여 고용과 경제의 회복을 위한 정책을 시행하였다. 금리인하는 단기적으로 미국경제의 지표들을 회복시키는 것에는 상당한 효과를 보았다. 그러나 1979년부터 시작하여 1980년대 초까지 제2차 석유파동이 발생하자 인플레이션을 악화시킨 원인이 되기도 하였다.

1970년대 후반에서 1980년대 초반까지 인플레이션은 심각하였고, 경제 불황은 지속되었으며, 무역적자와 재정적자가 한꺼번에 몰려왔다. 경제적 어려움은 정치권에도 영향을 미쳐 민주당에서 공화당으로 정권도 바뀌었다. 1980년대에 들어서 미국의 산업은 크게 구조조정을 겪게 된다. 기업의 경영 방식도 바뀌고 회사의 조직을 대폭 줄여 효율성을 강화하였으며, 고용과 해고의 탄력성이 높아지게 되어 노동자들의 직업 안정성이 크게 약화되었다. 기업 간의 경쟁이 치열해졌고 그 결과 인수합병도 활발해졌다. 이익이 잘 나고 있는 기업이라고 할지라도 효율성을 극대화하기 위한 구조조정을 마다하지 않았다. 이러한 변화의 상황에서 북부지역에 집중해 있던 철강, 자동차 산업을 비롯하여 대규모 제조업 중심의 산업이 크게 타격을 받게 되었는데, 상대적으로 노동력이 싸고 생산단가를 낮출 수 있는 남부지역이나 해외로 생산 기반이 이전되었기 때문이다. 그 결과 중서부지역과 북동부지역을 중심으로 오대호 연안까지 펼쳐져 있던 대규모 공장들이 문을 닫게 되고, 사람들은 떠나서 도시들이 황폐화되기 시작했다. 그 결과 북부지역에는 거대한 러스트 벨트(Rust belt) 지역이 형성되었다.[14)]

이처럼 1980년대 중반까지 미국의 경제는 일시적인 경기의 오르내림의 문제가 아니라 구조적인 변화가 일어났다. 장기 불황의 여파가 지속되는 중에 한편으로는 본격적으로 컴퓨터를 기업의 업무에 사용할 수 있게 되어 사무 업무의 효율이 높아졌다. 그러나 구조조정의 여파로 실업률은 크게 올라갔다. 레이건 대통령 행정부는 독점금지법을 제외하고는 기업 활동을 제약하는 규제를 대폭 철폐하여 기업들이 구조조정을 원활히 할 수 있도록 만들었고, 효율적인 경제 체제의 기반을 마련했다. 감세 정책은 기업들의 이익을 촉진시켜 새로운 곳에 투자를 할 수 있는 여력을 가지게 하였다. 작은 정부와 개인주의를 추구하는 신자유주의 경제 정책이 시작된 것이다. 이 과정에서 정부의 재정 적자는 크게 늘어났으며 무역수지도 적자로 돌아서서 미국경제 전체가 위기에 빠질지 모른다는 우려가 컸으나, 기업들에게는 새롭게 도약할 발판이 되었다. 정보통신기술에 대한 투자와 발전도 이 시기에 본격화 되어서 서비스 산업에서 IT산업의 구조로 전환하는 기반을 마련하였다. 특히 전화, 컴퓨터, 인터넷, 무선통신 등과 관련된 기업들이 혁신하고 경쟁하는 시대가 시작되었다. 그러나 가혹한 구조조정을 겪으면서 많은 미국인들은 실업의 고통을 겪었으며, 구조조정의 이익이 상층계급과 고학력자 등에 집중되면서 미국 사회의 계급적 불평등은 심화되었다.

3. 기술혁명 그리고 미국경제의 도전과 위기

미국경제 전체를 통한 구조조정이 1980년대를 거쳐 진행되는 과정에서 IT, 컴퓨터 등의 기술 개발과 발전은 미국경제에 새로운 활력을 불어 넣어 1990년대에는 '신경제(New Economy)'라고 불리는 단계로 들어서게 되었다.[15] 신경제의 특징은 교육에 바탕을 둔 지식 활동을 중심으로 부의 창출이 이루어진다는 것이다. 구경제가 제조업을 바탕으로 공장 노동자들이 중심인 구조라고 한다면, 신경제는 고도의 지적 수준을 가진 노동인력의 지식과 혁신에 따른 창의적인 능력에 바탕을 둔 경제를 의미한다. 미국의 제조업 공장들은 쉽게 대체 할 수 있는 노동력이 있으면서 임금이 싼 외국이나 개발도상국가로 이전했다. 기업들은 미국 땅에서 자신의 공장을 가지고 있지 않고 외국에 있는 공장의 생산과정의 관리만하면서 하청업체를 통해 제품을 생산하는 주문자상표 부착 생산방식(OEM)을 확대하였다. 본사를 둔 미국에서는 연구개발, 마케팅, 판매관리 등의 업무만 하므로 공장 노동자에 대한 수요는 크게 떨어졌고, 고학력 지식 노동자들에 대한 수요는 커졌다. 또한, 대규모 금융 산업은 이러한 기업의 활동을 뒷받침했다.

구조조정에 따른 저임금이 지속되었으며, 살아남기 위해 경쟁력을 키울 수밖에 없었던 기업, 이를 지원하기 위한 장기 저금리 정책 등이 IT 산업의 혁신과 맞닿으면서 미국경제의 생산성은 높아졌다. 1990년대 미국경제의 새로운 르네상스가 도래한 것이다. 또한, 소비에트 연방이 무너지면서 오랜 기간 동안 지속되었던 냉전이 종식되었으며, 이러한 국제정치의 변화 속에 미국은 전 세계 경제와 군사적인 주도권을 동시에 쥐어 팍스 아메리카나 시대를 열었다. 이 기간 동안 이라크의 쿠웨이트 침공에 따른 중동전쟁으로 인한 유가상승, 러시아 디폴트 사태로 인한 주가 하락의 충격이 단기간의 경제에 좋지 않은 영향을 미쳤지만, 이미 체력이 단단해진 미국경제는 큰 어려움 없이 극복하였다. 주가는 지속적으로 상승하여 버블이 형성될 정도로 과열되었다.

그런데 1980년대에 시작되었던 구조조정이 끝난 것은 아니었다. 오히려 1990년대에 들면서 구조조정이 기업 활동의 한 부분으로 자리 잡아서, 대량 해고, 흡수 합병, 비정규직 노동자 과다 채용 등이 상시적으로 일어났다. 1980년대의 구조조정은 기업들이 생존하기 위한 어쩔 수 없는 선택으로 일어났다고 한다면, 1990년대는 이익이 발생하고 있는 기업도 수익성과 경쟁력을 최대한으로 끌어올리기 위한 것이라는 점에서 차이가 있다. 이러한 방식의 구조조정이 기업경영의 한 부분으로 일상화 된 것은 미국 기업들이 미국 내에서의 경쟁뿐만이 아니라 세계 여러 기업들과 같은 시장에서 경쟁하는 처지가 되었기 때문이다.

전 지구적 수준에서의 무한 경쟁은 이익을 조금이라도 해치는 비효율적 부분에 대해서는 상시적으로 구조조정이 가해져야 한다는 것을 의미한다. 특히 컴퓨터 등의 기술이 발달하자 중간 관리 사무직 등의 필요가 대폭 감소하였으며, 최고 경영진과 담당자 간의 업무 수행 거리가 단축되었다. 따라서 기업 조직도 서열적 위계질서에서 수평적으로 바뀌었다. 이러한 변화는 경험이 많은 사무직 고령자들에게는 치명적이었다. 지금까지는 젊은 노동자가 한계생산성 이하의 임금을 받으면서도 나이가 들면 젊은 시절에 받지 못한 임금을 더 받을 수 있으리라는 기대에서 평생직장의 개념으로 한 직장에서 오래 근무할 수 있었다. 그러나 고용자의 입장에서는 경험이 많은 고령의 노동자에게 한계생산성 이상의 높은 임금을 줄 필요성이 줄어들게 되었다. 왜냐하면 시시각각 변하는 업무와 기술에 바로 대처할 수 있는 필요한 인력을 외부에서 충분히 충당할 수 있는 경제 여건이 되었기 때문에 굳이 고임금을 주면서 나이 든 노동자를 잡아 둘 이유가 없었기 때문이다.[16)]

반면 젊은 노동자도 회사에서 현재의 받지 못한 보상을 미래에 받을 수 있으리라는 보장이 없기 때문에 젊고 실력이 있으며 변화에 쉽게 대처할 수 있는 사람들은 처음부터 정당한 보상을 받기를 원했다. 노동환경의 변화는 고령자의 해고와 유능한 젊은 인재의 임금 상승으로 이어졌다. 서열적인 임금체계가 성과 중심의 임금체계로 전환된 것이다. 미국경제는 1990년대 이러한 상황이 확대되면서 경제적으로 크게 성장해 나갔지만 미국인 개개인의 삶은 노동탄력성의 증가로 인해 더욱 불안정해졌다. 안정적인 직장이라는 개념은 사라졌으며 경쟁력이 떨어지면 언제든 연봉삭감이나 해고가 따른다는 인식이 고용시장 전반에 퍼지기 시작했다.

그러나 한편으로 캘리포니아 주 실리콘밸리로 상징되는 IT를 기반으로 하는 새로운 산업은 크게 성장했다. 수많은 벤처기업들이 생겼다가 또 문 닫고 다시 또 생기는 기업의 생태계가 자리 잡았다. 스티브 잡스(Steve Jobs)와 스티브 워즈니악(Steve Wozniak)은 애플을 창업하여 개인용 컴퓨터 시대의 문을 열었고, 컴퓨터 관련 산업이 미국 산업 전반을 걸쳐 지배했다. 특히 컴퓨터 하드웨어에서 소프트웨어로의 산업 전환은 미국 제조업에 다시 한 번 큰 영향을 미쳤다. 마이크로소프트에서 개발한 윈도 소프트웨어는 컴퓨터 운영체계의 표준으로 자리 잡았다.

이에 더하여 미국 국방부의 군사기술로 개발되어 정부의 과학기술 정책에 따라 민간에까지 적용할 수 있게 된 인터넷 기술은 신경제의 발판이 되었을 뿐만 아니라 전 세계로 확산되면서 지구촌 전체를 변화시키는 역할을 하였다. 구글, 페이스북, 유튜브 등 SNS를 기반으로 하는 새로운 기업들이 번창했으며, 아마존, 이베이 등 온라인 유통업의 등장으로 산업기반이 본격적으로 변화하기 시작했다. 이렇게 나타난 새로운 기업들은 미국을 대표하는 기업으로 순식간에 성장하게 되어 미국이 세계 경제의 주도권을 지키는데 있어 크게 기여하였다.

기술 중심의 산업으로 경제구조가 재편되면서 제조업의 쇠퇴는 가속화되었다. 외국으로 산업기지가 이전함으로 인해 제조업을 중심으로 하던 많은 도시들이 급속히 쇠락의 길로 들어섰으며, 심각한 도시문제를 낳았다. 특히 중공업 중심의 산업이 밀집되어 있던 북부와 중서부 지역은 공장의 폐쇄로 인해 실업자들이 많이 생기고, 노동자의 복지수준도 크게 떨어졌다. 인구가 줄고 도시의 재정이 파산 날 정도로까지 이르는

사진 8.3 실리콘밸리의 애플 파크

출처: Photo by Carles Rabada on Unsplash. https://unsplash.com/photos/FouyeA9HH5U

등 러스트 벨트 지역의 도시들은 상대적으로 더 힘든 상황에 처하게 되었다.

그러나 기술 기업들의 성장 덕택에 1990년대 말에 이르자 미국의 경제는 낙관적이었으며, 새로운 경제도약이 있을 것이라는 다소 희망적인 분위기가 팽배했다. 특히 인터넷 상거래와 관련된 벤처기업들의 등장과 IT 업체들을 중심으로 주가가 치솟았다. 벤처기업들의 창업과 새로운 도전들이 환영받았다. 창업자들은 실력이 있고 인맥만 있다면 금융자본가 집단의 벤처 투자자라고 불리는 사람들로부터 쉽게 투자를 받을 수 있었다. 물론 금융자본가들은 주가의 상승에 힘입어 큰 수익을 내고 있었기 때문에 충분한 자금을 지원할 수 있었다. 2000년 들어 기술주 중심의 종합주가지수인 나스닥 지수가 1년에 두 배로 급등하면서 5,000 포인트를 넘어섰다. 사람들은 자금을 끌어 모아 IT 기반의 소위 닷컴(.com)회사의 주식에 투자하기에 여념이 없었다. 닷컴 붐이 주식시장에 일어났고 쉽게 돈을 벌 수 있다는 믿음은 경제의 다른 부분에서의 경고 메시지에도 불구하고 흔들릴 줄 몰랐다.

결국 2000년 3월에 닷컴 버블이라고도 불리는 IT 버블이 꺼지기 시작했다. 실제로 사람들이 기대했던 것과는 달리 인터넷을 비롯한 IT 기술의 발전이 따라가지 못했다. 신생 벤처기업 등에 대한 불신이 생기기 시작했고, 1990년대 중반부터 과도하게 달아올랐던 시장의 부작용도 곪을 대로 곪았다. 금리는 올라갔고 기업들에 대한 투자도 줄어들기 시작했다. 주가는 급락해서 2002년 말에는 수많은 닷컴 회사들이 줄줄이 파산했으며, 투자자들은 큰돈을 손해 보아야 했다.

한편, 2000년대 초까지의 초 저금리 정책으로 인해 큰 이자 부담 없이 대출을 이용할 수 있게 되자 주택 구입자들을 중심으로 은행과 모기지 대출기관으로부터 대출을 받아 주택구입에 열을 올렸다. 집값이 계속 상승하리라는 믿음을 가지고 있었기 때문에 돈을 빌려 주택을 구입하면 나중에 크게 이익을 볼 수도 있었으며, 집값 상승이 더 되기 전에 내 집을 구입하고자 하는 수요도 있었다. 정부도 은행들에게 저소득 가구에도 주택담보대출을 확대하게 하여 저소득계층들의 주택구입을 용이하도록 하였다. 신용 등급에 따라 주택대출 상품들이 다른데 신용이 양호한 가구는 스탠다드 또는 프라임 대출로 상대적으로 낮은 이자율을 적용하고 대출한도도 높다. 그러나 신용등급이 좋지 않은 가구에는 서브프라임 모기지라는 이름으로 상대적으로 높은 이자율이 적용된다. 일반적이라면 대출하기가 어려운 신용등급의 가구에 은행들은 대출 이익을 높이기 위해 과도한 대출을 하였고, 전체적으로 주택 모기지 대출이 급증하게 되었다.

주택담보대출을 받은 저소득계층은 처음에는 상환액이 적으므로 큰 부담이 없으나 시간이 갈수록 금리가 불어나서 제대로 대출금을 갚지 못하는 일들이 발생했다. 또한, 신용등급이 양호한 가구도 저금리 대출을 이용하여 자신이 감당할 수 있는 능력 이상의 주택을 구입하였다. 주택시장이 활성화되고 주택가격이 계속적으로 오른다고 한다면 큰 문제가 없다. 그러나 2007년 미국 주택 시장이 얼어붙기 시작했고 주택 가격이 폭락하자, 주택 가격 보다 대출금이 더 많아지는 경우가 생겼다. 주택 가격 상승 시기에는 주택을 처분하고 차익을 남기거나, 주택가격 상승분을 다시 담보로 설정해 대출을 더 할 수 있는 여유가 있다. 그렇지만 주택가격이 하락할 경우에는 갖고 있는 집을 팔아도 대출금을 갚기 힘들고, 내 놓은 집도 잘 팔리지 않게 되어 대출 상환금을 갚지 못하는 사람들이 크게 늘어났다. 그러자 은행들의 자금은 경색되기 시작했고 정부는 구제 금융을 투입했으나 자금의 유동성이 부족한 은행과 투자회사들은 그 규모와 상관없이 파산하는 경우가 발생했다. 마치 도미노처럼 금융기관들의 붕괴로 이어진 2008년 금융위기로 인해 미국경제 전체가 큰 타격을 받았으며 세계 경제 리더로서의 입지도 흔들리게 되었다.

미국경제는 2000년 격변기를 지나 2010년대에 들어서면서 상대적으로 안정적인 성장을 해 오고 있다. 금융위기 이후 경제는 꾸준한 성장을 이루었으며, 실업률도 안정적으로 유지되었다. 주식시장도 장기적으로 주가가 계속 상승하면서 높은 수익률을 기록했다. 어려움 속에 살아남은 기업들은 재무구조도 건실해졌고, 구조조정과 양적완화 정책, 그리고 셰일가스(Shale Gas)의 개발과 대량 생산으로 맞게 된 저유가 시대를 거치면서 지속적으로 성장하였다. 1인당 국민소득도 지속적으로 높아져서 2010년에는 4만 8,000달러 수준에서 2019년에는 6만 5,000달러까지 이르고 있다. 기업들에 대한 투자도 늘어나서 금융위기 때 위축되었던 투자가 상당 정도로 회복되었다. 그러나 연방정부의 부채는 2010년에는 GDP의 60% 수준에서 2019년에는 79%까지 크게 증가 하였다.[17] 그리고 미국경제가 다시 성장하면서도 빈부의 격차에 따른 양극화가 심화되었고 경제 성장 이익의 대부분을 상류층이 가져가서 중산층의 붕괴가 이루어지고 있는 것은 미국경제의 숙제로 남아있다.

4. 미국경제의 동력과 과제

오스트리아 출신 경제학자 슘페터(Joseph Schumpeter)가 주창한 자본주의의 가장 중요한 핵심 원리인 '창조적 파괴'는 미국경제의 문화적 동력을 가장 잘 설명해 주는 말이라고 할 수 있다. 창조적 파괴는 새로운 가치를 만들기 위해서 기존 방식을 파괴하는 일련의 과정이 필요함을 말한다. 기술혁신이야 말로 새로운 것을 창조하기 위해 필수적인 것이다. 자본주의는 창조적 혁신을 통해 역동성을 가지며 경제발전 과정에서 기업가의 창조적 파괴 행위는 아주 중요하다는 것이 슘페터의 주장이다. 창조적 파괴는 변화에 대해 능동적이고 적극적으로 반응하는 혁신과 기술 산업을 상징하면서 동시에 미국 시장 경제에서 손실과 이익의 측면을 면밀히 분석하여 장기적인 관점에서 이익이 실현 될 수 있는 모형을 추구하도록 만들었다.

초대형 기업이라고 할지라도 변화와 혁신에 제대로 대응하지 못하면 문을 닫도록 한 것이 미국경제의 역사에서 뚜렷하게 나타난다. 그것이 단기적으로는 경제적으로 큰 피해를 줄지라도 장기적인 경제적 이익 추구를 위해서는 더 낫다는 것이 미국인들의 생각이다. 예를 들어 미국 경제전문지[18]에서 매년 선정하는 미국의 상위 기업들을 살펴보면, 1990년대에는 GM, 포드, 듀퐁, 코닥 등 제조업 중심의 기업들이 자리잡고 있었다. 그러나 2020년 리스트의 상위에는 월마트, 아마존, 애플, 알파벳 등과 같은 유통업체와 IT를 바탕으로 하는 기업들이 위치하고 있다. 경제적 변화에 따라 기업들도 바뀌지만 미국은 다른 나라들에 비해 경제 변화에 따라 기업들의 흥망성쇠가 더욱 뚜렷하게 나타나는 특징이 있다.

미국경제는 글로벌 시장에서 강력한 경쟁력을 가지고 있는 대기업들이 한 쪽에서 이끌어 나가고 있다면, 다른 한쪽에서 경제의 토대를 마련하고 있는 것은 수많은 중소기업들이다. 미국은 창업에 대해 사회적 동기부여가 매우 강하고 창업에 대한 규제가 적어서 비교적 창업하기 쉽다. 창업에 대한 도전을 쉽게 할 수 있는 것은 한번 실패한다고 할지라도 다시 일어설 수 있도록 재기를 위한 제도적 뒷받침이 잘 되어있기 때문이다. 대표적으로 미국의 파산법은 채권자가 파산한 기업의 자산에서 최대한으로 채권을 회수할 수 있도록 하고 있지만, 한편으로는 실패한 기업인에게 재기의 기회를 주기 위해 기업인을 보호하는 제도를 함께 두고 있다. 기업이 채무를 도저히 감당할 수 없으면 정상적으로 경영하면서 파산절차를 진행할 수 있다. 위기가 일시적인 것이라면 회사가 살아남아 채무를 상환할 때까지 원리금의 일부만 회수할 수 있도록 하고 있다. 또한, 개인이 감당할 수 없는 채무로부터 벗어나서 새로운 기회를 가질 수 있도록 허용하고 있어서, 창업의 실패에 대한 두려움을 최소화하여 창업에 대한 도전이 원활할 수 있도록 제도적 바탕을 마련하고 있다.

한편, 미국의 아메리칸 드림으로 표현되는 성공의 신화는 물질주의적 성공추구에 대한 미국인들의 열망과 그것을 달성하기 위해 견뎌야 하는 노력과 인내를 잘 드러내고 있다. 미국 땅에서 모든 이들에게 기회는 평등하게 주어져 있으며 열심히 노력만 하면 성공할 수 있다는 신화는 끊임없는 경쟁을 추구하게 만들었다. 미국의 역사 속에서 서부개척의 신화와 더불어 만들어져 온 신화는 미국 사회 전반에 스며들었으며, 낙관주의를 바탕으로 하는 거대한 국민적 의식이 형성된 것도 이와 무관하지 않다. 그러나 실제 이민자들이나 하위계층에서 노력만으로 성공의 신화를 쓴 사람은 그렇게 많지 않다. 하지만 운이 나쁘지만 않다면, 그리고 내가 적절한 재능과 노력, 그리고 기업가 정신이 있다면 물질적인 성공을 할 수 있으며, 자신의 경제적 지위를 곧 상승시킬 수 있을 것이라는 믿음이 주요 가치로 지배하고 있다. 이러한 낙관주의적 성공신화를 통해 미국 사회가 다른 선진국들에 비해 양극화가 심각하여 빈부격차가 뚜렷함에도 하층계급들은 올라갈 수 있는 계층 사다리를 굳게 믿음으로써 현재의 어려움을 수용하는 태도를 가지는 경향이 있다.

이러한 생각들이 경쟁 추구를 당연시 하게 만들고, 능력주의(Meritocracy)를 바탕으로 미국 경제성장의 중요한 축으로 작용하였다. 신대륙에 정착한 이민자의 후예들이 새로운 곳을 개척하고, 끊임없는 노력과 열망으로 도전하여 변화무쌍한 기회와 위기의 환경을 극복하여 개인의 이익을 최대한으로 추구하고자 하는 정신은 미국식 자본주의에 그대로 녹아 들어가 있다. 그리고 이를 바탕으로 한 실용주의적 정신적 가치는 미국의 경제가 짧은 시간에 도약하게 되는 중요한 토대가 되었다.

그러나 미국경제는 새로운 세기에 들어와 많은 도전을 받고 있으며 그로 인해 안고 있는 과제도 많다. 아담 스미스의 시장 원리를 중심으로 상업 경제의 특징을 바탕으로 한 미국식 경제는 발전 과정에서 시장 원리가 모든 해결책을 줄 수는 없다는 것을 스스로 증명해 왔다. 어떠한 부분에서는 정부의 규제가 적절하게 작용하지 않으면 안 된다. 예를 들어 환경과 관련해서 기업을 규제하지 않는다면 기업들이 오염 배출 문제에 그렇게 신경을 쓰지 않을 것이다. 또한, 경쟁 완전주의로만 나간다면 거대한 독과점 기업을 이길 수 있는 기업은 아마 없을 것이며 시장 가격은 높아질 수밖에 없다. 물질주의에 너무 집중한다면 저축률은 떨어지고 자원의 지나친 낭비를 초래할 뿐만 아니라 경제적 불평등이 심화된다. 미국은 다른 선진국과 비교할 때 최상위 계층은 엄청난 부를 소유하고 있지만 상대적 빈곤은 굉장히 큰 나라라고 할 수 있다. 이러한 문제들이 있음에도 경쟁, 근면, 창의성 등의 중시, 승자에 대한 최대한의 보상과 패자에 대한 재도전 기회 부여, 다양한 기회와 선택권을 허락하는 역동적이며 유연한 경제 체제를 구축함으로써 당면한 위기와 과제들을 극복해 온 것도 사실이다.

그 결과 미국경제는 규모와 다양성에서 세계 1위를 여전히 차지하고 있다. 2020년 기준으로 미국의 GDP는 약 21조 달러이며, 2위인 중국은 약 15조 달러, 3위인 일본이 약 5조 달러이다.[19] 중국이 추격해 오고 있지만 아직까지 차이가 있으며 1인당 GDP는 6만 3,413달러로 5위를 차지하고 있다. 미국보다 순위가 높은 국가들은 룩셈부르크, 아일랜드, 스위스, 노르웨이 정도로 경제규모와 인구로 보았을 때는 미국과는 견주기 어렵다. GDP 기준으로 2위인 중국은 1만 500달러 수준으로 상대가 되지 않으며, 3위인 일본이 4만 193달러, 4위인 독일이 4만 6,208달러 수준으로 어느 정도 인구 규모를 가진 선진국들과 비교해도 단연 앞서고 있다.

미국이 선진국들 중에서도 월등한 경제를 가지고 있는 것은 넓은 국토에 막대한 광물, 에너지, 수자원, 삼림, 농지 등 다른 국가와 비교할 수 없는 자원을 소유하고 있기 때문이다. 그러나 자원만으로는 그러한 경제를 만들지 못한다. 최첨단 IT 산업, 멀티미디어, 보건의료, 생명공학, 유전공학, 소프트웨어, 통신기계, 화학제품, 자동차 등과 같이 뛰어난 기술력을 보유하고 생산할 수 있는 제조업이 굳건히 산업의 기반을 구축하고 있다. 더구나 미국은 세계 최대의 농축산업 국가이기도 하다. 생산품을 소비하는 거대한 내수 시장이 있다는 것도 미국경제의 큰 장점이다. 그러나 다른 국가들과의 무역은 건국이래부터 지금까지 미국경제의 바탕이었으며 세계 시장에서 꾸준히 경쟁해 왔다. 더구나 세계화 시대에 무역의 중요성은 미국경제에 있어서 더욱 중요해졌다. 미국은 자유무역을 기조로 하고 있으며, 세계 최대의 해외 투자국임과 동시에 외국인의 투자를 가장 많이 국내에 유치하는 국가이기도 하다. 미국의 금융시장은 당연히 다른 국가들과는 비교가 되지 않을 정도로 그 규모가 크며, 월스트리트로 상징되는 미국의 금융시장은 세계의 경제를 움직이는 곳이라고 할 수 있다.

글로벌화는 미국에 새로운 도전과 과제를 동시에 던져주고 있다. 자유무역의 확대로 미국의 상품이 세계 곳곳에 진출하기도 하지만, 거꾸로 생산비용이 낮고 질 좋은 상품들이 미국으로 대거 수입되고 있다. 미국 기업들의 제조공장 상당 부분이 생산비용 절감을 위해 해외로 나가 있기 때문에 그 곳에서 생산한 제품들이 미국으로 다시 수입되는 것도 수입을 늘리는데 한몫하고 있다. 따라서 미국은 세계의 상품이 각축전을 벌이는 세계 최대의 시장으로서의 역할을 하고 있지만, 그 결과 미국의 무역수지는 수출보다 수입이 훨씬 많은 구조가 되어 최대의 무역수지 적자국가이기도 하다.

자유무역은 이익과 손해를 동시에 가져다주었다. 예를 들어, 북미자유무역협정(NAFTA)을 체결하여 캐나다와 멕시코와의 무역을 확대하고자 하였는데, 생산비용이 낮은 멕시코로 많은 미국의 공장들이 넘어

가게 되어 멕시코가 미국의 거대한 생산기지의 역할을 하게 되었다. 멕시코에서 생산한 제품이 미국으로 바로 들어오게 되자 값싼 제품에 대한 혜택은 미국 소비자들 전체로 돌아갔다. 그러나 미국 내에서의 제조업은 경쟁력을 잃게 되어 국내 산업이 둔화되고 파산한 기업들이 생기게 되었다. 실업자들도 크게 늘어 미국 내 중산층을 이루고 있던 노동자 계층이 쇠락하게 되는 결과를 가져 왔다. 그러나 북미자유협정이 미국 기업에 불리하게 작용한 것만은 아니었다. 제조업의 쇠락은 지속되었지만 미국 기업들도 생산단가를 낮추고 효율성을 높이게 되어 세계무대에서의 경쟁력을 갖출 수 있게 되었다.

또 한편 세계무대에서 기술 경쟁이 본격화되면서 혁신과 기술의 발달에 따른 특허, 저작권, 상표권을 비롯한 지적재산권의 문제는 국제무역의 중요한 현안으로 떠올랐다. 미국 기업들 사이에 원천 기술에 대한 특허와 상표권 등에 관한 분쟁도 상당히 크게 증가하였다. 관련하여 많은 법적인 송사들이 진행되고 있고, 재판 결과에 따라 엄청난 배상금 등이 책정되어 후발 기업의 발전에 큰 영향을 미치는 일들이 많아지고 있다. 특히 외국 기업들과의 분쟁이 있을 경우 이것이 국가 간의 외교적 문제로까지 번지는 경우도 종종 일어나 국가 간의 마찰을 빚어서 외교적인 긴장과 갈등을 일으키기도 한다.

특히 중국의 부상은 정치적으로 뿐만 아니라 미국의 경제적 패권주의에 큰 도전이 되고 있다. 중국 기업들과의 분쟁은 두 거대 국가들 간의 갈등으로 비화되어 세계 경제를 위축시키는 결과로까지 나타나고 있다. 중국은 정치적으로는 공산당이 장악하고 있지만 경제구조를 자본주의 형태로 바꾸면서 세계 공장의 역할을 해 왔다. 대규모 인구에 바탕을 둔 급격한 경제 성장으로 냉전체제가 종식된 후 미국에 도전하는 유일한 국가로 등장하게 되었다. 중국에서 생산한 제품들이 대거 미국으로 몰려오면서 중국에 대한 무역수지 적자가 엄청나게 커지게 되었다. 이러한 상황에서 미국의 제조업 쇠퇴에 따른 실업자 문제 등과 관련된 정치적 상황이 맞물려서 중국과의 교역에서 보호무역으로 정책을 바꾸게 된다. 글로벌 시대 자유주의 무역을 바탕으로 성장해 가던 세계 경제는 2020년대 들어서 미국과 중국의 무역전쟁으로 인해 주춤해지고 새로운 변화의 질서에 맞닥뜨리고 있다.

마지막으로 미국경제가 품은 가장 어려운 문제는 양극화에 따른 경제적 불평등의 가속화이다. 대공황을 지나 2008년 금융위기를 겪으면서 미국경제는 최대의 위기를 맞았다. 경제성장과 더불어 국가의 재정위기도 가중 되어왔고 소비가 저축을 능가하는 경제 위기를 지나면서 미국경제가 회복되었다. 그러나 이 과정에서 겪어야 할 경제적 고통은 하층계급에 더욱 집중되었다.

예를 들어 미국의 금융위기를 조장한 것은 탐욕스런 투기세력을 비롯하여 거대한 금융기업 집단이었다. 월스트리트의 금융기관들이 위기에 처하게 되자 미국의 중앙은행 격인 연방준비제도는 금융기관을 인수하고 구제 금융을 실시하여 어려움에 처한 금융기관들이 회생할 수 있도록 정책을 취하였다. 경제에 있어 정부의 개입을 최소화 하여 기업의 생사를 시장에 맡기는 것이 미국경제의 특징이지만, 그 피해의 파급력이 너무나 컸기 때문에 적절하게 개입하지 않으면 안 되었다. 그러나 수많은 사람들은 일자리를 잃게 되었고, 경제적으로 어려운 상황에 처하게 되면서 중산층 계급이 붕괴되기 시작했다. 그렇지만 재벌과 부자들은 세금을 투입한 구제 금융 덕택에 살아남아 더 큰 부를 축적하게 됨으로써 미국 사회의 양극화 현상은 심해지게 되었고, 경제적인 보상의 재분배 문제, 경제적 불균형의 가속으로 소득과 부는 소수 부자들에게 집중되었다.

또한, 고임금의 제조업 일자리는 없어지고, 지식 중심의 고도 기술경제에 부합하는 고학력 노동자들 중심으로 산업구조가 재편되었다. 여기에 부합하지 않는 저학력의 노동자들은 적합한 일자리를 얻지 못하든지, 아니면 저임금 서비스 업종에 종사하게 됨으로써 노동자들 사이에 학력에 따른 임금과 고용의 기회에서의 불평등 현상이 크게 심화되었다. 따라서 중하위계층의 삶의 질은 더욱 떨어지는 소득 불균형 현상이 심각한 경제문제로 나타나게 된 것이다. 이로 인해 미국은 세계에서 가장 양극화가 심각한 국가로 자리매김하게 되었으며, 경제적 불평등의 문제는 정치적인 현상으로까지 점점 크게 번지고 있어, 앞으로 미국경제가 해결해야 할 가장 시급한 과제로 남아있다.

글상자 8.1 서브프라임 모기지 사태

2007년에 시작된 미국의 금융위기를 일으킨 가장 주요한 원인이다. 초대형 모기지 대부업체(금융업체)들이 파산하여 경제 전체 통화 흐름에 영향을 미쳤다. 이것이 신용경색을 불러일으킴으로써 미국경제 전체가 연쇄적인 위기를 맞게 된 사건을 말한다. 2000년대 초반에 발생한 IT 버블 붕괴, 중동전쟁, 9·11테러 등으로 인해 미국경제가 좋지 않게 되자 정부는 경기를 살리기 위해 초저금리 정책을 썼다. 낮은 금리가 지속되자 많은 사람들이 금융권에서 대출을 받아 주택, 부동산 등에 투자를 했다. 특히 주택담보대출 중 신용도가 낮은 저소득층을 위한 서브프라임 모기지(Subprime mortgage)는 대출금리가 상대적으로 높았지만 당시 주택가격이 상승하고 있었기 때문에 신용이 낮은 사람들도 대출하여 주택을 구입하면 큰 이익을 얻을 수 있다는 기대감이 있었다. 서브프라임 모기지 대출이 상대적으로 고금리 대출이기 때문에 금융기관에게는 높은 수익을 가져다주었다. 이로 인해 과도한 대출이 무분별하게 이루어졌다. 2004년 저금리 정책이 끝이 나게 되자 부동산 버블도 꺼지게 되었다. 서브프라임 모기지 금리도 올라가게 되었으므로 저소득층은 이자와 원리금을 제대로 갚지 못하게 되었고, 주택을 처분하더라도 주택가격의 하락으로 대출한 금액

계속 ▶▶

글상자 8.1 계속

을 상환할 수 없었다. 서브프라임 모기지 대출을 한 많은 금융기관들이 대출금의 회수가 불가능하게 되고 담보로 가지고 있던 주택가격도 폭락하며 매매가 되지 않자 통화 유동성에 큰 문제가 발생하여 다수의 대형 금융사, 증권회사 등이 파산하였다. 미국에서 발생한 이러한 신용경색은 미국의 실물경제에 악영향을 준 것은 물론이고 세계 경제에도 크게 영향을 주어 2008년 세계가 금융위기에 빠지게 되는 결과를 맞게 되었다.

주

1) Rosenwaike, Ira. 1972, *Population History of New York City*, Syracuse University Press, p. 8, p. 16.
2) 앨런 브링클리 지음, 황혜성 외 옮김, 2008, 『있는 그대로의 미국사1』 (서울: 휴머니스트).
3) 앨런 브링클리 (2008).
4) Ransom, Roger L, 2005, *The Confederate States of America: What Might Have Been*, W. W. Norton & Company.
5) 앨런 브링클리 (2008).
6) Licht Walter 지음, 류두하 옮김, 2004, 『19세기 미국 산업화의 과정과 의미』 (서울: 한국문화사).
7) 김정규, 2016, 『미국의 인종과 민족: 갈등과 변화』 (서울: 에듀컨텐츠휴피아).
8) Biesta & Burbules, 2003, *Pragmatism and Educational Research*, Lanham, MD: Rowman and Littlefield.
9) National Archives, https://www.archives.gov/education/lessons/cotton-gin-patent
10) 루이스 메난드 지음, 김동식 외 옮김, 2001, 『프래그머티즘의 길잡이』 (서울: 철학과현실사).
11) 찰스 페인스틴 외 지음, 양동휴 외 옮김, 2008, 『대공황 전후 세계경제』 (서울: 동서문화사).
12) 이현송, 2016, 『혁신과 갈등, 미국의 변화』 (서울: 한울아카데미).
13) 브루스 커밍스 지음, 조행복 옮김, 2017, 『브루스 커밍스의 한국전쟁: 전쟁의 기억과 분단의 미래』 (서울: 현실문화).
14) 이현송 (2016).

15) Reich, Robert, 2002, *The Future of Success: Working and Living in the New Economy*, New York: Vintage Books.
16) 이현송 (2016).
17) IMF, "Report for Selected Countries and Subjects" imf.org
18) *Fortune Magazine*
19) The World Bank, Data Bank, "World Development Indicators" https://databank.worldbank.org/reports.aspx?source=2&series=NY.GDP.MKTP.CD&country=#

참고문헌

김정규. 2016. 『미국의 인종과 민족: 갈등과 변화』. 서울: 에듀컨텐츠휴피아.

루이스 메난드 지음. 김동식 외 옮김. 2001. 『프래그머티즘의 길잡이』. 서울: 철학과현실사.

브루스 커밍스 지음. 조행복 옮김. 2017. 『브루스 커밍스의 한국전쟁: 전쟁의 기억과 분단의 미래』. 서울: 현실문화.

앨런 브링클리 지음. 황혜성, 조지형, 이영효, 손세호, 김연진, 김덕호 옮김. 2008. 『있는 그대로의 미국사1』. 서울: 휴머니스트.

이현송. 2016. 『혁신과 갈등, 미국의 변화』. 서울: 한울아카데미.

찰스 페인스틴, 피터 테민, 지아니 토니올로 지음. 양동휴, 박복영, 김동환 옮김. 2008. 『대공황 전후 세계경제』. 서울: 동서문화사.

Licht, Walter 지음. 류두하 옮김. 2004. 『19세기 미국 산업화의 과정과 의미』. 서울: 한국문화사.

Biesta, G. J. J. & Burbules, N. 2003. *Pragmatism and Educational Research*. Lanham, MD: Rowman and Littlefield.

IMF. "Report for Selected Countries and Subjects." imf.org

National Archives. https://www.archives.gov/education/lessons/cotton-gin-patent

Ransom, Roger L. 2005. *The Confederate States of America: What Might Have Been*. W.W. Norton & Company.

Reich, Robert. 2002. *The Future of Success: Working and Living in the New Economy*, New York: Vintage Books.

Rosenwaike, Ira. 1972. *Population History of New York City*. Syracuse University Press.

The World Bank, Data Bank. "World Development Indicators" https://databank.worldbank.org/reports.aspx?source=2&series=NY.GDP.MKTP.CD&country=#

9장

미국인, 미국 땅, 미국 문화

김정규(계명대 미국학전공/사회학과)

미국을 이해하기 위해서는 국가를 구성하고 있는 국민들은 누구이며, 어떠한 특징을 가지고 있는지 아는 것이 무엇보다 중요하다. 또한, 미국은 세계에서 손가락에 들 만큼 광대한 국토를 가지고 있는 나라이기 때문에, 미국인들의 삶의 방식과 문화는 거주하는 지역과 삶의 터전에 따라 다양한 방식으로 존재한다. 이 장에서는 먼저 미국인의 뿌리는 어디에서 왔으며, 미국인의 정체성은 무엇인지 역사적, 문화적 토대를 중심으로 설명한다. 미국은 세계 어떤 국가보다 다양한 인종과 민족으로 구성되어 있기 때문에 인종과 민족과 관련된 문제는 국민적 통합의 문제와 연결하여 아주 민감하게 작용하고 있다. 다양성의 측면에서는 어떤 국가보다도 우월한 장점이 있으며 미국 발전의 중요한 원동력이지만, 다른 한편으로 인종과 민족의 차이에 따른 갈등의 문제는 사회통합을 저해하여 국가적으로 어려움을 겪게 만든다. 따라서 미국인은 누구이며, 어떻게 구성되어 있는지, 그리고 그 내면의 갈등과 통합의 문제는 어떠한 양상으로 나타나는지 구체적으로 살펴본다. 또한, 광활한 국토와 독특한 지리적 조건을 갖춘 미국의 특징을 바탕으로 사회적, 문화적 모습들의 다양성이 어떻게 전개되는지 논의한다.

1. 미국인의 정체성

미국인과 미국을 규정하는 정체성에는 두 가지 주장이 존재하고 있다. 하나는 우리가 익히 알고 있듯이 미국은 이민으로 이루어진 이민자의 나라라는 것이다. 원주민을 제외한 대부분의 미국인들은 유럽에서부터 시작해서 세계 여러 지역 나라들에서 이주한 사람들이다. 또 다른 주장은 미국인들은 개척자의 후예로서 자유민주주의를 바탕으로 나라를 세웠다는 것이다. 이 두 주장은 같은 맥락이지만 미묘한 차이가 있다. 미국인이 이민자로 구성되었다 함은 동등한 조건에서 시작해서 개인의 노력과 능력을 통해 성공을 쟁취한다는 아메리칸 드림의 신화와 연결되어 있다. 한편 개척자의 후예라는 것은 미지의 신대륙을 주체적으로 개척해 나가는 도전과 용기를 상징하면서 서부개척사로 상징되는 개척자 정신과 연결되어 있다. 이 두 주장은 미국 사회에 주된 가치관으로 뿌리내리고 있으며, 이민을 통해 구성된 다양한 민족들이 자유민주주의 신념을 바탕으로 신대륙을 개척하여 하나의 위대한 통일 국가를 만들어 왔다는 미국인들의 자부심을 표현하는 것이다.

우리나라에도 단군신화가 있듯이 미국에도 나름의 건국신화가 존재하고 있는데, 아메리칸 드림과 스스로 개척자들의 후예라는 주장은 현실적이기 보다는 오히려 신화에 가깝다. 개척자는 기존의 공동체 또는 사회를 떠나서 새로운 곳에서 새로운 공동체를 건설하고, 나름의 집단적인 목표의식을 공유하고 있는 사람들을 의미한다. 이민자도 개척자와 마찬가지로 새로운 곳에서 삶을 시작하지만, 공동체를 건설하기보다는 이미 존재하고 있는 사회에 적응하거나 뿌리내려 동화된 사람들을 의미한다. 개척자와 이민자는 이러한 차이가 있기 때문에 미국의 백인 주류세력은 자신들을 이민자보다는 개척자의 후예로 자리매김하였다. 그러나 실제로 유럽인들이 아메리카 대륙에 진출했을 때 지금은 원주민들이라고 불리는 수많은 사람들이 수백 개의 부족으로 나누어져 살고 있었다. 원주민들은 나름의 문화와 언어 그리고 역사를 가지고 땅의 주인으로서의 삶을 영위하고 있었던 것이다. 이들의 입장에서 백인 유럽인들은 침략자였고, 정복자들이었다. 그러나 개척자라는 단어에는 이러한 의미가 포함되어 있지 않다. 대신 미지의 세계를 순수한 열정으로 탐험하고 주인 없는 땅의 주인이 되어 그 곳을 개발하고 발전시켰다는 의미가 들어 있다. 미국의 주류 집단은 그러한 의미에서 스스로 개척자라는 정체성을 만들어 나갔다.

미국인들의 신화로서의 개척자정신은 영웅주의(Heroism)로 이어진다. 미국으로 이민을 결정하는 것부터 용기가 필요한 일이고 모두가 영웅적인 일인 것이다. 위대한 개척자로서의 영웅은 할리우드로 상징되는 미국의 영화 속에 흐르는 대표적인 주제이다. 서부 개척의 영웅들의 이야기는 서부 영화의 형태로 만들어져 미국인들에게 전달되었다. 서부 개척의 주인공은 외로운 사람이다. 동료들과 함께 현실에 안주하는 것이 아니라 혼자 미지의 길을 찾아 떠난다. 악당들과 맞닥뜨렸을 때도 혼자서, 아니면 방금 전에야 겨우 한편이 된 사람들과 악당을 무찌른다. 그의 총잡이 실력은 너무나 출중하여 어떤 이도 능가할 수 없다. 악당이 장악한 마을을 평정하고 그가 최고가 되었을 때, 거기에 머무르거나 집착하지 않는다. 모든 것을 두고 석양의 지는 해를 향하여 떠나는 것, 그것이 바로 전형적인 서부영화에 나타난 영웅의 모습이다.

미국의 영웅주의 주제는 서부영화에서 오늘날 마블(Marvel) 영화로 대변되는 수퍼 히어로즈로 바뀌었다. 막강한 힘을 가지고 있으면서도 평소에 그들은 정체를 드러내지 않는다. 소시민적으로 살거나 은둔하며 지내다, 악당이 등장하여 위기 상황에 되었을 때 정체를 드러내어 악당들을 무찌른다. 악당과의 싸움에서 이기고 세상의 평화를 돌려놓은 그들은 서부영화의 주인공이 떠나던 것처럼 세상 속 원래 자리로 아무 일도 없었던 것처럼 돌아간다. 그것이 바로 개척자의 모습이고 미국 영웅의 모습이다.

미국인들은 일상 속에서 매일의 작은 영웅들이 되고자 한다. 소방관, 경찰관, 군인, 운동선수 모두가 영웅들이다. 국가를 위해 봉사하고, 국위를 선양하며, 사람들의 생명을 구하고 어려움에서 건져낸 사람들만이 영웅이 아니다. 체육시간에 달리기하다 넘어진 친구를 부축해서 업고 온 학생도 오늘의 영웅이다. 홈리스를 위해 모금 활동을 계획하고 실행에 옮긴 친구도 영웅이다. 영웅이 매일 나타나고 나도 그 영웅이 될 수 있다는 마음을 갖고 살고있는 사람들이 바로 미국인들이다.

그러므로 미국 건국의 주체 세력들과 그 후예들은 개척자와 이민자를 분리하길 원했고, 미국 땅의 주인으로서의 개척자의 이야기를 선택하였다. 다만 건국 이후 수많은 이민자들의 후예라는 것에서 가져온 것은 동등한 기회, 노력, 능력, 그리고 물질적 성공이라는 아메리칸 드림의 신화였다. 미국을 건국한 것은 영국계 출신들인데 건국 이전 식민지 시대부터 자신들의 문화와 제도가 사회에 정착되기까지 다른 유럽계 이민자득의 유입을 통제했다.[1] 그러면서 자신들의 지배적 지위를 확보하였다. 예를 들어 독일계 이민자들이 대거 이주해 왔을 때 영국계들은 영어를 비롯하여 자신들의 문화와 제도에 독일계 이민자들이 흡수되도록 강요했으며, 영국계의 관습에 벗어나는 것은 야만적인 것으로 여겼다.

이러한 문화적 동화주의는 건국 이후 수많은 이민자들이 다양한 국가로부터 이주해 왔을 때도 변함없이 적용되었다. 그럼으로써 영국계 이주자들은 다른 이민자들과 구분되는 개척자로서의 주인행세를 톡톡히 하였다. 개척자들이 만들어 놓은 사회적, 문화적 가치에 잘 적응하고 동화되어 아메리칸 드림을 꾸면 언젠가 성공할 수 있다는 신화는 이민자들에게는 기존 체제에 대한 순응을, 주류 집단인 앵글로색슨 영국계에게는 주도권을 놓지 않게 하는 기능을 역사적으로 해 왔다.

한편 앵글로색슨 개신교 문화는 미국인의 또 다른 정체성을 나타낸다. 헌팅턴(Samuel Huntington)은 미국의 정체성이 히스패닉과 스페인어 등으로 도전을 받고 있다면서, 앵글로색슨 개신교 문화를 회복하는 것이 미국의 정체성을 지키는 것이라고 주장한다.[2] 개신교 신앙이야말로 미국 국가정체성의 뿌리라는 것이다. 서구 유럽이 산업화되면서 세속화의 길로 들어가서 현재 유럽의 기독교는 문화적인 것으로만 명맥을 유지하고 있는 수준이다. 일반 시민들의 종교 활동은 정체되어 있으며, 예전에 화려했던 성당과 교회들은 관광지로 변모했거나 다른 용도로 쓰이고 있다. 시민들의 종교성도 예전과 비교하면 크게 떨어졌다. 기독교에만 한정된 것이 아니라 고도의 산업화가 진행된 국가들에서는 세속화가 빠르게 진행되고, 종교성은 떨어지는 것이 일반적인 현상이다. 그러나 미국은 고도의 산업국가임에도 불구하고 세속화 경향이 크게 나타나지 않은 거의 유일한 국가이다.[3]

미국의 조사기관인 퓨 리서치 센터의 조사보고서를[4] 살펴보면, 현재 미국인들의 종교성에 관한 실제적인 모습을 추측할 수 있다. 미국의 성인들을 대상으로 한 2021년 조사에서 29%의 사람들이 무신론자라고 응답하였다. 이것은 10년 전에 비하면 10%나 더 높아진 수치여서 미국인들의 세속화 경향이 나타나고 있음을 보여준다. 기독교인들이 차지하는 비율은 단연코 높아서 인구 전체의 63%가 기독교인이었다. 그중 개신교도가 40%로 다수를 차지하고 있고, 21%가 카톨릭이며 나머지는 몰몬교 등과 같은 다른 종파가 차지하고 있다. 10년 전에는 75%가 기독교인이라고 대답하였는데 그것과 비교하면 기독교인의 수가 12%가 줄어들었다. 특히 개신교도의 감소비율이 두드러져서 10년 전에 비해 10%나 줄어든 반면, 카톨릭의 경우는 큰 변동 없이 유지되고 있다. 그러나 종교적 활동성은 개신교도들이 더 높은 것으로 나타났다. 개신교도의 경우 적어도 한 달에 한번 이상 예배에 참석한다는 사람들이 절반 정도 되는 반면, 카톨릭은 3분의 1 수준에 머물렀다. 한편, 종교가 인생에서 차지하는 중요도가 아주 높다고 생각하는 사람들이 41%였고, 어느 정도 중요하다고 생각하는 사람들이 25%를 차지해서 인구의 66%가 종교가 삶에 영향을 미치고 있다고 응답했다.

조사에서 나타나듯 미국인들의 종교성이 점점 떨어지고 있긴 하지만, 유럽의 국가들과 비교하면 미국인들의 종교성은 여전히 높다고 할 수 있다. 예컨대 유럽의 종교성 조사에 따르면,[5] 서구 유럽국가들 중 대표적인 카톨릭 국가인 이탈리아의 경우 인구 전체의 40%가 성당에 가서 가장 종교성이 높으며, 그 다음으로 포르투갈이 35%, 아일랜드가 34%로 그 뒤를 따르고 있다. 그러나 같은 카톨릭 국가인 프랑스는 18%, 스페인은 21%에 머무르고 있다. 개신교가 다수를 차지하는 종교개혁 국가인 독일과 스위스는 각각 22%와 27%의 국민들이 교회에 참석하고 있으며, 영국은 단 18%만이 교회에 참석한다고 응답했다. 미국인들의 경우 매주 교회에 참석한다고 대답한 사람이 25%, 한 달에 한두 번이 7%를 차지해서 31%의 미국인들이 최소 한 달에 한두 번 이상 교회에 참석하고 있다, 일 년에 몇 번이라도 참석한다고 응답한 15%의 사람들을 포함하면 전체 미국인들 중 절반에 가까운 45%의 사람들이 교회 또는 성당에 참석하고 있다. 이러한 결과를 놓고 보면, 유럽에서 종교성이 가장 높은 국가라고 알려져 있으며 교황청이 있는 카톨릭 국가인 이탈리아 보다 미국의 종교성이 더 높고, 유럽의 개신교 국가와 비교하면 그 차이는 더 크다. 더구나 미국의 개신교도들의 절반 이상은 적어도 한 달에 한번 이상 예배에 참석한다고 응답한 것을 보면, 미국은 긴 주기로는 세속화가 진행되고 있지만 여전히 종교성이 아주 높은 국가라는 것을 알 수 있다.

미국인들의 높은 종교성은 국가 정체성과도 밀접한 관계가 있다. 저명한 종교사회학자인 벨라(Robert Bellah)는 미국인들의 종교성과 국가의 정체성이 '시민종교(Civil religion)'[6]의 형태로 결합되어 있다고 주장한다.[7] 시민종교는 개인의 종교적인 신앙과는 달리, 국가가 나타내는 궁극적인 의미와 인식에 대한 것과 연결되어 있다. 사회적 결속을 이끌어내며 공동의 목표와 신념을 바탕으로 의식과 제도 속에 녹아들어가 있는 하나의 체계를 말한다. 그러한 의미에서 사회의 건강과 질서도 시민의 종교적인 믿음으로 유지될 수 있다는 것이다. 미국에서의 기독교는 바로 이러한 시민종교의 형태를 갖고 있어서 미국 사회의 모든 영역에 내재되어 있으며, 제도뿐만이 아니라 사람의 일상적인 삶의 영역에도 자연스럽게 녹아들어가 있다. 미국이라는 나라는 신성한 국가이며 독립선언문과 헌법에서 말하는 자유와 평등의 가치를 포함한 보편적인 가치는 신성한 믿음 체계를 구성하고 있는 요소라고 할 수 있다.[8]

미국 시민종교의 바탕은 기독교이지만 그렇다고 해서 미국의 정치와 제도가 기독교와 직접 연결되어 있는 것은 아니다. 미국은 정치와 종교가 뚜렷이 분리되어 있고, 종교적 다원주의 사회이다. 그러나 기독교는 지배적인 문화의 형태로 미국 사회 곳곳에 뿌리내리고 있다. 예를 들어 미국 대통령 취임식에는 성경에 손을 얹고 선서를 하며, "God Bless America!"라는 말을 심심찮게 공식적으로 사용한다. 이러한 것은 전통적이고 문화적 형태인 시민종교로 작용하는 것이다.

기독교는 하나의 신념 체계로 존재하며, 어떠한 종교적 신비함을 포함하지 않은, 현실에 바탕으로 둔 실질적인 가치로서의 역할을 한다. 세계 여러 지역에서 이주해 온 다양한 문화적 배경을 가지고 있는 미국인들은 보편적인 가치를 바탕으로 하는 시민종교를 통해 일체감과 자긍심 그리고 그들의 민족주의를 드러낸다. 미국인들의 보편적인 신조와 가치관은 자유, 평등, 민주주의, 인권, 법치주의 그리고 사유재산 등으로 나타낼 수 있으며 기독교는 하나의 시민종교의 형태로 곳곳에 내재해 있다고 보면 되겠다.

그러나 미국인들의 영토적 정체성은 그리 높지 않아서, 특정 장소에 집착하지 않고, 지리적 이동성도 높다. 한국인들은 한반도라는 영토에 정체성을 두고 영토와 민족의 일치감을 뚜렷하게 드러낸다. 몸과 땅은 따로 존재하는 것이 아니라는 '신토불이'의 상징성이 한국인들의 뇌리에 깊게 박혀 있다면, 미국인들은 영토에서 자신들의 정체성을 찾지는 않는다. 그것은 미국이 워낙 영토가 넓은데다 토지가 역사적으로 풍부하고 저렴하며, 개척 시대에는 거저 얻는 경우도 많았기 때문이다. 또한, 미국을 구성하는 영토가 지속적으로 변하였기 때문에 영토 자체에 자신들의 정체성을 그렇게 뚜렷하게 부여하지는 않는다.

2. 미국의 인종과 민족

미국은 2020년 기준으로 현재 약 3억 3,000만 명의 인구를 가진다. 그 중에서 백인은 57.8%, 히스패닉 또는 라티노가 18.7%, 흑인이 12.1%, 아시아계가 5.9%를 차지하고 있다. 2010년 센서스 기준으로 백인은 63.7%, 히스패닉 또는 라티노가 16.3%, 흑인이 12.2%, 아시아계가 4.7%였다. 10년 동안의 인구구성만 보더라도 백인 인구 비율은 5.9%

가 줄었다. 흑인 인구 비율은 그다지 변화가 없는 반면, 히스패닉계의 비율은 2.4%가 증가했으며, 아시아계 비율도 1.2%가 늘었다. 1980년에는 백인 인구비율이 79.4%인데, 40년 만에 20% 이상 줄었다. 반면 1980년과 비교해서 히스패닉계의 비율은 거의 3배 가까이 증가했고, 아시아계 비율은 거의 30배 가까이 늘었다. 미국 인구구성 비율은 백인은 점점 줄어들고 있고, 히스패닉과 아시아계는 지속적으로 늘어가는 추세를 보여주고 있다.

절대적인 수로 보면 히스패닉계가 가장 큰 소수계 집단이다. 히스패닉계 중에서는 미국과 국경을 맞대고 있는 멕시코계가 61.5%로 절대다수를 차지하고 있으며, 푸에르토리코 출신이 9.7%, 쿠바계가 3.9%를 차지하고 있다.[9] 특히 2010년부터 2020년까지 10년 동안 미국인구 증가분 중 히스패닉계가 절반이 넘는 51%이다. 히스패닉 인구가 크게 늘어나고 있는 것은 지리적으로 중남미지역이 미국과의 거리가 가까워 절대적인 이민자 수가 많기 때문이다. 그리고 중남미 국가의 국민들은 카톨릭이 주된 종교이고, 대가족을 중심으로 하는 가족주의 전통이 있어 출산율이 높은 편이다. 이들은 미국으로 이주해 와서도 다른 인

표 9.1 연도별 인종구성 비율 비교 (단위: %)

인종/민족	1980년	1990년	2000년	2010년	2020년
백인	79.4	75.6	69.1	63.7	57.8
히스패닉계	6.4	9.0	12.5	16.3	18.7
흑인	11.5	11.7	12.1	12.2	12.1
아시아계	0.2	2.8	3.6	4.7	5.9

출처: Frey, William H. Aug 13, 2021. Report "New 2020 census results show increased diversity countering decade-ling declines in America's white and youth population" Brookings.(재구성) https://www.brookings.edu/research/new-2020-census-results-show-increased-diversity-countering-decade-long-declines-in-americas-white-and-youth-populations/

종/민족 출신에 비해 출산율이 높다. 이러한 특징들로 인하여 미국 전체 인구에서 히스패닉계가 차지하는 비율이 높아졌다고 볼 수 있다. 세부적으로 보면, 절대 인구로는 멕시코가 단연 많지만, 멕시코계의 증가 속도는 최근에는 주춤하고 있다. 2010~2019년 기간 동안 베네수엘라 126%, 과테말라 49%, 온두라스 출신이 47%의 증가율을 보인 것과는 달리 멕시코계는 13% 증가하는 데 그쳤다.

주된 거주 지역을 살펴보면, 히스패닉계는 캘리포니아주를 포함하여 남서부 지역, 동부의 대도시 지역, 남부의 플로리다주와 시카고를 중심으로 하는 일리노이주 등에 집중해 있다. 히스패닉계가 가장 큰 비율을 보이고 있는 주는 뉴멕시코주로 전체 주민의 40% 이상이 히스패닉계이고, 애리조나, 캘리포니아, 텍사스주가 30%를 넘는다. 이들 주는 일부 또는 전체가 과거 멕시코의 영토였으나 미국과 멕시코의 전쟁 등의 결과로 미국이 편입한 지역이어서 애초에 히스패닉계가 다수 거주하던 지역이었다. 그리고 멕시코와 국경을 맞대고 있는 지리적 거리가 가까운 지역이어서 거주하는 히스패닉계의 대부분은 멕시코 출신이다.

동부의 대도시 지역에서는 미국의 최대 도시인 뉴욕시를 중심으로 인접한 주인 뉴저지주 그리고 대서양 연안의 대도시 등에서 히스패닉계의 비율이 높다. 뉴욕시는 워낙 다양한 인종과 민족이 모여 있는 곳이지만, 히스패닉계로는 푸에르토리코 출신이 집중적으로 거주하고 있다. 푸에르토리코는 자치정부가 있지만, 미국령으로 국방과 외교를 미국이 관할하고 있기 때문에 푸에르토리코 사람들은 언제든 미국 본토로 올 수 있다. 뉴욕시는 가장 큰 대도시여서 이민자들이 할 수 있는 일거리들도 많기 때문에 일자리를 찾아 온 푸에르토리코 사람들이 많다. 한번 이민자 공동체가 형성되면 그 공동체가 재차 다른 이민자들을 끌어오는 연쇄효과가 있는데 뉴욕시의 푸에르토리코 이민자들의 경우도 예외가 아니다.

이와 비슷한 경우가 시카고지역의 멕시코계 히스패닉 공동체이다. 시카고는 중서부 지역에 위치하고 있기 때문에 서부와 남서부 지역과는 달리 멕시코와의 지역적 거리가 멀다. 하지만 시카고는 과거 뉴욕시와 경쟁하는 대도시였고, 오대호를 끼고 제조업이 크게 발달했을 뿐만 아니라 광활한 중서부지역 곡창지대에서 산출되는 농산물의 집산지이기도 했다. 시카고는 또한 교통의 요충지여서 동부와 서부, 그리고 남부 지역을 모두 잇고 있는 지역이기도 하다. 따라서 풍부한 일자리를 제공하는 대도시 기능을 하였기 때문에 멕시코계 히스패닉들이 일자리를 찾아 1960년대부터 대거 몰려들었다. 이들을 치카노(Chicano)라고 부르기도 하는데 1970년대 초반까지 히스패닉계들의 권리신장을 위한 치카노운동(The Chicano Movement or Chicano Civil Rights Movement)'이 시카고 지역을 중심으로 활발히 일어나기도 했다.

한편, 플로리다주는 남부지역에 있으면서 히스패닉/라티노의 인구 비율이 6번째로 높으며, 전체 주인구의 25%를 차지하고 있다. 플로리다주의 히스패닉계는 멕시코 출신들 보다는 쿠바, 푸에르토리코, 도미니카 공화국, 콜롬비아, 베네수엘라 등 카리브 해에 위치한 국가와 다양한 중남미국가 출신들로 이루어져 있다. 특히 마이애미를 중심으로 쿠바계의 인구가 집중해 있다.

쿠바가 1959년 공산화되면서 많은 사람들이 탈출하였는데 쿠바와 가장 가까운 미국의 플로리다주가 그들의 정착지가 되었다. 냉전체제 속에서 지척에 있는 쿠바의 공산화에 달가워하지 않은 미국은 쿠바 탈출 난민들을 미국에 무조건적으로 수용했다. 그러나 쿠바와의 협상 후 1995년 클린턴 행정부는 쿠바인들에 대한 새로운 정책을 수립했는데, '젖은 발, 마른 발 정책(Wet Feet, Dry Feet Policy)'[10] 으로 불린다. 쿠바에서 탈출한 난민들이 해상에서 미국 국경수비대에 잡히면 쿠바 또는 제3국으로 돌려보내지만, 무사히 해안에 도착하여 미국 땅을 밟는 사람들에게는 미국에서 영주할 수 있는 지위를 부여했다. 미국정부에서 실시한 쿠바에 대한 특별 정책으로 많은 쿠바인이 미국으로 건너왔으며, 쿠바와 가까운 플로리다주 마이애미에 거대한 쿠바인 민족공동체가 만들어졌다.

히스패닉계는 1965년 미국의 이민법이 새롭게 개정된 이후 본격적으로 미국으로 이주했다. 그 이전에는 국가별로 이민자 수를 할당하는 등 이민을 억제하기 위한 정책을[11] 1924년 이후 시행하였기 때문에 이민자 수가 많지 않았다. 새로운 이민법의 시행으로 이민의 문화가 열리자 유럽의 이민자들은 축소되고 히스패닉계의 이주가 두드러지기 시작했다. 히스패닉계는 지배계층인 영국계와는 인종적 또는 문화적 배경이 크게 달랐다. 대부분 스페인어를 사용했기 때문에 언어의 장벽도 무시하지 못했다. 교육수준도 높지 않아 주로 농업 노동자로 일하거나 대도시의 3D 업종에서 일자리를 구했다. 그래서 히스패닉계들은 쉽게 미국의 지배문화에 동화되기 어려웠다. 대신에 민족 집단거주지(Ethnic enclave)를 형성하여 이민자들이 쉽게 새로운 곳에 적응하고, 문화적 안온감을 느끼며, 그 안에서 일자리도 제공하여 이민자 사회를 통합하고자 노력하였다.

단기간 동안의 이주로 인해 히스패닉계는 흑인들보다 더 인구가 많아져서 최대의 소수집단이 되었지만 상대적으로 정치적인 영향력은 그리 크지 않았다. 그것은 히스패닉계 인구가 많다고 하더라도 출신국가들이 다양하고 저마다의 문화적 배경들이 달라서 단결이나 유대를 강화하지 못했기 때문이다. 그러나 그동안 정치적, 경제적으로 두각을 나타내지 못하던 히스패닉계들이 최근 힘을 모으기 시작해서 이제 무시하지 못할 영향력을 미치는 세력으로 등장했다. 국가가 다르더라도 히스패닉이 가지는 공통의 어려움을 공유하기 시작한 것이 하나의 이유가 되지만, 무엇보다 멕시코계 단일 국가 출신만으로도 미국전체 인구의 11%

이상을 차지하게 되어 그 영향력을 무시할 수 없게 된 것이다. 최근에는 미국의 정계와 법조계 등으로 히스패닉계의 진출이 뚜렷하게 이루어지고 있다.

히스패닉계에 이어 두 번째로 큰 소수자 집단인 흑인들의 인구 비율은 12% 내외로 최근 40년 동안 큰 변동이 없다. 다만 1990년대까지 흑인이 가장 큰 소수집단이었는데 2000년대에 들어서면서 히스패닉계의 대거 유입으로 인해 두 번째로 큰 소수집단으로 순위가 바뀌었다. 흑인은 미국 역사에서 인종차별을 가장 오랜 기간 지속적으로 받은 소수자이다. 미국은 배타적 인종주의 정책을 역사적으로 시행하였는데, 백인과 백인이 아닌 자로 구분하였다. 백인에 속하지 않은 자는 유색인으로 차별적인 대우를 받았는데 흑인은 대표적인 차별대상이었다. 흑인은 다른 유색인종에 속한 사람들과는 달리 유일하게 노예의 지위를 경험한 역사를 가지고 있다. 흑인들은 미국이 건국되기 이전 식민지 시기부터 노예로 본격적으로 도착하였다. 대부분의 흑인들은 남부의 농장지역으로 팔려가서, 농업노동력의 주요 역할을 하였다. 남부의 주들 중 사우스캐롤라이나(South Carolina)주는 1770년대 흑인 노예의 인구가 전체 인구의 절반이 넘었으며 남부의 다른 주들도 30% 이상이 되는 곳이 많았다.

흑인의 인구가 늘어나자 남부 주들에서는 흑인들의 저항이나 반항 가능성에 대해 두려움이 많았으며, 흑인들을 억압하는 다양한 법과 제도들을 만들어 차별하였다. 흑인의 생사여탈권은 백인 주인이 가지기도 했고, 사유재산도 소유하지 못했으며, 백인에 대한 법적인 소송과 증언도 할 수 없었으며, 시민권도 허락되지 않았다. 미국의 남북전쟁이 1865년 끝난 이후 노예제도가 전국적으로 폐지되긴 했지만 북부지역과는 달리 남부지역에는 사회의 혼란을 막고 질서를 유지한다는 명분하에 '흑인법(Black Code)'을 만들어 흑인들의 권리와 의무를 명시했다. 비록 자유인이 된 흑인이지만 그들은 무기소유와 거래, 술의 제조와 판매 등도 할 수 없었으며, 흑인이 할 수 있는 직업 등도 제한을 가하였다. 이러한 흑인법은 정당한 법적인 절차 없이 흑인의 생명, 재산, 자유를 박탈하지 못하도록 규정한 수정헌법 14조가 통과됨으로써 무력화되었다. 그러나 남부지역의 엘리트 대지주들은 '흑인법'을 이으면서도 연방법에 위배되지 않는 기존의 노예제도를 대신할 수 있는 새로운 사회시스템을 만들고자 하였다. 흑인과 백인을 분리할 수 있도록 합법적 제도로 만들어 실시하는 짐 크로우 시스템(Jim Craw System)이 그것이다.[12]

짐 크로우 법의 주된 내용은 모든 공공시설에서 백인과 유색인들은 분리될 수 있도록 한 것이다. 예를 들어 식당은 백인과 흑인의 자리를 공간적으로 분리할 수 있었다. 버스와 기차 등도 흑인이 백인과 같이 이용할 수는 있지만 흑인의 좌석과 백인의 좌석은 분리되었다. 공원, 극장, 스포츠 경기장 할 것 없이 생활공간에서 백인과 흑인은 분리되었다. 이러한 인종분리법은 연방법원의 판결에 의해 오히려 명분을 얻게 되었는데, 연방법원은 '플레시 대 퍼거슨(Plessy vs. Ferguson)' 재판을 통해 "분리되었지만 동등하다(Separate but equal)" 는 원칙 아래 있는 법은 연방법의 위반이 아니라고 판결을 내린 것이다.

이 판결은 동등하게 대우하는 한 분리할 수 있는 자유도 있다는 것을 강조한 것이었는데, "동등"이라는 것에 강조점이 있었지만 남부의 주들에서는 "분리"에 더 강조점을 두었다. 예를 들어 남성과 여성이 분리된 화장실을 사용하지만, 남성과 여성의 신체적 특징이 다르고 그 공간을 사용하는 방식은 동등하기 때문에 공간적인 분리가 되었다고 해도 문제가 없다. 그렇지만 분리법 아래에서는 흑인 공간은 아주 열악한 반면에 백인 공간은 훨씬 나았다. 흑인들이 다니는 학교는 재정적으로 열악하고 형편이 없었지만, 백인들의 학교는 보다 좋은 시설에 뛰어난 교사들이 있었다. 흑인들이 사는 지역과 백인들이 사는 지역도 뚜렷하게 분리되었다.

흑인과 백인의 공간적 분리는 불평등의 악순환을 만들었다. 흑인들의 신분 상승의 기회는 없었으며 주류 문화에서 배척되었고, 경제적으로도 일어설 수 없을 정도로 가난했다. 노예해방으로 인해 노예 노동력을 잃게 된 대지주들은 소작제를 도입하여 문제를 해결해 나갔다. 흑인들이 노예에서 해방되었지만 마땅한 일자리를 찾을 수 없었기 때문에 많은 흑인들이 예전 농사짓던 농장으로 다시 돌아갔다. 백인지주들은 아무것도 가진 것 없는 흑인들에게 의식주를 제공하면서 적당한 정도의 농사지을 땅을 임대해 주었다. 그리고 수확해서 얻은 이익을 흑인 노동자들과 나누고 자신이 미리 제공한 의식주에 대한 비용도 갚도록 하였다. 흑인들은 지주에게 갚아야 할 빚도 많고 수확해서 얻은 이익을 지주와 나누어야하기 때문에 실제로 얻을 수 있는 이익은 크게 없었다. 흑인이 자유인이 되었지만 백인 지주의 부는 늘어가고 흑인들은 빚이 더 커지는 상태에서 채권자인 백인에게 예속되어 마치 노예와도 같은 삶을 살 수 밖에 없는 형편이 되었다.

그러나 1955년 앨라배마주 몽고메리(Montgomery)에서 로자 팍스(Rosa Parks)의 상징적인 사건 이후 흑인 민권운동이 본격적으로 불붙게 되고 마틴 루터 킹 주니어(Martin Luther King Jr.) 목사 등의 흑인 민권운동 지도자들을 중심으로 전국적인 저항운동이 시작되었다. 흑인 민권운동은 당시 미국전반에 퍼져 있던 반문화운동의 인권운동과 맥을 같이하여 효과적으로 전개되었다. 그 결과 1964년 인종, 민족, 여성, 출신 국가, 성적지향 등에 따른 모든 차별을 금지한 시민권리법(Civil Rights Acts)이 제정되었으며, 짐 크로우 법은 폐지되었다.

시민권리법은 공공영역에서 일어나는 모든 차별을 금지하였으며, 연방정부의 지원을 받는 모든 기관에서의 어떠한 차별도 금지하였다. 따라서 법이 제정된 후 공공영역에서의 흑인들에 대한 차별은 크게 개선되었다. 그러나 제도와 법이 도달하지 못하는 보이지 않는 곳에서의 편견과 차별은 하루아침에 사라지지 않았다. 누적적인 차별의 희생양이 된 흑인들은 모든 인종집단 중 경제적인 수입이 가장 적으며, 흑인과 백인의 재산 차이는 10배 정도 차이가 난다. 또한, 동일한 교육수준에 따른 인종별 가구수입도 백인에 비해 훨씬 적다.[13] 도시 지역에 거주하고 있는 흑인들은 주로 도시 중심부 주변에 살고 있어서 교외의 더 나은 환경에 거주하는 백인들과 분리되어 있다. 같은 도시지역에 살고 있더라도 큰 길을 중심에 두고 백인지역, 흑인지역으로 분리된 곳들도 많으며, 주택가격에 따른 거주 분리가 아직까지 뚜렷하다.

정치적 영향력에서 흑인들은 소수집단 중에서는 가장 크다. 히스패닉계보다 인구비율은 적어도 역사적으로 훨씬 더 오래 된 경험을 가지고 있고, 차별에 대항하기 위한 저항과 단결의 역사는 흑인들의 정치 참여를 높여 왔다. 흑인들이 집단적으로 거주하는 지역을 중심으로 상하원의원들을 포함한 흑인 정치인들이 많이 배출되었다. 최초의 흑인 대통령인 오바마 대통령, 바이든정부에서 최초의 여성 부통령으로 흑인인 해리스(Kamala Harris)까지 당선됨으로써 흑인의 정치적인 입지는 더 커졌다. 그럼에도 불구하고 일상에서 흑인들에 대한 편견과 차별은 여전히 내재하고 있고, 공공영역에서도 경찰이 흑인 용의자를 과잉 진압한 것과 같은 사건들은 계속적으로 일어나고 있다. 이에 흑인들과 인종차별에 항의하는 미국인들이 합세하여 '흑인의 생명도 소중하다(Black Lives Matter)'는 사회운동이 활발히 일어났다.

반면에 흑인들의 차별에 의한 피해의식은 백인뿐만이 아니라 다른 인종들에게도 적대감으로 종종 표출되기도 한다.[14] 흑인들의 인종차별에 대한 저항은 그들을 인종적인 문제에 민감하게 만들었으며, 그로인해 다른 소수집단에 비해 인종적 결속력이 강하다. 이러한 특징은 흑인들이 다른 인종들에게 배타적이며, 자신들에게 불리한 모든 문제를 인종문제로 환원시키고자 하는 태도를 가지게 만들었다. 특히 이민의 역사가 짧으면서도 경제적으로는 자신들보다 훨씬 잘 살고 있는 아시아인들에 대한 부정적인 태도는 아시아인들에 대한 증오범죄로 종종 드러나기도 한다. 역사적으로 보면, 한국계 민족공동체인 코리아타운에서 흑인 폭동사태가 발생하여 흑인과 한국계가 심각하게 무력 충돌한 LA흑인 폭동은 흑인과 아시아계 충돌의 상징적인 사건이 되었다. 최근 코로나19로 인해 미국이 어려움에 처하게 되었을 때 중국인들뿐만이 아니라 아시아계 전체에 대한 증오범죄의 증가는 심각한 사회문제가 되었는데, 특히 흑인들의 증오범죄가 더욱 뚜렷하게 나타났다. 이러한 사실은 흑인들이 다른 인종들에 비해 인종 문제에 대해 더욱 긴장하고 민감하다는 것을 보여준다.

아시아계는 이민의 역사가 가장 짧은 편이지만 가장 빠른 속도로 인구비율이 늘고 있다. 아시아계의 유입은 1965년 미국의 이민법이 개정

사진 9.1 Black Lives Matter 시위

출처: Photo by Ehimetalor Akhere Unuabona, https://unsplash.com/photos/_omoO3naObM

된 이후 본격화되었다. 아시아계는 한국, 중국, 일본을 포함하여 필리핀, 베트남 등의 동남아 지역 그리고 인도, 파키스탄 등의 서남아시아 지역 출신, 그 외에 자신이 스스로 아시아계라고 여기는 모든 사람들이 해당된다. 아시아인들의 출신별 인구는 중국인들이 가장 많아서 전체 아시아계 중 24%를 차지하고 있다. 그 다음이 인도 21%, 필리핀 19%, 베트남 10%, 한국 9%, 그리고 일본이 7%를 구성하고 있어서 6개 국가 출신들이 전체 아시아계의 85%를 차지하고 있다.[15)]

중국인들이 아시아계 중 가장 먼저 미국에 이주해 왔는데, 골드러쉬가 시작된 1840년대 이후부터 대규모로 이주하였다. 약 40년간 20만 명의 중국인들이 캘리포니아 샌프란시스코 항을 통하여 그 지역의 탄광노동자로 일하였다.[16)] 탄광이 시들해져서 일자리가 줄어들자 힘든 생활을 겪었다. 마침 미국 대륙횡단 철도 건설 사업이 1860년대 시작되자 중국인들이 대거 건설노동자로 참여하였다. 철도 건설이 완공되어 다시 일자리를 잃게 된 중국인들은 도시로 몰려들었다. 샌프란시스코를 중심으로 허드렛일과 3D 업종을 도맡아 하였고, 영세규모의 자영업 등을 하면서 부지런하고 검소하게 살아서 상당 부분 경제적으로 성장하게 되었다. 특히 도시 중심에 민족 공동체인 차이나타운을 형성하였는데 그곳은 중국인들의 문화적인 허브 역할을 했을 뿐만 아니라 자족적인 경제공동체의 역할도 동시에 하였다. 중국인 공동체가 점점 커지자 중국인 노동자와 일자리를 경쟁하던 백인노동자를 중심으로 중국인에 대한 적대감이 아주 커졌다. 중국인 혐오가 사회 전반으로 퍼져나가면서 정치화되었다. 사회적 분위기에 편승하여 연방의회는 중국인 배척법(Chinese Exclusion Acts)을 1882년 제정하여 중국인들의 이민을 금지시키고, 시민권을 부여하지 않는 등 중국인 이민자들에 대한 제도적인 차별을 가하였다. 중국인들은 1965년 이민법이 개정되기 전까지 오랜 기간 동안 아시아계 중 가장 심한 차별의 대상이 되었다.

중국인들과 비슷한 시기에 들어 온 일본인들도 차별의 대상이 되긴 마찬가지였다. 중국인들과는 달리 일본인을 대상으로 하는 법적인 차별은 없었다. 그러나 제2차 세계대전 중 일본과 태평양 전쟁을 하게 되자 미국에 살고있는 일본인들을 잠재적인 적으로 간주하고 그들을 수용소에 강제로 격리시키는 등 일본인들에게 심한 차별을 가하였다. 상대적으로 이주의 역사가 긴 중국인과 일본인은 물론이고 그 이후에 이주해 온 아시아계 이민자들은 지배계급인 유럽계 백인들과 외모와 문화 등이 크게 차이가 났다. 이러한 문화적 차이는 다양성이나 다원주의적인 부분에서는 긍정적인 영향을 주었지만 사회통합의 차원에서는 걸림돌이 되는 것으로 여겨졌다. 특히 언어적 장벽은 아시아계들이 좋은 직장을 잡지 못한 주요 이유 중 하나였다. 아시아계들은 주로 소규모 자영업에 종사하였고, 민족 집단거주지는 이민자 사회를 통합시키는 역할을 하였다. 그러나 예외적으로 언어적 장벽이 크지 않은 필리핀이나 인도 출신들의 민족 집단거주지는 이민자들의 수에 비해 그렇게 크지 않다.

아시아계 대부분은 아시아와 지리적으로 가까운 서부 태평양 해안지역에 집중적으로 거주하고 있다. 구체적으로 아시아계 전체 인구의 45%가 서부에 거주하고 있으며 그 중 30%가 캘리포니아주에 살고 있다. 절대적인 수로 보면 캘리포니아주에 가장 많은 아시아인들이 살고 있다. 남부지역에 24%, 동부지역에 19%, 그리고 중서부지역에 12% 정도로 아시아계들이 거주하고 있는데, 그 지역 안에서도 주로 대도시에 아시아계 인구들은 밀집되어 있다. 주별로 인구비율을 보면 하와이주는 57%가 아시아계인데 인구의 절반을 넘어서 백인이 다수를 차지하지 않는 유일한 미국의 주이다. 그 다음이 캘리포니아주 17%, 워싱턴, 뉴저지, 그리고 네바다주 모두 각각 11%의 주민이 아시아계이다. 지금의 증가 추세로 볼 때 머지않은 미래에 미국으로 유입하는 이민자들 중 아시아계가 히스패닉계를 제치고 최대 이민자집단이 될 것이라고 예상된다.[17)]

아시아계는 경제적 수입의 측면에서 평균적으로 가장 높다. 미국 전체 가구 수입의 중간값이 2019년 기준으로 6만 1,800달러 수준인데, 아시아계는 8만 5,800달러로 미국 평균을 훨씬 능가한다. 그러나 출신 국가별 경제적인 수준은 크게 차이가 난다. 아시아계 평균을 넘는 출신 국가는 인도(11만 9,000달러)와 필리핀(9만 400달러)뿐이고 일본(8만 300달러), 중국(8만 2,000달러), 한국(7만 2,000달러) 등의 순위이다. 라오스(6만 1,000달러), 네팔(5만 5,000달러), 미얀마(4만 4,000달러) 등은 미국 전체 평균보다 더 낮다.[18]

아시아계가 다른 집단들보다 이민의 역사가 짧은 데도 불구하고 경제적 수입이 높은 것은 교육적 자산이 많기 때문이다. 아시아인들의 교육수준은 모든 집단 중에 가장 뛰어나고 대학교육을 포함한 고등교육에서는 더욱 높다. 예를 들어 고등학교도 졸업하지 못한 사람들은 2016년 통계 기준으로 아시아계는 13%인데 반해 흑인은 15%, 히스패닉계는 33%이다. 백인은 가장 낮아서 8%를 차지하고 있다. 특히 대학학사 학위 이상 가지고 있는 사람들은 미국 평균이 31%인데 아시아계가 54%로 월등히 높다. 백인은 35%, 흑인이 21% 그리고 히스패닉계가 15%로 가장 낮다.

아시아계의 경제적 성취가 뛰어난 것은 부모의 자식에 대한 희생, 성실과 근면의 문화 등 여러 요인들이 있지만 교육적 자산이야말로 가장 뚜렷한 이유라고 할 수 있다. 한 조사에 의하면, 고등학교 졸업자와 아닌 자와의 평생 임금 격차는 20만 달러 정도가 되고, 대학졸업자와 아닌 자의 차이는 100만 달러나 된다고 한다.[19] 이는 미국사회에서 교육수준과 사회경제적 지위가 얼마나 상관관계가 큰지를 보여 주는 것이다. 특히 대졸 이상 고학력자의 비율이 높은 아시아계는 의사, 변호사, 회계사, 기술, 공학, 과학 분야 등과 같이 임금이 높은 전문직으로 진출하여 수입이 높을 수밖에 없다. 그러나 아시아계 안에서도 경제적 격차가 크게 나는데 라오스나 미얀마, 부탄 출신 등은 경제적으로 상당히 어려운 수준이다. 인도계의 대학졸업자 비율은 75%나 되는 반면 미얀마 23%, 라오스 18%, 그리고 부탄은 15%에 그치고 있다.

짧은 기간 동안에 경제적 성취를 이룬 아시아계는 흔히 '모범적인 소수자(Model minority)'라고 불린다. 교육수준도 높고, 폭력범죄율은 낮으며, 백인들과의 인종적 갈등도 적고, 정치적인 문제도 일으키지 않으면서 과거의 인종차별과 어려움을 딛고 일어섰다는 것이다. 그러나 이렇게 불리는 것과는 달리 여전히 아시아계는 편견과 차별, 경제적 불평등의 대상이다. 아시아계의 학력수준이 높다고 하지만, 같은 학력수준으로 비교하면 라티노나 백인보다 수입이 적다. 언어적 소통, 문화적 적응 등을 내세워 백인들과 동등한 학력을 지니고 있더라도 상대적으로 불리하게 대우 받는다. 대부분의 아시아계 집단은 소수자우대정책에서도 배제되어 있으며, 우수 대학 진학 할 때도 다른 인종/민족 집단보다 훨씬 높은 점수를 받아야만 입학이 허가됨으로써 상대적인 불이익을 당할 때가 많다. 그러나 이를 바로 잡을 수 있는 정치적 영향력은 상대적으로 약하다. 아시아계의 스펙트럼이 너무나 넓다보니 서로 같은 문제를 두고 단합과 유대가 쉽지 않기 때문이다. 개인적 성공의 추구만으로는 편견과 차별의 굴레를 넘을 수 없으므로 공동의 이익을 추구하기 위한 정치적 힘을 기르는 것이 아시아계의 과제이다.

마지막으로 백인 집단은 미국을 이끌어 가는 주류집단이자 지배적인 계급을 형성하고 있다. 이민의 역사에서 영국계 앵글로색슨이 가장 먼저 주류집단으로 등장한 이후, 독일계, 스코틀랜드출신 아일랜드계를 포함한 서유럽 사람들이 최초로 이주해 왔을 때 출신 국가별로 차별이 존재했다. 다시 말하면 백인집단이라는 것이 존재하지 않고 국가별 이민자 집단으로 구분되었다. 그러나 이들은 빠른 기간 안에 영국계 주류세력 속으로 흡수되었다. 이후 아일랜드계와 남동유럽 출신들이 대거 유입했을 때는 심한 차별이 있었다. 당시 이민자가 급증한 반면에 미국 사회는 그들을 모두 받아들일만한 수용능력이 못 미쳤다. 그러한 상황에서 일자리를 제대로 찾지 못하고 도시 빈민으로 살던 아일랜드인들은 심한 차별의 대상이었다. 남동유럽 출신들도 주류세력이었던 북서유럽 출신들에 의해 문화적 종교적 차이로 인해 차별받았다. 그러나 1965년 이민법 개정이후 히스패닉계와 아시아계가 본격적으로 유입되자 유럽계 백인들은 백인이라는 주류세력 하나로 통합되었다. 미국의 멜팅 팟 신화는 허상이지만 백인들에게만은 실현된 듯하다.

백인들 사회 속에서는 이제 유럽 어느 나라 출신이냐는 더 이상 문제되지 않는다. 백인들은 하나의 대규모 주류집단으로 존재한다. 소수인종/민족들은 한국계 미국인, 중국계 미국인, 멕시코계 미국인 등으로 불리며 특정 집단에 소속되기를 사회적으로 강요당한다. 그러나 백인들의 경우 영국계 미국인, 독일계 미국인 등과 같이 어느 집단에 속하는지 수식어가 앞에 붙지 않는다. 백인들은 색깔이 없는 인종적 투명인간이며 그들 외의 사람들은 유색인(Colored people)으로 구분된다. 백인들은 모든 특권을 누리지만 그들 스스로는 그것을 깨닫지 못하는 경우가 많다. 백인이야 말로 미국 자체이기 때문에 미국의 역사, 가치, 규범, 예술 등등 모든 것이 백인의 것이고 그런 의미에서 너무나 자연스럽고 당연시 여겨진다. 바로 이러한 점이 백인들이 갖고 있는 특권의 시작이라고 할 수 있다.

백인들의 우월주의는 스스로 특권을 가지고 있다는 사실을 생각하지 못하기 때문에 더 두드러지게 드러난다. 예를 들어 소수인종/민족들을 대상으로 역사 속에서 누적된 차별로 말미암은 불평등을 개선하기 위해 소수자우대정책을 실시하면, 백인들은 그것이 곧 백인들에 대한 역차별이라고 생각하고 불만을 표출한다. 이러한 불만은 이민자들과 직접적으로 일자리 경쟁을 하는 백인 하층계급에서 더욱 뚜렷하게 나타난다. 백인 하층계급은 백인 정체성의 가치를 어떠한 정치적, 경제적 이익보다 중요하게 생각하며, 계급적으로는 손해를 보더라도 백인들끼리의 연대만을 생각하는 경향이 있다. 백인 하층계급은 다른 소수인종들의 하층계급과 연대하여 당장 받을 수 있는 혜택을 추구하기 보다는, 자신들이 흑인과 구분되고, 아시아계, 히스패닉 등의 유색인들과 구분되고 싶은 더 큰 욕망이 있다. 백인우월주의는 바로 여기에서 부터 싹튼다. 흑인들이 그런 것처럼, 경제적으로 성공한 소수인종/민족들에 대한 상대적 박탈감이 백인 하층계급에도 작용하여 인종적 적대감은 폭력의 방식으로까지 표출되고 있다.

글상자 9.1 Black Lives Matter(BLM) 운동

미국 역사에서 흑인은 인종차별의 주요 대상이었다. 수많은 억압과 차별의 역사에서 흑인들의 저항 운동의 역사도 뚜렷하다. 마틴 루터 킹 주니어 목사를 주축으로 한 1950년대와 60년대에 일어난 흑인 저항운동은 시민권리법(Civil Right Acts)의 제정으로 법적 제도적 차별의 종식이라는 결과로 이어졌다. 그럼에도 미국 사회의 곳곳에서 드러나지 않은 차별은 지속적으로 진행되었다. 최근 흑인에 대한 경찰의 과도한 제압으로 인한 인명 사고가 발생하자 여기에 대항하는 비폭력 시민불복종 운동이 일어났고 그것이 조직적인 네트워크로 발전해 나갔다. 2012년 흑인 10대 소년에 대한 경찰의 총격 사망 사건에 대해 경찰인 조지 짐머만이 무죄 판결을 받자 SNS를 통해 #Black Lives Matter가 사용되어 확산되면서 본격적인 운동이 시작되었다. 이후 흑인에 대한 경찰의 과도한 진압으로 사망 사건들이 생길 때 마다 분노와 항의의 표현으로 이 표어가 사용되었고 대규모 거리 시위도 진행되었다. 흑인뿐만 아니라 경찰의 과도한 권력 남용과 인종차별에 반대하는 백인들을 비롯한 다양한 인종과 민족도 가세하여 사고가 발생할 때 마다 BLM 운동은 광범위하게 일어나고 있다.

3. 미국의 지리적 조건과 문화

미국은 해양국가와 대륙국가의 양면적인 특징을 모두 지니고 있다. 대서양과 태평양 두 대양을 모두 끼고 있어서 대서양을 통해서는 유럽과 태평양을 통해서는 아시아와 오세아니아 지역까지 진출할 수 있는 해양국가의 지리적 조건을 갖추었다. 특히 파나마 운하를 통해 대서양과 태평양을 연결하면서 해양국가로서의 면모를 더욱 확고히 하였다. 또 한편 미국은 러시아, 캐나다에 이어 세계에서 세 번째로 광활한 영토를 가지고 있다. 게다가 사람들이 살 수 있는 가용국토 면적으로는 독보적인 세계 1위이다. 알래스카의 일부를 제외하고 영토 대부분의 기후도 사람이 살기에 적합하며, 강과 호수도 많아서 수자원도 풍부하다. 미국의 역사는 서부로의 대륙개척의 역사라고 할 수 있으며 개척을 위해서는 교통수단을 확보하는 것이 가장 중요했다. 현대적 운송수단이 발달하기까지 강과 호수를 잇는 운하가 건설되어 주요 교통수단으로 이용되었다. 미지의 세계를 향해 도전하는 개척자 정신은 바로 서부대륙의 개척에서

지도 9.1 미국지도

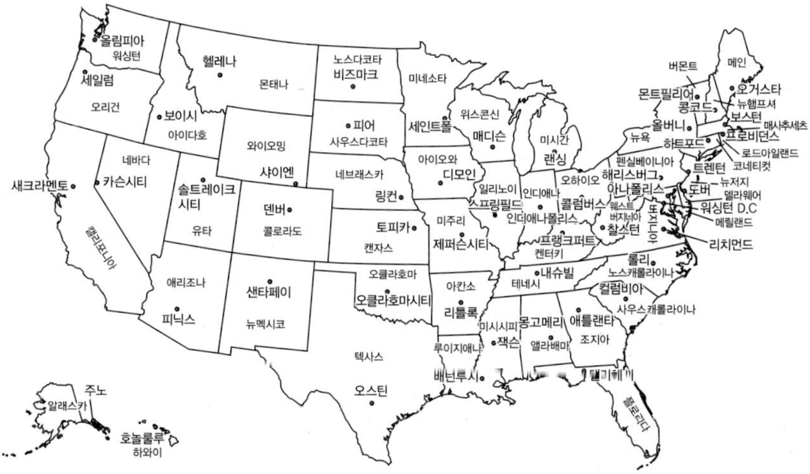

부터 시작한다. 반면, 개척할 국토가 많았던 미국은 국내 개발도 벅찬 것이었기 때문에 서구 유럽 국가들에 비해 해외 진출에는 상대적으로 관심이 적었다.

건국 당시에는 지금의 동부지역과 남부지역에 걸쳐 있는 13개의 영국의 식민지 주가 독립하여 연방국가를 형성했다. 점차 영토를 넓혀 나가 지금은 50개의 주로 구성되어 있다. 미국은 큰 영토로 인해 지역에 따라 인종과 민족의 구성이 다르고, 역사적인 경험도 다르며, 기후와 지형도 달라서 다양한 사회, 문화적 분위기를 가지고 있다. 지역별로 크게 북동부의 뉴잉글랜드, 동부의 중부대서양, 중서부, 남부, 남서부, 서부 지역으로 나눌 수 있다. 이러한 구분은 기후, 지리적 특성, 역사적 경험과 문화 등을 기본으로 하여 나눈 것인데 경계가 겹치는 지역도 많다.

예컨대, 미국에서 가장 큰 주인 텍사스주의 서쪽은 남서부의 특징이, 동쪽은 남부의 특징이 더 많다. 중부대서양 지역에 해당하는 뉴욕주와 펜실베이니아주의 경우에도 주의 서쪽 지역은 중서부 지역의 특징을 더 많이 띠고 있기도 하다. 그렇지만 일반적으로 북동부지역은 유럽문화의 영향이 여전히 강하고, 중부대서양 지역은 미국 문화의 중심이라는 자부심이 있으며, 서부는 유럽과는 구분되는 지역적 환경에 특화된 독립적인 문화가 발달했다. 남부는 흑인 문화와 합쳐진 독특한 지방색이 드러나고, 중서부는 미국의 표준이라고 할 만큼 미국식 여유와 친절함이 남아있다.

그런데 또 한편, 미국은 다양성의 국가이지만, 놀랍도록 문화적 동일성을 유지하고 있다. 무엇보다 영어는 미국의 통합을 드러내는 상징적인 것이다. 미국과 유사한 정도의 영토 또는 인구를 갖는 국가로서 언어적 통합이 미국만큼 이루어진 국가는 찾아보기 어렵다. 각 지역마다 억양 등이 조금씩 차이가 있지만, 남부지역 흑인들이 쓰는 독특한 억양을 제외하고는 영어에 있어서 차이가 거의 없다. 그리고 현대로 올수록 이러한 동일성은 더욱 강해져서 지역 구분과 관계없이 통신, 교통, 미디어 등의 영향과 인구의 높은 이동성 등을 통해 점점 더 유사해지고 있다.

지역의 차이에도 불구하고 미국 문화의 유사성의 밑바닥에는 미국식 자본주의의 표준화된 문화가 깔려 있다. 예를 들어, 전국 어디를 가더라도 비슷한 형태의 쇼핑몰, 마트, 주차장, 주택이 있고, 도시의 기본 구조도 유사한 형태로 건설된 미국식 표준화는 지역적 차이를 넘어 동질적 문화를 만들어 왔다. 그럼에도 미국은 너무나 큰 나라이기 때문에 지리적 조건에 따라 지역이 갖는 특징들이 여전히 뚜렷이 남아 있는 부분들이 있다.

1) 뉴잉글랜드 지역과 중부대서양 지역

북동부지역을 살펴보면 서쪽에 남북으로 길게 뻗은 애팔래치안 산맥을 경계로 중서부와 구분되고 있다. 이 지역은 크게 두 부분으로 다시 나눌 수 있다. 북쪽의 작은 주 6개, 말하자면, 매사추세츠, 메인, 뉴햄프셔, 버몬트, 로드아일랜드, 코네티컷주가 포함된 지역을 뉴잉글랜드 지역으로 부른다. 그리고 남쪽의 뉴욕, 뉴저지, 필라델피아주 등이 포함된 곳을 중부대서양 연안지역이라고 한다. 뉴잉글랜드 지역은 영국계 이주민이 최초로 본격적인 이주를 한 지역으로 앵글로색슨 계가 많고, 인종적으로 백인인구 비율이 높은 지역이다. 미국 역사 속에서 정치, 경제, 사회, 문화 할 것 없이 주도적으로 영향을 끼친 지역이다. 매사추세츠주 보스턴이 가장 중심이 되는 대도시이고, 나머지 주들에서는 중소도시들이 산재해 있다.

우수한 교육기관이 밀집되어 있는 지역으로 최고의 사립대학들이 있고, 주민들의 교육수준도 전반적으로 높다. 청교도의 가치와 문화가 뿌리 깊어 금욕주의적이며 책임감과 독립심이 강하고 지적합리성과 공정함을 중시하며 공공의식이 높다. 사람들은 부지런하고 검소하며 사회적 이슈에 대한 토론에 참여도가 높다. 전반적으로 진보적인 정치 성향을 띠고 있으며 공공자원이 양적으로나 질적으로나 잘 갖추어져 있다. 그러나 반면, 오래 된 백인 문화로 인해 다양한 사교클럽과 사립기숙학교 등과 같은 유럽계 백인 중산층 이상의 문화가 지배적이어서 지역성이 강하다.[20]

이 지역의 산업기반으로 예전에는 제조업와 무역업이 왕성했다. 그러나 20세기 후반 들어 산업 기반이 남부지역과 해외로 이전하는 바람에, 인구 감소를 겪고 있으며, 경제적 영역 부분에서 투자가 제대로 이루어지지 않아 다른 지역에 비해 사회전반에 걸쳐 상대적으로 침체되어 있다. 그러나 최근 들어 우수한 교육기관과 인재가 몰려 있는 지역 장점을 이용하여, IT 산업, 통신, 바이오, 기계 산업들이 새로운 활기를 띠고 있어, 전통을 넘어 새로운 변화를 적극적으로 받아들이려는 시도를 하고 있다.

중부대서양 연안 지역은 뉴잉글랜드 지역과 비교하면 좀 더 개방적이고 국제적이며 역사적으로도 다양한 문화가 혼재한다. 이 지역의 가장 대표적인 도시는 뉴욕시인데 이미 19세기 중반부터 미국 내 최대 도시로 등장하였다. 유럽에서 오는 이민자들의 대다수는 뉴욕항을 통하여 들어 왔다. 그래서 뉴욕시는 다양한 인종과 민족의 공동체가 많으며 인종과 민족의 전시장이라고 할 만큼 국제적인 문화도시가 되었다. 뉴욕항을 중심으로 상업, 무역업 등이 발달했으며, 월스트리트로 상징되는 금융업은 세계 금융의 중심지 역할을 하고 있다. 미국 대중문화의 선도 지역이며, 패션, 미술, 음악, 영화 등을 망라하여 세계 문화중심지로서 한축을 담당하고 있다. 실용적이고 합리적이며 세련되고 개방적인 문화적 가치가 뚜렷하게 자리 잡고 있다. 뉴저지주는 뉴욕시 산업과 주거의 배후가 되는 지역으로 뉴욕시와 긴밀하게 여러 측면에서 연결되어 있다.

펜실베이니아주의 필라델피아는 독립선언서가 만들어지고 선포된 곳으로 미국을 건국할 당시 수도로서 중심적인 역할을 하였다. 제조업이 주된 산업기반이었으나 뉴잉글랜드 지역과 마찬가지로 공장들이 남부나 해외로 이전하면서 인구 감소와 경제적 어려움을 겪었다. 이로 인해 빈곤과 범죄가 주요한 사회문제로 떠올랐다. 그러나 우수한 고등교육 기관들이 많고, 금융, 보험, 바이오테크놀로지 관련 업종들이 발달하였으며, 제조업을 비롯하여 정보통신업 등이 발달하여 이 지역 산업의 중심을 담당하고 있다.

2) 남부지역과 중서부지역

남부지역은 버지니아주부터 남쪽으로 그리고 서쪽으로는 미시시피강 주변까지를 포함하는 굉장히 넓은 지역이다. 크게 나누면 북쪽의 산간지대인 웨스트버지니아, 테네시, 켄터키, 아칸소주와 산이 없고 넓은 평야 지대인 버지니아, 델라웨어, 메릴랜드, 노스캐롤라이나, 사우스캐롤라이나, 조지아, 앨라배마, 루이지애나주 등으로 지형적으로 구분해 볼 수 있다. 텍사스주 동쪽과 플로리다주도 남부에 들어간다.

남부지역은 식민지 시기 때 영국계가 버지니아주의 제임스타운(James Town)에 정착하여 최초의 식민지를 형성한 것에서부터 시작되었다. 그 이후로 영국계를 중심으로 백인들이 남부지역에 식민지 개척을 위해 대거 도착하였으며 온화한 날씨와 비옥한 토지로 말미암아 대규모 농업을 주된 산업으로 발전시켰다. 흑인 노예들이 대지주들의 농장으로 팔려와서 중요한 노동력이 되었다. 남부는 이후 북부에 비해 산업화가 뒤늦게 일어났으며, 농업 중심이었기 때문에 인구의 이동도 제한적이었다. 백인 노동자들은 흑인노예들과 함께 농장에서 일하는 것을 탐탁지 않게 여겼으며, 당시 이민자의 대부분을 차지했던 백인들이 남부에서 농업 이외의 다른 일자리를 찾기가 쉽지 않았기 때문에 이 지역으로의 유입은 제한적이었다. 따라서 백인들 공동체는 외부 인구의 유입이 없이 자기들끼리 연결된 지역 공동체를 오랜 기간 형성하여서 폐쇄적인 사회 분위기가 지배적이었으며, 반면 전통적인 요소는 오랫동안 간직할 수 있었다. 외부 사람들의 유입이 크게 없던 남부는 먼 곳에서 손님이 찾아오면 크게 환대하고 친절하게 대하는 서던 하스피탈리티(Southern hospitality)라고 불리는 전통적인 정서가 있어서, 여행자들이나 외부인들에게 상당히 친절하다. 반면에 흑인 노예의 전통이 뿌리 깊은 지역이기 때문에 인종 문제에 민감하고, 인종차별 사건들이 종종 일어나기도 한다.

노예제도를 지지하던 남부의 주들은 미국 연방에서 탈퇴하고자 남부연합을 결성하고, 남북전쟁을 벌였으나 전쟁에서 패하였으며, 그 이후 미국의 주도권은 북부지역으로 완전히 넘어가게 되었다. 미국의 산업화는 북부지역을 중심으로 이루어져 왔으며, 남부지역은 농업 위주의 산업이 지속되었으므로 산업화가 더디게 진행되었다. 그 결과 남부지역은 북부에 경제적으로 크게 뒤처지게 되었다. 그러나 20세기 후반에 이르러 남부지역은 본격적으로 부흥하게 된다. 남부의 값싼 토지와 임대료, 풍부한 노동력 등은 매력적인 요인들이어서 북부지역에 있던 많은 산업시설이 남부지역으로 옮겨 오게 되고 인구도 따라서 크게 증가하게 된다. 남부의 주요 주들 중 하나인 조지아주 애틀랜타에서 1996년 올림픽까지 열리게 되면서, 남부의 주요도시들은 급성장하였다. 동시에 다양한 인종과 민족 그리고 문화를 가진 사람들이 남부의 도시들로 몰려와서 남부의 독특한 특징들을 빠르게 변화시켰다. 그 결과 이제 남부의 도시들은 미국의 다른 지역의 도시와 거의 다름없는 도시들이 되었으며 가장 빠르게 경제적으로 성장하는 지역이 되었다. 다만 플로리다주는 다른 남부의 주들과는 달리 노예 노동의 전통이 없고, 개발도 뒤늦게 되었기 때문에 남부의 특징들 보다는 오히려 서부와 더 유사한 특징을 갖고 있다.

중서부지역은 북동부지역의 서쪽에 위치하고 있으며 애팔래치안 산맥을 동쪽 경계선으로 하고 있다. 서쪽으로는 대평원 전체를 포함한다. 북쪽은 오대호를 접하고 있으며 캐나다와 경계를 이루고 있다. 오하이오, 미시간, 위스콘신, 인디애나, 일리노이, 미네소타, 아이오와, 미주리, 노스다코타, 사우스다코타, 네브래스카, 캔자스주가 여기에 속한다. 산이 거의 없는 대평원 지역인데다 물도 아주 풍부하며, 기후도 좋아서 대규모 농축산 산업이 전통적으로 발달했으며 미국의 대표적인 곡창지대이다. 과거 동부에서 서부로 개척해나가는 중간 지역으로 처음 서부로 진출하는 곳이었다. 유럽에서 이주해 온 독일계, 스칸디나비아 국가들 출신, 스코틀랜드계 아일랜드인 등이 이 지역에 옮겨와 자리 잡았다. 지역은 광활하지만, 중서부지역은 대체로 주별, 지역별로 크게 문화적 차이가 없으며, 유럽계 백인 문화 이외의 이민자 문화 특징이 가장 적은 지역이기도 하다. 그래서 미국의 표준지역이라고 말하기도 한다.

중서부지역은 19세기 후반 산업화시기에 가장 급속하게 발전하였다. 제조업을 중심으로 크고 작은 생산 공장들이 많이 세워져 도시의 산업화가 빠른 속도로 진행되었고, 일자리를 찾아온 사람들의 유입도 많았다. 이 지역의 대표적인 도시인 일리노이주의 시카고를 비롯하여 디트로이트, 피츠버그, 클리블랜드 등 오대호 주변의 도시들을 중심으로 중공업과 제조업 단지가 형성되었다. 철강, 자동차, 식품가공, 화학, 전기, 전자산업이 발달했으며, 농산물의 최대 생산지로서 경제적으로 아주 풍요로운 지역이었다. 20세기 중후반까지 넓은 땅에서 큰 집을 교외에 짓고 자동차를 몰고 다니는 여유로운 생활방식은 미국적인 풍요로운 삶의 전형을 보여주었다. 중서부 지역 사람들은 뉴욕이나 보스턴 지역의 사람들처럼 국제적이며 개방적이지도 않다. 그렇다고 배타적이거나 불친절하지도 않고, 남부처럼 인종적인 편견이나 차별이 심하지도 않으며, 지나치게 개인적이지도 않다. 이 지역 사람들은 대체로 중도를 추구하고 합리적이며, 실용적이다. 친절하며 예의도 바르고 과학과 기술에 대한 신뢰도 아주 높아서 미국인들의 전반적인 성향을 드러내는 지역이다.[21] 그런 의미에서 가장 미국적인 지역이라고 할 수 있겠다.

하지만 20세기 후반부터 유럽과 일본 등 경제가 회복된 선진국들과 경쟁을 하게 되자 미국 기업들은 생산단가를 낮추기 위해 노력하지 않을 수가 없었다. 이 지역의 공장들과 기업들이 해외나 상대적으로 저렴한 남부지역으로 옮겨 가기 시작해서 제조업의 기반 자체가 흔들리게 되었다. 결국 많은 사람들이 일자리를 잃고 이 지역을 떠나게 되어 미국에서 인구가 가장 빨리 감소하는 지역이 되었다. 그 결과 중서부의 도시들에서는 일자리를 잃은 노동자들이 많아졌고, 과거의 영광을 뒤로한 채 대도시들은 빈곤과 범죄율이 높으며 사회문제가 많은 지역으로 바뀌게 되었다.

사진 9.2 시카고 다운타운

최근 러스트 벨트에 속한 도시들은 재기의 노력을 하고 있으며, 상당한 정도로 활력을 되찾고 있는 중이다. 이 지역의 가장 큰 장점은 풍부한 자산에 있다. 동부와 서부에 뛰어난 고등교육기관이 있지만 이 지역에도 시카고대학, 노스웨스턴대학 등의 명문 사립대학을 비롯하여 각 주를 대표하는 뛰어난 연구중심 주립대학들은 우수한 인재를 양성해 내고 있다. 도시화와 산업에 필요한 사회적 기반이 잘 마련되어 있으며, 필요한 노동력도 풍부하다. 또한, 주택, 토지 등의 가격도 낮아 기업들이 생산 단가를 낮출 수 있는 기반도 마련되어 있다. 그래서 새로운 경제기반이 어느 정도 마련된다면 경제적 도약은 빠른 속도로 진행될 가능성이 있다. 다만 이 지역이 그동안 너무 제조업을 중심으로만 발전되어 왔으므로, 다양한 분야의 성장 산업을 유치하고 발전시켜나가는 것이 관건이라고 할 수 있겠다.

3) 서부지역

서부지역은 가장 넓은 지역을 포함하고 있다. 미국에서 가장 나중에 개척된 지역이며, 서부개척의 역사는 미국의 프론티어 정신에 녹아들어가 있다. 로키산맥을 포함한 산악지대, 평원, 사막, 해안 등 자연의 여러 모습을 포함하고 있으며 지형적으로도 가장 험난한 곳이다. 미국 최초의 국립공원인 옐로우스톤(Yellowstone)과도 같이 많은 국립공원들이 있는 곳이기도 하다. 서부해안지역의 대도시를 제외한다면 인구밀도도 그리 높지 않아 자연과 함께 하는 곳, 그리고 여전히 미지의 개척지가 있는 곳으로 서부는 상징되고 있다.

서부에 사람들이 본격적으로 몰려 든 것은 1848년 샌프란시스코 부근 새크라멘토 강에서 금이 발견되었다는 소식이 퍼지고 나서이다. 미국 전역에서는 물론이고 유럽, 아시아, 남미에서까지 사람들이 금을 캐러 몰려드는 '골드러시(Gold Rush)'가 일어났다. 금을 캐는 것이 가장 우선이었지만 금뿐만이 아니라 다양한 광물을 캐는 광산업도 활발하였다. 일확천금의 희망을 가지고 오는 사람들은 가족 단위로 살기 위해 온 것이 아니라 빨리 부자가 되어 돌아가는 것이었다. 그러므로 인구의 이동이 많았고, 한 곳에서 정착해서 오랫동안 살지 않았다.

서부로의 진출이 더 활발하게 된 것은 1869년 미국의 동서를 가로지르는 대륙횡단철도가 완공되면서부터이다. 철도는 험한 길로 인해 접근성이 낮았던 서부지역으로의 진출을 원활하게 함으로써 새로운 기회를 찾아오는 사람들이 쉽게 이동할 수 있도록 하였다. 서부로 오는 사람들은 인생의 두 번째 기회를 노리기 위해서 온 사람들이 많았다. 자기 고향에서의 삶이 어려워서 온 사람들, 전과자들, 도망자들도 많았고, 사회경제적 지위가 낮은 사람들이 대부분이었다. 과거를 묻어두고 새로운 출발을 위해 오는 곳이 서부였기 때문에 서로의 과거에 대해 물을 필요도 없었다. 이러한 서부의 문화는 독특한 개인주의 문화를 만들어냈다. 게다가 개척자 정신과 아메리칸 드림의 성공 신화가 맞물려 서부는 다른 지역보다 물질적인 성공의 가치를 더 중요시 하는 문화적 뿌리가 깊어졌다.

서부지역은 워낙 광활해서 지형적 특징과 기후 등의 기준으로 몇 개의 세부지역으로 나누어 볼 수 있다. 로키산맥을 포함한 동쪽지역으로 몬태나, 와이오밍, 아이다호, 유타, 콜로라도주 들은 내륙 산간지역의 특징을 지니는 곳이다. 남서부지역은 뉴멕시코, 애리조나, 네바다, 텍사스주 서부와 캘리포니아주의 남동부를 포함하며 건조한 사막지역의 특성을 지닌다. 로키산맥 서쪽 해안지역은 남쪽의 캘리포니아주와 북쪽의 워싱턴주와 오리건주의 해안지역으로 구분할 수 있다.

내륙 산간지역은 그야말로 자연이 지배하는 곳이다. 로키산맥이 지나가는 곳이라서 험난한 지형이며 내륙 산악지역이어서 겨울에는 상당히 춥다. 또한, 강우량도 그렇게 많지 않다. 광물 자원들이 풍부해 광산업이 오래전부터 개발되었고, 자연의 아름다운 경관을 자원으로 하여 관광업이 발달했다. 아이다호나 몬타나 등에서는 산간 내륙지역에서 할 수 있는 감자, 밀, 보리, 건초 등과 같은 작물을 재배하고, 소를 방목하는 목축업 등도 활발하다. 인구밀도도 현저히 낮아서 주거 환경이 아주 좋고, 자연 속에 살 수 있기 때문에 이 지역에 들어오는 사람들의 수는 증가하는 추세이다. 덴버, 콜로라도스프링스, 솔트레이크시티 등이 대표적인 도시이다. 이 도시들에 IT 산업 등 첨단 산업이 들어서서, 고학력 기술 인력들이 크게 증가했다. 교외지역 좋은 환경에 거주하면서 IT 기술과 인터넷 발전에 따라 지리적, 공간적 제약 없이 일할 수 있기 때문에 고학력 인력들이 모여들고 있다.

남서부지역은 대부분이 과거에 멕시코의 영토였던 지역이다. 멕시코와의 전쟁에서 승리함으로써 이 지역 대부분을 미국 영토로 편입하게 되었다. 따라서 과거 멕시코 주민들의 상당수가 그대로 남아 있었는데 그 후손들이 현재 많이 거주하고 있다. 그리고 멕시코와의 국경을 접하고 있기 때문에 멕시코계 이주자들의 유입도 많아서 히스패닉계의 인구 비율이 상당히 높다. 과거에는 텍사스주 서부지역의 넓은 땅에서 방목 형태의 축산업이 크게 발달하였으며, 카우보이의 고향으로 상징되는 곳이기도 하다. 강우량도 아주 적어서 모하비 사막으로 대표되는 사막지역이 넓게 퍼져 있으며, 여름에는 아주 덥고 겨울에는 추운 사막 기후로 인해 사람들이 살기에 적절한 기후 조건도 아니다. 그래서 경제적으로 미국에서 가장 어려운 지역이었다.

그러나 20세기에 들어서 대규모 관개사업으로 인해 물이 공급되고, 전기와 에어컨 등이 보편화 되자 이 지역의 본격적인 발전이 시작되었다. 특히 텍사스 서부지역의 대규모 유전개발을 비롯하여 이 지역에서 석유와 천연가스 등이 생산되면서 급속하게 발전하게 되었다. 에어컨의 보급으로 여름의 더운 날씨를 이길 수 있었으며, 수로를 통한 물의 공급은 오히려 강우량이 적고 일조량이 많은 이곳이 대규모 농업지역으로 탈바꿈 할 수 있게 해 주었다. 텍사스주 서부지역의 중심인 오스틴은 반도체를 비롯한 첨단 IT 산업이 크게 발전하고 있다. 애리조나주의 피닉스는 1950년대 이후 크게 발전하여, IT 산업, 항공우주산업, 농산물 가공품 등의 산업이 활발하며, 지역 금융의 중심지로 남서부를 대표하는 대도시로 성장하였다. 남서부의 도시들이 산업화가 급속히 된 것은 전기, 에어컨, 물 공급 등의 발전 기반이 있었기도 하지만 히스패닉계와 같은 저임금 노동력이 풍부했기 때문이기도 하다.

한편, 네바다주의 라스베이거스는 사막 한가운데 건설된 도시로서 서부 개척의 상징이라고 할 수 있다. 아무 것도 없는 곳에 수로와 물을 끌어들여 호텔과 카지노 등을 건설하고, 엔터테인먼트 사업을 접목하여 미국 최대의 관광도시로 성장하였다. 밤의 도시 라스베이거스는 없는 것이 없고, 할 수 없는 일이 없는 도시, 유흥과 즐거움의 도시로 세계인들을 끌어들였다. 또한, 주변에 그랜드캐니언과도 같은 아름다운 자연경관들은 관광 산업을 활성화시키기에 적합했다. 최근 라스베이거스는 관광뿐만이 아니라 호텔 등의 기반을 바탕으로 대규모 산업 전시회 등이 정기적으로 개최되어 컨벤션 사업이 또 하나의 큰 산업으로 성장하고 있다.

서부 해안지역은 길게 뻗어 있어서 기후를 기준으로 워싱턴주와 오리건주의 북쪽 해안지역과 캘리포니아주를 중심으로 하는 남쪽 해안지역으로 나누어 볼 수 있다. 서부 해안지역은 바다의 따뜻한 난류가 위쪽까지 올라가서 미국 동부 해안지역과 비교할 때 날씨가 아주 온화하다. 북쪽 해안지역은 겨울에 거의 눈이 오지 않고 비가 올 정도로 날씨가 온화하며, 여름에는 그리 덥지 않다. 반면 캘리포니아 남부지역은 사계절 날씨가 따뜻하다. 여름에는 태양이 뜨겁게 내리쬐지만, 비가 오지 않는 건조한 날씨 탓에 체감 더위는 그리 크지 않다.

북쪽 해안지역의 대표적인 도시는 워싱턴주의 시애틀과 오리건주의 포틀랜드이다. 이 지역은 유럽계 백인들이 많이 이주해 있는 지역인데 남쪽 서부에서 일어났던 골드러시와는 그렇게 상관이 없다. 동부와 중서부지역에 살던 사람들이 해안지역의 계곡을 뒤로한 비옥한 평야와 온화한 날씨를 찾아 농사짓기 위해 처음 정착한 곳이다. 따라서 인종적으로 그렇게 다양하지 않아서 흑인과 히스패닉계의 수가 상대적으로 적으며 백인 중심의 문화가 자리 잡고 있다. 상대적으로 아시아계들의 수가 많은 편이며 주민들의 교육수준과 소득도 높은 편이다. 캘리포니아로 대표되는 서부의 문화보다는 북동부의 뉴잉글랜드 지역과 문화적으로 더 가깝다.

강우량이 풍부해서 산림업과 목재 산업이 여전히 남아있다. 차와 커피를 즐겨 마시는 사람들이 많아서 관련 산업이 발달했으며, 시애틀은 글로벌 커피프랜차이즈 기업인 스타벅스가 시작된 도시이기도 하다. 근래에 들어 태평양 시대가 열리면서 크게 발전한 지역이기도 한데, 항공산업, 해운산업, 군수산업, IT 관련 산업 등이 활발한 지역이다. 대표도시인 시애틀은 글로벌 항공기 제조업체이자 군수업체인 보잉, 소프트웨어 산업의 대표 격인 마이크로소프트, 글로벌 유통기업인 아마존 등 굴지의 기업들이 자리 잡고 있어서, 경제적으로 부유하며 교육수준이 높은 인력들이 많이 몰려 있는 지역이다. 미국에서 가장 거주하기 좋은 지역으로 단골로 거론되는 지역이기도 하다.

캘리포니아 해안지역은 다시 샌프란시스코를 중심으로 하는 북쪽 지역과 로스앤젤레스를 중심으로 하는 남쪽 지역으로 구분해 볼 수 있다. 캘리포니아주는 남북으로 길게 뻗은 큰 주이고 기후도 북쪽과 남쪽이 다르며, 인구가 미국에서 가장 많은 주이기도 해서 북캘리포니아와 남캘리포니아의 사회와 문화는 차이가 있다. 북캘리포니아는 '골드러시'

시기 때 많은 사람들이 미국뿐만이 아니라 세계 여러 곳에서도 모여 들어 인구가 급증하였다. 샌프란시스코 항은 이민자들의 주된 통로였으며, 특히 중국인들이 대거 유입하였다. 탄광에서 일하던 중국인들은 탄광업이 시들해져서 일자리가 사라지자, 샌프란시스코로 대거 유입하여 다운타운에 중국인 민족공동체를 형성하였다. 중국인 민족공동체는 중국인 이민자들의 경제적, 문화적 허브로서의 역할을 하였으며 지속적으로 성장해서, 미국에서 가장 큰 차이나타운으로 자리 잡았다. 필리핀 출신들을 비롯한 다른 아시아계 인구도 크게 증가해서 34%가 넘는다.[22) 샌프란시스코는 인종/민족의 다양성이 아주 높은 도시여서, 백인 인구보다 소수인종의 인구가 더 많다. 한때는 작은 어촌 항구에 불과했던 샌프란시스코는 좋은 기후, 주변의 아름다운 자연환경과 더불어 급속하게 성장했다. 샌프란시스코와 산호세에 이르는 메트로폴리탄 지역 인구를 합하면 약 650만 명에 이른다.[23)]

이 지역은 문화와 과학기술의 중심지로 발전하였다. 시 전반에 걸쳐 자유롭고 진보적인 문화가 지배하고 있다. 1960년대 반문화운동의 발상지였고, 성 소수자를 비롯한 인권 문제에 아주 민감한 곳이기도 하다. 자유주의와 진보적 가치는 이 지역이 인터넷과 IT 산업의 시대에 주인공으로 떠오를 수 있는 바탕이 되었다. 첨단 IT산업의 메카라고 할 수 있는 실리콘밸리는 수많은 IT관련 기업들과 벤처기업들이 포진하고 있으며, 인터넷을 기반으로 하는 대다수 기업들의 본사가 샌프란시스코에 자리 잡고 있다. 실리콘밸리가 위치한 산호세(San Jose)는 대규모 IT 산업단지가 있으며 벤처기업들의 흥망성쇠가 빈번한 지역이기도 하다. 짧은 기간 성공한 사업가들이 자주 등장하여 과거 골드러시 때의 금맥을 찾은 것과 같은 장면을 연상시키기도 한다.

이 지역은 스탠포드 대학교와 UC 버클리 같은 뛰어난 대학들이 있어 우수한 인재를 끊임없이 공급하고, 산학협동 연구를 통해서 새로운 기업들이 창출되고 있다. 금융 산업도 활발해서 금융지구에는 미국의 대표적인 은행이나 금융기업의 본사들이 위치하고 있다.[24] 미국을 대표하는 금융시장이 뉴욕이라고 한다면 샌프란시스코는 서부를 대표한다고 할 수 있다. 이제 샌프란시스코는 뉴욕시 보다 인구밀도가 더 높고 주택가격도 뉴욕 시내를 능가할 정도로 비싸졌다. 그러나 고학력의 고급인력들과 그렇지 않은 사람들 사이에 빈부의 격차가 상당히 크며, 집 없이 떠도는 홈리스의 증가는 샌프란시스코가 안고 있는 과제라고 할 수 있다.

로스앤젤레스를 중심으로 하는 남부 캘리포니아는 북부지역과 사뭇 다른 분위기를 가지고 있다. 로스앤젤레스에서 샌디에이고까지 연결되는 거대한 메갈로폴리스는 동부의 뉴욕을 이어 미국에서 두 번째로 복잡한 인구밀집지역이다.[25] 이 지역 또한 골드러시 때 많은 인구의 유입이 있었으나 광산업이 시들해지자 위기를 맞게 되었다. 1900년대 초만 하더라도 보잘 것 없는 항구에 불과한 곳이었다.

당시 빠르게 성장하던 영화 산업은 촬영에 적합한 곳을 찾았는데, 이 지역의 빼어난 자연환경과 기후조건은 영화촬영의 최적지였다. 영화산업과 관련된 인력들이 모여들기 시작했고 1920년대에 뉴욕에 있던 영화 스튜디오가 옮겨오면서 할리우드가 만들어졌다. 그 이후 할리우드는 미국 영화산업의 메카가 되어 급속하게 성장하게 되었다. 할리우드는 단순히 영화산업 대기업들을 의미하지 않는다. 미국 문화를 상징하며, 미국 대중문화를 세계시장에 퍼뜨리는 첨병의 역할을 함으로써 미국 소프트파워의 원천이 되는 곳이다. 워너브러더스, 유니버설, 월트디즈니, 파라마운트, 20세기폭스, 콜롬비아 등 한번쯤은 들어봤을 법한 영화스튜디오들이 할리우드에 자리 잡고 있다. 할리우드와 디즈니랜드로 대변되는 엔터테인먼트 사업은 꿈과 기적을 상징하는 수많은 컨텐츠들을 만들어내어 미국인뿐만이 아니라 전 세계인의 생활문화 속에 녹아들어가고 있다.

사진 9.3 할리우드 표지판[26)]

이 지역은 옛 멕시코 땅이었고, 멕시코와의 경계를 이루고 있기 때문에 히스패닉계 인구가 많다. 로스앤젤레스가 성장하자 미국 전역에서 사람들이 모여 들었는데, 멕시코인들의 이주도 함께 증가하였다. 1965년 이민법개정 이후 멕시코인들의 이주는 급물살을 타듯 늘어나서 지금은 인구의 절반 가까이가 히스패닉계 출신이다. 아시아와 가까운 지리적 특성으로 아시아계의 이주도 이 시기에 크게 늘어났는데, 지금도 그 흐름은 계속되고 있으며 아시아계는 약 12%, 그리고 흑인은 9%를 차지하고 있다. 히스패닉계를 제외한 백인은 약 29%에 불과해서 인종적으로 소수 인종이 절대다수를 차지하고 있는 지역이다.[27)] 따라서 다양한 민족과 인종 출신들이 가져오는 다문화의 특징이 두드러지게 나타난다. 특징적으로 로스앤젤레스 도심부에 위치하고 있는 코리아타운은 미국 최대의 코리아타운이며, 해외에 존재하는 코리아타운 중에서도 가장 크다.

날씨는 사계절이 온화하고 지중해성 기후를 띠고 있으면서도 강우량이 적어서 건조한 지역이다. 따라서 이 지역의 도시를 건설하기 위해서 가장 중요한 부분은 수자원을 확보하는 것이었다. 시에라네바다 산맥

아래 오언스 강과 그랜드캐니언의 콜로라도강으로부터 긴 도수관을 연결하는 공사를 막대한 비용을 들여 시행함으로써 물을 확보하게 되자, 부동산개발 사업, 석유 채굴 및 정제 산업, 영화산업 등이 모여들게 되었다. 이러한 사업들은 로스앤젤레스의 경제적 성장을 이끌어 나갔다.

도시 공간이 사람들의 밀집으로 복잡해지고 환경이 나빠지자, 많은 사람들이 교외지역의 새로운 주거지역으로 빠져나가는 교외화가 진행되었다. 도시가 수평적으로 팽창하게 되자, 이는 곧 자동차 의존도가 높은 도시로 만들었다. 교외로 나가는 길이 복잡해져서 고속도로를 그물망처럼 건설하였는데, 오히려 건설된 고속도로를 따라 인구의 교외화가 가속화 되었다. 아무리 고속도로를 건설해도 늘어나는 교통량을 따라 갈 수 없는 지경에 처하게 된 로스앤젤레스 메트로폴리탄 지역은 미국에서 가장 교통이 혼잡한 곳으로 악명이 높다. 도시의 팽창은 점점 남쪽지역으로 진행되어 로스앤젤레스 카운티와 이웃한 오렌지카운티까지 거대한 메갈로폴리스를 이루고 있다.

로스앤젤레스항과 바로 인접한 롱비치 항은 미국에서 가장 많은 물동량이 처리되는 곳으로 태평양 시대를 열면서 점점 더 중요성이 커지고 있다. 문화산업뿐만이 아니라 국제무역, 항공 산업, 석유, 섬유, IT 산업 등과 같은 다양한 산업이 지역 경제를 떠받들고 있으며, 로스앤젤레스는 서부지역에서 가장 큰 공업지역이다.[28) 수많은 글로벌 기업의 본사가 이 지역에 자리 잡고 있으며, 서던 캘리포니아 대학(USC), UCLA를 비롯하여 뛰어난 교육기관들이 수준 높은 인재를 배출하여 뒷받침 하고 있다.

로스앤젤레스에서 자동차로 두 시간 정도 거리에 있는 샌디에이고는 캘리포니아에서 두 번째로 인구가 많은 도시이며 멕시코와 국경을 맞대고 있는 국경도시이기도 하다. 쾌적한 날씨와 뛰어난 자연환경으로 말미암아 해양테마파크인 씨 월드(Sea World), 동물원 등을 비롯한 관광

산업이 활발하다. 태평양 해군기지로서의 역할도 해서 항공모함 기지를 비롯하여 해군 군사시설이 자리 잡고 있어 국방과 관련된 군수경제가 주요한 역할을 하고 있다. 또한, 생명공학, 전자, 컴퓨터, 조선, 통신 산업 등도 경제의 한축을 담당하고 있다. 범죄발생률도 상대적으로 낮고 거주 환경이 좋아 미국에서 살기 좋은 도시로 이름이 나 있다. 로스앤젤레스와 샌디에이고는 서부의 거대한 경제구역을 형성해서 남부 캘리포니아뿐만이 아니라 미국 전역을 통해서 핵심적인 역할을 하고 있는 지역이다.

주

1) 이현송, 2016a, 『미국 문화의 기초』(서울: 한울아카데미), p. 29.
2) 새뮤얼 헌팅턴 지음, 형선호 옮김, 2004. 『새뮤얼 헌팅턴의 미국』(서울: 김영사).
3) 최근에 이르러서는 세속화 경향이 점점 더 많이 나타나고 있다.
4) Pew Research Center, "About Three-in-Ten U.S. Adults Are Now Religiously Unaffiliated" December 14, 2021. https://www.pewforum.org/2021/12/14/about-three-in-ten-u-s-adults-are-now-religiously-unaffiliated/
5) Pew Research Center, "Being Christian in Western Europe", May 29, 2018. https://www.pewforum.org/2018/05/29/being-christian-in-western-europe/
6) 공민종교라고 번역하기도 함
7) 박영신, 2000, "잊혀진 이야기: 시민 사회와 시민종교," 『현상과인식』 통권 80호. 63-85.
8) 이현송 (2016a).
9) Krogstad & Noe-Bustamante. Sep 9, 2021. "Key facts about U.S. Latinos for National Hispanic Heritage Month," Pew Research Center https://www.pewresearch.org/fact-tank/2021/09/09/key-facts-about-u-s-latinos-for-national-hispanic-heritage-month/
10) Wet Feet Dry Feet Policy는 쿠바와의 국교 정상화를 하면서 오바마 대통령에 의해 2017년 폐지되었다. 그러나 이 제도의 부활에 대한 정치적, 외교적 논란은 계속되고 있다.
11) 존슨-리드 법(Johnson-Reed Act)이라고 불리는 이민법(Immigration Act of 1924) 시행은 이민 할당제를 국가별로 실시하는 등 이민을 크게 축소시켰다.
12) 당시 흑인 분장한 백인들이 흑인들의 바보 같은 모습을 연기하며 조롱하고 웃는

코미디 프로그램이 유행하였는데 극중 주인공의 이름이 짐 크로우였다. 짐 크로우는 흑인들을 비하하면서 백인들이 주로 사용하던 말이었다.

13) Schaefer Richard, 2013, *Race and Ethnicity in the United States*. 7th ed. Pearson. p. 93.
14) 김정규, 2016,『미국의 인종과 민족: 갈등과 변화』(서울: 에듀컨텐츠휴피아). p. 117.
15) Budiman & Ruiz, "Key facts about Asian Americans, a divers and growing population," April 29, 2021. Pew Research Center.
16) Schaefer (2013).
17) Budiman & Ruiz, "Key facts about Asian Americans, a divers and growing population," April 29, 2021. Pew Research Center.
18) Budiman & Ruiz, "Key facts about Asian origin groups in the U.S.," April 29, 2021. Pew Research Center.
19) Day & Newburger, 2002, "The Big Payoff: Educational Attainment and Synthetic Estimates of Work-Life Earnings," *Special Studies. Current Population Reports*. Bureau of the Census (DOC), Washington, DC. Economics and Statistics Administration.
20) 이현송 (2016a).
21) 이현송 (2016a).
22) U.S. Census. https://www.census.gov/quickfacts/sanfranciscocitycalifornia
23) Demographia World Urban Areas 17th Annual Edition: 202106 http://www.demographia.com/db-worldua.pdf
24) Wells Fargo 은행, VISA 등과 같은 금융기관 본사가 위치하고 있으며, 과거에는 더 많은 금융기업들의 본사가 있었다.
25) 뉴욕시와 주변 도시들의 인구가 약 2,100만 명이고 로스앤젤레스와 주변 도시들의 인구는 1,550만 명 정도이다. Demographia World Urban Areas 17th Annual Edition: 202106 http://www.demographia.com/db-worldua.pdf
26) 로스앤젤레스 할리우드 힐스(Hollywood Hills) 지역에 설치되어 있는 대표적인 랜드마크.
27) US Census QuickFacts. https://www.census.gov/quickfacts/losangelescitycalifornia
28) Los Angeles: Economy. City-Data.com http://www.city-data.com/us-cities/The-West/Los-Angeles-Economy.html

참고문헌

김정규. 2016.『미국의 인종과 민족: 갈등과 변화』. 서울: 에듀컨텐츠휴피아.
박영신. 2000. "잊혀진 이야기: 시민 사회와 시민종교."『현상과인식』통권 80호. p.63-85.
새뮤얼 헌팅턴 지음. 형선호 옮김. 2004.『새뮤얼 헌팅턴의 미국』. 서울:김영사.
이현송. 2016a.『미국 문화의 기초』. 서울: 한울아카데미.

이현송. 2016b. 『혁신과 갈등 미국의 변화』. 서울: 한울아카데미.

Bauer, Lauren. Broady, Kristen, Edelber, Wendy, and O'Donnell, Jimmy. 2020. "Ten facts about COVID-19 and the U.S. economy." Sep.17. 2020. Brookings. https://www.brookings.edu/research/ten-facts-about-covid-19-and-the-u-s-economy/

Budiman, Abby & Ruiz, Neil G. "Key facts about Asian Americans, a divers and growing population." April 29, 2021. Pew Research Center. https://www.pewresearch.org/fact-tank/2021/04/29/key-facts-about-asian-americans/

Budiman, Abby & Ruiz, Neil G. "Key facts about Asian origin groups in the U.S.." April 29, 2021. Pew Research Center. https://www.pewresearch.org/fact-tank/2021/04/29/key-facts-about-asian-origin-groups-in-the-u-s/

Day, Jennifer Cheeseman; Newburger, Eric C. 2002. "The Big Payoff: Educational Attainment and Synthetic Estimates of Work-Life Earnings." *Special Studies. Current Population Reports*. Bureau of the Census (DOC), Washington, DC. Economics and Statistics Administration.

Demographia World Urban Areas 17th Annual Edition: 202106. http://www.demographia.com/db-worldua.pdf

Frey, William H. Aug 13, 2021. Report "New 2020 census results show increased diversity countering decade-ling declines in America's white and youth population." Brookings. https://www.brookings.edu/research/new-2020-census-results-show-increased-diversity-countering-decade-long-declines-in-americas-white-and-youth-populations/

Krogstad, Jens & Noe-Bustamante, Luis. Sep 9, 2021. "Key facts about U.S. Latinos for National Hispanic Heritage Month." Pew Research Center. https://www.pewresearch.org/fact-tank/2021/09/09/key-facts-about-u-s-latinos-for-national-hispanic-heritage-month/

Los Angeles: Economy. City-Data.com http://www.city-data.com/us-cities/The-West/Los-Angeles-Economy.html

Pew Research Center. "About Three-in-Ten U.S. Adults Are Now Religiously Unaffiliated." December 14, 2021. https://www.pewforum.org/2021/12/14/about-three-in-ten-u-s-adults-are-now-religiously-unaffiliated/

Pew Research Center. "Being Christian in Western Europe." May 29, 2018. https://www.pewforum.org/2018/05/29/being-christian-in-western-europe/

Schaefer, Richard. 2013. *Race and Ethnicity in the United States*. 7th ed. Pearson.

U.S. Census QuickFacts. https://www.census.gov/quickfacts/losangelescitycalifornia

U.S. Census. https://www.census.gov/quickfacts/sanfranciscocitycalifornia

Udalova, Victoria. 2021. "Pandemic Impact on Mortality and Economy Varies Across Age Groups and Georgraphies." March 08. US Census Bureau. https://www.census.gov/library/stories/2021/03/initial-impact-covid-19-on-united-states-economy-more-widespread-than-on-mortality.html

COVID-19
Column

코로나19와 미국

김정규(계명대 미국학전공/사회학과)

2020년부터 전 세계를 강타하고 있는 코로나19는 미국에도 큰 충격을 가하였다. 충격의 절대적 크기로 봤을 때 미국은 세계에서 가장 큰 영향을 받았으며 그로 인한 사회 곳곳에서의 변화도 급격히 일어났다. 펜데믹이 본격적으로 시작된 2020년 4월 처음 한 달 동안 일반적인 사망률보다 인구 만 명당 2.4명이 더 높았다. 코로나 바이러스에 의한 직간접적인 원인에 의해 사망률은 33%가 증가하였으며, 이것은 미국 역사상 가장 높은 사망률로도 기록되었다.[1] 펜데믹 초기의 높은 사망률은 특히 뉴욕주와 뉴저지주를 중심으로 집중적으로 나타났다. 회사와 가게가 문을 닫고 도시는 봉쇄되었으며, 실업률은 크게 치솟아서 미국경제의 중추적인 역할을 하는 대표적인 지역이 경제적으로 마비되었다. 이러한 현상은 미국 전역으로 그리고 사람들이 집중해 있는 대도시를 중심으로 점점 확산되었고, 경제 전반에 걸쳐 심각한 악영향을 끼쳤다.

실업률은 크게 높아졌고, 셧다운은 모든 종업원들의 일자리를 위협했다. 경제적 어려움은 여성, 소수인종과 민족, 저임금 노동자, 그리고 교육수준이 낮은 사람들에게 더욱 집중되었다. 특히 펜데믹의 위기는 인종/민족 집단에 따라 미치는 영향력의 차이가 컸다. 미국은 경제적 형편에 따른 보건과 의료에 대한 불평등이 아주 크기 때문에 상대적으로 경제적 하위계층인 인종/민족 소수자 집단은 코로나 바이러스에 의한 사망률도 훨씬 더 높았다.[2] 미국은 경제적 수준에 따라 잘사는 동네와 그렇지 않은 동네가 나누어져 있는 경우가 많고, 보건 의료 서비스는 지역별로 시행되었기 때문에, 상대적으로 보건의료 기반이 취약한 저소득층 지역은 제대로 된 의료 서비스를 받기가 어려웠기 때문이다. 특히 경제적으로 하위계급에 속하는 흑인, 히스패닉, 원주민들의 타격은 더 클 수밖에 없었다.

코로나19는 정치적으로도 큰 영향력을 미쳤다. 펜데믹이 본격적으로 유행할 때는 미국 대선을 얼마 두지 않은 때였다. 당시 트럼프(Donald Trump) 대통령은 코로나 바이러스가 중국에서 온 것이라며, 중국정부 책임론을 말하면서 방역 정책을 적극적으로 연방정부 차원에서 하지 않았다. 대통령 스스로도 마스크 착용에 부정적이었고, 주변의 핵심 정치인들도 대통령을 따라 소극적으로 대처하였다. 반대로 야당인 민주당 측은 마스크 착용 등과 같은 방역대책을 보다 적극적으로 지지하였다. 정치권의 이러한 대처방식은 시민들에게 잘못된 인식을 심어주어 마스크 착용여부가 진보와 보수 등의 논쟁으로까지 번져서, 착용하지 않을 자유를 주장하는 등 인권과 자유의 문제로까지 비화되었다. 이러한 중에 코로나 바이러스는 급속하게 미국 전역으로 퍼져 나갔고, 돌이킬 수 없는 지경에까지 이르게 되었다.

이러한 영향은 백신 접종에까지 이어져서 미국에서 백신이 개발되어 세계에서 가장 많은 백신을 가장 빠른 시간에 확보하고도 시민들의 접종률은 신속하게 올라가지 않았다. 그 결과 코로나 바이러스는 미국 대선에도 영향을 미쳐서 트럼프 대통령은 민주당 바이든에게 대통령 자리를 넘겨주게 되었다. 바이든 대통령이 취임한 이후 보다 적극적인 방역 대책을 시행하였는데, 백신 접종을 강력하게 권고하고 정책적으로 밀고 나가서 소정의 성과를 거두긴 하였다. 그럼에도 여전히 많은 미국인들이 개인의 자유와 인권을 외치면서 소극적인 자세로 방역에 임하고 있어 백신 접종, 마스크 착용, 사회적 거리두기 등의 시민 협조 사항들이 제대로 지켜지지 않은 경우가 많았다.

코로나 바이러스는 인종과 민족의 갈등과 차별에도 영향을 미쳤다. 트럼프 대통령은 코로나 바이러스를 '우한' 바이러스 또는 차이나 바이러스로 부르는 등 팬데믹의 원인을 중국 탓으로 돌렸다. 당시 미국과 중

사진 3부 칼럼.1 백신 찬성/반대 시위

출처: Photo by DJ Paine on Unsplash. https://unsplash.com/photos/WbMnCZCaH4E

국은 무역전쟁이라고 불릴 만큼 경제적인 갈등이 최고조로 도달했을 시기였다. 한편으로는 중국에 책임을 돌림으로써 국제정치 무대에서 중국의 입지를 약화시키고, 국내적으로는 자신의 표를 지킬 명분을 쌓기 위한 것이었다. 그것은 그렇게 성공적이지 못했고, 오히려 시민들에게 중국인들에 대한 혐오만 불러 일으켰다. 중국인들에 대한 혐오는 미국 이민 역사에 있어 뿌리가 깊다. 중국인 이민자들에 대한 '중국인 배척법'까지 만들어 1965년 이민법이 개정될 때까지 중국인 이민자를 억압했던 역사가 남아 있다. 여기에다 다시 불을 붙인 것이나 다름 없었다. 특히 최초의 흑인 대통령이었던 오바마 대통령 시기에 백인 인종주의자들은 그들의 불평불만을 참고 있을 수밖에 없었는데, 트럼프 대통령 취임 이후 서서히 터지기 시작해서 코로나19로 피해를 입게 되자 본격적으로 인종주의적 언행이 폭발했다.

문제는 중국인들에 대한 혐오만이 아니라 그것이 아시아계 미국인 전체로 퍼져나가 심각성이 더해졌다는 것이다. 여기에 흑인 인종주의자들까지 가담하였다. 흑인들은 인종적으로 심한 차별을 받은 역사를 가지고 있어서 인종문제에 아주 민감하게 반응하며, 그것이 그들을 오히려 인종차별주의자로 쉽게 만들기도 한다.[3] 아시아계는 흑인들에 비하면 이주의 역사가 아주 짧지만, 경제적으로 빠르게 성장해서 이제는 백인들 이상의 경제적 위치를 점하고 있다. 흑인들에게는 아시아계에 대한 상대적 박탈감이 존재하고 있으며, 아시아계가 가진 흑인들에 대한 부정적인 태도도 흑인들의 아시아계에 대한 편견과 차별의식 형성에 영향을 미쳤다. 코로나 바이러스의 여파로 하층계급 흑인들은 가장 큰 피해를 본 집단이므로 그들의 불만과 스트레스가 아주 높아져 있는 상태였는데, 정치권의 코로나19의 중국 책임론 주장은 바로 방아쇠를 당기는 역할을 하게 된 것이다. 결과적으로 아시아계에 대한 증오범죄와 테러가 빈번히 발생하여 인종 갈등의 새로운 양상이 미국에 나타나게 되었다.

코로나 바이러스로 인한 펜데믹은 미국 경제에 역사적으로도 드문 충격을 주었고, 경제적인 후퇴를 가져왔다. 연방정부는 천문학적인 구제 금융을 실시하여 전 미국인들에게 재난 지원금을 수차례 지급하였고, 재정확대 정책을 대규모로 시행하였다. 그 결과 어느 정도 경제가 회복이 되고 재기의 발판을 삼았으나 막대한 재정지출은 또 하나의 과제를 남겼다. 경제적 불평등의 문제도 심각하게 노출되었다. 정치적으로도 정권교체라는 변화를 만드는 데 일조하였으며, 새로운 국면의 인종 민족 갈등의 불씨가 되었다. 또한, 문화적으로 미국인들의 개인주의, 자유, 그리고 인권의 가치가 공공선과 공동체, 타인의 인권 존중의 가치와 충돌함으로써 나타나는 이념적 갈등 현상이 그대로 드러났다. 미국은 세계 리더 국가로서의 위상에도 큰 흠집을 남겼다. 그러나 미국의 다양성의 가치, 포용의 문화, 경제적 잠재력과 국제적 위상은 여전히 미국이 가진 거대한 힘의 원천이며, 국민의 힘을 모아 어떠한 국가적 행보를 해 나가느냐에 따라 미국의 운명만이 아니라 세계 전체의 미래에 영향을 미칠 것이라는 것은 분명하다.

주

1) Udalova Victoria, 2021, "Pandemic Impact on Mortality and Economy Varies Across Age Groups and Georgraphies," March 08, US Census Bureau.
2) Bauer et al, 2020, "Ten facts about COVID-19 and the U.S. economy," Sep.17. 2020, Brookings.
3) Schaefer Richard, 2013, *Race and Ethnicity in the United States*, 7th ed. Pearson.

4부

유럽연합

10장

유럽연합의 탄생과 정치 시스템

한미애(계명대 국제학연구소)

국제사회에서 국가는 중요 행위자이다. 두 번의 큰 전쟁을 경험한 이후 국가중심의 체제에서 발생하는 여러 문제에 대한 반성과 고찰이 거듭되었다. 특히 세계대전의 중심에 있던 유럽에서는 새로운 체제와 규범의 필요성이 대두되었다. 기존의 국제질서의 중요한 행위자였던 국가의 권한을 초국가기구로 이양함으로서 다양한 행위자와 질서가 상호작용하는 다중심체제로 전환하게 되었으며, 그 중심에는 유럽연합이 있다. 다중심체제의 통치구조는 기존에도 존재하였지만, 다층적이고 초국가적인 새로운 국가 간 협력 모델로서 유럽연합의 통합을 이해하는 것이 중요한 연구 대상으로 부상하였다. 유럽연합은 미국·중국과 함께 국제사회의 주요 논제를 이끌어나가며 선도적 입지를 강화하고 있다.

1. 유럽 통합의 이해

인류 역사상 가장 큰 피해를 낳은 전쟁이었던 제2차 세계대전이 끝난 후, 유럽은 평화와 번영, 그리고 안전을 위해 위대한 유럽합중국을 꿈꿨다. 하지만 회복하기 힘든 수준으로 피폐해진 유럽은 미국과 함께 소련에 대항하는 방법을 택했다. 미국은 유럽의 재건을 위해 유럽부흥계획(ERP: European Recovery Program)[1)]을 통해 서유럽의 경제적 안정을 도왔다. 경제적으로 회복된 유럽은 그들 스스로의 안전을 위한 안전보장시스템을 구축하고자 하였다.

1950년 프랑스 외무부 장관이었던 로베르 슈망(Robert Schuman)의 선언을 통해 유럽공동체에 관한 논의가 시작되었다. 1951년 프랑스, 서독, 이탈리아, 베네룩스 3국의 대표가 모여 유럽석탄철강공동체(ECSC: European Coal and Steel Community)을 설립에 합의하였다. 1952년 7월 ECSC가 공식 창설되고, 정치와 경제 분야의 통합도 논의되기 시작하였다. 유럽정치공동체(EPC: European Political Community)에 관한 논의는 한국전쟁 휴전, 냉전시기 등 안보에 대한 위협이 사실상 사라졌다는 판단 하에 설립되지 못했다. 하지만 경제통합을 지향하는 공동의 노력은 지속되었는데, 1957년 ECSC 6개국은 '로마조약'에 서명하며 유럽경제공동체(EEC: European Economic Community)와 유럽원자력공동체(EURATOM: European Atomic Energy Community Treaty)를 창설하였다. EEC의 설립 이후 별 다른 위협 없이 평화로웠던 유럽은 통합의 발전을 시작하였다. 1991년 마스트리히트 조약의 체결 이전까지 유럽통합의 중심논리는 역내 무역장벽의 제거를 통한 단일시장 건설이었다. 그러나 마스트리히트 조약에 의해서 유럽은 정치적 통합과 한층 심화된 경제통합을 지향하게 되었다.

사진 10.1 유럽연합의 아버지 로베르 슈망

출처: EU 집행위원회 시청각 서비스

1) 다양한 유럽통합이론

(1) 연방주의와 신연방주의

연방주의(Federalism)는 칸트로부터 시작된 평화론의 철학적인 입장에서 시작하여 분쟁을 근절하고 영속적인 평화를 추구할 수 있는데 초점을 맞추었다.[3] 연방주의는 권력이 중앙 정부 및 지방 정부 간에 분할된 정치 체제를 제시하며, 독립적인 단위의 지방정부와 이들이 결합된 전체 수준의 중앙 정부의 설립을 요구한다.[4] 이들의 특징은 분권화된 정치체제로서 각자의 헌법상 자율성을 가지고 있고, 자율을 최대화하여 공동과제를 수행할 수 있도록 하는 것이다.

연방주의에 관한 여러 학자들의 활발한 논의는 제2차 세계대전 이후 황폐해진 유럽의 재건과 세계평화를 위한 합리적인 모델로 제시되었고,

또 다른 위협의 방지 차원에서 시작된 연방주의 운동[5]을 통해 안정된 유럽의 정치적 질서를 논의하였다. 소련의 팽창 저지, 경제 안정, 독일 문제 해결 등의 현안을 해결하기 위한 해결책 중 하나가 유럽의 통합이었다.[6] 1947년 스위스 몽트뢰(Montreux)에서 열린 회의에서 세계 연방주의자들이 모여 세계 평화를 위한 여러 논의를 진행하였다. 유럽에서의 새로운 대전이 발발하는 것을 억제하기 위한 유일한 안전보장책은 독일을 포함한 유럽 연방을 건설하는 것이며, 참여국은 그들이 가진 주권의 일부를 포기해야 한다고 주장하였다. 하지만 이 회의에서 당시 세계적으로 이데올로기 대립의 상황으로 인해 유럽 연방을 적극적으로 추진하지는 못하였다.

이후 냉전이 본격화되면서 유럽통합에 대한 연방주의 논의가 제시되었는데, 연방주의적 통합의 전제조건은 연방수준의 정부와 지방수준의 정부가 수립되어야 하며, 두 정부는 분리되어있지만 협력적인 관계여야 한다는 것이다.[7] 연방주의자들은 유럽이 연방주의를 토대로 통합을 해야하는 적실성에 대해 다음과 같이 주장한다.

첫째, 연방주의는 칸트의 평화론으로부터 시작된 아이디어이다. 평화론에 기초한 유럽통합은 전쟁의 위협을 막을 수 있는 최상의 보호책이라고 할 수 있다.

둘째, 연방주의는 민주주의의 근본 요소로서의 권위가 국민들에게 가까이 접근 가능할 수 있는 통치체제로서 효율적인 통치가 가능하다.

셋째, 유럽통합의 목적, 배경, 조건 등으로 볼 때 연방형태의 통합은 학문적 숙고이다.[8] 실제로 유럽연합에 대한 연방주의적 논의가 가장 적절하다고 주장하는 학자들은 유럽통합운동은 연방주의 운동으로부터 시작되어 연방주의적 목적이 반영되었으므로 유럽 통합의 과정이나 상황을 분석하는데 연방주의가 가장 적절한 분석법이라고 주장한다.[9]

하지만, 유럽연합의 연방주의적 접근에 대한 비판이 제기되었다. 연방주의는 통합에 참여하는 국가가 자신의 주권을 일부 포기하여 '연방'이라는 상위체에 권력을 위임하는 것인데, 이 과정에서 정치적 제도와 같은 합의를 어떻게 이룰 것이며, 어느 정도의 시간이 소요될 것인지에 대한 우려이다. 연방주의적 방법론은 통합에 참여하는 국가 간의 협의가 있으면 급격한 통합이 가능하다는 것이다. 이러한 방법이 효율적이고 안정적인 수준으로 통합을 유지하기 어렵다는 것이다. 통합에 대해 국가 간 공통의 가치, 목표를 논의하며 신뢰를 형성하는 심리적 통합의 결여가 생길 수 있다. 이는 상위체(연방)와 하위체(국가) 간의 이견이 생길 수 있고, 국가 간 경쟁을 초래할 수 있다는 것이다. 이에 기존의 급진적인 연방주의의 단점을 보완하여 통합력을 증진시키는 규범과 제도를 중요성을 강조하는 신연방주의(Neo Federalism)적 접근법이 제시되었다.

이러한 연방주의는 이후 다양한 통합이론이 등장하며 현실에 대한 분석력이 부족하다는 이유로 학자들의 관심에서 멀어졌다. 하지만 연방주의가 미국의 정치학계보다 유럽의 학자들에게서 많이 논의되어 왔고, 경험적 연구로서 유럽연합에 대한 연구 분석틀로 사용되어 온 점에서 가치가 있다.

(2) 기능주의 및 신기능주의

통합이 기능적일수록 지속된다는 기본 명제를 바탕으로 국민국가는 그들의 권리 침해에 민감하므로 경제와 같은 비정치적인 분야에서부터 접근하여 학습과 사회화를 통한 공동의 이해관계를 통해 정치화의 단계로 전환할 수 있다는 이론이다.

기능주의(Functionalism)는 국가 간 권력과 정치적 영향력에 대한 개념을 배제하여 비판을 받았다. 정치적인 분야와 비정치적인 분야를 분리하였고, 기술이 정치적인 것을 지배하여 점진적인 통합을 이룬다고 주장했다. 하지만 1970년대 이후 경제가 정치의 중요한 부분으로 등장하면서 정치적인 분야와 비정치적인 분야의 구분이 어려워졌다. 또 시장경제체제에서 승패가 구분되는 조건에서 기능주의가 어떠한 논리로 작동할 것인가에 대한 논란도 있었다. 하지만 앞서 언급한대로, 유럽연합의 기술적 특징을 이해하는데 기능주의가 기초적인 이론을 제시한 점, 미트라니의 이론을 바탕으로 신기능주의의 토대가 되었다는 점에서 유럽통합을 분석하는데 가치가 있다.

신기능주의(Neo Functionalism)는 1950~1960년대에 유럽의 통합에 관한 대중적인 이론이었다. 신기능주의는 기능주의의 내재적 한계를 수정하여 발표되었으며 두 이론은 인간의 합리성에 대한 믿음과 다원적인 사회를 전제한다는 점에서 유사하다. 하지만 신기능주의는 정치적 영역을 중요시하고, 제도의 중요성을 강조하며, 정치와 경제를 분리할 수 없다고 전재한다. 통합의 동기는 미트라니가 제시한 기술적 '자동성'이 아니라 이익추구를 위한 행위자들의 정치활동이라고 주장하였다.

신기능주의를 대표하는 학자 하스(Ernst Haas)는 비규범적이며, 경험적 자료에 근거한 지역 통합의 과정을 기술하고 설명하려고 시도하였다. 통합은 관련 국가 사회의 정치적 또는 기술적인 엘리트에 의해 도입될 수 있는 바람직한 상황이 아니라 필연적인 과정으로 간주하였다.[10] 하스는 정치적 통합에 대해 '서로 다른 환경 속의 정치적 행위자들이 기존의 국가에 대한 관할권(Jurisdictions)을 소유하거나 요구하고, 그들의 충성심, 기대, 그리고 정치적 활동을 크고 새로운 중심(A new centre)을 향해 이전(Shift)하도록 설득되는 과정'으로 정의했다. 새로운 중심은 유럽연합과 같은 초국가기구를 의미한다. 행위자들 간의 상호작용에 대한 강조는 결과보다 과정을 중시한다는 점이며, 과정은 행위자들이 그들의 이익추구를 위해 복합적으로 얽히는 상황을 가리킨다. 신기능주의는 통합과정의 매커니즘으로 파급효과(Spillover)를 강조한다. 이는 통합의 첫 분야가 합리성에 의해서 다른 분야로 전파·확대된다는 것이다. 파급효과는 세 가지로 구분할 수 있다.[11]

첫째, 기능적인(Functional) 파급효과이다. 경제적인 부분에 기초하며, 특성상 특정 영역에 국한하여 통합을 진행할 수 없다는 것이다. 현대 경제가 밀접한 상호 연결적 특징을 가지고 있기 때문에 특정 영역의 통합이 주변 영역의 통합도 함께 진행된다는 주장이다. 따라서 불안정을 해소하기 위해 지속적인 정책조정이 필요하고, 국가의 권력은 상대적으로 축소되어 궁극적으로 완전한 경제와 정치적 통합을 이룰 수 있다는 것이다.

둘째, 정치적인(Political) 파급효과이다. 현존하는 초국가기구가 제도형성을 추진할 때 발생한다. 예를 들어, 유럽위원회의의 행위자들은 비정부행위자들의 통합과정에 영향력이 증대될 수 있도록 위기를 이용하고, 목표를 창출하고, 새로운 정책을 제안하거나 흥정을 중개하는 역할을 한다. 이 때 국가의 역할은 감소하고, 초국가수준에서의 통제와 책임에 대한 요구가 증대되는 것이 정치적 파급효과의 예라고 할 수 있다.

셋째, 기술적인(Technical) 파급효과이다. 국가 간 상이한 기준의 차이는 초국가적인 차원에서 규정을 제정하여 준수할 것을 요구한다. 예를 들어 유럽연합의 환경규제가 회원국 간 산업 환경에 의해 적용이 불가능하거나 어려울 때, 유럽연합은 강력한 수준의 환경법을 채택하도록 하여 모든 회원국에 차등 없이 적용하도록 요구한다. 이러한 파급효과 개념은 유럽연합의 통합과정을 설명하는데 가장 유용하게 사용되고 있다. 마스트리히트 조약에 따른 경제통화동맹의 추진과 로마조약에 따른 통상정책 등을 설명하는데 가장 설득력 있는 방법론이다.

슈미터(Philippe C. Schmitter)는 신기능주의의 파급효과에 의한 통합의 확산의 축소(Retrench)와 역행(Spill back)의 가능성에 대해 언급한다.[12] 하스의 통합에 대한 정의에서 '다른 환경 속의 정치적 행위자들이 기존의 국가에 대한 관할권을 소유하거나 요구하고, 그들의 충성심, 기대, 그리고 정치적 활동을 크고 새로운 중심을 향해 이동하도록 설득되는 과정'에서 충성심, 기대, 정치적 활동에서의 관할권을 초국적 수준에 이전하면 통합은 확산될 것이고, 관할권을 국민 국가적 수준으로 이전한다면 통합은 역행한다고 해석할 수 있다. 회원국이 초국적 수준의 순기능을 거부하여 역행하게 되면, 초국적 수준의 제도와 정책의 역량은 축소될 것이다. 슈미터는 통합의 수준에 관하여 다양한 정의를 내렸다.

하지만 신기능주의는 신기능주의학자들이 스스로 이론의 한계를 인정하였다. 유럽공동체의 역량의 한계, 회원국 내부의 기존 정책결정 방식의 지속, 전통적인 주권에 대한 방어에 대해 이론적 설명이 부족하다는 것이다. 첫째, 지역통합의 동인적 요소보다 기구의 역할을 강조한다. 둘째, 유럽 외 다른 지역통합에서는 국가가 중심적인 역할을 한다. 셋째, 제도화 수준이 낮은 지역통합에의 적용이 불가능하다. 이에 하스는 행위자들의 목적과 동기 등의 변화, 외적인 영향력의 중요성, 제도적 결과의 예측 실패를 인정하였다. 하지만 경제통합에 의해 화폐통합이 진행되었고, 이로 인해 사회, 외교, 군사 등으로 통합의 영역이 확대되는 파급효과에 대해서 신기능주의 이론은 유럽통합을 이해하는 중요한 방법론으로 사용되고 있다.

최근 신기능주의학자들은 보다 확대된 관점에 의한 연구를 진행한다. 통합의 동인으로 제시한 파급효과는 자동적인 연계보다 행위자들에 의한 정치적 매개가 전제되어야 한다는 점이다.[13] 슈미터는 국민국가가 초국적 수준으로 관할권을 이동하도록 유럽의 정책결정자(관료)들이 압력을 행사한다고 보았다. 이들은 원활한 통합의 진전을 위해 국민국가가 그들의 관할권을 초국적 수준으로 이전하도록 압력을 행사하는 정치적 매개체로 볼 수 있다. 이러한 매개가 기능적으로 작동되지 않을 경우 통합은 축소되거나 역행의 상태로 위기를 초래할 수 있다. 현재 유럽연합이 직면한 존재의 위기, 붕괴 가능성에 관한 이론이 연구되고 있지만, 학술 연구는 초기 단계에 머물러 있다. 이러한 관점에서 신기능주의는 통합의 진전과 후퇴에 관한 가능성을 연구하는데 유용한 접근법을 가지고 있다고 판단된다.

(3) 정부간주의와 자유주의적 정부간주의

정부간주의(Intergovernmentalism) 이론은 하스의 신기능주의 이론에 대한 비판에서 시작되었다. 유럽연합을 초국가기구가 아닌 국제기구로, 국제기구는 정부간기구로서 국가 간 협상에 의해 평화가 가능하다는 것이다. 정부간주의를 제시한 호프만(Stanley Hoffmann)은 유럽연합의 모든 제도는 국가의 대표인 정부 간의 주도로 결정되며, 통합의 진전은 자국의 이익을 추구하며 상호작요의 산물이라고 주장했다. 정부간주의는 국가중심적으로 국가가 국제정치의 기본단위라고 보았다. 정부간주의학자들은 통합이 '사회화(Socialization)', '협력(Coporation)', '형식화(Formalization)'에 의해 이루어진다고 주장한다.[14] 사회화를 통한 통합은 신뢰가 바탕이 되어야 하며, 신뢰는 공동의 이익을 증대시킬 수 있는 협력을 유도하고, 결과적으로 고도의 형식화가 이루어질 수 있는 플랫폼을 형성한다는 것이다. 유럽통합은 국가의 대표 간 활발한 교환과 타협의 결과이며, 정부간주의원칙에 의해 작동되고 조정된다고 하였다.

호프만은 안정된 확실성을 추구하고 조절 가능한 불확실성을 추구하기 때문에 낮은 수준의 정치영역에서만 통합이 가능하다고 하였다. 또, 경제와 정치통합을 분리해서 접근하며 경제적 보장이 정치적 통합을 보상하시 않는다고 주장하였다. 경제통합은 경제적 이익이 지속된다면 통합이 지속될 수 있지만, 정치는 국가 간 이해관계가 상이하고 초국가기구의 강화가 국가에 위협이 될 수 있기 때문에 정치통합은 어렵다는 것이다. 하지만 호프만은 유럽통합의 상황적 변화를 감지하여 국가중심적 시각을 완화하였다.[15] 그는 공동체의 결정은 정부간 협상에 의한 점은 여전히 강조하지만, 유럽연합의 집행부 또한 결정과정에 있어서 매주 중요한 역할을 수행한다고 인정하였다.

호프만의 정부간주의에 기반하여 모랍칙(Moravcsik)은 자유주의적 정부간주의(Liberal intergovernmentalism)을 발전시켰다. 모랍칙은 유럽연합의 정책결정에 있어서 회원국의 선호와 협상능력, 다른 사안과의 연계 가능성에 따라 결정적 영향을 받는다고 주장한다.[16] 국제적인 수요는 국내정치의 결과물로 자유주의적이며, 국제협력의 공급은 정부간 협상에 의한 것을 강조한다. 정책의 국제수요는 국내적 사회행위자들이 정치제도 내에서 어떠한 활동을 하는지에 따라 국가 선호도가 형성되고 국제적 수요가 생겨난다는 것이다. 국제적 수요에는 공급이 있어야 하는데 공급결정의 정치적 요인은 회원국 정부들의 합의에 의해 국제적 공급이 가능하다는 것이다. 국가의 선호는 경제적 이익을 선호하며, 국가 선호는 이슈에 따라 다양하게 나타날 수 있다. 따라서 이슈에 따라 유럽연합의 개입을 원하기도 하고, 원하지 않는 분야도 있다. 국가 간 협상은 부정적인 결과보다 긍정적인 결과 훨씬 많다고 주장한다. 하지만 긍정적인 결과를 얻기 위해 국가 간 힘겨운 협상이 따른다.

모랍칙의 자유주의적 정부간주의는 전통적 국가 중심적 접근으로부터 시작되어 국내정치적 선호형성만 인정하고, 유럽차원에서 발생할 선호의 발생 가능성은 배제하고 있다는 점에서 유럽 통합에 대해 종합적 이해가 부족하다. 모랍칙은 국가와 이익집단 간의 상호작용을 배제함으로서 국가의 선호와 국내 정치세력의 선호구분이 불가능하다. 그리고 유럽연합 제도의 영향력을 과소평가한다는 점에서도 여러 학자들에게 비판을 받고 있다.

(4) 다층적 통치체제론

다층적 통치체제론(Multi Level Governance)은 거버넌스(Governance)라는 통치체제 개념을 사용하여 유럽연합의 구조적 특성을 분석하는 방법론으로 대두되었다. 국가 또는 지방 정부 가운데 어느 하나가 권력을 독점하지 않고, 권력의 구조 자체가 여러 층(Level)의 정치 기구들 사이에 공유된다고 설명한다.[17] 국가 뿐 아니라 다양한 행위체가 여러 층 사이에 연계를 형성한 복합적 네트워크 단위체라고 볼 수 있다. 유럽통합이 진행되면서 '회원국의 경계를 넘나드는 수평적 네트워크의 출현' 현상[18]은 기존의 공동체방식으로 설명하기 어려운 점들이 발생했음을 알 수 있다.

인스는 전통적인 정치시스템에서 갈등 관계를 해결할 수 있는 방법일 뿐 아니라 시스템 상에서 행위자들 간의 새로운 네트워크를 만들고 지식분포를 증가시켜 모든 행위자들이 만족스러운 정책을 제정하는 것이라고 정의하였다.[19] 안셀(Ansell)과 가쉬(Gash)는 공식적이고 합의지향적이며 상호적인 정책결정과정에서 하나 또는 그 이상의 행위자들이 직접적이며 비공식적인 이해관계자들을 참여시키는 통치배열로 정의하였다.[20] 즉, 복잡한 사회에서 다양한 행위자들의 연계성으로부터 '네트워크화'의 추세가 거버넌스 양태의 변화에 결정적인 영향을 미쳤다고 볼 수 있다.[21] 다양한 행위자들이 복잡한 연결고리를 만들었고, 문제점을 해결하기 위해 협상과 조정을 시도한다. 밀워드(Milward)는 '공동화된 국가'라는 개념을 사용했는데, 국가의 전통적 기능과 권한이 분산되며 중요한 부분에 공백이 생겼다고 말한다. 이 공백을 다양한 행위자들이 메우고 있으며, 국가도 다양한 행위자와 분담하여 서비스 기능을 시행해야 한다고 말한다. 거버넌스 영역의 확대 과정에서 국가는 거버넌스의 원활한 수행을 위해 탈국가 행위자에 의해 그 역할이 보관되고 있다. 거버넌스는 국가의 역할과 기능 분산에 집중되고, 국가는 가장 중요한 행위자의 위상이 유지되지만 유일한 주요 행위자는 되지 못하는 것이다.

유럽연합의 정책결정시스템 구조를 보았을 때 수직적 구조에서 수평적 구조로 변화하는 추세이다. 하지만 수직적 구조와 수평적 구조가 복합적 연대관계를 형성하여 정책을 결정하는 경우도 있다. 안셀(Ansell)은 이러한 복합적 구조를 '이합질서(Heterarchy)'라고 하였다. 이러한 복합적 구조의 특성을 지닌 거버넌스를 제솝(Jessop)은 '메타거버넌스(Metagovernance)'라고 명명하였다.[22] 메타거버넌스는 거버넌스를 관리한다는 차원으로 설명할 수 있으며, 복잡한 상호작용 속에서 서로 다른 유형의 거버넌스가 조화롭게 작동할 수 있도록 하는 역할을 수행한다. 즉, 다양한 거버넌스 메커니즘의 컨트롤 타워로서, 어떠한 문제점 해결을 위해 직접 나서지 않고, 규범을 설정하고 조직 간 정보의 흐름과 통합을 위한 권력배분의 균형자 역할을 한다고 볼 수 있다. 메타거버넌스는 다양한 거버넌스 메커니즘이 적절한 해법으로 자리 잡을 수 있도록 도와주는 기능을 담당한다. 즉, 메타거버넌스는 '거버넌스의 거버넌스(Governance of governance)' 혹은 '거버넌스의 관리(Government of governance)'로 규정지을 수 있다. 전통적 거버넌스의 한계로 지적되는 '책임(Accountability)'의 문제를 해결할 수 있는 새로운 개념으로 메타거버넌스의 개념을 통해 새로운 거버넌스 메커니즘의 성격이 변화함을 알 수 있다. 이는 전통적 의미에서 국가가 떠맡아야 하는 것으로 인지되어온 '책임'에 관한 인식이 변화하고 있음을 보여주는 것이다. 다양한 행위자들 사이에 이해관계를 조정하고 정책을 실현할 수 있는 투명한 거버넌스 과정을 이끌어 나가야 한다는 책임의 문제를 참여자 모두가 의식을 가지고 임무에 참여해야 한다는 점에서 긍정적이다.

글상자 10.1 거버넌스

거버넌스(Governance)란 공동의 목표를 달성하기 위하여, 주어진 자원 제약하에서 모든 이해 당사자들이 책임감을 가지고 투명하게 의사 결정을 수행할 수 있게 하는 제반 장치이다.

거버넌스 혹은 거버넌스구조라는 말은 정치학에 있어서 그것을 사용하는 연구자에 따라 다의적이고 애매하게 사용되어 왔다. 예를 들면, 통치(거버넌스, Governance)를 정부(거버먼트, Government)에 대항하는 개념으로서 조직적 혹은 포멀한 틀이 없어도 정치적인 가치분배나 의사결정이 이루어진다고 생각하고 널리 '정치'를 의미하는 개념으로서 대용하는 경우도 있었다. 국제관계론의 연구에 있어서는 국제시스템에 최종적인 권위가 존재하지 않는다는 것을 강조하기 위해 이러한 의미에서의 거버넌스라는 말이 여전히 사용되고 있다.

2. 유럽연합의 조약과 확대

유럽연합은 제2차 세계대전 이후 평화를 위한 공동의 목적에 의해 탄생한 결과물이다. 유럽은 미국의 성장을 보며 유럽 국가 간 대립관계에도 불구하고 상호 의존적이었고, 미국에 대항할 수 있는 경제적 통합에 대한 필요성을 절감하게 된다. 또, 독일과 프랑스의 화합을 통한 안보적 위협을 근본적으로 해결하고, 독일의 정치·경제적 영향력 재부상에 대한 완충적 메커니즘의 요구가 증대되었다.[23] 이는 유럽석탄철강공동체의 설립 배경에 잘 드러나 있다. 6개 회원국으로 출발한 유럽 공동체는 1957년 로마조약(Treaty of Rome)을 통해 유럽경제공동체를 창설하고, 관세연합도 설립하였다. 또한, 유럽원자력공동체도 설립하였다. 1960년대 프랑스의 드 골은 EEC의 초국가적 권력을 제한하려는 시도를 하였지만, 1967년 합병조약(Merger Treaty)를 통해 ECSC, EEC,

Euratom을 EC(European Communities)로 통합하였다.

1985년 쉥겐조약(Schengen Agreement)은 유럽통합 과정에서 의미가 있는데, 독일·프랑스·베네룩스 3국이 국경 시스템을 최소화하여 정보를 공유하고자 하는 쉥겐 선언에서 유래한 조약이다. 이는 국경에서의 여권검사와 검문을 폐지하고, 별도의 비자나 여권 없이 자유로운 왕래가 가능하도록 하였는데, 이후 유럽 외 가입 국가와 조약의 개정을 통해 진정한 통합의 방향으로 발전시키려는 시도라는 점에서 의미가 있다.

1986년 EC가 유럽 국기를 사용하기 시작하였고, 단일유럽의정서(Single European Act)를 체결하였다. 단일유럽의정서는 로마조약의 일부를 개정하여 EC의 정책과 기구조항을 변경하고 권한을 조정하였다. 단일유럽의정서는 공동체 내의 물리적·기술적 등의 세제 장벽에 관한 282개의 입법계획을 추진하였고, EC 위원회의 집행권한을 강화시켰으며, 유럽의회의 권한도 강화시켰다. 이사회의 의사결정 절차를 만장일치에서 가중다수결제로 대부분 수정하였다. 1993년 1월부터는 유럽단일시장의 출범을 규정하고 있으며, 유럽 정상회의의 정례화, 정치협력의 제도화 등을 명시하였다.

1989년 철의 장막을 따라 베를린 장벽이 무너지고, 독일의 통일, 동유럽 국가들의 독립으로 인해 유럽연합은 공동체의 확대를 시작하게 된다. 하지만 회원국의 확대로 인해 유로화 도입을 통한 통화협정의 제도적 안정성과 정치안보적 통합을 통한 안정이 요구되었고, 이러한 논의는 기존 공동체 조약의 개정으로 이어졌다. 공식적으로 유럽연합조약(Treaty for EU)으로 알려진 마스트리히트 조약(Maastricht Treaty)은 "유럽 사람들 사이에서 더욱 긴밀한 연합을 만드는 과정에서 새로운 단계"의 시작을 알렸다. 이 조약은 단일 통화, 유로존에 대한 기초를 마련하였으며, 새로운 분야에서 회원국 간의 협력을 확대할 수 있는 계기를 마련하였다. EC의 12개 회원국(벨기에, 덴마크, 독일, 그리스, 스페인, 프랑스, 아일랜드, 룩셈부르크, 이탈리아, 네덜란드, 포르투갈, 영국)은 유럽연합을 설립하기 위한 논의를 시작하였다. 1992년 2월 7일 네덜란드 마스트리히트에서 조약이 체결되어 유럽연합이 설립되었고, 1993년 11월 1일에 정식 발효되었다. 마스트리히트 조약은 EC의 통합의 수위를 높이는 것을 목표로 하는 조약으로 역내 시장통합 후의 정치연합, 경제·통화연합의 완성을 목표로 한다. 오스트리아, 핀란드 및 스웨덴이 가입하여 회원국은 15개국이 되었다.

마스트리히트 조약은 유럽의 단일 통화로서 유로(Euro)의 도입을 확정하였다는 점에서 의미가 있다. 1960년대 후반 독일 마르크화와 프랑스 프랑화를 둘러 싼 환율갈등 등으로 EC 회원국들은 통화협력에 대한 필요성에 공감하였고, EC는 룩셈부르크 총리였던 피에르 베르너(Pierre Werner)를 의장으로 하는 경제통화동맹 특별위원회를 구성하였다. 1970년의 '베르너 보고서'에서 유로존의 설립이 처음 제시되었다. 베르너 보고서는 단일통화와 유럽은행제도의 도입에 관한 주요 논의를 담고 있으나, 브레튼우즈체제의 붕괴로 인한 국제통화체계의 혼란, 회원국 간의 정치적 의지 부족 등으로 실현되지 못하였다. 이후 유럽의 경제 협력 증진에 관한 수십 년 간의 논쟁이 절정에 달하였는데, 마스트리히트 조약을 통해서 공동체의 오랜 목표가 실현된 것이다. 또한 유럽중앙은행(ECB: European Central Bank)과 유럽 중앙은행 시스템을 설립하고 그 목적을 설명하며 물가 안정을 유지하는 것, 즉 유로 가치를 보호하는 제도적 장치도 마련하였다. 통화동맹에 관한 구체적 논의는 1989년 EC 집행위원장인 자크 들로르(Jacques Delors)가 주도한 '들로르 보고서'[24]를 통해 제시되었다.

이 보고서의 내용을 토대로 단일통화 도입을 위한 3단계의 일정을 명시하였다.

- 제1단계 (1990년 7월~1993년 12월): 회원국 간의 자유로운 자본 이동의 도입
- 제2단계 (1994년 1월~1998년 12월): 국가 중앙은행 간의 협력 증대와 유럽통화기구의 설립을 통한 단일통화 도입 및 유럽중앙은행의 설립
- 제3단계 (1999년 1월 이후): ECB가 책임아래 회원국 간의 환율 동결과 단일 통화 정책의 시행 및 유로화 점진적 도입

이에 따라 EC는 유럽단일시장을 발족하였고, 1999년 유럽연합 국가 중 11개국[25]이 유로화를 도입하였으며, 2002년부터 유로화 지폐와 동전이 12개국[26]에서 통용되었다. 또한, 회원국 간의 통합을 촉진하기 위하여 유럽연합의 세 가지 중심 축(경제, 사회, 외교, 안보, 사법과 회원국 국내 문제)을 제안했다. 공동의 외교정책과 안보에 대한 조항은 유럽정책 연합(EPC: European Political Cooperation)을 기초로 하여 만들어졌으나 보다 확대된 내용의 조약으로 발전시켰다. 사법 부분과 회원국 국내 사안에 관한 조항은 형법 재판, 사법, 민사, 이민에 관한 협력을 다루는 내용도 조약에 포함시켰다.

또한, 유럽 공동체의 외교, 군사 및 치안에 관련된 사항에 대한 권한을 확대를 통하여 정치적인 통합을 지향하고자 하였다. 회원국은 이런 분야들이 유럽 공동체의 차원에서 다뤄지는 점에 우려를 표하였는데, 유럽연합이 회원국보다 더 많은 권한을 가질 것이라는 판단 때문이었다. 실제로 비준·발효될 때까지 회원국 내에서 많은 논의가 이루어졌다.

① 1952년 파리조약

1951년 4월 18일, 프랑스, 서독, 이탈리아, 베네룩스3국(벨기에, 네덜란드, 룩셈부르크) 간 체결된 조약으로, 이 조약으로 인해 유럽석탄철강공동체(ECSC)가 설립되었다. 이 조약은 제2차 세계대전이 끝난 후에 유럽에 평화를 가져오기 위한 기초적인 조약이며, 제2차 세계대전의 주

요 추축국들은 전쟁 무기의 기본이 되는 중요 자원인 석탄과 철강의 생산을 제한함으로 평화 유지를 도모하기 위함이다.

② 1958년 로마조약

독립적이고 초국가적인 경제 조직인 유럽경제공동체(EEC: European Economic Community)와 유럽원자력공동체(EURATOM: European Atomic Energy Community)가 설립되었고, 1958년 1월 1일부터 발효되었다.

유럽경제공동체는 단일공동시장을 1969년 말까지 완성할 것을 우선 목표로 삼았으며, 지역 내의 노동과 자본이동의 자유, 관세동맹과 공동 외부관세, 농업·운수·통상·금융·사회 등 광범위한 분야에 걸친 공동 정책의 수립 등 밀도 높은 경제통합을 지향하였다.

③ 1987년 단일유럽의정서

단일 유럽 의정서(SEA: Single European Act)는 1957년 로마조약 이후에 최초로 발효된 개정안으로 단일시장을 출범하려는 조처를 담고 있는 점에서 매우 의미가 있다. 제정 계기는 제 1차 석유위기 이후 경제성장률 하락, 실업률 증가, 유럽 공동체 간의 무역 거래에 대한 불만족과 미국·일본과 경쟁할 수 있는 환경 조성의 필요성 때문이었다. 단일유럽의정서의 핵심 요소는 유럽연합 내에서 1992년까지 단일 시장 시스템을 구축하는 것으로 오랜 노력 끝에 1993년 1월 단일 시장이 탄생하게 되었다.

④ 1993년 마스트리트 조약

1992년 2월 7일, 네덜란드 마스트리흐트에서 서명하고 1993년 11월 1일부터 발효한 조약으로 유럽연합의 기초가 되는 조약으로 이 조약을 통해 결속기금(Cohesion Fund)이 마련되었다. 교통 및 기반시설의 개

보수에 재정적 지원을 제공하고, 회원국 간 격차를 줄이기 위해 조성되었다. 또한, 단계적인 계획에 따라 경제통화통합 추진하는 시발점이 되는 중요한 조약이라고 할 수 있다.

⑤ 1999년 암스테르담 조약

1997년 EU 15개국 정상들이 암스테르담 회의에서 체결한 유럽 통합에 관한 기본협정으로 마스트리히트 조약의 개정판이라고 할 수 있다. 회원국 확대에 의한 가입국 수의 급증에 따른 EU의 통합심화와 운영의 효율화를 높이기 위해 각료이사회, 유럽이사회, 유럽의회 등의 제반기구에서 기구개혁을 실행하는 것이 주요 골자이다. 만장일치제 대신 특정다수결제를 한층 넓은 분야에 도입하는 등 의사결정 방식의 개선 등이 조약을 책정하는 정부 간 회의 과정에서 지향되었다.

⑥ 2003년 니스 조약

유럽연합의 확대 및 유럽연합의 내부 기구개혁, 유럽의회 의석 재할당 등에 대해 규정한 조약으로 유럽 중동부와 지중해 지역에 위치한 국가들 중에 12개의 나라를 후에 10년 동안 새로운 회원국을 맞이하기 위하여 정책 결정 기구를 개혁하였으며, 유럽 의회에 배정된 의석을 재할당할 것을 규정하고 있다. 코펜하겐 유럽연합 정상회담에서 폴란드, 헝가리, 슬로바키아, 체코, 에스토니아, 리투아니아, 라트비아, 슬로베니아, 키프로스, 몰타의 가입이 공식 결정되며 25개 회원국의 거대 공동체로 발전하게 되었다.

⑦ 2009년 리스본 조약

EU 헌법은 EU를 국가 간 단체(Community)의 지위에서 조약 주체로의 승격, EU의 의장제를 폐지하고 간선제로 선출되는 유럽연합 상임위원장 제도와 EU 외교장관 신설, 회원국의 인구 수에 따라 국가 간의 투표 가중치를 두는 가중다수결 제도의 확대, 유럽의회의 권한 강화, 의장제를 폐지하고 유럽이사회 상임의장직 신설하는 개정안을 담고 있는 핵심 조약이다.

프랑스와 네덜란드에서 EU 헌법 초안에 대한 국민투표 비준이 부결되었는데, 이는 유럽통합으로 인한 국가정체성 상실 우려, 통합에 따른 경제적 갈등 강화, 경제 부진과 엘리트 중심의 통합 주도로 인한 당시 행정부에 대한 반감이 작용한 결과라고 볼 수 있다. 리스본 조약은 부결된 유럽 헌법을 대체하기 위해 개정한 '미니 조약'의 성격을 가진다. 리스본 조약은 유럽 이사회 의장직과 외교안보정책고위대표직을 신설하는 내용 등을 담고 있으며, 2009년 12월 1일 발효되었다.

3. 유럽연합의 조직

① 유럽연합 정상회의(European Council)

유럽연합 각국 정상들의 모임으로서, 이사회나 집행위 차원에서 회원국 정부의 입장이나 의지를 대변하는데 한계가 발생하여 탄생하게 되었다. 자유로운 토의 및 정치적 합의를 통해 유럽연합의 복잡한 문제들에 대한 신속한 해결을 위해 이사회를 확대하는 차원에서 중요한 역할이라고 볼 수 있다.

유럽연합 시스템 전체와 관련된 광의의 정책 결정에 주요한 영향력을 발휘하며, 리스본 조약 발효 이후 점점 더 많은 주요 사안들이 정상회의를 통해 결정이 된다. 구성원은 EU 정상회의 상임의장, 회원국 정부수반 및 EU 집행위원장으로 구성되며, 외교안보정책 고위대표도 참석한다.

② 각료이사회(Council of the European Union, the Council)

각료이사회는 최고 정책결정 기구로서 회원국 정부의 각료들이 유럽연합과 관련한 이슈에 대해 논의, 합의, 정책을 결정하는 역할을 한다. 집행위원회가 새로운 법과 정책을 제안하면, 유럽의회와 협의를 거쳐 수용과 거부의 최종 결정을 내린다. 입법 권한은 없으나 유럽연합의 전반적인 정책과 중요 과제를 결정하며, 비공개 회의로 진행되어 역할이 미미할 것으로 보여지나 자체의 권위와 영향력이 점점 확대되고 있다. 이사회에는 의장국제도가 있어 각 회원국의 정해진 순서에 따라 6개월씩 임무를 수행하고 있다.[27)]

③ 집행위원회(European Commission)

입법발의권, 집행권, EU 기금 관리, 긴급조치조항 운영권, 대외협상권 등을 행사하며, 유럽연합의 행정부, 유럽연합을 대표하는 중추적인 기관이라고 볼 수 있다. 회원국에서 선출된 위원회 위원들은 각 회원국의 정상들이 모여 회원국의 이익을 대변하는 유럽 이사회와는 다른 유럽연합만을 대표한다. 회원국의 기금 납부와 예산 지출을 감독하며, 기금을 운영하고 유럽연합 예산의 주된 부분을 차지하는 공동 프로그램을 관리한다. 무역 장벽을 제거하기 위해 회원국의 법, 규범, 기준의 조화를 이루도록 유도하고, 단일시장과 단일 화폐를 비롯한 통합 과정의 정책을 추진하는 유럽연합의 중심기구이다.

④ 유럽의회(EP: European Parliament)

입법권, 예산권, 감독통제권(질의권, 집행위원장 및 집행위원 임명동의권+불신임권, 옴부즈맨임명권)을 행사할 권한이 있다. 유럽연합 이사회와 함께 입법을 담당하는 기구로 주로 미국 하원과 유사하다. 법안 발의 권한이 없지만, 유럽연합 산하기구 중 유일하게 직접 선거를 통한 구성원을 선출하는 민주주의적 기관이며, 유럽연합 회원국의 시민들에 의

사진 10.2 벨기에 브뤼셀에 있는 EU 집행위원회 건물

해 5년에 한 번씩 직접선거로 선출된다.

⑤ 유럽사법재판소(CJEU: Court of Justice of the European Union)
유럽연합 조약의 해석과 적용에 있어서 법이 준수되도록 보장할 임무를 가진다. 회원국의 사법 기구와 협력하여 유럽연합의 법이 균등하게 적용되도록 조정하며, 유럽연합 법률에 한하여 최종 판결권을 가진다. 1952년 ECSC 사법재판소로 시작되어 감시 역할을 하였고, 회원국 또는 석탄·철강 기업들이 제출하는 불만에 대해 정책의 적법성을 판결하는 역할을 한다. 최근의 판결에서는 의회의 권한 확대, 시민권 강화, 노동자의 자유로운 이동 증진 등의 노력을 지원하고 있다.

⑥ 유럽중앙은행(ECB: European Central Bank)
경제화폐동맹에 대한 마스트리트 조약에 의해 설치되었다. 유럽연합의 단일화폐 정책을 형성하고 수행하는 유일한 책임을 지닌 독립 기구로서

가격안정화 추구, 인플레 방지를 위한 화폐 공급과 성장 보호, 단일화폐 지역을 위한 화폐 정책 추진한다.

4. 유럽의회와 2019 유럽의회 선거

유럽의회는 확대된 유럽연합의 27개 회원국에서 선출된 705명의 의원으로 구성된다. 1979년 이래로 유럽의회 의원은 5년 동안 직접 보통선거에 의해 선출되고 있다. 권력분립의 원칙에 따라 유럽의회는 현재 프랑스 스트라스부르(Strasbourg)에 위치하고 있으며, 주요한 입법 기능은 각료이사회에서 결정되지만, 점차 의회의 역량이 커지고 있다. 특히, 유럽 시민들이 직접 투표를 통해 선출하는 유일한 직선기구이다. 2022년 3월 유럽의회 의장은 몰타 출신의 로베르타 메솔라(Roberta Metsola)가 맡고 있다.

유럽의회는 1962년 처음 개회되었으며, 1979년 직접선거를 처음 실시하였다. 의회는 유럽의 민주적 의사결정을 촉진하는 것 뿐만 아니라 전 세계적으로 민주주의, 언론의 자유, 공정한 선거를 위한 투쟁을 지원하는 역할도 수행하기 위한 역할을 하고 있다. 의회는 입법 제안을 채택 및 수정하고 EU 예산을 결정하는 권한을 이사회와 공유하는 공동 입법자 역할을 한다. 또한, 위원회 및 기타 EU 기관의 업무를 감독하고 EU 국가 의회와 협력하여 의견을 수렴하는 권한을 가진다.

유럽의회의 권한은 입법권, 예산권, 감독권으로 대표할 수 있다. 앞서 언급한대로 대부분의 법률은 각료이사회에서 입법되지만, 의회는 이사회의 EU 정부 대표와 함께 EU 법안을 채택할 책임이 있다. 일반적인 입법 절차에 따라 두 기관은 동등한 공동 입법자 역할을 하고 있다. 유럽의회 의원은 각료이사회가 제시한 '입법 텍스트' 제안에 대한 보고서를 작성한다. 이사회는 이 보고서를 표결하여 수정한다. 본문이 개정되고 본회의에서 채택되면 의회는 보고서를 최종적으로 채택한다. 이 과정은 절차의 종류와 이사회와의 합의 여부에 따라 1회 이상 반복된다. 특정 보고서(예: 세금)에 대해 유럽의회는 자문 의견('협의 절차')만 제공한다. 조약에 따라 협의는 의무이며 법적 근거가 요구되며 의회가 의견을 제시하지 않는 한 제안은 법의 힘을 얻을 수 없다. 이 경우 의회는 단독으로 결정을 내릴 권한이 없다. 통상적인 입법 절차는 유럽의회와 유럽 평의회에 동일한 비중을 부여한다. 광범위한 분야(예를 들어 경제, 이민, 에너지, 운송, 환경 및 소비자 보호)에 대한 대부분의 유럽법은 유럽의회와 이사회가 공동으로 채택하고 있다.

가장 최근에 실시된 유럽의회 총선거는 2019년 5월 23일부터 26일에 실시되었다. 1979년 직선제가 실시된 후 9번째로 실시된 선거였다. 당시 영국의 유럽연합 탈퇴 논의가 있어 유럽의회 의석수 조정이 예상되었으나, 불확실성으로 인해 기존의 의석수인 751석의 의원을 선출하였다. 1994년 유럽의회 선거 투표율은 56.7%였으나 점점 투표율이 줄어들기 시작하여 2014년 유럽의회 선거 투표율은 42.6%로 과반에 미치지 못하여 민주성에 관한 논란이 확산되었다. 하지만 유럽경제위기, 난민문제 등 통합에 영향을 미칠 다양한 이슈가 발생하며 유럽시민들의 투표의지가 높아졌고 최종적으로 2019년 유럽의회 선거 투표율은 25년 만에 다시 과반을 넘겨 51%의 투표율을 기록하였다.

예상대로 독일 출신 만프레드 베버(Manfred Weber)가 이끄는 유럽국민당(EPP: European People's Party)가 가장 많은 의석수를 차지하였다. 하지만 2019년 선거 결과 이전과 다른 양상이 많이 발생하였다. 전통적 중도 성향의 의회들이 세력이 약화되었다. 유럽국민당(EPP)와 유럽 사회당(S&D)은 유럽통합에 우호적이며 시장경제 및 복지국가를 겸비한 유럽의 정치경제에 대한 의견을 같이하여 유럽연합의 전반적인

도표 10.1 2019년 유럽의회 선거 결과 (단위: 석)

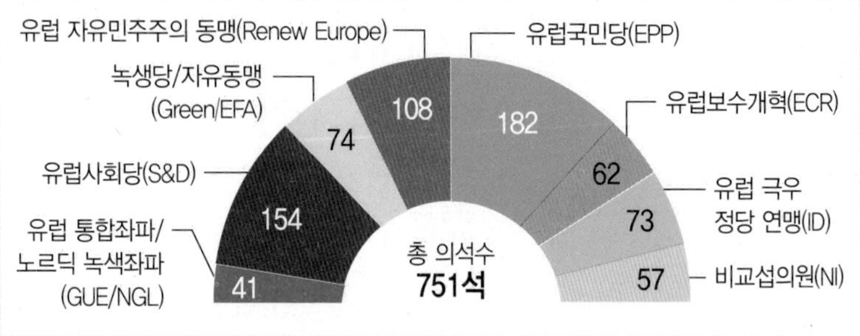

출처: 유럽의회

의제를 공유하고 있었다. 그러나 2019년 선거에서 과반수 미달의 득표를 하여 정책결정 과정에 어려움이 있을 것으로 예상된다. 또 난민문제로 인해 극우 민족주의 세력이 점차적으로 힘을 얻게 되었다. 이들은 유럽의 통합 확대를 반대하며 회원국 차원의 결정권 회복을 주장한다. 이는 유럽 내에서도 우려를 표할만한 사항으로 특히 동유럽에서 더욱 반대하는 통합의 진전과 난민 이슈에 대해 유럽연합 집행위원회의 결정에 많은 영향을 미칠 것으로 보인다.

이 외에도 고질적인 문제는 2019년 선거 결과에서도 나타났다. 유럽연합 내에서 상대적으로 큰 목소리를 내는 국가의 의석 수가 많다는 점이다. 독일이 96명으로 가장 많고 프랑스가 74명, 영국과 이탈리아 73명, 스페인 54명의 순으로 선출되었다. 이에 비해 몰타, 에스토니아, 룩셈부르크 등은 각각 6명씩의 의원이 선출되었다. 유럽의회는 초국가기구로서 개별 민족 국가가 아닌 유럽연합 전체의 이익을 위해 일하도록 돼 있지만, 의회의 구성에는 이사회에서처럼 개별 회원국의 인구와 국력차가 반영되어 여러 정책에 많은 영향을 미칠 수 밖에 없는 현실이다.

2020년 영국이 유럽연합을 떠나며 2019년에 선출된 유럽의회 의원 72명은 의원직을 상실하게 되었다. 따라서 현재 유럽의회 의원 수는 705명이며, 의석 수 조정과 의원의 변화에 따라 프랑스, 이탈리아, 스페인 등 몇몇 국가의 의원수가 증가하였다.

주

1) 미국 국무장관이었던 조지 마샬(George Marshall)이 공식 제안한 계획으로 '마샬 플랜(Marshall Plan)'이라고도 불린다. 1947년 7월부터 4년간 총 130억 달러에 해당하는 경제적·기술적 지원으로 이를 통해 유럽은 전쟁 전의 수준으로 회복하였고, 약 20년간 호황을 누렸다. 이 계획은 유럽경제부흥과 북대서양조약기구(NATO) 설립으로 공산주의에 대항할 수 있었다는 점에서 성공적인 정책으로 평가받고 있다.
2) 슈망 선언(La déclaration Schuman)은 1950년 5월 9일에 발표된 석탄과 철강 자원을 공동 관리하고자 하는 계획이다. 이 선언에서 "이 계획은 유럽 연방(European Federation of Europe)을 향한 첫 걸음이 될 것이며, 오랫동안 군수품 제조에 맡겨져 왔던 지역들의 운명이 바뀔 것" 이라고 말했다 (https://europa.eu/european-union/about-eu/symbols/europe-day/schuman-declaration_en).
3) Luard Evan, 1992, *Basic Texts in International Relations: The Evolution of Ideas about International Society* (Basingstoke: Palgrave Macmillan)
4) Taylor Paul, 1993, *International Organization in the Modern World. The Regional and the Global Process* (London: Printer) p. 90.
5) 유럽연방주의자연합(UEF: Union of European Federalists)는 1946년 12월 파리에서 설립되어 유럽 전역에 걸쳐 연방주의자들이 가입하였고, 대부분 파시즘에 대한 저항운동에서 시작되었다. UN이 제2차 세계대전을 막지 못한 전례를 우려하여 또 다른 세계대전을 막을 수 있는 새로운 국제 체제를 창안하고자 하였다. 1947년 8월 스위스 몽트뢰(Montreux)에서 24개국 51개 단체가 세계 연합 총회를 개최하였다.
6) 김영일, 2004, "연방주의 비교연구: '보조성의 원리(Subsidiaritaetsprinzip)'에 기초한 새로운 공동생활의 패러다임 모색," 『국제정치논총』 제44권 제3호, 217–237.
7) Taylor Paul, 1993, *International Organization in the Modern World. The Regional and the Global Process* (London: Printer) p. 90
8) Forsyth Murray, 1996, "The Political Theory of Federalism: The Relevance of Classical Approaches," in Haas, Ernest Bernard, 1068, *The Uniting of Europe: Political, Social and Economic Forces 1950–1957*, 2nd edn (Stanford: Stanford University Press) pp. 33–35.

9) Warren E. Burgess, 1989, *An atlas of freshwater and marine catfishes: a preliminary survey of the Siluriformes* (Neptune City: WE Burgess) p. 28.
10) Haas Ernest Bernard, 1968, *The Uniting of Europe: Political, Social and Economic Forces 1950-1957*, 2nd edn (Stanford: Stanford University Press) p. 283
11) McCormick Rebecca, 2003, "The Personal Is Scientific, the Scientific Is Political: The Public Paradigm of the Environmental Breast Cancer Movement," *Sociological Forum*, 18(4): 545-576.
12) Schmitter Philippe C, 2002, Participation in governance arrangements: is there any reason to expect it will achieve "sustainable and innovative policies in a multi-level context?" *Participatory governance*, 107-131.
13) 구춘권, 2009, "유럽통합과 통합이론: 통합이론 발전의 역사적 맥락과 통합 이론의 분화," 『21세기정치학회보』 제19권 제1호:253-276.
14) Ohrgaard Jakob, 1997, "Less than supranational, more than intergovernmental: European political cooperation and the dynamics of intergovernmental integration," *journals sagepub*, 26(1):1-29.
15) Hoffmann Stanley, 1995, *The European Sisyphus. Essays on Europe 1964-1994* (London: Westview Press).
16) Phillips Shively 지음, 김계동 외 옮김, 2008, 『정치학개론: 권력과 선택』 (서울: 명인문화사) p. 465.
17) 강원택 외, 2009, 『하나의 유럽: 유럽연합의 역사와 정책』 (서울: 푸른길) p. 468.
18) 박채복, 2011, "유럽연합의 지역정책: 정책결정과정의 협력과 구조적 상관성," 『정치정보연구』 제14권 제2호: 79-104. p. 80.
19) Innes Judith E, 2003, *Collaborative Policy Making; Governance through Dialogue* (Cambridge: Cambridge University Press) p. 35.
20) Ansell Chris and Gash Alison, 2008, "Collaborative Governance in Theory and Practice," *Journal of Public Administration Research and Theory*, 18(4): 543-571.
21) 민병원, 2008, "국가의 변환과 정책 메커니즘: 네트워크국가와 메타거버넌스를 통한 이해," 『정책연구』 제156호: 1-41. p. 25.
22) Jessop Bob, "Institutional Re(turns) and the Strategic - Relational Approach," *Environment and planning A: Economy and Space*, 33(7):1213-1235.
23) Seeleib-Kaiser Martin, 2010, "Socio-economic change, party competition and intra-party conflict: The family policy of the grand oalition," *German Politics*, 19(3-4)416-418.
24) 1993년 당시 유럽연합(EU) 집행위원회 위원장을 맡고 있던 들로르(Jacques Delors)가 '성장 경쟁력 고용-21세기를 향한 도전과 진로' 의 제목으로 작성하여 유럽연합에서 채택한 경제 보고서이다. 유럽 경제의 현실을 진단하고 앞으로 나아가야 할 방향을 밝히고 있는데, 유럽 경제의 낮은 경쟁력과 실업 증가의 원인을 냉철하게 분석하여 EC의 구조적인 원인 때문임을 판단하였고, 이를 해결하기 위해 유럽연합 회원국들이 공동으로 취해야 할 방책을 제시했다는 점에서 의의가 있다. 들로르 보고서는 시장개입과 같은 정부의 부적절한 보호정책, 연구 개

발의 상품화 실패, 기업들의 과다한 사회보장비 지출 등을 유럽 경제의 주요 장애 요인으로 지적한다. 해결 방안으로 회원국 정부의 자율화 조치 및 역내 시장의 완전 개방, 연구개발 분야의 회원국 간 협력 및 시장화 지원, 기업들의 임금 외 비용 억제 및 첨단 기술교육 강화를 통한 노동시장의 탄력성 제고 등을 제시하였다. (https://www.cvce.eu/en/collections/unit-content/-/unit/56d70f17-5054-49fc-bb9b-5d90735167d0/bb21c187-02a5-4b9e-b5ba-d14dd24922fe, 2018/12/19).

25) 독일, 프랑스, 스페인, 아일랜드, 벨기에, 네덜란드, 룩셈부르크, 이탈리아, 포르투갈, 오스트리아, 핀란드

26) 1999년 11개국 + 그리스

27) 2000년 상반기부터 의장국 수임순서
포르투갈(2000.1)→프랑스(2000.7)→스웨덴(2001.1)→벨기에(2001.7)→스페인(2002.1)→ 덴마크(2002.7)→ 그리스(2003.1)→이탈리아(2003.7)→아일랜드(2004.1)→네덜란드(2004.7)→룩셈부르크(2005.1)→영국(2005.7)→ 오스트리아(2006.1)→핀란드(2006.7)→독일(2007.1)→포르투갈(2007.1)→슬로베니아(2008.1)→프랑스(2008.7)→ 체코(2009.1)→스웨덴(2009.7)→스페인(2010.1)→벨기에(2010.7)→헝가리(2011.1)→폴란드(2011.7)→덴마크(2012.1)→사이프러스(2012.7)→아일랜드(2013.1)→리투아니아(2013.7)→그리스(2014.1)→ 이탈리아(2014.7)→라트비아(2015.1)→ 룩셈부르크(2015.7)→네덜란드(2016.1)→ 슬로바키아(2016.7)→ 몰타(2017.1)→ 에스토니아(2017.7)→ 불가리아(2018.1)→ 오스트리아(2018.7)→루마니아(2019.1)→핀란드(2019.7)→크로아티아(2020.1)→독일(2020.7)→포르투갈(2021.1)→슬로베니아(2021.7)→프랑스(2022.1)→체코(2022.7)→스웨덴(2023.1)

참고문헌

강원택 외. 2009.『하나의 유럽: 유럽연합의 역사와 정책』. 서울: 푸른길.
김계동. 2003.『유럽 질서의 이해-구조적 변화와 지속』. 서울: 오름.
안병억. 2008.『한 눈에 보는 유럽연합』. 서울:높이깊이.
안병억 외. 2014.『유럽연합의 이해와 전망』. 서울: 높이깊이.
유럽정치연구회. 2018.『유럽정치론』. 서울: 박영사.
쟝 모네 회고록. 2008.『장 모네 회고록 유럽 통합의 아버지』. 서울: 세림출판.
하영선 외. 2001.『변환의 세계정치』. 서울: 을유문화사.
한미애. 2019. "반유럽연합 정서 확산 원인 분석: 폴란드와 헝가리 사례를 중심으로." 세계지역연구논총 37(2), pp. 177-204.
Phillips Shively 지음. 김계동 외 옮김. 2008.『정치학개론: 권력과 선택』. 서울: 명인문화사.

11장

유로화의 탄생과 유럽의 경제통합

한미애(계명대 국제학연구소)

유럽연합은 국가 간 통합이 원활하고 성공적으로 이루어질 수 있도록 초기 협력 진행단계에서 경제통합을 추진해왔다. 이후 회원국의 시장을 개방하고, 화폐통합을 이루었다. 유럽연합의 경제 정책의 목표는 안정적이고 번영하는 유로존을 만드는 것이다. 공통 화폐는 기업의 경쟁력을 높이고 경제 안정성을 높인다. 유럽연합 경제정책의 중심 수행기관이라고 할 수 있는 유럽중앙은행은 이자율을 규제하고 인플레이션과 환율을 통제한다.

유럽연합은 회원국들에게 개발 프로젝트와 같은 다양한 보조금을 지급한다. 보조금은 지역 생활 수준을 개선하고 유럽의 가장 가난한 지역에 부를 분배하기 위해 고안되었다. 유럽연합은 EU 경제를 세계의 다른 국가에 비해 안정적이고 경쟁력 있게 유지하고, 내부 이견을 방지하기 위해 노력하며 협상을 통해 문제를 해결하려는 모든 시도가 이루어진다. 유럽연합의 경제통합 추진 과정과 예산 계획을 살펴봄으로써 유럽연합의 경제 정책과 현황에 대해 이해할 수 있는 토대가 될 것이다.

1. 유럽 경제 통합의 전개

유럽연합의 아버지라 불리는 로베르 슈망(Robert Schuman)은 경제통합을 통한 정치 연합을 이루고자 하였다. 1955년대 룩셈부르크 3국(벨기에, 네덜란드, 룩셈부르크)은 유럽의 통합이 이루어지기 위해 경제통합이 선행되어야 하며, 공동시장 형성을 통한 경제 공동체 설립을 주장하는 메모랜덤(Memorandum)을 발표하였다. 유럽석탄철강공동체(ECSC) 회원국들의 원활한 교역을 위한 공동시장 건설이 주요 내용이었으며, 공동제도, 각국 경제의 점진적 연합, 공동시장의 창출, 사회정책의 조화를 강조하였다. 1955년 6월 이탈리아 메시나에서 회원국 외무장관들은 핵 에너지와 공동시장 건설을 위한 정부간 위원회 설치에 최종적으로 합의하였다. 벨기에 외무장관 스팍(Paul-Henri Spaak)을 위원장으로 위원회가 설립되었고, 상호간의 무역제한 철폐, 회원국 이외의 국가들과의 관세 통일을 위한 공동시장 설립, 재정·경제·사회 정책의 협력, 역내 빈곤지역에 대한 지원 등 다양한 사항에 대한 합의가 이루어졌다.

1956년 4월 21일, 정부간 위원회의 사무국은 유럽경제공동체(EEC)와 유럽원자력공동체(EAEC : European Atomic Energy Community)의 광범위한 노선을 제시하는 보고서가 ECSC 회원국 정부에 제출되었으며, 이 보고서를 통해 유럽경제공동체(EEC), 유럽원자력공동체

(Euratom)창설 및 서유럽 국가 간 긴밀한 협력관계 유지가 건의되었다. 보고서는 세 부분으로 나뉘었는데, 첫 번째 부분은 공동시장, 두 번째 부분은 유럽원자력공동체, 세 번째 부분은 조치가 가장 시급하다고 생각되는 부분으로 나뉘었다. 스팍 보고서는 구체적인 실행 계획을 구성했으며 정부 간 협상의 기초로 사용되었다. 스팍 위원회는 1956년 4월 21일까지 활동을 하며 전문 위원회의 활동을 조직, 지휘, 조정 및 정기적으로 감시하고 각 국 장관들이 위원회에서 설정한 목표를 달성하는 방법도 확인하였다.[1] 이 위원회는 공동 시장, 투자 및 사회 문제, 재래식 에너지, 원자력 에너지, 대중교통 및 사업을 검토했다. 이후 관세 및 핵 문제를 포함한 제기된 주제를 다루기 위해 고도로 전문화된 다양한 소위원회가 설립되었다. 1958년 1월 로마조약과 함께 유럽경제공동체와 유럽원자력공동체가 공식 출범하였다. 단일시장의 형성과 회원국들 간의 관세동맹을 향후 유럽통합을 위한 주요 목적으로 제시하였고, 관세장벽 및 무역 장애물 제거와 동시에 비회원국에 대한 공동무역정책 수립이 주요 골자이다.

공동시장은 관세동맹이 포괄하는 상품과 서비스에 노동과 자본 등 주요 생산요소의 자유이동을 허용하는 공동규약을 마련하는 것으로서 유럽경제공동체는 공동시장을 12년 이내에 설립하기로 협의하고, 공동농업 및 교통정책, 유럽사회기금, 유럽투자은행 설립을 추진하였다. 로마조약 체결 후 첫 5년 동안 6개 회원국의 GDP가 27%로 증가하였다. 미국 18%, 영국 14%와 비교할 때 매우 급상승한 수치로서 유럽연합 경제의 부흥기라고 볼 수 있다.

1967년 유럽경제공동체·유럽석탄철강공동체·유럽원자력공동체가 유럽공동체(EC: European Community)로 통합되면서 공동의 통상 및 농업정책을 실시하고 관세동맹을 결성했으며 유럽통화제도를 마련하였다. 1980년대 초반까지 유럽은 관세동맹을 실현하였지만, 사람과

사진 11.1 유럽연합의 통화 정책을 총괄하는 유럽중앙은행

자본의 자유로운 이동에 장벽이 존재하였다. 또한, 국가별로 상이한 기술, 보건, 품질 기술과 세금 문제도 발생하였다. 이에 단일시장 완성을 위한 통화동맹이 요구되었으며, 통화동맹은 동일한 이자율, 인플레율 조정, 완전한 재정통합을 포함하는 완전한 형태의 동맹이었다.

단일화폐 실현은 통화에 대한 통제를 포기하는 것이고, 국가 경제에 대한 통제를 포기하는 것과 마찬가지로 간주할 수 있다. 그러나 통화동맹은 실질적인 경제 통합 아이디어에 치조하며 정치 통합에 이르는 중요한 단계로 인식되기 시작하였다. 유럽경제통화동맹(EMU: European Monetary Union)은 1960년대 후반부터 유럽연합이 발전할 수 있는 가장 큰 목표가 되었다. EMU는 경제 및 재정 정책, 공통 통화인 유로를

사용할 수 있는 토대가 되며. 단일통화는 많은 이점을 제공할 것으로 판단되었다. 많은 기업들이 국가 간 무역장벽에 가로막히지 않고 거래를 더 쉽게 하고, 경제는 더 안정적이며, 소비자들은 더 많은 선택권과 기회를 갖게 한다는 장점이 있었다. 그러나, 언제든지 깨어질 수 있는 정치적 약속, 경제적 우선순위에 대한 분열, 국제 시장의 변화 등 다양한 정치·경제적 장애물이 유럽의 경제통화동맹의 길을 가로막았다.

2. 단일시장의 완성

1970년대 초 유럽경제통화동맹(EMU)을 위한 시도가 있었으나 1973년 석유파동으로 좌절되었다. 1980년대 회원국들의 경제난을 극복하고 국제 경쟁력 회복을 위해 유럽경제통합에 대한 논의가 활성화되기 시작하였다. 기존보다 단일시장의 필요성을 느낀 이유는 석유파동 이후 유럽 국가들의 경제성장률 하락, 실업증가 등 유럽 내 경제상태 악화를 타개할 수 있는 공동정책의 요구되었기 때문이다. 또한, 미국·일본과 경쟁할 수 있는 유럽경제의 변화의 필요성도 대두되었다.

1980년대 들어서며 유럽 공동체 회원들 사이에 사실상 자유 무역이 정상 작동하지 않는 것에 대한 불만이 불거지기 시작하였다. 이에 회원국 지도자들과 정재계 사이에서 회원국 간 법적 상이성에 대한 문제 해결과 통일된 정책에 대한 강한 요구가 제기되었다. 이에 1985년 EC 집행위원회는 'EC 단일시장 완성을 위한 백서(White Paper on the Completion of the Internal Market)'를 EC 이사회에 제출하였다. 역내 국경에서의 상품 및 인사에 관한 통제의 전면금지, 유럽연합의 기준 및 표준화, 관련 규칙들이 조화를 이루어나가야 한다고 주장하였다. 또한, 조세장벽의 철폐를 다루며 각 회원국의 부가세 근접을 위한 제한된 광역화의 설정, 술·담배·석유생산품 등에 대한 특별소비세의 조화를 주요 목표로 하였다.

백서를 토대로 1957년 조약된 로마조약 이후 유럽 공동체의 단일 시장 수립에 대한 목표 설정과 나아가 유럽 정치 협력을 위한 조약 개정을 통해 1987년 단일유럽의정서(The Single European Act)가 채택되었다. 단일유럽의정서는 전문과 4개의 장으로 구성되며 회의에서 채택한 선언문을 포함하여 작성되었다.[2] 전문은 조약의 기본 목표를 명시하고, 유럽연합을 창설하기 위한 목적으로 회원국 간의 관계를 전체적으로 변화시키겠다는 서명자들의 결의를 표현하고 있다. 또한, 외교정책 분야와 유럽 공동체에서의 협력에 관한 공통적인 규칙들을 모아놓은 고유한 성격을 확립하였다. 2장에서는 유럽 공동체를 설립하는 조약의 개정에 관한 내용이며, 3장은 외교정책 분야 및 유럽 협력 부분, 4장은 일반 및 최종 규칙에 관한 내용으로 구성되어있다. 단일유럽의정서는 조약 개정의 두 가지 목표, 즉 "공동 정책을 확장하고 새로운 목표를 추구함으로써 경제 및 사회 상황을 개선 한다"와 '공동체의 원활한 기능 보장'에 초점을 맞추고 있다. 단일유럽의정서는 유럽 공동체를 설립하는 조약의 개정을 가져오고 유럽의 정치적 협력을 확립했다. 조약이 발효되자 1962년 이후 '유럽 의회(European Parliament)'라는 명칭이 공식화되었으며, 협력과 동의 절차를 도입함으로써 유럽의회의 입법권을 강화했다는 특징도 가진다.

개정된 조약을 통해 1992년 12월 31일까지 EC 역내 단일시장을 완성한다는 목표시한 제시 및 효율적 추진을 위한 EC 각료이사회 결정의 가중다수결(Qualified Majority)원칙이 확대되었다. 이를 위해 회원국 간의 물리적, 기술적, 재정적 장벽에 관한 282개의 입법 계획을 추진하였다.[3] 물리적 장벽과 관련하여 사람이나 상품이 국경을 통과할 때 세관의 검색 및 과세, 여권 확인 등 물리적 제약이 발생하는 여러 장벽에 관한 협의 사항 98개 조항, 기술적 장벽과 관련하여 회원국 간의 상품 및 서비스 교역, 자본 이동 등의 역내거래를 제약하는 제도, 품질표준, 행정 사항 등과 관련하여 164개 조항, 그리고 재정적 장벽과 관련하여 상품 및 서비스에 부과되는 부가가치세 등 세금으로 인한 장벽 20개를 철폐하기 위한 법적 조항을 마련하였다. 1992년 말까지 단일시장 완성을 위한 구체적인 실천사항 명시를 통해 제도적 기틀을 마련하였으며, 1992년 말 회원국 간 각종 비관세장벽의 완전철폐를 통한 상품·노동·자본·서비스의 자유이동 등이 보장되었다.

이러한 법적 근거를 바탕으로 1993년 1월 세계에서 가장 큰 단일시장인 유럽 단일시장이 탄생되었다. 여권 사용과 세관 검열의 완화 또는 제거를 통해 자유로운 이동이 가능하였고, 은행은 공동체 내 모든 지역에서 업무가 가능하게 되었으며, 기업들은 공동체 전역에서 상업 활동이 가능해졌다. EC회원국 국민들은 회원국 내 어느 지역에서나 거주·

표 11.1 단일시장 출범 이후 EC의 거시경제 성과

		1993	1994	1995	1996	1997
GDP 성장률(%)	EU	−0.4	2.8	2.4	1.7	2.6
	미국	2.7	4.0	2.7	3.6	4.4
실업률(%)	EU	10.6	11.1	10.6	10.8	10.6
	미국	6.9	6.1	5.6	5.4	4.9
물가상승률 (%)	EU	3.8	3.0	2.9	2.5	1.8
	미국	3.0	2.6	2.8	2.9	2.3
재정수지 (GDP대비 %)	EU	−6.3	−5.6	−5.3	−4.3	−2.4
	미국	−5.1	−3.8	−3.3	−2.4	−1.3
경상수지 (십억달러)	EU	11.5	10.1	48.3	79.0	108.6
	미국	−82.7	−118.2	−105.8	−117.8	−128.4

계속 ▸▸

		1998	1999	2000	2001
GDP 성장률(%)	EU	2.7	2.8	3.5	1.6
	미국	4.3	4.1	3.8	0.3
실업률(%)	EU	9.9	9.1	8.2	7.4
	미국	4.5	4.2	4.0	4.8
물가상승률(%)	EU	1.5	1.4	2.3	2.6
	미국	1.5	2.2	3.4	2.8
재정수지 (GDP대비 %)	EU	−1.7	−0.7	0.9	−1.0
	미국	−0.1	0.6	1.5	−0.2
경상수지 (십억달러)	EU	68.5	13.7	−35.1	3.2
	미국	−203.8	−292.9	−410.3	−393.4

출처: IMF, World Economic Outlook., 김흥종, 백웅재(2003) 재인용.

노동·경제활동이 가능하게 되었으며, 단일시장이 완성되면서 유럽통화동맹을 추진하는 계기가 되었다.

3. 유로화의 도입

통화동맹(Monetary Union 또는 Currency Union)의 정의와 개념은 출처에 따라 여러 형태로 설명된다. 광범위하게 통화동맹을 공동 화폐로 사용하거나 화폐가치를 등가로 유지하는 둘이나 그 이상의 국가 그룹으로 정의된다. 통화동맹은 회원국들이 역내 고정 환율을 택함으로써 환율변동으로 초래될 수 있는 교역의 불확실성, 환위험과 거래비용 등을 줄인 수 있다는 이점이 있다. 반면, 회원국이 독립적인 환율 및 통화 정책을 사용힐 수 없다는 점은 통화동맹국이 치러야할 가장 큰 비용이라고 볼 수 있다.

1970년 3월, 피에르 베르너(Pierre Werner)는 EC 이사회로부터 10년 이내에 경제 통화 동맹을 이룰 수 있는 방법을 모색하기 위해 설립된 특별 연구 그룹의 의장직을 요청받았다. 1970년 10월 8일 공식적으로 발표된 베르너 보고서(The Werner Report)는 유럽 통합 과정에서 매우 중요한 진전을 보인 성과로 대표된다.[4] 보고서는 통화정책 분야에서 회원국들로부터 유럽 공동체로 중요한 책임을 이전하는 경제 통화 연합의 설립을 제안했다. 유럽의 경제 통화 동맹은 두 단계로 구성되었다. 1971년 6월 1일에 시작하여 3년 동안 지속된 첫 번째 단계에서는 경제 및 통화 정책에 관한 전반적인 윤곽을 설정하여 회원국들 사이에서 점진적인 공동의 발전을 계획하였다. 공동체 통화 간의 교환 관계는 점진적으로 강화되고 회원국들 간의 변동 폭은 비교적 안정적인 한계 내에서 제한되도록 제안하였다. 두 번째 단계에서는 첫 번째 단계에서 설정된 모든 과정에 있어 보다 구속력 있는 방식으로 추진되도록 제안되었다. 유럽통화기금(European monetary fund)은 1973년 설립되었으며, 회원국 간의 통화 통합을 위해 외환 시장 개입을 수행한다. 또한, 거시경제정책 수립을 위해 유럽경제공동체 위원회(the Commission of the European Economic Community)가 설치되었다. 베르너 보고서를 근거로 유럽경제공동체 위원회는 1971년 3월 22일 6개국에 의해 채택된 자체 계획을 작성하였다. 이 프로그램은 10년 내 경제 통화 동맹이 완성되도록 설계되었으나, 회원국들의 정치적 의지에도 불구하고 1971년 세계 통화 위기와 1973년 오일 쇼크로 경제 통화 동맹의 도입이 좌절되었다.

여러 위기에도 유럽 내 통화동맹에 대한 여론이 더욱 강해졌는데, 이는 유럽 국가들이 회원국 간 높은 무역비중 뿐 아니라, 브레튼우즈체제 이후 국제사회가 겪었던 국제통화체제의 불안정이 큰 비중을 차지하기 때문이다. 미국경제가 주도했던 브레튼우즈체제 초기에는 대부분의 국제유동성이 미국에 집중되어 있었지만, 1958년부터 미국의 무역수지가 악화되면서 달러과잉 상태가 되었다. 전후 경제를 재건하고 국제수지 흑자를 얻은 독일, 프랑스 등과 같은 달러보유국들은 미국에 금 태환을 요구하였고, 달러의 신인도가 떨어지자 결국 1971년 브레튼우즈체제가 붕괴되었다. 그 해 12월 선진 10개국의 재무장관들과 중앙은행장들이 모여 협의한 스미소니언체제(Smithsonian system)가 출범하게 되었다.

유럽은 1972년에 유럽 화폐 간 환율 변동 폭을 스미소니언 협정의 절반인 2.25%로 유지하는 스네이크 체제(Snake system)를 출범시켜 역내 환율 안정을 꾀하였다. 유럽 국가들은 이후로도 계속된 국제통화제도의 불안과 제1, 2차 오일쇼크로 인한 경기침체를 타개하고자 1979년 유럽통화제도(EMS: European Monetary System)를 실행하였다.

1980년 EC의 집행위원장인 자크 들로르(Jacques Delors)와 회원국 정상들은 단일시장의 완전한 기능 발휘를 위해 단일화폐의 필요성을 인식하게 되었고, 1989년 발표된 들로르 보고서(Delors report)에서 유럽경제통화동맹 계획을 제시하였다. 1992년 대부분의 규제와 무역장벽이 철폐되었지만, 단일시장의 효율성을 제고하기 위해서는 각 국가 간의 환율로 인해 발생하는 위험을 관리해야 했다. 이를 위해 단일화폐를 사용함으로써 환전수수료와 같은 부차적인 비용의 지출을 막아 거래의 효율성을 높이는 방안을 생각하게 되었다.

들로르 보고서를 바탕으로 1993년 유럽단일시장이 시행되었고, 1994년 유럽통화기구(European Monetary Institute)가 설립되었다. 1995년 5월 발표된 '단일통화의 도입을 규정한 녹서(Green Paper on the Practical Arrangement for the Introduction of a Single Currency)'가 발표되었으며, 단일통화 명칭을 '유로(Euro)'로 결정하였다. EMU가 출점한 후 통화정책이 효율적으로 운용이 될 수 있는 최소한의 가입 조

글상자 11.1 들로르 보고서의 EMU 달성을 위한 3단계

1단계: 1990년 7월 1일부터 전 회원국이 유럽통화제도(EMS)에 가입
- 모든 회원국이 환율조정제도(ERM: Exchange rate Mechanism)에 가입하며, 경제→통화정책의 조정 강화

2단계: 1994년 1월 유럽중앙은행 설립 단계
- 은행설립을 통해 유럽통화협력기금(EMCF: European Monetary Cooperation Fund)의 기능 흡수

3단계: 단일통화 창출의 단계
- 고정환율제도 실시 및 단일화폐 제조, 제 3의 통화에 대한 외환시장 개입 통제

사진 11.2 1989년 경제 및 화폐 통합을 결정한 유럽 이사회

출처: EU 집행위원회 시청각 서비스

건을 설정하였다. '경제수렴기준(Economic convergence criteria)은 물가, 재정, 금리 등에 대한 최소한의 기준을 충족하는 회원국만이 가입

글상자 11.2 경제 수렴기준 및 법규 수렴 기준

– 경제 수렴기준(Economic entry condition or Maastricht criteria)

- 물가: 가입 신청 전 1년 동안 소비자물가상승률이 가장 낮은 3개 유럽연합 회원국의 '평균 물가 상승률 + 1.5% 이내'에서 안정적 유지
- 재정: 가입 심사 평가 시 재정수지가 '과도한 재정적자(Excessive deficit) 상태'가 아이어야 함. 즉, 재정적자가 명목 GDP의 3% 이내이고, 정부 부채 잔액이 명목 GDP의 60% 이내를 유지해야 함
- 금리: 최근 1년 동안 소비자물가 상승률이 가장 낮은 3개 유럽연합 회원국의 '평균 명목 장기금리 + 2% 이내'를 유지해야 함
- 환율: 최근 2년 동안 자국통화와 유로화 간 환율을변동허용폭(중심환율대비 ±15%) 이내로 유지하며, 회원국 주도로 자국 통화의 중심환율을 평가절하한 사례가 없어야 함

– 법규 수렴기준(Legal conditions)

- 회원국의 국내법이 유럽연합 조약과 상충되지 않아야 함. 특히 회원국 중앙은행의 독립성을 보장하고 동 중앙은행이 유럽중앙은행제도의 일부분이 되도록 허용해야 함

출처 : 유럽이사회 홈페이지

할 수 있다.

유로(Euro)는 1999년 1월 유럽경제통화동맹(EMU: European Monetary Union)이 정식 출범하면서 도입되었다. 유로가 도입된 1999년에는 회계장부 상에서만 사용하였고, 회원국들에게 3년 6개월의 전환기간이 주어졌다. 이 때, EMU를 총괄하게 될 유럽중앙은행도 설립되었다. 1998년에 창설된 유럽중앙은행의 본부는 독일 헤센주(Land Hessen) 프랑크푸르트암마인(Frankfurt am Main)에 위치하고 있으며, 2022년 유럽중앙은행의 총재는 프랑스의 정치인이자 전 국제통화기금(IMF)의 총재를 역임한 크리스틴 라가르드(Christine Lagarde)이다. ECB는

표 11.2 유럽단일통화 추진 일정

단계	시기	일정
1단계	준비 (1998)	• 5월 브뤼셀 연합정상회의 - 1차 통화동맹 참가국 확정 - 유럽중앙은행 총재지명 • 7월 유럽중앙은행 업무시작 - EURO지폐 및 동전 발행 준비 - 각국 통화 고정환율 도입
2단계	과도기 (1999~2001)	• 1월 유로화 등장 - 유럽중앙은행 통화환율정책 수행 - 유로화와 회원국의 기존 통화 병행 사용
3단계	도입기 (2002)	• 1월 유로화 지폐 및 주화 통용 - 6월 30일까지 각국 통화의 유로화 환전 - 7월 각국의 기존 통화 법적 가치 상실

유로를 사용하는 19개 유럽연합 국가의 중앙은행으로 주요 임무는 낮은 인플레이션 유지될 수 있는 안정적이며 예측 가능한 상태를 유지하도록 하는 것이다.

2002년 7월부터 12개국의 통화가 법적효력이 상실되며 유로가 통용되기 시작되었다. EMU는 유럽 국가들이 1958년부터 추진해 온 유럽단일시장(European Single Market)을 완성시키기 위한 최종단계라고 볼 수 있다.

4. EU의 예산

유럽연합의 경제 정책의 목적은 안정적이고 번영하는 유로존(Eurozone)을 만드는 것이다. 공동 통화는 기업의 경쟁력을 향상시키고 경제 안정성을 향상시키며, 유럽중앙은행(ECB)은 금리를 규제하고 인플레이션과

도표 11.1　2021년 유로화 사용국

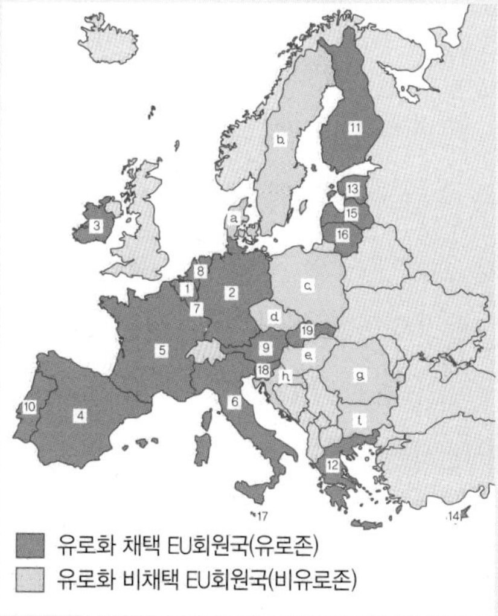

〈유로화 사용국〉
1. 벨기에
2. 독일
3. 아일랜드
4. 스페인
5. 프랑스
6. 이탈리아
7. 룩셈부르크
8. 네덜란드
9. 오스트리아
10. 포르투갈
11. 핀란드
12. 그리스
13. 에스토니아
14. 사이프러스
15. 라트비아
16. 리투아니아
17. 몰타
18. 슬로베니아
19. 슬로바키아

〈유로화 미사용국〉
a. 덴마크
b. 스웨덴
c. 폴란드
d. 체코
e. 헝가리
f. 불가리아
g. 루마니아
h. 크로아티아

출처 : 유럽연합 홈페이지

환율을 통제한다. 또한, 유럽연합은 경제통합과 유럽 경제의 경쟁력 제고를 위해 회원국의 분담금을 통해 공동 예산을 운영하고 있다. 개발 프로젝트 및 협력 프로그램 수행을 위한 다양한 보조금을 회원국에게 지불하고 있다. 보조금은 유럽에서 발전이 더딘 지역에 예산을 분배하도록 설계되었다. 이러한 공동 예산은 유럽연합 기능에 관한 조약(Treaty on the Functioning of the EU)에 근거하며, 구체적으로 예산 절차에 관한 일반 원칙 및 건전한 재정 관리 원칙(제310조), 자체 자원 예산 조달 원칙(제311조), 다년 재정 프레임워크(MFF: Multiannual Financial Framework) — 최소 5년 동안의 연간 지출 한도(제312조), 회계연도 일정(제313-316조), 예산 집행 및 통제를 위한 절차 및 필요한 권한 부여(제317-319조) 등이 세부 규칙이 마련되어 있다.

EU 예산은 다른 공공 또는 민간 조직과 마찬가지로 장기간에 걸쳐 실행되는 투자 예산 및 자금 조달 프로젝트의 성격을 가지고 있다. EU 예산이 다년 프로젝트에 자금을 지원하기 때문에 예산의 분배는 수 년에 걸쳐 이루어진다. 유럽 집행위원회는 EU예산은 우선 다년 재정 프레임워크(예산 초안)을 설정한 후 매년 연간 표준 예산 승인을 위한 초안을 매년 9월 1일까지 작성하여 유럽 이사회와 유럽 의회에 제출한다.[5] 이사회는 10월 1일까지 예산 초안에 대한 채택을 결정하며, 유럽 의회는 초안을 제출받은 후 42일 내 결정하게 된다. 집행위원회가 제출한 예산 초안에 대해 이사회와 의회의 의견이 다를 경우, 유럽 의회의 입장이 결정된 후 21일 이내에 합의 이행을 위한 조정 위원회가 소집된다. 위원회에서 결정된 사항은 14일 이내 이사회와 의회의 승인을 받아야 한다. 이사회와 의회가 공동 초안을 거부하거나 결정에 실패하는 경우, 예산은 거부되고 위원회는 새로운 예산 초안을 제출해야 한다. 불가피하거나 예외적인 경우 채택된 예산이 수정될 수 있는데, 위원회는 해당 연도 예산안에 대한 수정을 제안할 수 있다. 수정예산과 수정안 채택 과정은 일반 예산 결정 과정과 동일한 절차를 거친다.

EU 예산의 가장 큰 특징은 약정(Commitments)과 지불(Payments)에 대한 별도의 결정이 있다는 것이다. 예산 약정은 차후의 비용을 충당하기 위한 일종의 지출 예약이라고 할 수 있으며, 회계 연도에 서명할 수 있는 법적 의무(계약, 보조금 계약/결정)의 총 비용이다. 지불은 당해 연도 및 또는 이전 연도에 결정된 법적 약정으로 인해 현재 연도에 지불해야 하는 지출에 대한 포괄적인 금액이다. 약정에 대한 결정은 특정 조건이 충족되는 경우에만 지불에 대한 자격을 부여하며, 이러한 방식을 통해 강력한 예산 통제가 가능하다. 약정은 프로젝트 계약에 서명할 수 있도록 주어진 다년 재정 프레임워크(보통 7년) 동안 비교적 균등하게 분배된다. 최근 동유럽 회원국 중 유럽연합 공동의 목표를 훼손하는 경향을 보이는 몇몇 국가들에 대한 예산 지원 삭감이 추진되고 있다.

그 동안 유럽연합은 회원국 간 결속을 위해 신규 회원국에 대한 많은 예산 지원을 시행하여 왔다. 하지만 유럽연합은 헝가리, 폴란드 등 일부 동유럽 회원국가 내 정치적 상황이 유럽연합 공동의 가치 즉, 민주주의 훼손에 해당된다고 판단하고 있다. 자금 집행에 관한 비리, 사법부 및 언론 장악, 난민 거부 등 우려할만한 상황이 지속되자, 유럽연합은 이들 국가에 대해 경고의 차원에서 예산 집행 유예 방침을 통보하였다. 그러자 이들 국가는 유럽연합 탈퇴 의사를 비치며 유럽연합과 대치하고 있는 상황이다.

2020년 영국이 유럽연합을 탈퇴하며 영국이 지급하던 분담금이 줄

도표 11.2 EU 예산 결정 과정

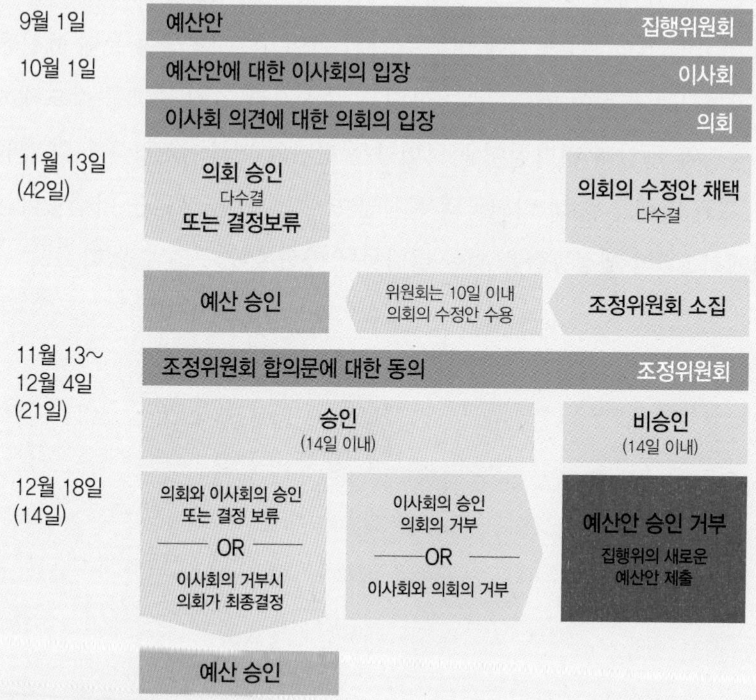

출처 : 유럽연합 집행위원회 홈페이지

어든 상황과 일부 동유럽 회원국의 비협조적인 태도, 코로나19 팬데믹 이라는 악조건 상황 속에서 2020년 회원국 정상은 1조 740억 유로(약 1,472조 원) 규모의 2021~2027년까지 실행되는 EU 다년 재정 프레임워크를 결정하였다. 또한, 코로나19 팬데믹 극복을 위한 공동의 대응 차원에서 7,500억 유로(약 1,030조 원) 규모의 경제회복기금(NGEU: Next Generation EU) 조성에도 합의하였다. 경제회복기금의 운영방식(보조금 형식 vs 대출 형식)을 두고 북유럽 4개국(덴마크, 스웨덴, 오스트리아, 네덜란드)이 보조금 지급 방식보다 대출 방식을 선호하며 다른 회원국과 입장 차이를 보였다. 거듭된 조정 끝에 경제회복기금 초안보다 보조금 규모를 줄이고(5,000억 유로 → 3,900억 유로), 경제개혁 프로그램에 대한 평가를 시행하는 조건에 모든 회원국이 합의하였다. 코로나19 팬데믹 상황으로 인해 디지털 관련 예산(Horizon Europe 및 Digital Europe)이 초안에 비해 삭감된 반면 안보 및 국방 분야 예산은 증가했다는 특징이 있다. 예산 합의를 위해 오랜 기간 중재를 주도해온 프랑스와 독일의 리더십이 돋보였다는 평가와 더불어 EU 차원의 대규모 채권 발행을 통해 회원국의 분담금이 아닌 독립 재원을 마련했다는 점에서 EU의 재정통합을 위한 디딤돌을 마련했다고 볼 수 있다.

표 11.3　2021~2027 다년 재정 프레임워크 주요예산

분야(Headings)	2021	2022	2023	2024	2025	2026	2027	총합	비중
1. 단일시장, 혁신 및 디지털	19,712	19,666	19,133	18,633	18,518	18,646	18,473	132,781	12.40
2. 결속, 회복력 및 가치	49,741	51,101	52,194	53,954	55,182	56,787	58,809	377,768	35.2%
– 경제, 사회, 결속	45,411	49,951	46,493	47,130	47,770	48,414	49,006	330,235	30.7%
– 회복과 가치	4,330	5,150	5,701	6,824	7,412	8,373	9,743	47,533	4.4%
3. 자원 및 환경	55,242	52,214	51,489	50,617	49,719	48,932	48,161	356,374	33.2%
– 시장관리 및 직접지불	38,564	38,115	37,604	36,983	36,373	35,772	35,183	258,594	24.1%
4. 이민 및 국경관리	2,324	2,811	3,164	3,282	3,672	3,682	3,736	22,671	2.1%
5. 안보 및 국방	1,700	1,725	1,737	1,754	1,928	2,078	2,263	13,185	1.2%
6. 근린 및 세계정책	15,309	15,522	14,789	14,056	13,323	12,592	12,828	98,419	9.2%
7. 유럽공공행정	10,021	10,215	10,342	10,454	10,554	10,673	10,843	72,102	6.8%
– 유럽기관비용	7,742	7,878	7,945	7,997	8,025	8,007	8,188	55,582	5.2%
총합	154,049	153,848	152,848	152,750	152,896	153,390	155,113	1,074,300	100.0%

출처 : 유럽연합 집행위원회 홈페이지

글상자 11.3 유로화

유로화(Euro)는 유럽연합의 법정 화폐인 유럽 단일 통화의 명칭이다. 유럽연합(EU) 단일통화의 명칭은 지난 1979년 이후 에쿠(ECU)를 써 왔으나 독일의 테오 바이겔재무장관이 유럽을 뜻하는 '유로(EURO)'로 쓸 것을 제안하여 1995년 12월 마드리드 정상회담 때 최종 확정됐다. 1999년 단일통화가 정식으로 도입되어, 유로화는 국가별로 발행하여, 주화의 경우 한쪽 면이 '국가면'이 되고 다른 쪽 면이 '유럽면'이 되는 식으로 유럽면은 비교적 자유롭게 선택권이 주어져 있다. 1999년 1월 1일 이후 유럽경제통화동맹(EMU: European Economic and Monetary Union)이 공식출범함과 동시에 EMU 참가국들은 Euro화를 자국의 통화로 사용하였다. Euro는 1999년 초부터 2001년 말까지 실체가 없는 문서상의 통화로 정부 간 거래 및 금융 기관 간 결재통화로 사용되다가, 2002년 1월부터 6월까지 지폐와 주화의 형태로 각국의 통화와 함께 통용되어지나, 2002년 7월부터는 Euro화만이 법정통화로 사용되고 있다.

주

1) https://www.cvce.eu/en/education/unit-content/-/unit/1c8aa583-8ec5-41c4-9ad8-73674ea7f4a7/dee61d43-7dc3-4383-a3dc-eb1e9f2e78db (검색일: 2022. 2. 3).
2) https://eur-lex.europa.eu/legal-content/EN/TXT/?uri=LEGISSUM:xy0027 (검색일: 2022. 1. 31).
3) 김흥종·백웅재, 2003, "유럽 단일시장 출범 10년의 현황과 평가," 월간 KIEP 세계경제, 6(3), p. 47.
4) https://www.cvce.eu/obj/the_werner_report_drafting_and_attempts_at_implementation_1970_1974-en-1fbe3657-5971-4f69-b82e-f0c610df7c80.html (검색일: 2022. 1. 31).
5) https://ec.europa.eu/info/strategy/eu-budget/how-it-works/annual-lifecycle/preparation_en (검색일: 2022. 1. 30).

참고문헌

강원택 외. 2009. 『하나의 유럽: 유럽연합의 역사와 정책』. 서울: 푸른길.

김계동. 2003. 『유럽 질서의 이해–구조적 변화와 지속』. 서울: 오름.

김세원. 2004. 『EU경제학: 유럽경제통합의 이론과 현실』. 서울: 박영사.

김흥종·백웅재. 2003. "유럽 단일시장 출범 10년의 현황과 평가." 월간 KIEP 세계경제, 6(3), pp. 46–54.

송태복. 2011. 『유럽 경제사』. 대전: 한남대학교 출판부.

안병억. 2008. 『한 눈에 보는 유럽연합』. 서울: 높이깊이.

안병억 외. 2014. 『유럽연합의 이해와 전망』. 서울: 높이깊이.

정창영. 1999. 『유로: 유로화와 유럽통화통합』. 서울: 명경사.

정혜선·한미애. 2017. "통화동맹의 사례를 통한 단일통화당국의 중요성 고찰." 여성경제연구 14(1), pp. 127–146.

Beck Ulrich 지음. 김희상 역. 2013. 『경제 위기의 정치학: 기로에 선 유럽, 경제의 위기인가 정치의 위기인가』. 경기도: 돌베개.

Guglielmo Carchedi 외 지음. 유철수 역. 2017. 『다른 유럽을 향해서: 유럽 경제통합에 대한 계급적 분석』. 경기도: 한울.

Karl Gunnar Persson 외 지음. 박이택 역. 2016. 『유럽 경제사: 지식, 제도, 성장, 600~현재』. 서울: 해남.

12장

하나의 유럽을 위한 사회·문화 통합

한미애(계명대 국제학연구소)

유럽의 사회와 문화에 대해 알아보기 위해 '하나의 유럽을 위한 사회·문화 통합'으로 결속정책을 비롯하여 여러 관련 정책을 중심으로 살펴보고자 한다. 유럽연합 총 27개 회원국이 오랜 기간에 걸쳐 통합을 지속하고 있다. 여러 국가들이 모여 그들의 이해관계가 얽혀있는 유럽연합은 회원국 간의 여러 격차를 줄이기 위해 많은 노력을 해왔다. 사회정책을 총괄하는 유럽연합의 결속정책과 문화정책을 살펴봄으로서 유럽연합이 통합을 지속하고, 회원국이 증가하면서 발생하는 회원국 간의 다양한 의견 차이를 좁히고 최고의 공동이익을 마련하기 위해 여러 노력을 지속하고 있다.

1. 결속정책을 통해 본 EU의 사회

유럽연합이 통합을 거듭하고 회원국이 증가하기 시작하면서 국가 간, 지역 간 경제적 격차에 대한 문제를 인식하게 되었다. 이는 전쟁 없는 평화롭고 안정된 유럽 통합을 위해 공동체 차원의 조화롭고 균형된 발전 전략은 필수적이었다. 이를 통해 경제적·사회적 격차를 줄이고 결속을 촉진해야했다. 특히 1990년대 이후 중동부 유럽 국가들이 대거 회원국으로 가입하게 되며 공동체의 경제·사회적 결속이라는 포괄적인 목표를 추구하는 정책이 시행되게 되었다.[1)]

1986년에 단일유럽의정서(The Single European Act)가 체결되면서 남부유럽국가 및 낙후지역에서의 유럽단일시장에 따른 부담감을 완화하기 위해 결속정책(Cohesion Policy)을 추진하기로 결정하였다. 이후 1988년 유럽집행위원회에서 낙후지역을 포함한 지역개발을 위해 협동기금(Solidarity Fund, 1993년 Structural Fund에 통합)을 조성하여 680억 유로를 지출하였다.

1993년 발효된 마스트리히트(Maastricht)조약에 통합유럽의 가장 주요한 정책 과제로 통화통합과 단일시장 및 결합정책의 실시가 명시되었다. 유럽연합협정서에 통합공동체는 모든 공동체에서의 조화롭고 균형있는 경제개발을 진전시키고 경제성과의 고도의 수렴을 위해 노력한다는 점을 강조하였다. 이에 따라 회원국가 간의 결합을 촉진하기 위해 낙후국가에 환경과 교통 부문 개선, 지원하는 결속기금(Cohesion Fund)이 조성되었다. 또한, 공동어업기금(FIFG: Fisheries Guidance)프로그램이 만들어 졌으며, 유럽집행위원회는 1994~1999년 기간 중 유럽의회 예산의 1/3인 2,000억 유로(1997년 가격 기준)를 이러한 결합정책을 위해 투입하는 등 회원국 간 경제적 격차를 줄이기 위해 다양한 노력을 시도하였다.

결속정책은 회원국과 지역의 '전반적인 조화로운 발전'을 촉진하고 지원하기 위한 유럽연합의 전략이다. 유럽연합 기능에 관한 조약 174조(Treaty on the Functioning of the European Union, Art. 174)에 명시된 EU의 결속정책은 지역 간 개발 수준의 격차를 줄여 경제 및 사회적 통합을 강화하는 것이 주된 목표라고 볼 수 있다. 이 정책은 유럽연합이 21세기의 도전에 맞서고 세계적으로 경쟁력을 유지하는 데 도움이 되는 핵심 분야에 초점을 맞추는 데 목적을 가진다. 결속기금은 주민 1인당 국민총소득(GNI)이 EU 평균의 90% 미만인 회원국을 대상으로 한다.

2014~2020년 EU 예산의 약 32.5%가 결속정책에 배당되었다. 결속정책 예산은 EU 정책 중(농업, 연구, 대외관계 등) 중 공동농업정책(CAP: Common Agricultural Policy)에 이은 두 번째 규모이다. 결속정책을 위한 재원 투자는 유럽지역개발기금(ERDF: European Regional Development Fund), 유럽사회기금(ESF: Europe Social Fund), 결속기금(CF: Cohesion Fund) 등을 통해서 집행된다. 이 기간 동안 유럽연합은 11개 목표를 설정하였다.[2)]

① 연구, 기술 개발 및 혁신 강화(Research and innovation)
② 정보통신기술(ICT)에 대한 접근, 사용 및 품질 향상(Information and communication technologies)
③ 중소기업의 경쟁력 강화(Small and medium-sized enterprises competitiveness)
④ 저탄소 경제로의 전환 지원(Low carbon economy)
⑤ 기후변화 적응, 위기 예방 및 관리(Climate change and risk prevention)
⑥ 환경 보호 및 자원 효율성 촉진(Environment and resource efficiency)

⑦ 지속가능한 운송 및 네트워크 인프라 향상(Transport and energy networks)

⑧ 지속가능하고 질 높은 고용촉진 및 노동 이동성 형성(Employment and labour market)

⑨ 사회적 포용성 촉진, 빈곤 및 차별 철폐(Social inclusion)

⑩ 교육, 훈련 및 평생 교육 투자(Education and training)

⑪ 공공행정 효율성 증진(Efficient public administration)

또한, 결속기금은 원자력 발전소의 해체 또는 건설, 에너지 효율성 또는 재생 가능 에너지 사용 촉진과 관련이 없는 투자, 담배 및 담배 제

도표 12.1 2014~2020년 결속정책 국가별 기금

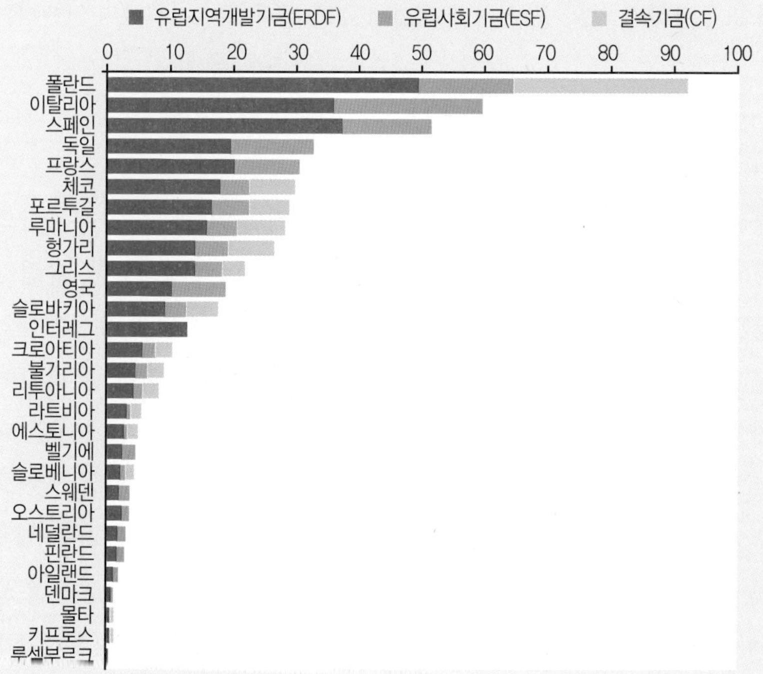

출처 : 유럽연합 집행위원회 홈페이지

* 인터레그(Interreg): 유럽연합 지역교류협력 프로그램

도표 12.2 2014~2020년 결속정책 기금별 예산

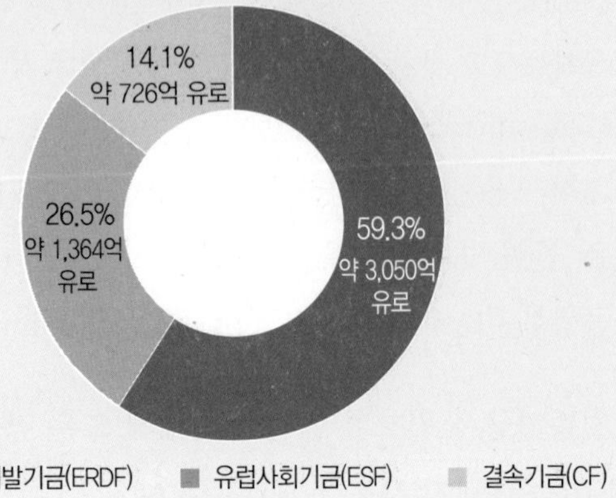

품의 제조, 가공 및 마케팅, 환경에 부정적인 영향을 주거나 필요한 투자를 동반하지 않는 공항 기반 시설에 대한 투자에는 지원하지 않는다.

1) 유럽지역개발기금(ERDF)[3)]

경쟁력 강화와 일자리 창출을 위해 성장잠재력이 있는 분야에 투자함으로써 지역의 경제·사회적 결속 강화하는 목적으로 조성되었다. 유럽지역개발기금은 유럽연합의 지역 간 불균형을 시정함으로써 유럽연합의 경제적, 사회적, 영토적 결속을 강화하는 것을 목표로 한다. 유럽지역개발기금은 유럽연합과 회원국 및 지역 당국 간의 공동 책임에 대한 프로그램을 재정적으로 지원한다.

2014~2020년 기간 동안 유럽지역개발기금은 ① 연구, 기술 개발 및 혁신 강화 ② 정보통신기술(ICT)에 대한 접근, 사용 및 품질 향상 ③ 중소기업의 경쟁력 강화 ④ 저탄소 경제로의 전환 지원 등 특히 4개의 중요한 분야에 중점을 두고 성장 촉진 및 일자리 창출 투자를 지원하기 위한 프로그램의 필요성을 밝히고 있다. 지역마다 특성, 기회 및 요

구가 크게 다른 EU의 지역 다양성은 일률적인 정책을 넘어서야 한다. 이를 위해 지역별 구분 기준에 따라 더 발전된 지역(More developed regions)에는 최고 기금의 80%를 우선순위 중 2개에 초점을 맞추도록 하였다. 전환지역(Transition regions)에는 기금의 60%가 배정되며, 저개발지역(Less developed regions)에는 기금의 50%를 우선순위 주제에 맞춰 기금 배분을 하도록 하였다. 특히, 저탄소 경제 분야의 경우 더 발전된 지역에 20%, 전환지역에 15%, 저개발지역에 12%의 정해진 최저 비율에 맞춰 지급이 되도록 결정하였다.

지역별로 특정 요구에 맞는 정책을 제공할 수 있는 능력과 수단을 제공하는 장소 기반 접근방식을 요구된다. 이러한 다양성은 각 지역이 다양한 형태의 상호작용을 통해서 이익이 발생하며 각 지역의 강점으로 발전하는 것을 가능하게 하는 자산이다. 각 지역의 특성은 유럽이 스마트하고 지속가능하며 포괄적인 성장을 추진하는 데 있어 그 역할의 토대를 마련한다.

2) 유럽사회기금(ESF)[4)]

유럽사회기금은 1958년에 설립된 가장 오래된 유럽연합의 펀딩 프로그램으로 일자리를 지원하고, 사람들이 더 나은 일자리를 얻을 수 있도록 돕고, 모든 EU 시민들에게 더 공정한 일자리 기회를 보장하기 위해 고용과 교육 기회의 개선, 사회통합 등을 목적으로 인력에 투자되는 기금이다. 유럽사회기금을 통한 프로그램 설계와 실행 모니터링에 있어 NGO 및 노동자 조직과 같은 광범위한 행위자도 기금 신청이 가능하다.

유럽사회기금은 모든 EU 회원국에 적용된다. 700억 유로 이상이 2014년부터 2020년까지 회원국에 대한 인적 자본 투자를 위해 배정되었으며, 최소 32억 유로가 청년 고용 이니셔티브에 할당되었다.

2014~2020년 기간 동안 유럽사회기금은 아래의 목표에 초점을 맞춰 지원되었다.

① 고용 촉진 및 노동 이동 지원
② 사회적 포용과 빈곤 퇴치 촉진
③ 교육, 기술 및 평생 학습에 대한 투자
④ 제도적 역량 강화와 효율적인 공공 행정

이 프로그램을 운영하는데 새로운 기술을 가진 노동자와 새로운 업무방식을 가진 기업의 적응력을 높이는 것이 필수 사항이며 이를 통해 유럽 통합을 진전시키는 데 역할을 한다고 볼 수 있다. 또한, ESF 투자의 20%는 사회포용 개선과 빈곤 퇴치 활동에 사용되도록 규정하였다.

3) 결속기금(CF)[5]

결속기금은 1인당 국민총소득(GNI)이 EU-27 평균 90% 미만인 회원국에 지원을 제공하여 EU의 경제적, 사회적 및 영토적 결속을 강화하기 위한 기금이다. 또한, 교통 인프라(TEN-T: Trans-European Transport Network) 지역의 환경 및 유럽 횡단 네트워크 분야에 대한 투자를 지원한다. 결속 기금은 공통 조항 규정을 통해 유럽지역개발기금 및 유럽사회기금과 동일한 프로그래밍, 관리 및 모니터링 규칙의 적용을 받는다.

2014년부터 2020년까지 불가리아, 크로아티아, 키프로스, 체코, 에스토니아, 그리스, 헝가리, 라트비아, 리투아니아, 몰타, 폴란드, 포르투갈, 루마니아, 슬로바키아, 슬로베니아를 대상으로 하고 있다. 이 기간 동안 결속기금은 아래의 범주에 속하는 주요 우선 과제 프로젝트에 총 634억 유로를 할당하였다.

- 유럽 횡단 교통망, 특히 EU가 지정한 우선순위 프로젝트
- 환경: 에너지 효율, 재생 에너지 사용, 철도 운송 개발, 상호 양식 지원, 대중교통 강화 등의 측면에서 환경에 이익이 되는 에너지 또는 교통과 관련된 프로젝트

2. EU의 사회적 권리

2021년 1월 20일 유럽집행위원장 폰 데 라이언(Ursula von der Leyen)은 유럽연합 이사회의 연설에서 다음과 같이 연설하였다.[6)]

> "코로나19 팬데믹을 극복하고, 필요한 개혁을 준비하고, 그린 딜과 디지털의 이행을 가속화하는 가운데 사회 룰북(Rule Book)도 조정할 때가 되었다고 생각합니다. 세대 간의 결속을 보장하는 룰북. 직원을 돌보는 기업가에게 보상을 주는 룰북. 그것은 일자리에 초점을 맞추고 기회를 열어줍니다. 이는 기술, 혁신 및 사회적 보호를 동등한 위치에 두는 것입니다."

이는 보다 공정하고 포용적인 유럽연합을 구축할 것을 강조하는 발언이다. 유럽은 세계에서 가장 평등한 사회, 가장 높은 근로 조건 및 광범위한 사회적 보호에 앞장서고 있다. 이를 구체적으로 실현시키기 위해 유럽의회, 이사회, 집행위원회는 2017년 예테보리 정상회의에서 유럽 사회 권리의 기둥(European Pillar of Social Rights)을 선언했다. 기둥(Pillar)는 21세기에 공정하고 포용적이며 많은 기회가 열려있는 사회적 유럽으로 발전하기 위한 20가지 핵심 원칙이다. 기둥의 20가지 원칙이 모든 유럽인의 이익을 위한 우수한 복지 시스템 뿐만 아니라 더 공정하고 더 잘 작동하는 노동시장을 구축하는 데 도움이 되기 위해서는 더 많은 노력과 구체적인 계획이 필요하다. 이에 유럽연합은 유럽연

합 사회적 권리 실천 계획(European Pillar of Social Rights Action Plan)을 통해 이를 달성하기 위한 구체적인 계획을 수립하였다.

1) 20가지 원칙의 유럽 사회적 권리 기둥[7)]

유럽 집행위원회는 유럽 시민들에게 공정하게 작동하는 노동시장과 사회보호시스템을 위해 20가지 필수요소를 제안하였으며, 사회적 권리 기둥을 제공하는 것은 EU 기관, 국가, 지역 및 지방 당국, 사회적 파트너 및 시민 사회의 공동 책임이라고 볼 수 있다.

(1) 노동 시장에 대한 균등한 기회와 접근

① 교육, 훈련 및 평생학습

모든 사람은 사회에 완전히 참여하고 노동시장의 변화를 성공적으로 관리할 수 있는 기술을 유지하고 습득하기 위해 질적이고 포괄적인 교육, 훈련 및 평생 학습을 받을 권리가 있다.

② 양성평등

노동시장 참여, 고용조건 및 경력진보를 포함한 모든 분야에서 여성과 남성 사이의 대우와 기회의 평등이 보장되고 육성되어야 한다. 여성과 남성은 동일한 가치의 일에 대해 동일한 보수를 받을 권리가 있다.

③ 평등한 기회

성별, 인종 또는 민족, 종교 또는 신념, 장애, 연령 또는 성적 취향에 관계없이 모든 사람은 고용, 사회적 보호, 교육, 대중이 이용할 수 있는 상품 및 서비스에 대한 접근과 관련하여 평등한 대우와 기회를 누릴 권리가 있다.

④ 적극적인 취업지원

모든 사람은 고용 또는 자영업 전망을 개선하기 위해 시기적절하고 맞춤형 지원을 받을 권리가 있다. 여기에는 구직, 훈련 및 지원을 받을 권리가 포함됩니다. 모든 사람은 직업 전환 중에 사회적 보호 및 훈련 자격을 양도할 권리가 있다.

(2) 공정한 근로 조건

⑤ 안정적이고 탄력적인 고용

고용 관계의 유형과 기간에 관계없이 근로자는 근로 조건, 사회 보호 및 훈련에 대한 접근과 관련하여 공정하고 평등한 대우를 받을 권리가 있으며, 개방형 고용 형태로의 전환이 촉진되어야 한다.

⑥ 임금

근로자는 적절한 생활 수준을 제공하는 공정한 임금을 받을 권리가 있다. 적절한 최저 임금은 국가 경제 및 사회적 조건에 비추어 근로자와 그 가족의 필요를 충족하는 방식으로 보장되는 동시에 고용 기회와 구직 동기를 보호하며, 직장 내 빈곤을 예방해야 한다. 모든 임금은 국가 관행에 따라 투명하고 예측 가능한 방식으로 설정되어야 하며 사회적 파트너의 자율성을 존중해야 한다.

⑦ 고용 조건 및 해고 시 보호에 관한 정보

근로자는 수습 기간을 포함하여 고용 관계로 인한 권리와 의무에 대해 고용 시작 시 서면으로 통보받을 권리가 있다. 해고 전에 근로자는 이유를 알 권리와 합리적인 기간의 통지를 받을 권리가 있다. 그들은 효과적이고 공정한 분쟁 해결에 접근할 권리가 있으며, 부당한 해고의 경우 적절한 보상을 포함하여 시정할 권리가 있다.

⑧ 노동자의 사회적 대화와 참여

사회적 파트너는 국가 관행에 따라 경제, 고용 및 사회 정책의 설계 및 시행에 대해 협의해야 한다. 그들은 자율성과 단체행동의 권리를 존중하면서 자신들과 관련된 사항에 대하여 단체협약을 협상하고 체결하도록 장려되어야 한다. 해당되는 경우, 사회적 파트너 간에 체결된 협정은 연합과 그 회원국의 수준에서 이행되어야 한다. 근로자 또는 그 대표자는 자신과 관련된 사항, 특히 사업의 이전, 구조조정 및 합병 및 집단 정리해고에 대해 적절한 시기에 통보받고 협의할 권리가 있다. 사회적 대화를 촉진하기 위한 사회적 파트너의 능력 증대에 대한 지원을 장려해야 한다.

⑨ 일과 삶의 균형

부모 및 돌봄 책임이 있는 사람은 적절한 휴가, 유연한 근무 준비 및 돌봄 서비스를 받을 권리가 있다. 여성과 남성은 돌봄 책임을 이행하고 균형 있게 사용할 수 있도록 특별 휴가에 대한 동등한 접근권을 가져야 한다.

⑩ 안전하고 건강한 근로 환경 및 개인정보 보호

노동자들은 직장에서 그들의 건강과 안전을 위해 높은 수준의 보호를 받을 권리가 있다. 노동자는 자신의 직업적 요구에 적응하여 노동시장에 대한 참여를 연장할 수 있는 노동환경에 대한 권리가 있다. 근로자는 고용 환경에서 개인 정보를 보호할 권리가 있다.

(3) 사회적 보호와 포용

⑪ 자녀 양육 및 지원

아이들은 저렴한 유아교육과 양질의 보육을 받을 권리가 있으며, 가난으로부터 보호할 권리가 있다. 불우한 환경에서 자란 아이들은 동등한 기회를 높이기 위한 구체적인 조치를 취할 권리가 있다.

⑫ 사회적 보호

고용관계의 유형과 기간에 관계없이, 근로자와 그에 상응하는 조건 하에서 자영업자는 적절한 사회적 보호를 받을 권리가 있다.

⑬ 실업 수당

실업자는 기여금 및 국가 자격 규칙에 따라 노동 시장에 (재)통합하기 위한 적절한 활성화 지원과 합리적인 기간의 적절한 실업 수당을 받을 권리가 있다. 이러한 혜택은 신속한 재취업 의욕을 저하시켜서는 안 된다.

⑭ 최저 소득

충분한 자원이 부족한 모든 사람은 삶의 모든 단계에서 존엄한 삶을 보장하고 상품과 서비스를 가능하게 하는 적절한 최소 소득 혜택을 받을 권리가 있다. 일할 수 있는 사람들을 위해, 최소 소득 혜택은 노동 시장에 통합하기 위한 인센티브와 결합되어야 한다.

⑮ 노령 소득 및 연금

퇴직한 근로자와 자영업자는 기여금에 상응하는 연금을 받고 적절한 소득을 보장받을 권리가 있다. 여성과 남성은 연금 권리를 취득할 동등한 기회를 가져야 한다.

⑯ 건강 관리

모든 사람은 저렴한 가격, 예방 및 치료 가능한 양질의 의료 서비스를 시기적절하게 이용할 권리가 있다.

⑰ 장애인 관련

장애인은 존엄한 생활을 보장하는 소득 지원, 노동 시장과 사회에 참여할 수 있는 서비스, 필요에 맞는 근무 환경을 받을 권리가 있다.

⑱ 장기요양

모든 사람은 양질의 저렴한 장기 요양 서비스, 특히 재택 요양 및 지역

사회 기반 서비스를 받을 권리가 있다.

⑲ 노숙자를 위한 주거 및 지원

a. 사회주택 또는 양질의 주택 지원을 필요로 하는 사람들에게 제공해야 한다.

b. 취약계층은 강제 퇴거로부터 적절한 지원과 보호를 받을 권리가 있다.

c. 노숙자의 사회적 포용을 촉진하기 위해 노숙자에게 충분한 쉼터와 서비스가 제공되어야 한다.

⑳ 필수 서비스 이용

모든 사람은 물, 위생, 에너지, 교통, 금융 서비스 및 디지털 통신을 포함하여 양질의 필수 서비스에 접근할 권리가 있으며, 이러한 서비스에 대한 지원은 필요한 사람들에게 제공되어야 한다.

2) 사회적 권리 행동 계획

행동 계획은 유럽의 사회적 권리 기둥을 현실로 만들기 위한 구체적인 계획을 제시하며, 2030년까지 모든 계획을 달성하는데 목표를 두고 있다. 강한 사회적 유럽은 우리 국민의 번영과 복지 뿐 아니라 경쟁력 있는 경제의 기반이라고 볼 수 있다. 이를 위해 유럽연합은 친환경 및 디지털 전환에 적응할 수 있는 숙련된 혁신 인력이 필수적이라고 판단하였다. 유럽 집행위원회는 고용, 기술 및 사회보호 분야에서 유엔의 지속가능개발목표에 부합하는 3가지 주요 목표를 제안하였다.

① 2030년까지 20~64세 인구의 최소 78%가 고용되어야 한다.

② 모든 성인의 최소 60%가 매년 훈련(Training)에 참여해야 한다.

③ 2030년까지 빈곤이나 사회적 배제의 위험에 처한 사람들을 적어도 1,500만 명 감소해야 한다.

위 3가지의 목표에 대해 유럽연합은 코로나19 팬데믹과 포스트 코로나로 인한 우리 사회와 경제에 미치는 영향과 불확실성으로 예측이 불가능한 상황에서도 현실적으로 달성 가능하다고 발표하였다.[8] 이를 실천하고 목표를 달성하는 것은 유럽의 복지 증진을 위해 꼭 필요한 필수적 목표이며, 2030년까지 모든 회원국이 달성하게 될 결과는 다를 수 있지만 모든 회원국이 공통의 노력에 동참하고 상향 수렴과 복지를 촉진하기 위해 이를 실현하기 위한 조치를 취하여 최고의 결과를 낼 수 있도록 독려하고 있다.

3. 유럽 통합을 위한 문화정책

유럽연합에서 문화가 공식적인 정책영역으로 법적 근거를 마련한 계기는 마스트리트 조약이 출범하면서 시작되었다. 유럽공동체는 회원 국가들의 국가적 지역적 다양성을 존중하는 동시에 공동의 문화유산을 중요시하며 회원국들의 문화를 꽃피우는데 기여해야한다고 규정하고 있다. 유럽연합이 인식하는 '문화'의 범위는 예술, 미디어, 정보통신, 교육, 관광, 스포츠 및 문화유산 등 매우 구체적이고 광범위하다.

유럽연합에서 지칭하는 문화의 개념과 영역은 상업적 활동과 분리할 수 없고, 경제·산업 정책에 대한 법적 근거와도 유사하다. 유럽 내 문화영역은 유럽 시민들의 단결을 고취시키고자 하는 정책에 결정적인 영향력을 미치는 주요 수단으로 작용한다. 국가차원에서 국민들의 결속력을 공고히하기 위해 국가적 상징물을 사용하듯, 유럽연합 차원에서도 같은 맥락에서 상징물을 도입하여 유럽시민들의 결속력 강화를 도모한다. 이에 유럽적 정체성 형성을 위한 유럽 상징물을 만들어 정서적 공동체 형성과 결속을 다지고 있다.

유럽연합이 추구하는 문화정책의 방향은 정치적인 이해관계의 대립을 피하되 경제적 혜택을 주는 수단으로서 문화의 효용성을 강조하는 특징을 가진다.[9] 유럽연합이 다른 문화적 배경을 가진 국가들의 연합인 만큼 통합의 추진력 확보를 위해 각 회원국의 다양한 특성을 존중하고, 유럽통합을 통해 통합체적 성격을 확보해 나가는 작업이 필요하다. 이에 유럽연합의 문화 프로그램은 주로 회원국의 문화유산을 보호하고 시민들의 접근성을 높여 정체성 자각 고취에 초점이 맞춰져 있었다.[10] 문화 주체자를 '위'에서 '아래'로 확대시켜 유럽이 가진 문화정체성을 인식시켜 사회적 결속을 공고히 하려는 시도였다. 이에 유럽 시민 모두가 주체자로서 참여할 수 있도록 다양한 프로그램을 추진하였다. 특히 문화·교육 분야에서 회원국 간 교류 촉진을 위하여 다양한 프로그램 실시하였다. 유럽의 주요도시들 간 연대 강화를 위한 '마을간 연대(Towns Twining)'프로그램, 유럽연합 내 교환학생프로그램 에라스무스(Erasmus), 회원국 내 청소년 연주자들로 구성된 '유럽청소년 오케스트라(The European Youth Orchestra)' 활동 등이 그 예이다.

1) 유럽연합의 상징물

① 12개의 금색별이 새겨진 원이 들어있는 푸른 사각형의 유럽기 및 엠블럼 사용
② 베토벤 교향곡 9번 'Ode de Yoy'를 유럽연합의 국가로 사용
③ 유럽석탄철강공동체를 탄생시킨 슈망선언이 선포된 날을 기념하여 매년 5월 9일 '유럽의 날(Europe Day)'로 지정
④ 유럽인들이 일상생활에서 접할 수 있는 '공동체 및 공동체의 가치'를 강조하는 물건(예, 여권, 운전면허증, 자동차 번호판, 우표 등)

사진 12.1 유럽통합의 상징물

2) 1990년대 유럽연합 문화정책 초기의 문화프로그램

1994년부터 1999년까지 시행된 유럽연합의 초기 문화정책 프로그램으로 '칼레이도스코프 프로그램(Kaleidoscope Programme)', '아리안느 프로그램(Ariane Programme)', '라파엘르 프로그램(Raphael Programme)' 가 있다. 칼레이도스코프 프로그램은 유럽연합 내부에서 예술, 문화 창착 증진을 위한 문화적 협력 프로젝트를 지원하는 것이 목적이고, 아리안느 프로그램 도서 출판과 유통, 번역 사업을 지원하는 프로그램이며, 라파엘르 프로그램은 유럽문화유산의 보호와 보전을 위한 협력을 촉진시키고, 시민들의 문화유산에 대한 인식 제고, 문화유사네 대한 접근성을 높이는 것이 목적이다.

위의 초기 문화프로그램들은 회원국 간 문화 교류를 위해 문화와 예술에 대한 창작활동을 지원하고, 여러 회원국들이 공동으로 참여할 수 있도록 유도하였다. 회원국 간 언어소통이 용이하도록 번역 사업을 지원하였고, 유럽 내 흩어져있는 문화유산을 유럽연합 차원에서 공동으로 관리하고 유지할 수 있도록 지원한다는 점에서 유럽공동체 의식 함양을 고취시킬 수 있었다. 다만, 초기 문화정책은 정치, 경제, 사회적 관계에 의해 수립된 점으로 보급과 가시적인 측면에서 여러 결함이 발생하였다. 초기 프로그램을 시행한 결과로 얻게 된 교훈과 평가를 활용하여 중복된 프로그램을 통합한 새로운 문화정책 'Culture 2000'을 시행하게 된다.

3) Culture 2000 프로그램

2000~2006년에 걸쳐 시행한 정책으로 90년대 세 개의 프로그램을 통합하여 일원화된 문화 정책 사업을 추진하였다. 문화적 다양성과 공통의 문화유산이라는 특징을 살리고 공동문화영역 진흥을 통한 창의력과 이동성, 문화에 대한 공중의 접근권 및 예술과 문화의 확산, 유럽 시민들의 역사에 대한 지식과 문화 간 대화의 증진에 주력하는 프로그램이라고 할 수 있다. Culture 2000 프로그램은 사업기간 내 매년 200~250 여개의 과제에 지원(예술, 문화유산, 문학, 번역 등)하였다. 특히 중·동부 유럽이 신규회원국으로 가입하게 되면서 기존 회원국과의 문화적 교류 활성화를 통해 긴밀한 결속 관계를 도모하고자 하였다. Culture 2000는 다음의 8가지 목표를 통해 성공적인 문화적 결속을 다짐하였다.[11)]

① 문화 간 대화와 타문화 및 유럽인의 역사에 대한 인식 증진
② 예술가, 창작자, 문화관계자와 전문가의 교류 및 작품의 이동을 증진시키고 청소년 및 사회적 약자, 문화적 다양성을 강조
③ 문화적 다양성의 발현과 새로운 문화표현 형식의 발전

④ 유럽 차원의 중요한 공통의 문화유산 공유와 발현
⑤ 사회·경제 발전에 있어서 문화의 역할을 고려
⑥ 유럽과 유럽 외의 문화 간 대화와 상호 교류 증진
⑦ 문화를 경제요소, 사회 통합 및 시민권의 요소로서 명백히 인정
⑧ 유럽연합 시민 다수의 문화 접근과 참여방식의 개선

위의 목표를 통해 세 가지 형태로 프로젝트가 계획되고 실행되어졌다. 첫째, 1년 기간 프로젝트로 5만에서 15만 유로를 지원한다. 네트워크 형태의 파트너십 형태로 이루어진 경우 지원이 가능하다. 3개국 이상이 참여하고, 실험적 성격의 혁신적 과제가 지원대상이다. 둘째, 2~3년 기간의 과제로 1년에 30만 유로까지 지원해 준다. 최소 5개국 이상이 참여하여야 하며, 지속적인 지원을 통해 수준 높은 완성도가 지속될 수 있도록 구조화되어 있다. 셋째, 지원 기간과 행사 규모는 과제별로 상이하다. 보통 문화 행사의 경우 15만~30만 유로를 지원하지만, 유럽문화수도의 경우 1년간 20만~100만 유로를 지원한다.

문화 2000은 첫 3년간 2,000개 중에서 700개 과제 선발해 지원해 주었다. 과제 당 평균 5개의 프로그램 운영자가 참여하였다. 약 600여 개의 과제가 1년 동안 지속과제로 지원되었고, 약 30여 개국이 참여하여 문화협력 프로젝트를 진행하였다. 유럽연합의 회원국과 공동 참여국들이 문화 교류를 지속적으로 유지하기 위한 방안으로 집행위원회는 문화 2000 프로그램의 2년 연장안을 제안하였다. 하지만 문화 2000이 기존의 사업 목적을 충실히 이행하여 유의미한 결과를 달성하였는지에 대한 평가는 다소 부정적인데, 이는 충분하지 못한 예산과 대중들의 관심 부족 등에 따른 이유라고 볼 수 있다.[12)]

4. 크리에이티브 유럽

크리에이티브 유럽(Creative Europe)은 문화적 가치 또는 예술과 기타 개인 또는 집단적 창조적 표현을 기반으로 활동하는 모든 부문에 지원하는 유럽연합의 대표적인 문화지원 프로그램이다. 여기에는 문화, 예술 또는 기타 창조적 표현과 교육, 또는 경영과 같은 연관된 활동을 상징하는 상품과 서비스의 개발, 창조, 생산, 보급 및 보존하는 프로그램도 포함된다.

유럽연합은 회원국이 점차 늘어남에 따라 초국가적 문화예술 공유의 필요성을 인식하게 되었다. 23개의 공식 언어를 사용하고 있는 유럽연합 회원국들이 사용하는 다양한 언어는 다문화의 상징이기도 하지만, 음악·영화와 같은 예술작품을 공유하며 공동의 정서를 공유하는데 장벽으로 작용하기도 한다. 이러한 언어 장벽 때문에 유럽 사람들 중 13%만이 타국가의 콘서트를, 4%만이 타국가의 연극을 감상하는 것으로 조사되었다.[13] 이에 유럽연합 차원에서 유럽의 문화·창조산업 발전을 위해 유럽인들이 국경을 초월하여 문화예술을 향유하는 것이 필요하다는 판단을 하게 되었다. 암스테르담에서 열린 회의에서 문화·창조분야의 육성과 확대의 필요성에 대한 공동의 선언을 통해 정책적 차원에서 유럽의 문화·창조 산업 육성을 통한 공동의 문화공유를 꾀하고 있다.[14]

1) 크리에이티브 유럽의 1단계 및 2단계 프로그램

1차적으로 2007년부터 2013년까지 크리에이티브 유럽 프로그램이 실시되었으며, '유럽 2020' 전략[15]에 맞춰 2차 계획을 세웠다. 2차 계획은 새로운 유럽 문화 의제(New Agenda for Culture)[16]에도 잘 드러나 있다. 2차 계획은 문화와 교육을 통해 응집력 있는 사회를 건설하고 매력

표 12.1　크리에이티브 유럽 1단계 및 2단계 지원 내역

	요소(strands)	1차 계획(2007~2013년)	2차 계획(2014~2020년)
목표	문화	• 초국경적 순환 • 문화 간 소통 • 유럽 정체성 확대	• 새로운 상업모델 및 노하우 발전 • 디지털 시대에의 적응 • 새로운 문화산업 소비자층 확보 • 예술분야 종사자의 국제적 커리어 창출
	미디어	미디어 • EU 미디어분야의 경쟁력 강화 • EU 미디어작품 배포	• 디지털 시대의 시장 접근성 확대 • 새로운 문화산업 소비자층 확보 • 새로운 상업모델 발전
		미디어 문두스 • 유럽과 제3세계의 문화적·상업적 관계 강화	
지원 규모	문화	3억 5,100만 유로 (한화 약 4,700억 원, 2022년 3월 기준)	4억 3,800만 유로 (한화 약 5,865억 원)
	미디어	6억 4,350만 유로 (한화 약 8,616억 원)	8억 300만 유로 (한화 약 1조 752억 원)
	총액	11억 7,000만 유로 (한화 약 1조 5,670억 원)	14억 7,000만 유로 (한화 약 1조 9,687억 원)

출처: 유럽집행위원회 홈페이지

적인 유럽연합의 비전을 제공하기 위해 더 많은 노력을 한다는 것이다. 혁신, 창의성, 지속 가능한 일자리와 성장을 지원하여 보다 포용적이고 공정한 유럽연합을 구축하는 데 도움이 되도록 문화의 잠재력을 최대한 활용하는 것을 목표로 한다.

2) 크리에이티브 유럽 2021-2027

크리에이티브 유럽 2021-2027의 예산은 24억 4,000만 유로로 이전 프로그램(2014~2020년)에 비해 많은 예산이 편성되었다. 크리에이티브 유럽 2021-2027은 문화적 다양성을 강화하고 문화 및 창조 부문의 요구와 도전에 대응하는 활동에 지원된다. 프로그램의 주요 목표는 ① 유럽의 문화 및 언어적 다양성과 유산을 보호, 개발 및 증진 ② 문화 및 창조 부문, 특히 시청각 부문의 경쟁력과 경제적 잠재력 증진이다.

크리에이티브 유럽 2021-2027가 이전 프로그램보다 참신하고 포괄적인 영역으로 확대되었는데 ① 초국가적 창조와 혁신을 더욱 강조 ② 보다 많은 공동자금비율을 통해 이전보다 쉽게 자금 조달이 가능 ③ 시청각 부문의 글로벌 경쟁력을 높이기 위한 EU 차원의 협력 지원 강화 ④ 예술가와 전문가들의 자유로운 이동을 통한 활동 보장 ⑤ 음악, 건축 및 문화 유산과 같은 특정 창작 부문의 요구를 목표로 하는 활동에 좀 더 집중적인 지원을 하도록 결정하였다. 이 프로그램은 EU 회원국과 비 EU회원국에서 모두 지원할 수 있다.

크리에이티브 유럽 2021-2027은 3가지 프로그램 요소(Strands)로 나뉘어졌는데, 문화요소(Culture strand), 미디어 요소(Media strand), 교차영역 요소(Cross-sectoral strand)이다. 문화요소(Culture strand)는 유럽과 그 외 지역의 문화 기관과 예술가 간의 협력과 교류를 장려하는데 지원이 된다. 크리에이티브 유럽이 지향하는 예술적 창조와 혁신을 촉진하기 위해 유럽 전역 및 그 외 지역에서 유럽 콘텐츠의 홍보 및 배포 지원하고, 예술가들이 국경을 넘어 창작과 공연 기회를 찾도록 돕고, 유럽 문화 및 창조 부문의 디지털 및 환경 전환 촉진하는데 지원된다. 미디어 요소(Media strand)는 최근 전 세계적으로 확산되고 있는 디지털 환경을 고려하여 유럽 영화 및 시청각 산업이 전 세계에 확산될 수 있도록 지원한다. 교차영역 요소(Cross-sectoral strand)는 서로 다른 문화 및 창조 부문 간의 협력을 강화하여 그들이 직면한 공통 과제를 해결하고 혁신적인 새로운 솔루션을 찾도록 돕는 것을 목표로 한다. 이 영역은 처음 시도되는 것으로 특히 2021년 저널리즘 파트너십에 대한 제안(NEWS-Journalism partnerships)에 대한 조치로 시행되기 시작하였다. 이에 유럽의 뉴스 미디어 전문가들 사이에 국경을 초월한 협력을 촉진하도록 돕고, 협업적 비즈니스 혁신을 위한 모범 사례 공유 촉진하며, 표준(Standards), 새로운 비즈니스 모델, 트레이닝 프로그램, 자금 조달 계획 및 양질의 저널리즘을 유지하는 것을 목표로 하는 기타 활동을 개발함으로써 저널리즘의 협력을 장려한다.

글상자 12.1 유럽문화수도

1985년 시작된 유럽연합의 대표적인 문화정책 프로그램이다. 유럽연합 회원국의 도시를 매년 선정하여, 1년간에 걸쳐 집중적으로 각종 문화 행사를 전개한다. 1983년 그리스 문화부 장관을 역임하고 있던 멜리나 메르쿠리(Melina Mercouri)가 유럽 문화 도시(European City of Culture) 사업을 제안했고 1985년 그리스의 아테네가 최초의 유럽 문화 도시로 지정되었다. 문화수도 선정방식은 여러 차례 변화가 있은 후 2009년부터 문화수도를 두 곳으로 선정하되, 한 곳은 기존 회원국 중에서 다른 하나는 신규회원국 중에서 개최한다는 원칙을 채택하였다. 이는 신규회원국들의 유럽연합에 대한 사회적 통합과 문화적 정체성의 확보, 국민들의 EU에 대한 수용도 함양 등 다차원적인 목적을 위한 것으로 해석할 수 있다. 2022년 유럽문화수도(Europe's Capital of Culture)는 룩셈부르크의 에쉬(Esch), 리투아니아의 카우나스(Kaunas), 세르비아의 노비사드(Novi Sad) 이다.

계속 ▶▶

사진 12.2 2022년 유럽문화수도인 카우나스(좌)와 노비사드(우)

주

1) 외교통상부, 2007, 『EU 정책브리핑』 (서울: 애드컴서울).
2) https://eur-lex.europa.eu/legal-content/EN/TXT/?uri=CELEX%3A32013R1300(검색일: 2022/03/15)
3) https://ec.europa.eu/regional_policy/en/funding/erdf/(검색일: 2021. 11. 20).
4) https://ec.europa.eu/regional_policy/en/funding/social-fund/(검색일: 2021. 11. 20).
5) https://ec.europa.eu/regional_policy/en/funding/cohesion-fund/(검색일: 2021. 11. 20).
6) https://ec.europa.eu/commission/presscorner/detail/en/speech_21_168(검색일: 2022. 3. 10).
7) https://ec.europa.eu/info/strategy/priorities-2019-2024/economy-works-people/jobs-growth-and-investment/european-pillar-social-rights/european-pillar-social-rights-20-principles_en (검색일: 2022. 3. 10).
8) European Commission, 2021. "European Pillar of Social Rights Action Plan"
9) 홍익표, 2012, "EU의 정치·경제통합을 위한 도시차원의 전략: '유럽문화수도 프로그램'을 중심으로," 『EU연구』 31호.
10) 홍종열, 2012, 『유럽연합(EU)의 문화산업과 문화정책』 (서울: 한국외국어대학교 출판부), p. 51.
11) 홍종열 (2012), p. 85.
12) 한경애, 2005, "유럽통합과 문화적 다양성" EU학연구 10(1).
13) https://arte365.kr/?p=17224(검색일: 2022. 3. 17)
14) https://ec.europa.eu/health/ph_projects/2002/promotion/fp_promotion_2002_annex7_14_en.pdf(검색일: 2022. 3. 17)
15) 2010년에 시작되어 2020년까지 성장과 고용창출을 위한 유럽연합의 전략프로

그램으로 EU의 경제위기 극복, 유럽성장모델의 보강, 스마트하고 지속적이며 포괄적인 성장환경 창조를 목표로 함

16) https://eur-lex.europa.eu/legal-content/EN/TXT/?qid=1527241001038&uri=COM:2018:267:FIN(검색일: 2022. 3.17)

참고문헌

김시홍. 2011. 『유럽의 갈등과 통합:다양성과 통일성의 변증법』. 서울: 한국외국어대학교 출판부.

김용민. 2011. 『유럽의 문화통합: 현 상황과 미래전망』. 서울: 연세대학교 출판부.

한국유럽학회. 2011. 『유럽의 사회통합과 사회정책』. 파주: 한국학술정보.

홍종열. 2012. 『유럽연합(EU)의 문화산업과 문화정책: 세계화시대의 글로컬 비전』. 서울: 한국외국어대학교 출판부.

Kleinman 지음. 강달원 역. 2011. 『EU 사회정책』. 서울: 시그마프레스.

COVID-19
Column

코로나19 바이러스 팬데믹과 유럽연합*

한미애(계명대 국제학연구소)

2019년 11월 발생하여 전 세계를 흔들고 있는 코로나19 바이러스로 인해 국제사회 내 많은 변화가 발생했다. 서구의 강대국들은 전염병에 대해 소극적으로 대처한 결과 많은 바이러스 확진자와 사망자가 발생했다. 유럽의 경우, 2020년 1월 24일 프랑스 보르도(Bordeaux)와 파리(Paris)에서 2명의 확진자가 발생하여 유럽 내 첫 번째 감염사례로 보고되었다. 유럽연합은 1월 초 코로나 바이러스의 전염위험성을 인지하여 관련 보건 회의를 개최하였고, 유럽연합의 연구혁신 재정지원 프로그램인 Horizon2020에서 코로나 바이러스에 대한 연구 지원 자금 약

* 본 글은 한미애. 2020. "코로나19 바이러스 팬데믹으로 인한 유럽연합과 유럽시민의 결속 강화 및 통합." 민족연구(76)의 글을 요약하였음.

1,000만 유로를 설정하였다.[1] 또한, 2월에는 회원국에 개인보호장비 등 의료기기를 조달하며 유럽연합 회원국 내 코로나 바이러스 확산을 억제하려는 노력을 지속하였다.

유럽위원회는 위기의 상황 속에서 회원국들의 공조를 촉구했지만, 회원국을 통제하지 못하는 위원회의 무능력한 대응 방식에 유럽연합 회의론, 위기론이 더욱 강력하게 대두될 뿐이었다. 유럽연합과 회원국은 2020년 1월 이탈리아의 코로나19 바이러스 확산으로 '의료비상사태'를 선언하며 회원국의 보건책임자 회동을 제안하였으나, 오히려 유럽위원회와 회원국 정부는 국경 봉쇄를 결정하며 스스로 '경계 짓기'를 시작하였다. 2020년 3월 8일 이탈리아 북부 봉쇄령을 시작으로 유럽 통합의 상징으로 여겨졌던 '솅겐조약'에 의한 자유로운 이동이 일시 정지되었다. 유럽연합이사회 의장인 샤를 미셸(Charles michele)은 3월 30일 코로나19 바이러스 확산방지를 위해 임시국경통제(Temporary Reintroduction of Border Control) 결정을 발표하였다.[2]

코로나19 바이러스 팬데믹이 시작되면서 회원국 정부는 보건 전문가들의 의견을 따라 각자의 위기 해결 방안을 모색하였으나, 그 결과는 다르게 나타났으며, 유럽 내 바이러스 확산을 저지하지 못하였다. 유럽 시민들은 위기 상황에서 정부에 대한 신뢰도가 하락할 수밖에 없었고, 유럽연합 차원에서의 해결을 요구하게 되었다.

유럽연합 집행위원장인 우르줄라 폰 데어 라이엔(Ursula von der Leyen)은 유럽연합, 각 회원국 지도자가 신뢰와 단일성을 바탕으로 리더십을 보여야 한다고 강조하였다. 책임을 서로 공유하며 어떠한 회원국도 고립되거나 스스로 위기를 처리하지 않도록 협력을 강조하였다. 유럽연합은 코로나 바이러스의 확산의 억제, 국가 보건 시스템 지원 등 회원국 정부 및 유럽연합 차원에서 팬데믹에 의한 사회·경제적 위기에 대항하기 위해 다양한 복구 정책을 수립하였다. 유럽연합 집행위원회는 코로나19 바이러스로 인한 경제적, 사회적 피해 복구, 일자리 보호 및 창출 등 유럽의 회복을 위해 유럽연합 예산을 최대한 활용한 유럽 복구 계획을 수립하였다. 이 계획은 크게 경제회복기금(Next generation EU)과 장기예산(MFF: Multiannual Financial Framework)으로 구성된다. 경제회복기금은 2021년부터 24년까지 유럽연합 예산 중 7,500억 유로를 배정하여 코로나19 바이러스 위기 대처에 지출하는 것이고, 장기 예산은 2021년부터 27년까지 1,000억 유로를 투입하는 유럽 복구 투자 계획이다.

이처럼 유럽연합과 회원국은 다양한 방식으로 위기 극복을 위해 협력을 하고 있다. 회원국의 독자적인 위기 모색보다 회원국 간 공조가 위기를 극복하고 유럽연합을 결속시키는데 유리하다는 판단으로 해석된다.

주

1) https://ec.europa.eu/programmes/horizon2020/en/news/eu-mobilises-%E2%82% AC10-million-research-new-coronavirus-outbreak (검색일: 2021. 06. 25).
2) https://ec.europa.eu/home-affairs/what-we-do/policies/borders-and-visas/schengen/ (검색일: 2021. 05. 21).

5부

중남미

13장

중남미 정치의 발전과 민주화과정

정상희(계명대 스페인어중남미학과)

본 장에서는 중남미 국가들의 기본적인 현황을 소개하고 냉전과 9·11 테러 등 국제환경의 변화에 따라 중남미 국가들과 한국과의 관계가 어떻게 변화하고 실질적으로 발전하게 되었는가를 언급하고자 한다. 또한, 쿠바, 아르헨티나, 칠레, 멕시코와 같은 주요 국가들의 사례를 통해 유럽의 식민지로부터 독립 이후 중남미 국가들은 어떠한 정치변동의 과정을 거쳐 민주화 과정을 경험했는가를 알아보고자 한다.

1. 중남미 개관

중남미는 북미에 위치한 멕시코, 중미, 카리브, 남미를 포괄하는 지역으로 33개의 독립국(멕시코, 중미 7개국, 남미 12개국, 카리브 13개국)으로 구성되어 있다. 총면적은 2,055Km^{2}이며 이는 전 세계 면적의 15%에 해당하고 있다.[1)]

세계은행의 통계에 의하면 2020년 기준, 총인구는 6억 5,000만 명에 달하고 있다.[2)] 이 지역은 역사적으로 약 300년 동안 스페인과 포루투갈 등 유럽의 열강에 의해 지배를 받았으며, 이러한 역사적인 배경으로 인해 스페인어, 포루투갈어, 프랑스어, 영어, 네덜란드어가 사용되고 있다. 인종적인 측면에서 유럽인과 원주민의 혼혈인 메스티조(Mestizo), 아프로아메리카인(Afro-american)과 같은 다양한 인종으로 구성되어 있다. 중남미 지역은 유럽인과 원주민, 이들의 혼혈인 메스티조 뿐 아니라 카리브 지역에 노동력으로 유입된 아프리카인들을 포괄하고 있다. 이러한 의미에서 인종적인 다양성을 상징적으로 보여주는 지역이기도 하다. 이처럼 생물학적인 측면에서의 혼혈뿐 아니라 정치, 경제, 사회구조와 문화적인 측면에서 유럽과의 '혼종성'이라는 특성을 보여왔다.

우리나라에서 이 지역은 흔히 '중남미'로 지칭되고 있으며 이는 지리적인 의미가 반영된 용어이다. 한편, 국제기구에서 공식적으로 사용하는 명칭은 '라틴아메리카와 카리브(Latin America and the Caribbean)'이다. 이 용어의 의미에는 이 지역이 라틴 문화권과 연계되어 있다는 측면이 강조되어 있다.

유럽의 식민지였다는 역사적인 배경으로부터 이 지역은 언어, 정치, 경제, 사회, 문화적인 측면에서 '공통성'을 보이고 있으나, 자연환경과 인종·문화적인 측면에서 '다양성'이 나타나고 있다. 특히, 식민시대부터 형성되어 온 유럽의 백인과 원주민으로 구분되는 이중적인 사회구조와 지역·계층 간 격차의 문제는 현재까지 지속하고 있다. 즉, 이 지역은 부유층과 빈곤층, 도시와 농촌, 지식인과 문맹인 등 지역과 계층에 따라 뚜렷한 격차가 나타나고 있다. 또한, 금, 은, 석유, 천연가스와 같은 전략적인 자원이 풍부한 지역이나 이에 의존적인 경제구조로 인해 외부적인 환경에 영향을 받고 있다. 따라서 '경제위기', '불평등', '빈곤'과 같은 부정적인 현상이 지속되고 있다.

현재 중남미 지역에 나타나고 있는 정치, 경제, 사회구조적인 특성과 문제점들은 유럽 열강에 의한 식민시대와 관련되고 있다. 이러한 맥락에

표 13.1 중남미 개관

국가	33개 독립국
인구	652,276,325명(2020년)
인구증가율	0.9%(2020년)
기대 수명	76세(2019년)
면적	약 2,053만 km2(한반도의 93.5배, 전 세계 면적의 15%)
언어	스페인어(18개국), 포루투갈어(브라질), 영어(카리브 12개국), 불어(아이티), 네덜란드어(수리남)
인종	메스티조(Mestizo), 끄리오요(Criollo), 아프로아메리칸(Afro-american) 등
문해율	94%(15세 이상 성인, 2019년)
명목 GDP (십억 달러)	4,179(2020년)
1인당 GDP (PPP기준, 달러)	14,835(2020년)
실질성장률	−8.1%(2020년)
실업률	8.4%(2020년)
도시화 비율	81%(2020년)

출처: World Bank 통계 및 Kotra, 2021, 『2021 권역별 진출전략: 중남미』를 활용하여 작성.

서 중남미 지역을 이해하기 위해 유럽인들이 중남미 지역에 도착하기 이전 이미 존재하고 있었던 마야, 아즈텍, 잉카와 같은 고대 원주민 문명뿐 아니라 유럽인에 의해 형성되었던 식민시대를 이해할 필요가 있다.

2. 한국과의 관계

1948년 우리나라의 정부수립 이후 중남미 국가들은 우리나라를 한반도 유일의 합법정부로 승인했으며 국제사회에서 우리나라의 입장을 지지하였다.

우리나라와의 외교관계 수립 이전인 1950년 콜롬비아는 한국전쟁에 참전했으며 멕시코는 식량과 의약품 등 구호품을 지원하였다.[3] 이러한 공식적인 참전의 역사 이면에 최근 미국 소속으로 한국전쟁에 참전한 라틴계 군인과 관련된 이야기가 다루어졌으며 실제 미군 참전용사 180만 명 중 10%인 18만여 명의 군인이 히스패닉계였고 특히, 그중 10만 명 이상은 멕시코 참전용사인 것으로 추정되고 있다.[4]

우리나라와 중남미 간 공식적인 외교관계의 수립은 1959년 10월, 브라질과 최초로 이루어졌다. 이어 멕시코(1962년), 페루(1963년), 우루과이(1964년), 베네수엘라(1965년) 등 주요 국가와의 외교관계가 수립되었고 1980년대까지 쿠바를 제외한 32개 국가와의 수교가 이루어졌다.

그러나 이 시기 우리나라와 중남미 지역 간 실질적인 외교관계는 미비하였다. 이는 양 지역이 원거리라는 지리적인 위치뿐 아니라 문화와 언어적인 면에서 많은 차이를 보인다는 제약성이 있었고 경제 구조적인 측면에서도 상호보완성이 높지 않았기 때문이다. 따라서 1960년대 한국은 이 지역으로부터 소량의 소비재를 수출하고 광물자원을 수입하였다. 1970년대에 이르러 한국이 경제성장을 달성하면서 대중남미 지역에 대한 수출은 증가하였다. 이 시기 중남미 국가들은 내수시장에 초점을 두고 제조품을 자국에서 생산하는 수입대체산업화(ISI: Import Substitution Industrialization) 정책을 통한 내부지향적 산업화 모델을 추진하였다. 이러한 중남미 국가들의 내부지향적 산업화 전략으로 인해 양 지역 간 경제 관계는 의미있는 발전을 이루지 못했다.

1990년대 우리나라 정상들의 중남미 방문을 통해 우리나라와 중남미 국가 간 실질적인 관계는 발전하였다. 1991년 9월, 노태우 대통령이 멕시코를 방문했으며 1996년 9월 김영삼 대통령은 과테말라, 칠레, 아르헨티나, 브라질, 페루 등 중남미 5개국을 순방했는데 김영삼 대통령의 방문 결과 한·중미 대화협의체, 한·남미공동시장 협의회, 한·리오그룹 트로이카 외무장관 회담을 개최하기로 합의했으며 당시 외교통상부에 대중남미 관계를 전담하는 중남미국이 창설되었다.[5)]

이 시기 중남미 국가들이 수입대체산업화(ISI) 전략에서 신자유주의 정책으로 변화하면서 외부 국가들과의 교역 관계가 확대될 수 있는 계기가 마련되었다. 특히, 1994년 미국, 캐나다, 멕시코 간 발효된 북미자유무역협정(NAFTA: North American Free Trade Agreement) 이후 한국의 기업들은 중남미 지역을 북미와 유럽 시장에 진출하기 위한 전략적인 투자지역으로 고려하게 되었으며 전자, 철강, 에너지 분야에 대한 투자가 확대되었다. 이처럼 1990년대에 이르러 우리 기업들의 중남미 진출은 가속화되었다.

2000년대 우리나라와 중남미 지역 간 정치, 경제협력 관계는 더욱더 발전했으며 2004년 11월 노무현 대통령은 아르헨티나, 브라질, 칠레, 2005년 멕시코와 코스타리카, 2007년 과테말라를 방문하였다. 이후 이명박 대통령과 박근혜 대통령 역시 멕시코, 브라질, 칠레, 콜롬비아, 페루정부와의 정상회담을 통해 양 지역 간 실질적인 협력관계를 확대하기 위한 기반을 강화하였다.

이처럼 양 지역 간 다양한 부문에서 실질적인 협력관계가 확대되고 특히, 경제 부문에서의 관계가 강화되었는데, 대중남미 무역수지에서 흑자폭이 증가하였다. 또한, 중남미는 석유, 천연가스, 식량자원 등의 공급처로서 인식되면서 전략적인 지역으로 부상하게 되었다.

문재인 대통령은 2019년 G20 정상회의 참석을 계기로 아르헨티나 마크리(Mauricio Macri) 대통령과의 약식 정상회담을, 한국을 방문했던 칠레 피녜라(Sebastián Piñera) 대통령과의 정상회담을 개최하였다.[6)]

1990년대부터 현재까지 개최되었던 정상 방문과 고위급 차원에서 이루어졌던 외교관계를 토대로 한국과 중남미 국가 간 정치, 경제, 문화적인 측면의 교류와 실질적인 협력관계가 확대될 수 있는 기반이 조성되었다. 한국은 전략적인 자원을 보유하고 있으며 새로운 수출시장으로서 자유무역협정(FTA: Free Trade Agreement)의 체결을 통해 중남미 지역과의 경제적인 협력관계를 강화하였다. 따라서 2004년 한-칠레 간 FTA의 발효를 시작으로 2011년 한-페루 FTA와 2016년 한-콜롬비아 FTA가 발효되었다.[7)]

다자차원에서 2017년 3월, 한국과 중미 5개국(엘살바도르, 니카라과, 코스타리카, 온두라스, 파나마) 간 한-중미 FTA가 체결되었고 남미공동시장(스페인어로, MERCOSUR: Mercado Común del Sur)[8)]과는 2018년 5월, 무역협정(TA) 협상 개시를 공식 선언하고 현재까지 협상이 진행 중이다.[9)]

이외에도 한국은 태평양동맹(PA: Pacific Alliance)[10)]의 준회원국 가입추진을 통해 중남미 시장 진출에 있어서 다변화를 위한 노력을 진행하고 있다.[11)]

2001년 9·11테러의 발생 이후, 미국의 대외정책은 '대테러와의 전쟁'으로 변화했으며 이러한 외교정책의 변화 틀 내에서 냉전 상황과는 달리 미국의 외교정책에서 중남미의 지역적 우위는 상대적으로 약화 되었다. 이러한 정치환경에서 9·11 이후, 중남미에서 미국의 영향력이 약화 되면서, 중남미 국가들의 입장에서 외교 다변화를 추진할 수 있는 가능성은 오히려 확대되었다.

중남미 국가들은 아시아 국가들과의 FTA체결을 통해 성장을 위한 새로운 동력을 모색하고 있다. 2000년대 한국과 중남미 지역 간 협력관계의 확대는 이러한 대내외적인 변화와도 관련되고 있다.

세계화가 심화하면서 경제 관계뿐 아니라 문화적인 측면의 교류가 확대되었다. 중남미의 음식, 미술, 음악 등이 우리나라에 알려졌는데 멕시코 벽화운동의 거장 디에고 리베라(Diego Rivera), 화가 프리다 칼로(Frida Kahlo), 콜롬비아 화가이며 조각가인 페르난도 보테로(Fernando Botero)와 같은 유명 예술가들의 미술작품 전시회가 열렸고 '부에나 비스타 소셜 클럽' 등 음악 그룹의 방한 공연이 이루어졌다.[12)]

중남미에서 우리나라에 대한 인식은 일본, 중국과 비교할 때 상대적으로 낮은 편이었다. 이는 우리나라의 중남미 진출역사가 길지 않고 이민의 역사 역시 1960년대 본격적으로 시작되어 지역 내에서 비중이 크

글상자 13.1　9·11테러

2001년 9월 11일 미국을 향한 테러단체 알카에다에 의한 공격으로 발생했으며, 이들은 납치한 민항기를 테러에 사용하였다. 이처럼 납치된 민항기는 세계무역센터와 미 국방성 본부인 펜타곤에 충돌했으며, 이로 인해 기반 시설의 피해뿐 아니라 2,966명의 사망자와 최소 6,000여 명 이상의 부상자가 발생한 것으로 알려지고 있다.

9·11테러는 냉전 이후, 미국의 영토 내에서 발생했다는 측면에서 당시 큰 충격을 주었고 이후 미국은 외교정책을 '대 테러와의 전쟁'으로 변화하였다. 이러한 미국 외교정책의 변화로 인해 지역적인 우위가 변화되면서 냉전시대와 비교할 때, 중남미에서 미국의 영향력은 약화되었다.

지 않았기 때문이다. 한국에 대한 인식과 이미지가 확산한 계기는 삼성, LG, 대우, 현대기아차, 포스코 등 우리나라 기업의 현지 진출이 확대되면서부터이다. 특히, 중남미에서 한국에 대한 인식은 경제와 기술의 발전과 관련된 부문에 국한되었다는 한계를 보여왔다.

그러나 정부 차원에서 문화공동위원회가 주기적으로 개최되면서 문화교류와 관련된 의제가 논의되고 있으며, 한국국제교류재단과 해외에 설치되어 있는 한국문화원(Korean Cultural Center) 등은 한국학과 한국어 진흥, 인사교류, 포럼의 개최 등을 통해 정부 차원에서 문화콘텐츠의 교류 및 홍보를 위한 창구로 역할하고 있다.[13)]

정부 차원의 채널 이외에도 기업, 교민, 학자, 예술가 등에 의한 민간 차원의 교류가 활성화되고 있다. 1998년과 2005년 한국의 드라마가 현지 방송을 통해 소개되고 2002년 월드컵이 개최되면서 한국에 대한 인식이 높아졌으며 비록 아직까지 다른 지역과 비교할 때, 한류 콘텐츠의 수출 비중이 높지 않으나 영화, 케이팝(K-Pop), 게임, 한식, 화장품, 한

사진 13.1 콜롬비아 보고타 보테로 박물관

국어, 관광, 유학수요가 점차적으로 높아지는 계기와 환경이 조성되고 있다.[14)]

3. 중남미 정치변동과 민주화 과정

스페인, 포루투갈 등 유럽 열강이 지배했던 식민시대는 현대 중남미 지역을 이해하기 위한 역사발전 과정의 중요한 시기로 고려할 수 있다. 유럽국가들은 식민시대 당시 생물학적인 측면뿐 아니라 정치제도, 사회, 문화, 종교적인 영역에서 중남미 지역에 대해 지대한 영향을 미쳤으며 이러한 영향력은 현재까지 지속되고 있다.

전쟁과 종교(가톨릭)를 통한 정복을 상징하는 '칼과 십자가'라는 용어에는 중남미 식민시대의 특성을 반영하고 있다. 이베리아반도로부터 중남미 대륙으로 건너온 유럽인들은 이 지역의 토착 원주민 대신 새로운 권력 계층으로서 부상했으며 도시의 중심부에 거주하였다. 이와 달리 기존 원주민과 카리브 지역을 중심으로 유입된 아프리카인들은 사회의 하부계층을 형성하고 도시의 외곽, 농촌지역과 같은 주변부에 거주하게 되었다. 백인, 아프리카인, 토착 원주민 등 다양한 인종 간 발생한 혼혈로 인해 중남미에서 '새로운 인종'이 탄생하게 되었으며 복잡하고 수직적인 성격의 사회구조가 형성되었다.

19세기 초반 중남미의 대다수 국가는 정치적인 독립을 달성하였다. 그러나 '독립'은 식민시대 중남미 지역에서 성장한 백인이며 지역의 핵심 세력이었던 끄리오요(스페인어로, Criollo, 식민지 태생 유럽인 자손)에 의해 주도되었다. 식민 초기 페닌술라르(스페인어로, Peninsular, 이베리아반도 출신의 백인)가 핵심 세력이었으나 식민 시배 세세가 발전하면서 끄리오요(Criollo)는 지역의 주도적인 세력으로 성장하게 되었다. "법을 준수하지만 실행하지 않는다(스페인어, La ley se acata, pero no se cumple)"라는 어구에는 끄리오요와 같은 지역 세력의 권력이 강화되고 스페인 국왕이 식민지에 미치는 영향력이 감소하면서 나타났던 당시 상황을 상징적으로 표현하고 있다.

독립으로 인해 페닌술라르에서 끄리오요로 지배계층 내에서 변화가 나타났으나 민중을 위한 실질적인 개혁은 이루어지지 않았다. 지배계층들은 현상 유지를 위해 다른 계층을 억압하거나 혹은 이들과 협력했으며 소수의 지배계층을 중심으로 형성되었던 과두적인 성격의 정치체제는 유지되었다. 이러한 상황에서 기존 질서를 지키려 했던 보수주의자들과 개혁과 변화를 추구했던 자유주의자 간 갈등이 발생했으며 이로 인해 독립 이후 정치적인 혼란과 불안정 상황은 지속되었다.

1) 쿠바혁명의 정치적 함의

독립 이후 국가발전 과정에서 중남미 국가들이 겪었던 정치변동의 유형을 세 가지로 구분할 수 있다. 가장 급진적이고 개혁적인 형태로의 변화를 경험했던 국가는 쿠바이다. 쿠바는 1511년부터 약 400년 동안 스페인의 식민지였으나 1898년 스페인으로부터 독립하였다. 미국은 먼로독트린의 기조에 따라 쿠바의 독립과정에 개입했으며 이는 미국과 스페인 간의 전쟁으로 발전하였다. 이러한 배경에서 발생한 미서전쟁에서 스페인은 패전국이 되었고 이로 인해 쿠바는 독립을 달성하였다.

독립의 달성 이전부터 토지, 사탕수수 플랜테이션 등 쿠바의 핵심적인 경제적 기반에 미국의 금융자본이 유입되었으며 쿠바는 실질적으로 미국의 경제적인 종속상황[15]하에 있었다. 이러한 상황에서 쿠바는 정치적인 독립을 달성했으나 토지와 부는 기존 대지주들에게 집중되어 있었으며 소수 권력 계층을 제외한 대다수 민중은 빈곤과 불평등 상황에 처

글상자 13.2 먼로독트린(The Monroe Doctrine)

> 1823년 미국 제임스 먼로(James Monroe) 대통령이 발표한 외교 방침이다. 미주대륙 주권 국가에 대한 유럽 열강의 정치적 간섭을 거부하는 내용을 담고 있다. 이는 아메리카 대륙에서 유럽국가들에 의한 식민지 건설을 반대하는 입장을 표명하고 있다. 그러나 다른 한편, 미국이 아메리카 대륙에 대해 실질적인 지배력과 영향력을 행사하겠다는 의미를 내포하고 있다.

해 있었다.

독립 이후 미국이 구축한 정치체제의 틀 내에서 수립된 쿠바의 권위주의 정권들은 미국의 이해를 대변했으며 쿠바 권위주의 정권에 의한 독재와 부패는 지속되었다.

1950년대 초부터 새로운 정치 엘리트 세력으로 등장한 피델 카스트로(Fidel Castro), 체게바라(Ernesto Guevara), 라울 카스트로(Raúl Castro) 등은 풀헨시오 바티스타(Fulgencio Batista)정부에 대한 반대운동을 전개했으며 이후 이들은 쿠바혁명을 주도하였다. 따라서 1959년 혁명은 성공했으며 바티스타 독재정권은 붕괴되었다.

쿠바혁명은 독립 이후 기존 기득권세력을 중심으로 형성되었던 정치, 경제, 사회구조적인 체제를 변화하기 위한 국민적인 열망과 시대 정신을 반영했다는 의미가 있다. 쿠바혁명은 이러한 정치적인 정당성을 기반으로 국민의 지지를 얻을 수 있었고 외부세력의 도움 없이 독자적으로 성공한 사례로서 냉전 이후 소련의 지원이 중단되자 빠르게 붕괴했던 다른 동유럽 국가들과 달리 카스트로 체제는 붕괴하지 않았다.[16]

카스트로는 새로운 국가건설을 위한 '휴머니즘적 혁명'을 주창하고 노동자의 임금 인상, 임대료 인하, 제당산업과 같은 주요 산업과 외국인 소유기업을 국유화했으며 농업개혁을 통해 혁명 초기 6개월 동안 '반혁명

분자(부패한 관리)' 550명을 숙청하고 소작농에게 토지 소유권을 양도하는 등 기존 체제를 청산하고 급진적인 성격의 개혁정책을 추진하였다.[17]

쿠바혁명 이후 카스트로는 미국을 방문했으나 미국의 지원을 받을 수 없었고, 카스트로가 미국의 자산을 국유화하자 미국은 봉쇄정책을 추진하였다. 냉전이라는 당시 국제환경의 틀 내에서 미국의 지원을 받을 수 없었던 쿠바는 소련으로부터 무기와 군사전문가를 지원받으려 했으며, 이에 소련과 협정을 체결하였다.[18] 쿠바는 미주지역에서 첫 번째로 소련에 군사기지를 제공한 국가가 되었고 소련은 경제, 군사적인 지원을 통해 쿠바와의 우호 관계를 유지하였다.

카스트로 체제에서 추진되었던 초기 개혁정책들로 인해 기아, 주택, 보건, 교육 등의 사회지표에서 일정한 성과가 나타났으며 이로 인해 쿠바혁명은 국민의 지지와 정치적인 정당성을 확보할 수 있었다. 혁명의 주도적인 세력이었던 체 게바라는 이후 아프리카 콩고, 볼리비아의 혁명 투쟁에 참여했으나 1967년 볼리비아에서 사살되었다. 그는 제3세계 반제국주의 투쟁의 상징적인 인물로 평가되었으며, 쿠바혁명은 제3세계 국가의 대안적 발전모델을 제시했다는 역사적, 정치적 의미가 있다.[19]

그러나 체제의 공고화 과정에서 노동자와 농민은 부차적인 역할을 하는데 국한되었고 이와 달리 중산층 출신의 급진파가 고위직을 독점하고 이들을 중심으로 새로운 사회주의적 성격의 관료주의 체제가 형성되었는데, 특히 미국의 봉쇄정책이 강화되면서 생활고에 시달리는 농민, 노동자, 영세사업가, 전문직업인들에게 쿠바혁명이 과연 어떠한 의미가 있는가에 대한 물음은 지속되고 있다.[20]

이러한 맥락에서 쿠바혁명 이후 수립된 카스트로 체제의 한계점에 대해 생각해 볼 수 있다. 이러한 한계에도 불구하고 쿠바혁명은 단순한 사회주의적 성격의 정치적 움직임으로 규정되기보다 쿠바의 독립 영웅이었던 호세마르티(José Martí)의 정신을 계승한 반제국주의적 성격의 민족해방투쟁으로 정의되고 있다. 이는 혁명의 정신을 토대로 추진되었던 개혁적인 성격의 다양한 정책들은 미국의 이해관계와 부합하기 어려웠으며 미국과 쿠바의 관계에서 갈등이 발생했기 때문이다. 이러한 의미에서 '혁명'은 반미투쟁으로 정의할 수 있다. 또한, 냉전 상황에서 당시 쿠바의 혁명정부는 존립을 위해 '사회주의 체제'를 대안으로 선택했다고 볼 수 있다.

쿠바혁명은 중남미 역사발전의 과정에서 유럽의 열강에 의한 지배와 독립 이후 변화하지 않았던 기존 체제의 모순을 극복하고 중남미의 정체성을 회복하고자 했던 민족주의적 성격의 정치적인 시도로 평가할 수 있다. 특히, 다른 중남미 국가들과 비교할 때, '혁명'이라는 급진적인 방식을 통해 기존 체제를 청산하기 위한 시도였으며 이로 인해 체제 자체가 변화하고 개혁적인 성격의 정책들이 추진되었다는 의미가 있다.

2) 중남미 군부정권에 의한 정치 개입과 민주주의로의 이행

1960년에서 1980년대 중남미 정치 지형에서 나타난 주요한 특성은 쿠데타를 통한 군부의 직접적인 정치 개입이었다. 멕시코, 콜롬비아, 코스타리카 등을 제외한 대부분 국가에서 민간정부의 대안으로 군부가 정치에 등장하였다. 당시 군부는 정치·사회적인 영역뿐 아니라 정치체제의 변화를 주도하는 직접적인 통치 세력으로 역할하였다. 특히, 중남미 군부는 냉전 상황에서 미국과의 밀접한 관계를 유지해 왔으며 미국의 지원을 통해 정치적인 혼란 상황에서 경쟁력 있는 세력으로 성장할 수 있었다.

대표적인 사례로서 브라질(1964~1985), 아르헨티나(1966~1983), 페루(1968~1980), 칠레(1973~1990), 우루과이(1973~1984)를 언급할 수 있다. 중남미 주요 국가에서 등장한 군부 세력은 쿠데타를 통해 정권을 수립했으며 아르헨티나 정치학자 오도넬(Guillermo O'Donnell)은 이러한 체제를 '관료적 권위주의(Bureaucratic Authoritarianism)'로 표현하였다.[21]

앞에서 언급했던 것처럼, 대부분 국가에서 개혁주의적인 성격의 정책이 추진되었으나 이에 반대하는 세력들과의 갈등으로 인해 국가는 정치적인 혼란 상황에 있었으며, 군부는 사회질서를 수립하고 국가의 현대화 정책을 추진한다는 명목으로 직접적인 정치 개입에 대한 정당성을 확보하였다.

또한, 당시 군부정권은 냉전 상황에서 국가 안보론에 기반하여 공산주의의 위협으로부터 국가를 보호한다는 명목하에 무차별적인 인권침해 행위를 자행하였다.

1975년 아르헨티나, 볼리비아, 칠레, 파라과이, 우루과이의 군사정부 정보기관장들은 "콘도르 작전"을 결성했으며 정보 교환과 협력을 통해 '내부의 적'으로 규정된 마르크스 혁명 세력을 척결한다는 명목을 내세웠고 반체제 성향의 지식인, 사회운동가와 그들의 가족까지 납치하여 고문과 살해를 자행하였다.

한편, 이러한 군사정권의 수립 이전 정부들은 외국기업의 국유화와 농지개혁과 같이 미국의 이익과 상반되는 개혁주의적 성격의 정책을 추진했는데 이러한 측면에서 이 시기 군사정권의 출현 배경은 미국의 지원과도 관련되고 있다.

대표적인 국가로 칠레를 언급할 수 있으며 아우구스토 피노체트(Augusto Pinochet)에 의해 주도된 1973년 군부 쿠데타는 살바도르 아옌데(Salvador Allende)의 인민연합(스페인어로, Unidad Popular) 사회주의 정권을 전복하기 위해 발생하였다. 앞서 언급했던 쿠바의 경우, '혁명'을 통해 사회주의 정권이 수립되었다면 칠레는 제도권 내에서 '선거'를 통해 사회주의 정권이 수립되었고 합법적으로 수립된 정부에 의해 개혁정책이 추진되었다. 당시 아옌데 정부는 외부에 종속된 경제구조를 바로잡고 다국적 기업 소유의 구리광산을 국유화하는 등 급진적인 사회주의 정책을 추진했으며 이는 미국과 칠레 간 심각한 갈등을 발생시켰고 이로 인해 미국은 '보이지 않는 봉쇄(Invisible Blockade)'를 본격화하게 되었다.[22]

쿠데타 이후, 피노체트는 군사평의회를 통해 기존 정치체제를 무력화했으며 그가 집권한 이후 17년 동안 권위주의적인 군사 통치체제가 이루어졌다. 이 기간 동안 '반정부인사'로 분류된 많은 칠레의 국민은 납치되어 감금되거나 살해당했다.

경제 분야에서 ISI 정책으로부터 신자유주의 경제정책으로 변화하게 되는데, '시카고 보이즈(Chicago Boys)'라는 시카고대 출신 칠레 경제학자들이 등용되어 국영기업과 광산 등 주요 산업의 민영화, 무역자유화, 규제 철폐 정책을 추진하였다. 피노체트의 경제정책은 장기적으로 칠레의 경제기반을 구축한 것으로 평가되고 있으나 군사정권 당시 자행되었던 인권침해에 대한 비판은 지속되고 있다. 결국 1988년 피노체트의 재임 추진을 위한 국민투표가 실시되었으나 대다수 국민이 이를 반대함으로써 피노체트는 물러나야 했고 퇴임 직전 개정한 헌법에서 피노체트는 자신을 1998년까지 군부의 최고 통수권자이며 전역 시 면책특권이 부여되는 종신 상원의원에 임명하였다.[23]

1989년 대통령 선거에서 중도좌파연합인 콘세르타시온이 후보 단일화에 성공하여 파트리시오 아일윈(Patricio Aylwin)이 대통령으로 당선됨으로써 군부정권은 종식되고 칠레의 민주화 과정이 본격적으로 시작되었다. 이처럼 문민정부에서 설치된 진실화해국가위원회(스페인어로, Comisión Nacional de Verdad y Reconciliación)에서 군부정권 당시 정치폭력으로 인해 피해를 당한 사례에 대해 진상조사가 이루어지고 피해자에 대한 명예 회복과 경제적인 보상 조치가 취해졌다. 그러나 가해자에 대한 처벌은 군부정권 당시 제정했던 사면법과 같은 안전장치로 인해 완전히 이루어지지 못했다는 한계를 보였다.

아르헨티나 역시 칠레와 같이 군부정권 하 국가에 의한 정치폭력이 자행되었던 대표적인 국가이다. 특히 호르헤 비델라(Jorge Videla)의

사진 13.2 칠레 비야 그리말디 공원(피노체트 군부정권 고문소)

사진 13.3 비야그리말디 공원

집권 시기였던 1976년부터 1983년까지 좌익게릴라, 사회주의자뿐 아니라 인권운동가, 페론주의자, 반정부인사 등이 내부의 적으로 규정되었고 이들에 대한 폭력이 조직적으로 자행되었으며 사회적인 분열이 조장되었다. 이러한 결과로 인해 최소 9,000명에서 3만여 명이 실종되거나 사망한 것으로 추정되고 있다. 이러한 정치폭력은 콘도르 작전의 일부로서 시작되었고 이 시기를 '더러운 전쟁(스페인어로, Guerra sucia)'으로 일컫고 있다.

아르헨티나의 민선 정부인 라울 알폰신(Raúl Alfonsín) 대통령은 실종자에 대한 국가위원회(스페인어로, CONADEP: la Comisión Nacional sobre Desaparición de Personas)를 설치하고 당시 자행된 인권침해 사례와 탄압의 방식에 대해 "더이상 안돼(스페인어로, Nunca Más)"라는 진상 보고서를 통해 발표하였다. 그러나 칠레의 상황과 동일하게 민선정부는 경제위기에서 사회안정을 유지한다는 명목으로 '기소종결법',[24] '강요에 따른 복종법'[25]과 같은 사면을 통해 과거사 청산을 마무리하려 했으며, 과거사의 청산 과정은 정치적인 타협으로 종결되었다.

2003년 네스토르 키르츠네르(Néstor Kirchner) 대통령은 과거사 규명을 우선적인 정책으로 내세우고 기소종결법에 대해 위헌 판결을 내렸으며 사면법을 폐기하고 가해자들을 구속, 수감하여 형을 선고받게 하였다.

군부독재 당시 실종, 납치, 고문을 당한 자녀의 행방을 찾으려고 시위를 시작했던 어머니들은 '오월의 광장 어머니회(스페인어로, Asociación de Madres de Plaza de Mayo)'라는 단체를 조직했으며 이들은 진실규명을 위한 투쟁을 지속적으로 전개하면서 권위주의 정권에 의해 자행된 정치폭력을 고발하는 세계적인 인권단체로 부상하였다.[26] 이후 2003년에는 희생자들의 자녀가 친정부인사들의 가정에 강제로 입양되었던 사실도 알려지게 되었으며 유전자 검사와 자료구축을 통해 이들의 진짜

가족을 찾기 위한 노력이 지속적으로 이루어지고 있다.

1970~1980년대 중남미에서 '잃어버린 10년(스페인어로, La Década perdida)'으로 불리는 외채위기가 발생했으며 기존 추진되어 오던 수입대체산업화 정책(ISI)이 한계상황에 이르게 되었다. 이로 인해 군부정

사진 13.4 아르헨티나 국립역사기념 공원

사진 13.5 오월의 광장 할머니회

권은 종식되고 정치 권력은 민간정부로 이양되었다.

중남미의 민주화 과정은 경제위기 상황에서 시작되었고, 민간정부는 과거 군부정권 시절 자행되었던 정치폭력에 대한 진상을 규명하고 가해자를 처벌해야 하는 과거사 청산의 과제에 직면하였다. 칠레와 아르헨티나의 사례에서 보는 것처럼, 진상조사를 위한 위원회가 설치되고 공식 보고서가 발간되어 진실규명이 이루어졌다는 측면에서 성과가 있었다. 그러나 당시 문민정부가 처해 있었던 경제위기 상황과 기존 군부 세력의 지속적인 영향력 하에서 관련자에 대한 사법적 처벌에서 한계가 발생했으며, 과거사 청산은 완전히 이루어지지 못했다.

중남미의 민주화 과정은 신자유주의의 개혁과 함께 진행되었다. ISI와는 달리 신자유주의 정책은 미국과 세계은행(World Bank) 및 국제통화기금(IMF: International Monetary Fund)과 같은 “외부”로부터 “이식”된 정책으로 시장의 민영화, 금융시스템의 자유화, 규제 완화, 사회정책의 축소 등을 주요한 내용으로 제시하고 있다. 1990년대 신자유주의 정책으로 인해 중남미 국가들은 당시 외채위기 상황에서 벗어날 수 있었으나, 빈부격차와 사회 불평등의 심화와 같은 정치, 경제, 사회적인 위기는 지속되었고 신자유주의 정책에 반발하는 다양한 움직임이 나타나게 되었다.

브라질 무토지농민운동(포루투갈어로, MST: Movimiento Sem Terra)[27]과 1990년대 멕시코 사파티스타 민족해방군(스페인어로, EZLN: Ejército Zapatista de Liberación Nacional)[28]의 출현, 볼리비아, 에콰도르의 원주민운동 등은 신자유주의 모델에 대한 비판적인 움직임이었다. 이러한 움직임은 유럽의 정복 이후 중남미에서 지속되어 온 식민적 권력 매트릭스(Colonial Matrix of Power)를 해체하기 위한 시도이며 중남미 포퓰리스트 운동의 일환인데, 경제적 차원의 재분배와 정치적 차원의 인정을 위한 투쟁을 넘어선 포괄적인 탈식민적(De-colonial) 투쟁으로 정

의할 수 있다.[29]

1990년대 후반부터 2014년 말까지 중남미에서 등장한 좌파와 중도좌파 정권들은 좌우라는 이데올로기적 정치적인 이념보다 중남미의 현실 상황을 해결하고 기존 체제를 변화하는데 초점을 두었으며, 이러한 정치 현상은 독립 이후 변화하지 않은 정치, 경제, 사회체제의 해체를 위한 시도로 이해할 수 있다.

국내적 상황뿐 아니라 국제환경과 미국의 외교정책에서 중남미 지역이 차지했던 위상에 대해 고려할 수 있다. 즉, 냉전시대 중남미 지역은 미국의 영향력 하에 있었으며 미국의 지원을 기반으로 수립된 우파성향의 정권이 주를 이루었으나 9·11테러 이후, 미국의 외교정책에서 중남미 지역의 중요성이 줄어들고, 좌파 성향의 정권이 수립될 수 있는 가능성이 높아지게 되었다.

신자유주의 정책의 위기 상황에서 출현했던 중도좌파 정권의 등장을 "핑크빛 조류(Pink tide)"로 부르고 있다. 이러한 정치 지형의 변화는 1998년 베네수엘라 우고 차베스(Hugo Chávez) 정권으로부터 시작되었다. 이후 2003년 브라질 룰라(Luiz Inácio Lula da Silva)와 아르헨티나 키르츠네르(Néstor Kirchner), 2005년 우루과이 타바레 바스케스(Tabaré Vázquez), 온두라스 마누엘 셀라야(Manuel Zelaya), 2006년 볼리비아 에보 모랄레스(Evo Morales), 칠레 미첼 바첼렛(Michelle Bachelet), 2007년 에콰도르 라파엘 꼬레아(Rafael Correa), 니카라과 다니엘 오르테가(Daniel Ortega), 2008년 페르난도 루고(Fernando Lugo) 정부로 이어지게 되었다.

그러나 10년 이상 지속되어 온 좌파정부의 집권 시기 동안, 경제 불황, 빈곤과 불평등, 부정부패는 지속되었으며, 2015년 이후 아르헨티나, 칠레, 브라질 등 주요한 중남미 국가에서 우파성향의 정권으로 교체가 이루어졌다. 따라서 우파를 중심으로 새로운 정치재편의 가능성에 대한 전망도 이루어졌으나 니카라과, 베네수엘라, 에콰도르, 코스타리카에서 좌파 성향의 정권이 재집권하고 2018년 멕시코에서 역사상 최초로 좌파 정권이 수립되면서 정치 지형에서 우파로의 변화는 완전히 이루어지지 못했다.

3) '정당'과 '선거'를 통한 일당독재 체제의 수립

멕시코는 역사적으로 군부정권이 쿠데타를 통해 직접적으로 정치에 개입하여 권위주의적인 군부 통치체제를 수립했던 칠레, 아르헨티나, 브라질 등과는 다른 국가발전 과정을 경험하였다. 즉, 멕시코는 권위주의적 성격의 정치체제를 유지하기 위해 제도권 내에서 점진적으로 정치개혁이 이루어지면서 민주화가 진행된 국가이다.

멕시코 독립 이후 기존의 체제를 변화하기 위한 시도의 결과로서 1910년 멕시코혁명이 발생했으며 이는 1920년까지 지속하였다. 초기 멕시코혁명의 발생 배경에는 35년 동안 집권했던 권위주의적이며 외세의존적인 독재정권 포르피리오 디아즈(Porfirio Díaz)에 대항한 프란시스코 마데로(Francisco Madero)의 무장투쟁이 도화선으로 역할하였다.

멕시코혁명 역시 앞에서 언급했던 독립 이후 기득권층이 주축이 되었던 과두주의 체제에 대항하기 위한 움직임이었으며 농민이 주축이 되었던 '민족주의적인 운동'의 흐름으로 이해할 수 있다. 따라서 혁명 당시 멕시코 남부지역에서 '토지와 자유'를 주창하며 활동했던 에밀리아노 사파타(Emiliano Zapata)는 멕시코혁명의 정신을 상징하는 대표적인 인물로 평가되고 있다. 또한, 혁명의 성과로서 자원의 국유화, 공교육의 강화, 토지개혁, 노동자의 권리보장 등의 내용을 담고 있는 진보적인 성격의 '1917년 멕시코헌법'이 제정되었고 이는 당시의 시대적인 정신과 과제를 반영하고 있다. 이외에도 '1917년 헌법'은 내전을 종결하는 사회적 협정으로 대의적 민주주의, 막강한 권한을 부여받은 대통령 중심제, 여러 대중 집단을 체제의 내부로 끌어들이는 담합주의적(Corporativo) 요소가 결합한 것으로 평가되고 있다.[30)]

멕시코혁명 이후 탄생한 '혁명정당'인 1929년 민족혁명당(PNR)은 1938년 멕시코혁명당(PRM), 1946년 제도혁명당(스페인어로, PRI: Partido Revolucionario Institucional)으로 변화했으며[31)] 멕시코에서 2000년까지 PRI라는 실질적인 일당을 중심으로 독재적인 지배 체제가 구축되었고 농민과 노동자와의 동맹을 통해 정치체제의 연속성이 유지되었다. 이러한 상황에서 군부의 정치적인 권한은 대통령과 정당의 영향력 하에서 제한되었으며 군부는 정치에 직접적으로 개입할 수 없었다. 이처럼 군부에 대한 효율적인 통제에 기반한 문민정부 체제는 공고화되었다.

또한, PRI를 중심으로 형성된 조합주의(Corporatism)적인 정치체제에서 국가는 집권당에 편입된 일부 노동자, 농민, 대중에게 사회, 경제적인 혜택을 제공하고 이들 조직을 정치세력으로 동원하여 정권을 유지하기 위한 지지기반으로 활용하였다.[32)] 조합주의는 자본과 노동에 대한 국가의 통제방식을 의미하며 사회집단은 국가가 통제할 수 있는 범주 내에 위치하는데 이러한 정치체제는 멕시코의 정치발전 과정에서 나타나고 있는 특성 중 하나이다. 멕시코의 경우, 농민, 노동자, 대중 등 3개의 사회집단을 토대로 조합주의적인 정치체제가 형성되었다. 한편, 조합주의 체제에서 다양한 사회집단은 정치적인 영향력을 발휘하고 있으나 정부의 통제하에 있으며, 사회집단은 분리되어 있어 이들 간 연대는 제한되었다. 따라서 조합주의는 국가의 개입주의적인 결과물로 고려할 수 있다.

멕시코는 군부에 의한 쿠데타나 사회주의적 성격의 급진적인 혁명과 같이 체제 자체에서 급격한 변동을 발생시키는 정치적인 변화가 나타나지 않았으며 기존 정치체제의 틀 내에서 코포라티즘과 같은 독재적인 요소가 작동하면서 정권이 지속되었다. 즉, 실질적으로 PRI가 주축이 되었던 정치체제의 틀 내에는 권위주의적인 요소가 존재했으나, PRI는 외면적으로 '선거'라는 민주적 제도를 통해 정권을 지속하였다.

PRI는 멕시코의 정치변동에 대해 높은 통제력을 보였으며 이와 관련하여 당시 엘리트들의 높은 응집력, 사회적 요구에 대한 멕시코 정치체제의 효과적인 대응, 조합주의(Corporatism), 엘리트들의 유연한 통치 전략 및 민족주의를 내세운 이데올로기, 자주적인 외교정책 등이 주요한 요인으로 언급되고 있다.

이러한 체제에서 '정치개혁'을 통해 이루어진 멕시코의 민주화 과정은 아래로부터의 개혁이 아닌 기존 체제를 보호하기 위한 통치엘리트의 시도로부터 이루어졌다고 볼 수 있다.[33] 멕시코 정치체제의 특수성과 관련하여 페루의 작가이며 정치가인 바르가스 요사(Vargas Llosa)는 PRI에 의한 통치체제를 "중남미에서 또 다른 유형의 독재체제로서 가면을 쓴 완벽한 독재(Perfect Dictatorship)"라고 비유하였다.[34] 이는 멕시코 정치제도 내에 반영된 독재적인 요소를 냉소적으로 표현했다고 볼 수 있다.

PRI의 집권 시기, ISI를 중심으로 내부지향적 발전전략이 성공하면서 "멕시코의 기적"으로 불리는 경제성장이 이루어지게 되었고, 이러한 경제적인 성과와 석유산업의 국유화를 통해 복지정책의 실현을 위한 물질적인 기반이 마련되었으며 이처럼 PRI는 정치체제의 지속성과 정당성을 확보할 수 있었다.

그러나 1980년대 초반 ISI 경제모델의 한계와 이로 인한 경제위기로 인해 기존 통치체제가 지속하는 것에 대해 사회적 불만이 발생했으며 멕시코는 신자유주의 경제정책으로 재편하면서 정치체제에서 연속성이 변화하는 기점을 맞게 되었다.

따라서 살리나스 고르타리(Salinas de Gortari) 대통령과 그의 후임인 세디요(Ernesto Zedillo) 대통령은 연방선거기구(IFE)에 대한 민간주도권의 강화, 상하원에서 야당의 대표성 확대, 대중매체의 공정성 개선, 민간인 기부금의 상한선 제한 등 선거법의 개정을 통해 선거에서 투명성과 공정성을 개선하기 위한 정치개혁을 추진했으며 이는 향후 PRI에서 우파정당인 국민행동당(스페인어로, PAN: Partido Acción Nacional)으로 정권이 교체되는 기반을 조성하였다.[35] 특히, 세디요 대통령은 PRI 당내의 정치적 관행으로 볼 수 있는 경선을 통한 방식이 아닌 현직 대통령이 당의 차기 대통령 후보를 지명할 수 있는 권한인 데다소(Dedazo)[36]를 포기하였다.

멕시코는 경제위기 상황에서 통치엘리트가 주축이 되어 이루어진 정치개혁을 통해 민주화 과정을 이루었고, 결국 2000년 71년간 멕시코를 통치했던 PRI당에서 국민행동당(PAN)으로 집권 여당이 변화하는 역사적인 전기를 마련하였다.

중남미는 유럽에 의한 식민시대 이후 독립과 국가발전 과정에서 변화를 겪었으며 이러한 급격한 정치변동의 상황에서 기존 체제를 유지하려는 세력인 보수주의와 변화와 개혁을 추구하는 자유주의 세력 간 이해관계로 인해 갈등과 폭력이 발생하였다. 또한, 군부의 영향력과 권한을 제한 할 수 있는 법적인 장치가 미비했으며 다양한 사회단체의 영향력이 크지 않았다. 이러한 상황에서 정치체제의 연속성을 단절하는 '혁명', '쿠데타', '개혁'이 이루어졌으며 이는 정치적인 혼란과 갈등 양상을 발생시켰다. 이외에도 대중이 선거에 대한 참여에 있어서 실질적인 제약이 있었으며 (표 13.2 참조), 부정선거가 이루어지면서 민주화 과정이 지체되었다고 볼 수 있다.

표 13.2에서 보는 것처럼, 민주화 과정에서 보편적인 투표권의 확대는 중요한 요소이며 1930년대에서 1990년대 중남미 주요 국가에서 대

표 13.2 중남미 주요 국가의 참정권 확대 상황

국가	소유권자 혹은 문해자라는 요건삭제	여성에게 투표권 부여	투표 의무
아르헨티나	1912	1947	1912
브라질	1985	1932	1932
칠레	1970	1949	1958
콜롬비아	1936	1954	–
코스타리카	1949	1949	1936* (1959)
페루	1979	1955	1963
우루과이	1918	1932	1967
베네수엘라	1947	1945	1958

출처: Jonathan Hartlyn y Arturo Valenzuela, 1997, *La democracia en América Latina desde 1930*, p. 41

* 1936년 법이 승인되었다가 중단되었으며, 1959년 헌법에 투표 의무가 포함됨.

중의 실질적인 참정권을 확대하기 위한 법·제도가 제정되었다. 이처럼 중남미에서 역사적으로 실질적인 민주주의의 발전을 위한 법적인 측면에서의 제약이 존재해 왔으며 대중선거의 도입이 본격적으로 이루어진 시기는 오래되지 않았다는 사실을 알 수 있다.

본 장에서 다룬 쿠바는 '혁명'을 통해 사회주의 체제로 변화했으며 급진적인 성격의 국가발전 과정을 경험하였다. 아르헨티나, 칠레, 브라질 등 대다수 중남미 국가들에서 군부는 정치의 직접적인 행위주체로서 쿠데타를 통해 정치에 개입하여 군사정부를 수립하고 민간정부의 대안으로 역할하였다. 이처럼 20여 년간 군부에 의한 독재정권이 유지되었고 냉전이라는 국제환경에서 시민에 대한 정치 탄압과 인권침해 상황이 발생하였다. 이후 경제위기로 인해 돌발적인 민주화 과정이 시작되었으나 문민정부는 경제위기와 군부정권 당시 자행되었던 과거사 청산 문제를 해결해야 하는 상황에 직면하게 되었다. 멕시코의 사례는 PRI라는 정당을 중심으로 '선거'를 통해 70년 이상 정치체제와 제도의 연속성을 유지해 왔으며 쿠바와 다른 중남미 국가들과는 다르게 멕시코에서 급격한 정치변동이 발생하지 않았다. 또한, '선거'라는 합법적인 수단을 통해 정치적인 연속성을 유지했으나 '위장된 형태의 민주주의'로서 기존 체제에 독재적인 요소가 내재되어 있었으며 이러한 요소들은 엘리트에 의해 효율적으로 활용되었다. 그러나 경제위기 상황에서 기존 체제를 더 이상 유지할 수 없었던 엘리트들은 선거법 등의 정치개혁을 추진했으며 이처럼 점진적인 방식으로 민주화가 이루어졌다.

1990년대 중남미 국가들에서 민주화를 달성하기 위해 제도적인 기반이 구축되었다. 군부정권은 종식되었고 민주적인 선거를 통해 정권교체가 진행되고 20세기 초부터 이루어졌던 대중의 실질적인 참여를 확대하기 위한 제도가 공고화되었다. 이처럼 중남미에서 법, 제도를 통해 민주주의가 정착하는 양상이 나타났으나, 중남미의 민주화 과정은 여전히 진행 중으로 볼 수 있다.

향후 중남미 민주주의를 정착하기 위해 실질적으로 대중의 참여폭을 확대하며 부정선거, 군부에 의한 정치 개입의 가능성과 같이 정치체제의 틀 내에 내재 되어 있는 모순과 비민주적인 요소들을 효율적으로 통제할 필요성이 대두되고 있다. 또한, 계층과 지역적인 차원에서 여전히 지속되고 있는 경제, 사회적 불평등, 부정부패, 치안의 부재와 같이 각 국가가 직면한 사회적 현안 과제를 효과적으로 대처할 필요가 있다.

주

1) 외교부, https://www.mofa.go.kr/www/wpge/m_20273/contents.do (검색일: 2021. 7. 24).
2) World Bank, https://data.worldbank.org/indicator/SP.POP.TOTL?locations=ZJ (검색일: 2021. 7. 24).
3) 외교부, https://www.mofa.go.kr/www/wpge/m_20273/contents.do (검색일: 2021. 7. 24).
4) "특별기고: 멕시코 군인 10만명도 6·25전쟁서 싸웠습니다," 『조선일보』, 2021년 6월 25일.
5) 외교통상부, 2009, 『한국외교 60년 1948-2008』, p. 87.
6) 외교부, 2021, 『외교백서』, pp. 109-110.
7) 외교부, https://www.mofa.go.kr/www/wpge/m_3548/contents.do (검색일: 2021. 7. 24).
8) 남미공동시장의 회원국인 브라질, 아르헨티나, 우루과이, 파라과이와 협상이 진행 중이다.
9) 외교부, https://www.mofa.go.kr/www/wpge/m_3548/contents.do (검색일: 2021. 7. 24).
10) 2011년 콜롬비아, 멕시코, 칠레, 페루의 정상이 정치적인 협력과 역내 경제통합 및 아시아태평양 지역과 교역을 확대하기 위한 목적으로 설립을 추진하였다.
11) Kotra, 2021, 『2021 권역별 진출전략: 중남미』, p. 9.
12) 이성형, 2010, "한국의 대 라틴아메리카 공공외교의 문제점과 개선방안: 문화외교와 교류외교를 중심으로," 『국가전략』 제16권 2호, p. 126.
13) 이성형 (2010), pp. 132-134.
14) 이진호 외, 2019, 『2018 한류리소스북, 라틴아메리카 한류스토리』 (서울: 한국국제문화교류진흥원(KOFICE)).
15) 당시 미국인들은 쿠바 사탕수수 플랜테이션의 절반과 제당 공장의 75%를 소유하고 있었다. 박구병, 2009, "쿠바혁명의 짧은 연대기," 『트랜스라틴』 6호, 2009년 3월, http://translatin.snu.ac.kr, p. 34.
16) 김달관, 2006, "쿠바 카스트로 체제 유지요인의 배경과 특징: 1959-2006," 『이베로아메리카』, 제8권 2호, p. 82.
17) 박구병 (2009), p. 33
18) 김달관 (2006), p. 83.
19) 박구병 (2009), pp. 38-39.
20) 박구병 (2009), pp. 40-43.
21) Than Hartlyn & Arturo Valenzuela, 1997, "La democracia en América Latina desde 1930," in Leslie Bethell (ed.), *Historia de América Latina, 12. Política y sociedad desde 1930*, Barcelona: Crítica, p. 49.
22) 곽재성, 2004, "칠레의 민주주의-피노체트의 정치적 유산과 민주화 과정," 『기억과 전망』, 2004(봄), p. 27.
23) 곽재성 (2004), p. 30.
24) '기소종결법'은 60일 이내 모든 기소 절차를 마무리하는 제한 규정이다. 박구병,

2005, "'눈까 마스'와 '침묵협정' 사이: 심판대에 선 아르헨티나 군부의 '더러운 전쟁'," 『라틴아메리카연구』, Vol.18 No.2, p. 66.

25) '강요에 따른 복종법'으로 인해 상관의 명령을 수행한 중령 이하 장교들은 처벌의 위험에서 벗어나게 되었다. 박구병 (2005), p. 67.

26) 박구병 (2005), p. 59.

27) 불평등한 토지분배로 인해 1984년 토지재분배와 농지개혁을 요구하기 위해 조직되었다.

28) 1994년 1월 1일, 멕시코 치아파스주를 기반으로 하며 1994년 북미자유무역협정(NAFTA)이 발효되던 날 출범하였다. 원주민 공동소유지와 자원에 대한 소유권과 관련하여 원주민의 권리회복과 세계화 및 신자유주의에 대해 반대하는 움직임으로 이해할 수 있다.

29) 김은중, 2013, "라틴아메리카 포퓰리즘을 다시 생각한다–민중 개념의 재구성과 급진민주주의," 『역사비평』, 겨울호 통권 105호, pp. 141–142.

30) 박구병, 2005, "멕시코혁명 및 혁명 후 체제에 대한 연구 동향의 변화–1980년대 말 이래 영·미 학계의 연구를 중심으로," 『인문논총』, 제54집, p. 76.

31) 박구병 (2005), p. 78.

32) 정경원 외, 2009, 『질문으로 풀어주는 멕시코』 (서울: 한국외국어대학교 출판부), pp. 79–82.

33) 박병수, 2004, "멕시코의 제도개혁을 통한 민주화 이행," 『기억과 전망』, Vol.6, pp. 75–76.

34) "Vargas Llosa: México es la dictadura perfecta," *El País*, 1 September 1990, https://elpais.com/diario/1990/09/01/cultura/652140001_850215.html(검색일: 2021. 8. 2).

35) 박병수 (2004), pp. 64–65.

36) 정경원 외 (2009), p. 88. 지명을 손가락으로 한다고 해서 손가락을 의미하는 데도(dedo)에서 나온 단어이며 데다소로 인해 대통령은 임기 동안 막강한 권력을 유지할 수 있었다.

참고문헌

곽재성, 2004, 「칠레의 민주주의-피노체트의 정치적 유산과 민주화 과정」, 『기억과 전망』, 2004(봄).

김달관, 2006, 「쿠바 카스트로 체제 유지요인의 배경과 특징: 1959–2006」, 『이베로아메리카』, 제8권 2호.

김은중, 2013, 「라틴아메리카 포퓰리즘을 다시 생각한다–민중개념의 재구성과 급진민주주의」, 『역사비평』, 겨울호 통권105호.

박구병, 2005, 「'눈까 마스'와 '침묵협정' 사이: 심판대에 선 아르헨티나 군부의 '더러운 전쟁'」, 『라틴아메리카연구』, Vol.18 No.2.

_____, 2005, 「멕시코혁명 및 혁명 후 체제에 대한 연구 동향의 변화–1980년대 말 이래 영·미 학계의 연구를 중심으로」, 『인문논총』, 제54집.

박병수, 2004, 「멕시코의 제도개혁을 통한 민주화 이행」, 『기억과전망』, Vol.6.
외교부, 2021, 『외교백서 2020』.
외교통상부, 2009, 『한국외교 60년 1948-2008』.
이성형, 2010, 「한국의 대 라틴아메리카 공공외교의 문제점과 개선방안: 문화외교와 교류외교를 중심으로」, 『국가전략』, 제16권 2호.
이진호 외, 2019, 『2018 한류리소스북, 라틴아메리카 한류스토리』, 서울: 한국국제문화교류진흥원(KOFICE).
정경원 외, 2009, 『질문으로 풀어주는 멕시코』, 서울: 한국외국어대학교 출판부.
Kotra, 2021, 『2021 권역별 진출전략: 중남미』.

Hartlyn, Jonathan & Valenzuela, Arturo. 1997. "La democracia en América Latina desde 1930." in Leslie Bethell (ed.). *Historia de América Latina, 12. Política y sociedad desde 1930*. Barcelona: Crítica.
Than, Hartlyn & Valenzuela, Arturo. 1997. "La democracia en América Latina desde 1930." in Leslie Bethell (ed.), *Historia de América Latina, 12. Política y sociedad desde 1930*, Barcelona: Crítica.

박구병. 2009. "쿠바혁명의 짧은 연대기." 『트랜스라틴』 6호. 2009년 3월. http://translatin.snu.ac.kr.
외교부. https://www.mofa.go.kr/www/wpge/m_3548/contents.do (검색일: 2021. 7. 24).
"특별기고: 멕시코 군인 10만명도 6·25전쟁서 싸웠습니다." 『조선일보』. 2021년 6월 25일. https://www.chosun.com/opinion/contribution/2021/06/25/LXUXEEK45NEAHBGBFJYU5DJEHU/
"Vargas Llosa: México es la dictadura perfecta." El País. 1 Septiembre 1990. https://elpais.com/diario/1990/09/01/cultura/652140001_850215.html (검색일: 2021. 8. 2).
World Bank. https://data.worldbank.org/indicator/SP.POP.TOTL?locations=ZJ(검색일: 2021. 7. 24).

14장

중남미 경제의 구조적인 특성과 발전과정

정상희(계명대 스페인어중남미학과)

본 장에서는 중남미 국가들의 경제구조적인 특성을 기반으로 유럽의 식민시대와 독립 이후 국가발전 과정에서 중남미 국가들이 추진해왔던 경제발전을 위한 정책과 경제발전의 모델이 어떻게 변화해 왔는가를 알아보고자 한다. 또한, 중남미 지역에는 정치, 경제, 금융 등 다양한 부문의 지역통합체가 발전해 왔는데, 왜 이러한 지역통합체가 생겨났으며 지역통합체는 경제발전과정에서 어떠한 역할을 했는가를 언급하고자 한다.

1. 경제의 구조적인 특성

중남미 국가들은 석유, 천연가스, 은, 주석, 철광석 등 전략적인 광물자원과 바나나, 사탕수수, 커피, 대두, 담배, 면화 등 농산자원을 수출하고 있다. 그러나 이러한 풍부한 자연 자원은 식민시대 이래 스페인과 포루투갈 등 유럽의 열강에 의해 착취당했고 유럽국가들의 국가발전을 위해 활용되었다.

중남미 지역의 경제구조는 식민시대부터 생산되었던 광물과 농산물을 기준으로 온대기후 지역, 열대기후 지역, 광산지역으로 구분되는데, 이처럼 기후대에 따라 생산하는 자원을 기준으로 외부로부터 자본이 유입되었고 인간의 거주지역이 결정되었으며 지역의 발전이 이루어지는 계기가 마련되었다.[1]

온대기후에 속하는 지역은 아르헨티나, 우루과이, 파라과이, 브라질이며 특히 이 국가들은 영국경제와 연관성을 보이면서 영국경제의 대체재로서 역할했으며 열대 지역 경제권으로서 브라질, 콜롬비아, 중미와 카리브 지역을 언급할 수 있는데 이 국가들은 설탕, 커피, 카카오, 고무를 유럽지역으로 수출하기 위해 아프리카 대륙의 유럽식민지들과 경쟁하였다.[2] 칠레, 볼리비아, 페루, 멕시코는 광산을 중심으로 경제권이 형성되었으나 금, 은, 초석, 구아노 등을 수출하기보다 유럽인들은 이 지역에서 회사를 설립하고 광산물을 수출하였다.[3]

식민시대부터 형성되었던 광물과 농업 중심의 경제구조는 현재까지 대부분 국가에서 지속되고 있다. 일반적으로 자원이 풍부한 국가들은 1차 산업 기반의 경제구조가 형성되며 균등한 성장을 이루기보다 경제적 낙후와 빈부격차의 악순환에 빠지게 되는데 이는 토지와 자원이 소수 기득권층에게 집중되며 자원을 중심으로 투자가 집중되기 때문인데, 이러한 현상을 '자원의 저주'로 부르고 있다.[4] 중남미에서 이러한 '자원의 저주' 현상이 나타났으며, 또한 경제적인 호황과 불황의 시기는 국제시장의 원자재 수요와 가격에 따라 달라지게 되었다. 즉, 자원 의존적인 경제구조로 인해 국제원자재 가격이 변동하면 이에 따라 경제는 취약하고 불안정한 상황에 처하게 되었다.

이외에도 식민시대부터 독립 이후 중남미 국가들은 유럽지역에 의존적인 측면을 보여왔으며 제2차 세계대전 이후 미국과의 관계가 강화되었는데 이처럼 중남미 지역의 경제는 선진국의 상황에 좌우되는 종속적인 특성을 보여 왔다.

지역별로 구분한다면, 북미에 위치한 멕시코는 석유와 천연가스 등 전략적인 광물자원을 수출하는 국가이며 특히, 북미자유무역협정(NAFTA)의 체결 이후 통상관계에서 미국에 대한 의존성을 지속적으로 보여 왔다. 따라서 멕시코 경제는 미국경기에 영향을 받는 경제 동조화 현상이 나타나게 되었다.

2020년 NAFTA를 대체하는 미국·멕시코·캐나다협정(USMCA: United States-Mexico-Canada Agreement)이 출범했으며 역내 원산지 규정이 강화될 전망이다. 이에 따라 자동차 산업을 중심으로 북미대륙의 지역 가치사슬이 강화되고 저렴한 노동력과 산업기반을 갖춘 멕시코가 주요한 생산기지로서 부상할 수 있으며 글로벌 기업의 투자와 진출이 더욱 확대할 것으로 전망되고 있다.[5)]

중미 국가들의 경제구조는 커피, 바나나, 곡물류 등 농산자원과 섬유 및 봉제산업 중심의 제조업 부문에 의존하고 있으며 특히, 식민시대부터 형성되었던 1차 산품 중심의 단일 경작물 재배시스템(Monoculture)에 기반한 경제구조는 현재까지 지속되고 있다. 2004년 미국과 중미 국가 간 체결된 자유무역협정(CAFTA-DR: Dominican Republic-Central American Free Trade Agreement)으로 인해 미국 시장에 대한 의존도가 높아졌으며 외국인 직접투자가 증가하였다.

또한, 섬유, 가전, 식품가공, 소비재 산업을 중심으로 중미·카리브 국가까지 북미지역의 가치사슬에 편입할 수 있으며 니어쇼어링(near-shoring)[6]의 거점으로 부상할 수 있는 가능성도 언급되고 있다.[7]

남미지역에는 석유, 리튬, 구리, 주석, 니켈과 같은 전략적인 자원을 보유한 국가들이 위치하며 통상과 투자부문에서 유럽 및 중국과의 관계가 강화되어 왔다. 2019년 유럽연합과 남미공동시장(MERCOSUR) 간 FTA가 타결됨에 따라 향후 유럽 기업들의 중남미 진출과 통상관계는 더욱더 확대할 것으로 전망되고 있다.

2000년대 중국의 산업화 과정에서 자원보유국들은 중국에 자원을 수출하면서 관계가 강화되었는데, 최근 중국은 M&A를 통해 적극적으로 중남미에 진출하고 있으며 교통, 전력, 정보통신기술(ICT: Information & Communications Technology), 신재생에너지 등 다양한 분야로 투자하고 있으며 향후 중남미에서 중국의 영향력은 강화될 것으로 예상된다.[8]

표 14.1에서 보는 것처럼, 중남미 지역의 주요한 수입대상국으로서 미국과 중국이 차지하는 비율은 약 50%, 수출국으로서의 비중은 70%에 이르고 있다. 한국의 경우 수출과 수입에서 전체의 3%를 차지하고 있는데 중남미 국가들은 아시아 국가들과의 관계에서 FTA를 통한 다변화 정책을 추진하고 있으며 이처럼 FTA를 활용한 양 지역의 통상관계는 지속적으로 확대할 것으로 전망되고 있다.

2000년대 석유와 천연가스 등 전략적인 원자재를 보유한 중남미 국가들을 중심으로 경제 규모는 빠르게 성장해 왔으며 이러한 국가들은 중국의 산업화 과정에서 원자재에 대한 수요가 급증하면서 양적인 성장을 달성할 수 있었다.

2008년 글로벌 경제위기 이후 중남미 지역의 경제가 회복세로 돌아서면서 2013년 3%대의 경제성장률을 보였으나 전 세계적인 저성장의

표 14.1 중남미 주요 교역 대상국(2019년 기준)

국가	수입대상국 (비중, %)	국가	수출대상국 (비중, %)
미국	31.72	미국	43.16
중국	18.00	중국	28.17
브라질	4.30	캐나다	5.36
독일	3.78	브라질	5.17
일본	3.48	네덜란드	5.01
한국	2.99	일본	4.45
아르헨티나	2.14	독일	3.71
멕시코	2.09	인도	3.55
이탈리아	1.58	아르헨티나	3.38
캐나다	1.56	한국	3.24

출처: Kotra, 2021, 『2021 권역별 진출전략: 중남미』, p. 32를 활용하여 재작성.

기조가 장기간 지속됨에 따라 2014년 경기는 하락국면으로 접어들었고 2016년 마이너스 성장을 기록하는 등 경제가 전반으로 침체했으며, 2017년 다시 회복국면을 보였으나 소득이 감소하고 빈곤율과 실업률이 증가하는 현상이 나타나게 되었다.[9]

2018~2019년 세계적인 원자재 가격의 하락으로 인해 중남미 지역의 경기침체 현상은 지속되었으며 내부적으로 에콰도르, 볼리비아, 칠레, 브라질 등에서 정부의 정책을 반대하는 사회운동이 격화되었는데 이로 인한 정치적 불안정성은 경제 상황을 더욱더 악화하는 요인이 되었다.[10]

2020년 2월 말 중남미에서 코로나19의 발생 이후, 대부분 국가는 격리 조치와 봉쇄정책을 시행하였다. 이러한 조치로 인해 미국, 중국, 유럽과의 관계에서 무역량이 줄어들고 관광산업은 타격을 입게 되었으며 이처럼 내수와 생산의 침체로 인해 경제성장률은 전년 대비 −8% 이상의 수치가 나타나게 되었다. 한편, 국제환경의 측면에서 이러한 경기침체의 배경과 관련하여 미국과 중국 간 지속되는 통상 분쟁, 원자재 가격의 하락, 글로벌 가치사슬의 붕괴 등이 주요한 요인으로 언급되고 있다.

중남미 지역은 인구 6억 5,000만 명의 거대한 소비시장이며 2019년 기준 GDP는 5.7조 달러로서 세계 GDP의 약 6.5%를 차지하고 있다.[11] 인구의 평균연령은 29세이며 젊은 층의 인구구조와 중산층이 지속적으로 확대되고 있다는 측면에서 잠재력이 높은 전략적인 지역으로 볼 수 있다. 이외에도 교통, 통신 등 인프라 부문에서 개발의 여지가 큰 지역으로 중남미 국가는 FTA의 체결을 통해 외국인 투자유치와 수출시장의 다변화 정책을 추진하고 있다.

표 14.2 중남미 주요 국가의 GDP 변동비율(2020년 전망, %)

국가/지역	GDP 변동율	국가	GDP 변동율
아르헨티나	−11.5	코스타리카	−4.8
볼리비아	−8.0	쿠바	−8.5
브라질	−5.2	엘살바도르	−8.6
칠레	−5.9	과테말라	−2.5
콜롬비아	−7.1	아이티	−3.0
에콰도르	−9.0	온두라스	−8.0
파라과이	−1.6	멕시코	−9.0
페루	−13.4	니카라과	−5.5
우루과이	−4.5	파나마	−11.0
베네수엘라	−28.0	도미니카공화국	−5.5
앤티가바부다	−18.3	도미니카	−15.4
벨리즈	−15.5	자메이카	−9.0
바하마	−14.5	수리남	−10.1
남미	−7.3	카리브	−7.9
중미	−6.6	중남미	−7.7

출처: CEPAL, 2021, *Panorama social de América Latina*, pp. 49–50.

특히, 한국과의 무역 관계에서 중남미 지역은 지속적인 무역수지 흑자를 기록하였다. 2011년의 경우, 대 중남미 무역 규모는 602억 달러, 무역수지는 200억 달러를 기록했으며 이는 전체 무역흑자 308억 달러 중 2/3를 차지하는데, 2011년 이러한 무역수지 흑자는 정점에 달했다가 감소추세를 보였으며 특히 코로나19이후 전년 대비 −33.5%라는 급격한 수출 감소 현상이 나타났으며 이는 지난 30년 이래 최초의 무역수지 적자였다.[12)]

한국과 중남미 지역 간 교역과 투자 관계는 1994년 NAFTA의 발효 이후 북미시장에 진출하기 위한 한국기업들의 대규모 투자가 이루어지면서 확대되었으며 삼성, 대우, LG, 포스코 등은 현지에 지사와 공장을 설립하였다.

2019년 기준 중남미에 대한 수출은 우리나라 총수출의 4.35%를 차지했으며 이중 멕시코와 브라질의 비중은 약 60%에 달하고 있다.[13)] 이외에도 한국의 주요한 교역대상국은 FTA를 체결한 칠레, 페루, 콜롬비아이며 이처럼 교역대상국에서 편중성이 나타나고 있어 향후 이 지역에서 우리나라의 수출 다변화가 필요한 상황이다.

한국은 선박, 자동차부품, 승용차, 평판디스플레이, 집적회로 반도체 순으로 수출했으며 주요한 수입품목은 원유, 동광, 동괴 및 스크랩, 금속광물 등 에너지, 금속 자원과 같은 1차 산품에 집중되어 있다.[14)] 현재까지 양 지역은 상호보완적인 통상구조를 유지하고 있어 향후 통상관계가 확대될 수 있는 여지가 크다고 볼 수 있다.

앞에서 언급했던 것처럼, 다자차원에서 우리나라는 칠레, 페루, 콜롬비아, 중미국가들과 FTA가 체결되어 있다. 남미공동시장(MERCOSUR)과는 무역협정(TA: Trade Agreement)을 진행 중이며 태평양동맹(PA)의 준회국 가입을 추진하고 있다.

이외에도 우리나라는 동아시아 16개국과 중남미 20개국 등 역내외 국가들이 참여하는 정부 간 다자협력체인 동아시아·라틴아메리카협력포럼(FEALAC: Forum for East Asia and Latin America Cooperation)에서 2018년부터 기금운영위원회 공동의장국의 역할을 수행하고 있다.[15)]

2020년 미국·멕시코·캐나다협정(USMCA)이 발효되어 장기적인 관점에서 현지에 대한 투자를 통해 직접 생산을 확대할 필요가 있다. 또한, 코로나19로 인해 부상하고 있는 디지털 경제로의 전환, 감염병 대응 역량 강화와 같은 지역의 새로운 수요에 대응할 수 있는 방안을 모색할 필요가 있다.

2. 경제발전의 역사와 경제발전 모델

중남미 국가들은 영토, 인구, 경제발전의 정도에서 다양성을 보이고 있다. 국토면적, 인구규모, 경제구조의 측면에서 브라질과 멕시코 같이 규모가 크고 소득수준이 높은 국가들이 있으나 아이티와 같은 저소득국도 존재하고 있다.

본 장에서 다루고자 하는 중남미 경제발전의 역사는 유럽에 의해 식민시대 동안 형성되었던 경제구조와 관련되어 있으며 이러한 측면에서 중남미 국가들은 경제의 구조적인 측면에서 '공통성'을 보이고 있다. 이처럼 중남미 국가들은 독립 이후 산업화 정책의 추진, 산업화 시대의 발전, 경제위기 및 구조조정과 세계화의 흐름에 따른 경제개방이라는 경제모델의 변화를 통해 발전을 추구하였다.[16)]

본 장에서 이 지역 국가들의 '공통성'에 초점을 두고 경제발전의 역사와 경제모델의 변화에 대해 다루고자 한다.

중남미 국가들은 19세기 초 독립 이후 산업화 정책을 수신하였나. 식민시대 동안 형성되었던 1차 산업 중심의 경제구조는 독립 이후에도 지속되어 왔다. 식민시대 전통적인 대토지 소유제를 의미하는 아시엔다(스페인어로, Hacienda)를 통해 농업 활동이 이루어져 왔으며, 이는 수출용 대규모 환금작물의 재배를 기반으로 하는 플랜테이션의 형태를 띠게 되고, 단일작물 재배 시스템(Monoculture)을 기반으로 하였다.[17]

19세기 후반 산업혁명으로 인해 서구국가들의 원자재에 대한 수요가 증가하면서 중남미 국가들은 원자재 수출을 기반으로 경제적인 호황의 시기를 경험했으며, 이 시기 항구, 철도와 같이 산업화를 위한 기본적인 인프라가 구축되었다.

1930년대 1차 산업 기반의 경제구조를 극복하기 위해 수입대체산업화(ISI)를 시작하였다. 수입대체산업화는 기존 수입했던 제조업 상품을 자체적으로 생산하는 내부지향적 발전전략이다. 이러한 산업화 모델은 개발도상국들이 선진국과의 관계에서 자원을 수출하고 공산품을 수입하는 종속적인 무역형태를 극복하고 자체적인 발전을 추구하려는 흐름으로부터 채택되었다. 이외에도 국제적인 차원에서 대공황과 제1, 2차 세계대전을 거치면서 중남미의 전통적인 수출시장이 붕괴되었고 선진국으로부터 수입했던 소비재의 흐름이 중단되면서 중남미 국가들은 자급자족적인 산업화 정책을 추진하게 되었다.

다른 중남미 국가들과 비교할 때, 1930년대 아르헨티나는 이른 시기부터 산업화 정책을 추진하였다. 제2차 세계대전을 거치면서 볼리비아, 멕시코, 브라질, 칠레, 페루 등 전략적인 자원을 생산하는 국가들은 미국을 대상으로 원자재 수출에서 주요한 공급자로 역할했으며 미국의 투자가 유입되면서 미국과의 통상 관계가 확대되고 중남미에 대한 미국의 영향력은 강화되었다. 이러한 상황과는 달리 커피, 카카오와 같이 전략적인 자원이 아닌 농산물을 유럽 시장에 수출하는 중남미 국가들은 경제 불황을 경험하게 되었다.

이처럼 제2차 세계대전을 거치면서 중남미에서 ISI정책은 본격적으로 추진되었으며 1940~1970년대 브라질, 칠레, 멕시코 등은 높은 경제성장률을 달성하면서 '경제 기적(Economic miracle)'으로 불리는 시대를 경험하게 되었다. 따라서 경제구조에서 제조업 부문이 성장의 동력이 되었으며 정부는 경제발전의 과정에서 주도적으로 역할하였다.

표 14.3에서 보는 것처럼, 1950년부터 1981년까지 중남미 GDP성장률은 평균 5.3%였으며, 특히 높은 성장률을 보인 국가는 비교적 규모가 큰 내수시장을 보유하고 있는 브라질(6.8%), 멕시코(6.6%), 콜롬비아(5%)였다. 중간 정도의 성장률을 보였던 국가는 페루(4.8%)와 베네수엘라(4.4%)이며, 낮은 성장률을 보이는 국가는 아르헨티나(2.9%)와 칠레(3.6%)였음을 알 수 있다.

그러나 1973년과 1979년 오일쇼크로 인해 중남미 지역은 경제위기 상황에 처하게 되는데 외채에 기반했던 산업화 정책이 한계를 보이면서 중남미는 경제적으로 취약한 지역으로 변화하였다. 이처럼 금리가 상승하고 국제자본의 유입이 중단되었으며 중남미 국가들의 수출품 가격이 하락하면서 주요 국가에서 누적된 외채위기로 인해 국가부도 상황

표 14.3 중남미 주요 국가의 GDP성장률(1950~1990년)

국가	1950~1981년	1981~1990년
아르헨티나	2.9	−0.6
브라질	6.8	2.3
칠레	3.6	2.5
콜롬비아	5.0	3.9
멕시코	6.6	0.8
페루	4.8	−1.7
베네수엘라	4.4	0.6
중남미	5.3	1.3

출처: Ricardo Ffrench-Davis, Óscar Muñoz y José Gabriel Palma, 1997, "Las economías latinoamericanas, 1950–1990," p. 109.

이 선언되었다. 이 시기의 경제위기 상황은 '잃어버린 10년(The Lost Decades)'으로 불리고 있다. 이처럼 1980년대 외채위기 상황에서 중남미 국가의 GDP성장률은 1.3%를 보였으며, 특히 아르헨티나(−0.6%)와 페루(−1.7%)는 마이너스 성장을 기록하였다 (표 14.3 참조). 이러한 경제위기 상황에서 성장과 투자가 위축되고 실업률은 확대되었으며 노동자의 실질임금이 하락하면서 빈곤은 증가하였다. 따라서 산업화의 발전 기간 동안 나타났던 '경제기적'은 후퇴하는 모습을 보였다.

이처럼 ISI모델이 한계에 이르자 중남미 국가들은 '워싱턴 컨센서스(Washington Consensus)'로 불리는 신자유주의 정책을 채택하게 되었다.

1990년대 중남미에 본격적으로 도입된 신자유주의 경제정책으로 인해 이 지역에 대규모 자본이 유입되고 경제의 재활성화가 이루어졌으며 인플레이션이 감소하고 이에 따라 전반적인 거시경제에서의 안정성이 확보되면서 중남미 국가들은 외채위기로부터 벗어날 수 있었다.[18)]

글상자 14.1 워싱턴 컨센서스

워싱턴 컨센서스(Washington Consensus)는 미국과 IMF, 세계은행 등 국제금융 자본이 1989년 제시했던 개발도상국의 발전모델로서 미국식 시장경제 체제를 의미하고 있다. 또한, 미국과 국제금융 자본은 중남미 외채위기를 유동성의 위기가 아닌 ISI로 인한 경제구조의 왜곡으로 파악했으며, 이에 따라 중남미 국가들의 근본적인 경제개혁을 강조하였다. 따라서 국가의 역할을 재조정하고 가격, 자본, 노동에서의 규제 완화, 공공부문의 민영화와 관세와 비관세 장벽의 철폐를 통해 시장개방, 효율성의 증진, 기술이전, 외국인 직접투자와 같은 자본시장의 자유화 정책이 강조되었다. 또한, 세계시장과 연계하여 수출에 기반한 무역자유화와 시장개방정책이 추진되었다. 이러한 정책의 결과물로서 1994년 미국, 캐나다, 멕시코 간 북미자유무역협정(NAFTA)이 발효되었다.

1995년과 1997~1998년 멕시코와 아시아 국가들에서 발생했던 금융위기는 중남미 경제에 부정적인 영향을 미쳤으나, 2000년대 중국의 산업화로 인해 원자재에 대한 수요가 증가하면서 중남미 국가들은 거시경제의 지표에서 안정적인 성장을 달성하였다.

이러한 양적인 측면의 성장에도 불구하고 빈곤과 사회적 불평등은 확대되었으며, 이에 대해 반발하는 움직임이 나타나게 되었다. 앞에서 언급했던 것처럼, 이러한 상황에서 "핑크빛 조류"로 불리는 중도좌파 정권이 등장하였다. 당시 수립되었던 좌파 성향의 정부들은 중남미 지역의 현실 상황을 해결하기 위해 '분배'에 초점을 둔 다양한 사회정책을 추진하였다.

경제구조적인 특성으로 볼 때, 중남미 국가들은 아직까지 '개발도상국'으로서의 특성을 보이고 있다. 이는 국제환경에 따라 경제상황이 달라지며, 성장과 위기라는 반복되는 주기로 인해 전반적인 경제상황에서 불확실성을 보여 왔기 때문이다. 또한, 선진국의 자본과 기술에 대해 의존적이며 무역관계에서 미국과 중국에 대한 높은 편중성을 보여왔다. 이외에도 인적자원의 불충분한 역량을 언급할 수 있는데, 이처럼 거시적인 지표에서 중남미 국가들은 경제발전을 달성했으나, 사회적인 불평등과 취약계층의 소외현상이 지속되어 왔고 이러한 맥락에서 향후 경제, 사회의 구조적인 측면에서 변화가 요구되고 있다.[19)]

3. 주요한 지역통합체의 형성과정

중남미 지역은 장기간 유럽의 식민지였다는 측면에서 역내 국가 간 역사, 문화적인 동질성을 보이고 있으며 이러한 역사적인 배경으로 인해 통합의 움직임이 이른 시기부터 시작되었다. 비록 역내 국가 간 실질적인 교역 관계는 미미했으나 경제통합과 교역의 확대를 위해 경제통합체의 발전을 추구했으며, 이러한 과정에서 유엔중남미경제위원회(ECLAC: Economic Commission for Latin America and the Caribbean, 스페인어로, CEPAL)의 역할을 언급할 수 있다.[20]

이처럼 1960년대 출범했던 경제통합체의 특성은 중미, 남미, 안데스, 카리브 등 소지역 차원에서 관세동맹이나 공동 시장의 형태를 목표로 결성되었으나 무역자유화는 불완전하게 이루어지고 지역 내 정치, 경제적 상황에 따라 통합체의 창설은 중단되었다.[21] 특히, 이 시기 지역통합체의 설립은 내수시장이 크지 않은 소규모 국가들이 시장의 통합을 통해 내수시장을 확대하기 위한 공통의 이해를 토대로 이루어졌으며 또한 ISI에 기반한 내부지향적 경제발전을 추진하기 위한 전략으로 이해되었고 경제통합체의 형성과정에서 국가의 개입은 두드러졌다.[22]

1980년대 세계적인 경제위기와 중남미 지역의 부채위기로 인해 중남미 국가 간 경제통합의 움직임은 활발하게 이루어지지 못했으며 국가부도의 위기에 처한 중남미 국가 간 지역통합을 위한 시도와 외교적인 자율성은 최소화되었다.

1990년대 중남미 경제발전의 모델은 ISI에서 신자유주의 정책으로 변화함에 따라 외국인 직접투자와 수출시장 확대의 필요성이 대두되었으며 이를 위해 역내 경제통합체를 조직하기 위한 움직임이 재활성화되었다. 따라서 1990년대 경제통합체들은 무역자유화뿐 아니라 광범위한 분야를 포괄하면서 실질적인 교류를 강화하고 국가발전을 위한 전략으로 고려되었고 역내 회원국뿐 아니라 역외 국가들과의 통합을 시도하는 추세를 보이게 되었다. 이러한 움직임에 따라 1991년 남미지역 차원에서 아르헨티나, 브라질, 파라과이, 우루과이를 주축으로 남미공동시장(MERCOSUR)이 창설되었으며, 메르코수르는 역내 관세 및 비관세 장벽을 철폐하고 대외 공동관세와 공통의 무역정책을 채택하였다.

중미지역에서 벨리즈, 코스타리카, 엘살바도르, 과테말라, 온두라스,

니카라과, 파나마, 도미니카공화국을 주축으로 1993년 중미통합체제(스페인어로, SICA: Sistema de la Integración Centroamericana)가 실립되었고 1994년 카리브국가연합(ACS: Association of Caribbean State)은 카리브해를 공유하는 카리브와 중남미 지역의 국가를 포괄하는 지역 기구로서 역내 경제권의 창설을 위한 지역협력과 통합, 카리브해의 환경보전, 지속가능한 발전과 같은 역내 공통의 이슈를 논의하기 위해 설립되었다.

또한, 이 시기 좌파 성향의 정부가 수립되면서 지역통합체의 성격은 정치적인 성향을 보이게 되었다. 대표적으로 미주대륙을 위한 볼리바르 동맹(스페인어로, ALBA: Alianza Bolivariana para los Pueblos de Nuestra América)을 언급할 수 있다. ALBA는 좌파 성향의 정부들이 주축이 되었으며 당시 지역주의의 새로운 모델로 평가되었다.[23] 베네수엘라, 쿠바, 니카라과, 도미니카 연방 등 9개국이 ALBA의 회원국이며 중남미에서 미국의 정치, 경제적인 영향력에 대응하며 남미의 독립운동가 시몬 볼리바르(Simón Bolívar)의 정신에 기반하여 중남미의 정치, 경제, 사회적 통합을 달성한다는 목적으로 2004년 설립되었다.[24] ALBA는 베네수엘라가 주축이 되었기 때문에 유가가 하락하고 ALBA의 활동에서 중심이 되었던 베네수엘라 우고차베스(Hugo Chávez)의 사망과 쿠바 피델 카스트로(Fidel Castro)의 정계 은퇴 이후인 2013년부터 회원국 간 응집력과 활동이 약화되었다.

2012년 콜롬비아, 칠레, 멕시코, 페루를 중심으로 결성된 태평양동맹(PA)은 아시아태평양 지역에 중점을 두고 정치, 경제적인 통합을 위한 발판을 모색하고 있으며 FTA를 통한 자유무역과 경제적인 목적을 우선하는 특성을 보이고 있다. 이러한 의미에서 태평양동맹(PA)은 ALBA와 같이 정치적인 성향을 반영하고 있는 기존 지역통합체와는 다른 차별화된 특성을 보인다. 물론 태평양동맹(PA)에 브라질이 제외되어 있고, 멕시코가 회원국이며 이 협력체가 중국과의 관계를 개별적으로 다룰 수 있는 협상력을 가지고 있다는 측면에서 정치적인 의미도 반영되어 있다고 볼 수 있다.[25]

표 14.4를 통해 중남미 지역의 정치, 경제, 금융 분야의 주요한 지역통합체 현황을 파악할 수 있다. 이러한 통합체들은 정치, 경제, 사회, 환경 등 역내 차원의 공통이슈에 대처하고 미국 주도의 체제에 대응하며 국가발전을 위한 전략의 일환으로 설립되었다.

앞에서 언급했던 것처럼, 중남미 지역에서 경제와 정치적인 목적을 위한 지역통합의 시도는 지속적으로 이루어져 왔으나 실질적으로 지역통합체의 존재감은 크지 않았는데, 이는 구체적인 행동들이 제대로 이행되지 못했거나 다른 목적과 형태를 가진 새로운 공동체가 등장하고 정권에 따라 통합체에 대한 입장에서 변화가 나타났기 때문이다.[26]

이처럼 좌파, 우파라는 정치적인 성향과 회원국 간 발생하고 있는 경제적인 격차 등 국가별 경제구조와 경제발전의 정도 등 다양한 이해관계로 인해 지역통합체의 실질적인 통합과 활동에서 한계를 보여왔다. 또한, NAFTA와 같이 역내 국가 중 실질적으로 통합체를 주도할 수 있는 경제적인 역량과 충분한 리더십을 발휘할 수 있는 국가가 부재했다는 측면을 언급할 수 있다.

최근 중남미 지역통합체는 역내 국가뿐 아니라 역외 국가들로 협력의 범위를 확대하는 경향을 보이고 있으며, 또한 미국에 대한 의존을 극복하기 위한 다변화 전략의 수단으로 고려되고 있다.

통합체 형성의 배경과 관련하여, 과거 좌파 성향의 정권이 주도하여 설립되었던 통합체의 경우, 정치적인 동기가 강조되었다면 최근 경제, 사회적인 측면과 환경의 피해를 최소화하는 지속가능한 개발과 같이 역내 국가들이 공동으로 대처해야 하는 '공통의 이슈'를 해결하기 위한 동기가 강조되고 있다.

표 14.4 주요한 지역 협력체

분야	지역기구 (설립연도)	회원국	설립목적	한국과의 관계
정치	라틴 아메리카·카리브 국가공동체 (CELAC, 2011년)	- 앤티가바부다 등 33개국 ※ 미국, 캐나다 제외	- 회원국 간 정치적 대화, 국제사회에서 지역의 입장 대변	- 한-CELAC중소기업 국제화 협력 프로젝트 사업추진(2018)
	미주기구 (OAS, 1948년)	- 미국, 캐나다, 벨리즈 등 35개국 ※ 베네수엘라 및 쿠바 불참	- 민주주의, 안보 강화, 지속개발 프로그램 및 각종 사회문제 해소 노력 - 역내 자유무역 강화	- 상임 옵서버 가입(1981) - 한·OAS협력기금 공여 - 인턴파견 사업 실시
	미주대륙을 위한 볼리바르동맹 (ALBA, 2004년)	- 베네수엘라, 쿠바, 니카라과, 도미니카 연방 등 9개국	- 중남미에서 미국의 정치·경제적인 영향력에 대항, 시몬 볼리바르 정신을 바탕으로 정치·경제·사회적 통합달성	- 유가하락, 베네수엘라와 쿠바의 정치 변화를 계기로 2013년부터 결집력 약화
	중미 통합체제 (SICA, 1993년)	- 벨리즈, 코스타리카, 엘살바도르, 과테말라, 온두라스, 니카라과, 파나마, 도미니카공화국	- 중미지역의 자유, 평화, 민주주의, 경제발전 달성	- 한·SICA대화협의체 회의 개최 - 한·SICA협력기금 프로젝트 - SICA인턴파견 - KOICA협력사업(치안, 양성평등, 기후변화)

계속 ▶▶

14.4 계속

분야	지역기구 (설립연도)	회원국	설립목적	한국과의 관계
정치	카리브 국가연합 (ACS, 1995년)	- 앤티가바부다, 바하마 등 25개국 ※ 카리브해를 공유하는 카리브/중남미지역 포괄	- 역내 경제권 창설을 위한 지역협력 및 통합과정 - 카리브해의 환경유지 및 보전 - 지속가능한 발전 촉진	- 옵서버 가입(1998) - '범카리브해운항로지도' 업데이트 지원 - '카리브해 해안리질리언스 강화를 위한 백사장 침식 모니터링 및 조사'사업 지원
경제	남미공동시장 (MERCOSUR, 1991년)	- 아르헨티나, 브라질, 파라과이, 우루과이 ※ 베네수엘라 회원자격 정지(2016)	- 역내관세 및 비관세 장벽 철폐 - 대외 공동 관세창설, 공통의 무역정책 채택	- 한·메르코수르 정책협의회 개최 - 한·메르코수르 무역투자 공동 협의체 개최 - 무역협정(TA) 협상진행
	유엔 중남미·카리브경제 위원회 (ECLAC, 1948년)	- 중남미국가 및 미국, 캐나다, 스페인, 한국, 영국 등 46개국	- 중남미지역의 경제발전과 경제관계 강화 - 사회개발 증진	- 정회원국 가입승인(2007) - 대외경제정책연구원(KIEP)·ECLAC 협력사업 - 한·ECLAC협력 기금사업 - 관계부처 직원 및 인턴파견
	카리브공동체 (CARICOM, 1973년)	- 바베이도스, 벨리즈 등 14개국, 영국령(몬트세랫)	- 회원국 간 경제통합, 경제·통상 관계 강화·조정	- 한·CARICOM 대화협의체 운영 - 한·CARICOM 전자정부 협력 사업 추진 - 코로나19대응 관련 인도적 지원

계속 ▶▶

분야	지역기구 (설립연도)	회원국	설립목적	한국과의 관계
경제	태평양동맹 (PA, 2012년)	- 콜롬비아, 칠레, 멕시코, 페루	- 아시아태평양 지역에 중점을 둔 정치적 협력 및 경제무역 통합을 위한 발판 모색	- 옵서버 활동 (2013) - 한·태평양동맹 협력사업 - 준회원국 가입 협상
금융	미주개발 은행(IDB, 1959년)	- 멕시코, 아르헨티나, 볼리비아, 미국, 캐나다 등 48개국	- 중남미 지역의 경제, 사회개발과 역내 자유무역 및 지역통합을 달성하기 위한 차관 및 기술협력제공	- 회원가입 (2005) - IDB지원사업 수주 - IDB 한국신탁 기금 운영
	중남미개발 은행(CAF, 1968년)	- 아르헨티나, 볼리비아, 브라질, 콜롬비아, 에콰도르 등 11개국	- 안데스 지역 국가의 공공기관 및 민간단체에 필요한 재원확보-산업 현대화를 위한 차관 제공	- 한국수출입은행, CAF 간 협력 MOU체결 - 포럼개최 및 인턴파견 사업
	중미경제 통합은행 (CABEI, 1960년)	- 과테말라, 엘살바도르, 온두라스 등 15개국	- 중미지역 역내 경제발전 도모 - 중미지역에 부족한 자본을 외부로부터 유치하는 금융협력 창구	- 역외회원국 가입(2019)

출처: 외교부, 2020, 『2021 중남미 지역기구 개황』을 토대로 작성.

주

1) Luis Dallanegra Pedraza, 2008, "Tendencias políticas en América Latina en el contexto mundial del siglo XXI, Hacia una teoría política realista-sistémica estructural sobre América Latina," *Espiral, Estudios sobre Estado y Sociedad* XV-43 Septiembre/Diciembre de 2008, http://www.scielo.org.mx/pdf/espiral/v15n43/v15n43a3.pdf, p. 94.
2) Dallanegra (2008), p. 93.
3) Dallanegra (2008), p. 93.
4) 정경원 외, 2009, 『질문으로 풀어주는 멕시코』 (서울: 한국외국어대학교 출판부), pp. 130-131.
5) Kotra (2021), p. 10.
6) 인접 국가에서 아웃소싱 하는 것을 의미한다.
7) Kotra (2021), p. 11.
8) Kotra (2021), p. 36.
9) 외교부, https://www.mofa.go.kr/www/wpge/m_20273/contents.do(검색일: 2021. 7. 24).
10) Mayumi Yasunaga Kumano, "La desigualdad y la inestabilidad política en América Latina: las protestas en Ecuador, Chile y Colombia," Documento de Opinión IEEE 22/2020, http://www.ieee.es/Galerias/fichero/docs_opinion/2020/DIEEEO22_2020MAYYAS_LatAm.pdf y/o enlace bie 3(검색일: 2021. 7. 23).
11) Kotra (2021), p. 28.
12) Kotra (2021), p. 44.
13) Kotra (2021), p. 44.
14) 외교부, 2020, 『2019 한눈에 보는 한국-중남미협력 2019』, p. 26.
15) 외교부, https://www.mofa.go.kr/www/wpge/m_3943/contents.do(검색일: 2021. 8. 4).
16) 중남미 국가들은 산업화의 발전 정도가 다양하다. 따라서 '공통성'을 기반으로 하나 국가별 나타나고 있는 차별성에 대해 고려할 필요가 있다. CEPAL에 의하면, 1980년대 전체 GDP에서 농업이 차지하는 비율이 높은 국가들은 아이티 33%, 파라과이 30%, 엘살바도르 28%, 과테말라 27%였으며, 광업이 차지는 비중이 높은 국가는 볼리비아 11%, 칠레 14%, 페루 8%였다. Antonio Palazuelos Manso, 2000, "Introducción a la realidad económica latinoamericana," https://www.ucm.es/data/cont/media/www/17360/untitled%20folder/untitled%20folder/lectura%204.pdf, pp. 6-7.
17) 정경원 외 (2009), p. 126.
18) Antonio Palazuelos Manso, 2000, "Introducción a la realidad económica latinoamericana," https://www.ucm.es/data/cont/media/www/17360/untitled%20folder/untitled%20folder/lectura%204.pdf, p. 15.
19) Palazuelos (2000), p. 3.
20) 문남권, 2004, 「미주 경제통합의 역사와 전망」, 『라틴아메리카연구』, 제17권 1

호, p. 360.
21) 문남권 (2004), pp. 362–363.
22) 문남권 (2004), p. 366.
23) 윤성욱, 2019, 「라틴아메리카 지역통합의 새로운 흐름: 태평양 동맹 사례를 중심으로」, 『아태연구』, 제26권 4호, p. 119.
24) 외교부, 2020, 『2021 중남미 지역기구 개황』.
25) 윤성욱 (2019), p. 129.
26) 윤성욱 (2019), p. 125.

참고문헌

문남권. 2004. "미주 경제통합의 역사와 전망." 『라틴아메리카연구』 제17권 1호.

윤성욱. 2019. "라틴아메리카 지역통합의 새로운 흐름: 태평양 동맹 사례를 중심으로." 『아태연구』 제26권 4호.

외교부. 2020. 『2019 한눈에 보는 한국-중남미협력 2019』.

______. 2020. 『2021 중남미 지역기구 개황』.

정경원 외. 2009. 『질문으로 풀어주는 멕시코』., 서울: 한국외국어대학교 출판부.

Kotra. 2021. 『2021 권역별 진출전략: 중남미』.

Dallanegra Pedraza, Luis. 2008. "Tendencias políticas en América Latina en el contexto mundial del siglo XXI, Hacia una teoría política realista-sistémica estructural sobre América Latina." *Espiral, Estudios sobre Estado y Sociedad*. XV–43. Septiembre / Diciembre de 2008. http://www.scielo.org.mx/pdf/espiral/v15n43/v15n43a3.pdf

Ffrench-Davis, Ricardo, Muñoz, Óscar y Palma, José Gabriel. 1997. "Las economías latinoamericanas, 1950–1990." in Leslie Bethell (ed.). *Historia de América Latina, 11. Economía y sociedad desde 1930*. Barcelona: Crítica.

Palazuelos Manso, Antonio. 2000. "Introducción a la realidad económica latinoamericana." https://www.ucm.es/data/cont/media/www/17360/untitled%20folder/untitled%20folder/lectura%204.pdf

Yasunaga Kumano, Mayumi. "La desigualdad y la inestabilidad política en América Latina: las protestas en Ecuador, Chile y Colombia." Documento de Opinión IEEE 22/2020. http://www.ieee.es/Galerias/fichero/docs_opinion/2020/DIEEEO22_2020MAYYAS_LatAm.pdf y/o enlace bie 3(검색일: 2021. 7. 23).

외교부. https://www.mofa.go.kr/www/wpge/m_3540/contents.do(검색일: 2021. 7. 24).

______. https://www.mofa.go.kr/www/wpge/m_3943/contents.do(검색일: 2021. 8. 4).

15장

중남미의 사회·문화적 변화

정상희(계명대 스페인어중남미학과)

본 장에서는 독립이후 중남미 국가들의 발전과정에서 나타나고 있는 사회, 문화적 변화에 대해 언급하고자 한다. 특히, 경제발전의 과정에서 나타난 농촌에서 도시로의 인구 이동과 도시화, 현재까지 지속되고 있는 빈곤과 불평등의 기원과 특성에 대해 다루고자 한다. 또한, 멕시코인들이 먹는 음식에 빈곤, 불평등 현상이 어떻게 연관되어 나타나고 있는가를 살펴보고자 한다. 마지막으로 중남미 지역은 코로나19로 인해 많은 피해가 발생했던 지역으로서 코로나19가 중남미 지역에 끼친 영향과 이와 관련된 전망에 대해 다루고자 한다.

1. 인구 이동과 도시화

중남미 지역은 1930년대부터 본격적으로 산업화 정책을 추진하면서 경제·사회적인 영역에서 급격한 변화를 경험하였다. 1900년 전체인구는 7,000만 명에서 2000년 5억 명으로 증가하고, 1900년 전체인구의 70% 이상이 농촌지역에 거주했으나 2000년에 이르러 인구의 세 명 중 두 명은 도시에 거주하였다.[1] 문맹률은 1900년 71%, 1950년 47%에서 1995년에는 10%로 줄어들었으며 기대수명은 1900년 29세, 1950년 47세에서 1990년 68세로 증가했는데,[2] 이처럼 중남미 지역의 인구, 문맹률, 기대수명과 같은 주요한 사회지표가 개선되었고 1900년부터 100여 년 동안 중남미 사회에서 급격한 변화가 나타나게 되었다.

이러한 경제, 사회적인 변화는 각 국가의 역사와 구조적인 여건에 따라 다르게 발생했으나 중남미는 소수의 주도적인 계층에 의해 정치, 사회의 체제가 독점되는 과두주의적 성격의 틀 내에서 전반적인 사회와 사회계층의 다양화가 점진적으로 이루어졌다.[3]

중남미 지역에서 산업화 정책이 본격적으로 추진되면서 나타났던 변화는 인구의 절대적인 증가, 농촌에서 도시로의 인구 이동과 이에 따른 도시지역의 발전을 언급할 수 있다. 즉, 출생률이 증가하고 사망률이 감소하면서 인구는 급격히 증가하였다. 따라서 1930년부터 1990년 전체인구는 1억 1,000만 명에서 4억 5,000만 명으로 4배 증가했으며 이 시기 인구 증가율은 2%를 상회하는 수치를 보였다.[4] 특히, 인구의 증가추세는 수도, 항구와 같은 주요한 도시지역을 중심으로 이루어졌는데, 이처럼 정치, 경제의 중심지로서 도시지역의 인구가 증가하고 서비스산업이 집중되었다.[5] 따라서 1940년 농촌지역에 63%의 인구가 거주했으나, 1980년 31%로 절반 정도가 감소했으며 도시지역에 거주하는 인구 비율은 1940년 37%에서 1980년 70%로 증가하였다.[6]

이처럼 농촌지역에서 도시로의 인구 이동은 산업화로 인해 도시지역을 중심으로 일자리가 늘어나면서 나타났으나, 이외에도 농촌지역에서 지속되었던 빈곤 상황으로 인해 소작농들은 도시로 이주할 수 밖에 없었다. 즉, 식민시대부터 소수의 지배계층에게 집중된 불평등한 토지분배 상황과 독립 이후 토지개혁이 제대로 이루어지지 않음으로써, 농촌지역에서 대지주와 소규모 영세농으로 이루어진 이중적인 구조는 지속되어 왔으며 이에 따라 농촌에서 도시로의 인구 이동은 단기간, 대규모로 이루어졌다.

이러한 대규모 인구가 도시에 집중됨에 따라 멕시코의 멕시코시티(Mexico City), 브라질의 쌍파울루(São Paulo) 및 리우데자네이루(Rio de Janeiro), 아르헨티나의 부에노스아이레스(Buenos Aires), 콜롬비아의 보고타(Bogotá), 페루의 리마(Lima)와 같은 거대도시(Mega city)들이 생겨나게 되었다. 과도하게 집중된 인구로 인해 도시민들은 보건, 교육, 주거와 같은 기초사회서비스에 대한 접근성이 미비하고 경제적인 측면에서 일자리 부족 현상을 겪게 되었으며 사회보호제도의 혜택을 받지 못하는 비공식 부문의 노동자들은 전체의 절반 이상을 차지하게 되었다.

일반적으로 도시는 경제, 사회발전의 결과를 반영하는 상징적인 공간이다. 따라서 북부유럽에서 발달했던 도시는 상업과 제조업의 중심지로서 경제적인 측면에서 핵심적인 기능을 수행하였다. 이와 달리 중남미에서 도시는 사회구조적인 불평등 상황을 반영하고 있으며, 계층의 분리와 이중적인 사회구조를 반영하는 상징적인 공간으로 대두되었다. 즉, 식민시대부터 도시 내 핵심적인 지역에는 유럽의 정복자들이 거주하고 외곽에는 원주민들이 거주했던 것처럼, 산업화 이후 도시의 중심부에는 부유층들이 거주했으며 도시의 주변부에는 빈민층들이 거주하는 슬럼가가 형성되었다. 일반적으로 도시의 외곽에 거주하는 빈곤층들은 도시의 중심부에 위치한 일자리로 이동해야 하며, 빈곤층들이 거주하는 지역 내 대중교통 수단이 발달하지 않아 이들은 거주지에서 일자리로 이동하기 위해서 하루 평균 4~5시간을 소요하고 있다. 이러한 상황은 도시의 저소득층 노동자들의 생산성뿐 아니라 건강, 교육과 같은 기본적인 도시민의 권리와 삶의 질에 영향을 미치고 있다.

이러한 도시 내 계층에 따른 공간 분리 현상과 관련하여 중남미 거대도시인 멕시코시티에서 전통적인 부유층들은 멕시코시티의 서쪽을 중심으로 거주하고 있으며 빈곤층은 북동쪽 외곽의 슬럼가를 중심으로 거주하고 있다. 콜롬비아 보고타에는 계층(Estrato)에 따라 거주 지역을 1~6등급으로 구분하며 등급이 높은 지역에 부유층이 거주하는데 등급에 따라 생활 수준, 물가, 치안 상황이 달라지고 있다. 브라질 쌍파울루와 리우데자네이루에는 파벨라(Favela)라는 슬럼가가 형성되어 있으며, 페루 리마의 북쪽지역에는 코마스(Comas)로 불리는 빈민가가 위치해 있다.

이처럼 중남미 지역은 거시적인 경제지표로 볼때 '중소득국(Middle Income Countries)'에 속하고 있으나 식민시대부터 형성되었던 이중적인 사회구조, 빈부격차, 원주민-백인 등 지역, 인종, 계층에 따른 불

사진 15.1 페루 리마의 빈곤층 거주지역

평등 상황은 현재까지 지속되고 있다.

2. 경제발전의 과정에서 지속되는 빈곤과 불평등 상황 및 특성

중남미에서 지속되고 있는 경제, 사회적 불평등의 기원은 유럽의 식민 시대와 연관되고 있다. 식민시대 유럽인들은 토지와 광산 등을 통해 부를 축적하면서 지역의 지배계층으로서 역할했으며 이처럼 지배계층인 유럽인들과 피지배계층인 원주민들을 중심으로 사회의 실질적인 계층화가 이루어졌다. 또한, 장기간의 식민기간 동안 인종에 따른 사회 계층화 상황은 공고화되었다.

앞에서 언급했던 것처럼 중남미의 독립운동은 본토 유럽인(Peninsular)과 중남미 출생 유럽인인 끄리오요(Criollo)간 갈등 상황으로부터 발생했는데 이러한 배경에서 독립으로 인해 페닌술라르에서 끄리오요로 지배계층이 변화하는 결과가 나타났으나 이중화된 정치, 경제, 사회구조는 지속되었으며 민중은 여전히 어려운 상황에 처해 있었다.

독립 이후 증기선과 철도 등 교통인프라와 기술의 발전에 따라 중남미 시장은 글로벌경제에 통합되었으며, 1930년대 산업화 과정이 본격적으로 시작되었다.

중남미 국가들이 산업화 정책을 추진하면서 중산층의 비율은 늘어났으나 발전의 과정에서 달성한 경제적인 성과는 여전히 소수 계층에 의해 독점되었다. 물론 국가별로 차이가 나타나고 있으며 실례로 우루과이, 아르헨티나, 칠레의 빈곤 비율은 개선된 상황을 보이고 있으나, 과테말라, 온두라스에서는 여전히 높은 빈곤 비율이 나타나고 있다. 또한, 국가별 빈곤 상황과 중산층의 비율과는 관계없이 대다수 국가에서

빈곤상황에 처해질수 있는 인구의 비율은 높은 것으로 나타나고 있다.[7]

1970년대 경제위기로 인해 노동자들의 실질임금과 중산층의 비율은 감소했으며 이처럼 빈곤층을 포함한 전반적인 사회적 위기가 가속화하면서 산업화 정책의 모델은 ISI에서 신자유주의 정책으로 변화하였다. 이러한 상황에서 신자유주의 정책을 반대하는 사회운동과 정치적인 갈등은 표면화되었다.

표 15.1에서 보는 것처럼, 1980년대와 1990년대 도시지역에서 비공식 부문과 빈곤 가구의 비율은 절반 정도를 차지하고 있으며, 일자리의 구조에서 비공식 부문의 비율은 확대되었고 공식부문의 비율은 감소하고 있음을 알 수 있다. 특히, 여성, 원주민, 이민자, 젊은 계층과 같이 비공식 부문에 종사하는 지역 내 취약계층의 비율은 확대되었으며 이들의 경제, 사회적인 상황은 악화되었다.

1990년대 신자유주의 정책을 추진하면서 경제위기로부터 일시적으로 벗어날 수 있었으나 세계화가 심화되면서 표 15.1에서 언급되었던 자영업, 소규모기업, 가사일에 종사하며 사회보호제도의 혜택을 받지 못하는 '새로운' 취약계층인 비공식부문의 노동자들이 늘어나게 되었다.

2000년대 정치지형에서 '분배'에 초점을 둔 좌파 성향의 정권들이 등장했으며, 원자재 가격의 상승으로 인해 중남미 국가들은 경제성장을

표 15.1 중남미 사회지표 및 비농업 분야의 일자리 구조(1980~1995년)

지표	1980	1985	1990	1995
도시의 비공식 부문(%)	40.2	47	52.1	55.7
전체 가구 중 빈곤 가구 비율	35.0	37.0	41.0	39.0
비공식 부문의 비율(자영업, 소규모기업, 가사일)	40.2	47	51.6	56.1
공식부문의 비율(공공부문, 대기업)	59.8	53.1	48.4	43.9

출처: Rosemary Thorp, 1998, *Progreso, pobreza y exclusión: una historia económica de América Latina en el siglo XX*를 토대로 작성, p. 237.

달성할 수 있었다. 또한, 당시 좌파정부들은 이러한 경제적인 성과를 기반으로 다양한 사회정책을 추진할 수 있었다.

따라서 좌파 성향의 정권 하에서 중남미의 대표적인 사회보호조치로서 멕시코 프로그레사(Progresa), 브라질 볼사 파밀리아(Bolsa Familia)와 같이 빈곤가구에 직접적으로 현금을 지원하여 이들의 소비를 활성화하고 장기적으로 인적 역량을 강화하기 위한 다양한 조건부 현금이전프로그램(CCT: Conditional Cash Transfer)들이 추진되었다.

이러한 사회정책들의 이행 결과, 빈곤 감소와 소득 불평등의 지표에서 의미 있는 개선이 이루어졌다. 따라서 브라질의 지니계수는 1995년 0.59에서 2012년 0.52, 볼리비아에서 2005년 0.59에서 2017년 0.44, 아르헨티나는 2002년 0.54에서 2013년 0.41, 에콰도르는 2007년 0.53에서 2014년 0.45로 개선되었다.[8]

또한, 1990년대 중남미 지역의 빈곤 비율은 51%, 이중 극빈곤 비율은 16%였으나 2013년 각각 29%와 8%로 감소하여 전반적으로 빈곤 지표는 개선되었고 이러한 상황은 2018년까지 지속되었으나 2019년과

도표 15.1 중남미 국가의 빈곤과 극빈곤 비율, 1990~2020년(18개국)

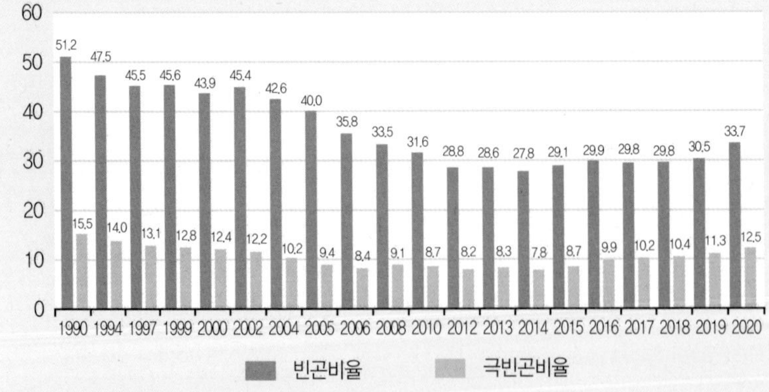

출처:CEPAL, 2021, *Panorama social de América Latina*, p. 15.

2020년 다시 악화되었다.[9]

이처럼 1990년대 이후 중남미 지역의 사회적인 지표가 개선되는 추이를 보였으나 거시적인 지표에 내포된 중남미의 “만성적인 빈곤상황”에 대해 고려할 필요가 있다.

도표 15.2에서 보는 것처럼 지역 차원에서 만성적인 빈곤 비율은 36%, 일시적인 빈곤 비율은 11%, 향후 빈곤 상황에 처할 수 있는 비율은 24%, 빈곤 상황을 경험하지 않은 비율은 29%를 보이고 있다. 특히, 주황색 그래프로 표시된 만성적인 빈곤 비율과 검정색 그래프로 표시된 향후 빈곤 상황에 처할 수 있는 비율이 60%에 이르고 있다는 사실을 통해 거시적인 측면에서의 개선상황과는 달리 잠재적인 빈곤 상황에 처해질 수 있는 인구 비율이 여전히 높은 수치를 보이고 있다는 측면을 고려할 수 있다.

다른 지표들과 동일하게 국가별 차이가 나타나고 있는데, 실례로 우루과이의 만성적인 빈곤 비율은 7%를 보이고 있으나 온두라스는 64%로 나타나고 있으며, 향후 빈곤의 가능성과 관련하여 아르헨티나는

도표 15.2 중남미 국가들의 빈곤 역학 2003~2013년(%)

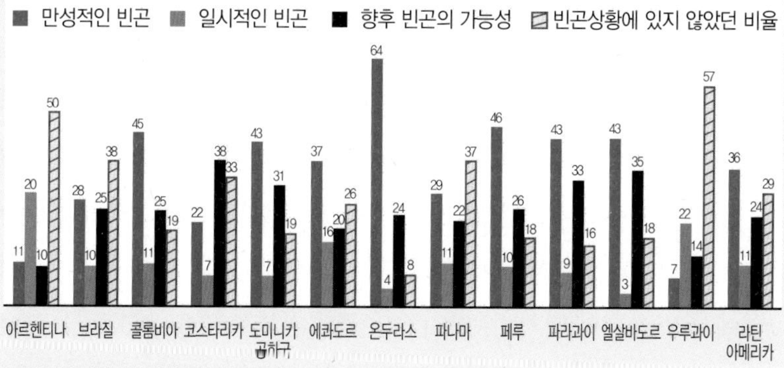

출처: Marco Stampini et al., 2015, *Pobreza, vulnerabilidad y la clase media en América Latina*, p. 14.

10%를 보이고 있으나 코스타리카에서 38%로 나타나고 있다. 참고적으로 도표 15.2에서 다루고 있는 만성적인 빈곤, 일시적인 빈곤과 같은 지표들은 가구의 규모, 자녀의 수, 교육의 수준, 독립적인 자영업과 같은 일자리의 성격, 임금수준, 거주지역(농촌) 등 국가별 가구의 특성에 따라 분류한 것이다.[10)]

2000년대 좌파정권의 등장과 더불어 개선되었던 사회지표는 2014년을 기점으로 악화되기 시작하였다. 이에 따라 2019년과 2020년 사회적인 갈등 상황은 표면화되었다. 실례로 에콰도르에서 모레노(Lenín Moreno) 대통령은 IMF의 경제개혁에 반대하는 국민과 경찰 간의 대치 상황 이후 긴축경제 프로그램의 추진을 중단했으며 볼리비아 에보 모랄레스(Evo Morales) 대통령은 13년의 집권 이후 부정선거로 인해 퇴진하고 브라질에서 자이르 보우소나루(Jair Bolsonaro) 정권을 반대하는 움직임이 발생했으며 칠레에서 지하철 요금의 인상을 두고 최악의 시위가 촉발된 이후, 피녜라(Sebastián Piñera) 정부는 경제정책을 변화하고 현 헌법을 수정하기 위해 국민투표를 실시하였다.[11)]

이러한 사회적인 갈등 상황이 표면화하기 이전, 정치적인 지형에서 변화가 나타났는데 2015년 이후 좌파 성향의 정권이 물러나고 우파성향의 정권들이 수립되었다. 이와 관련하여 2015년 과테말라와 아르헨티나, 2016년 페루, 2017년 칠레와 온두라스, 2018년 파라과이와 브라질의 사례를 언급할 수 있다.[12)] 물론 니카라과, 에콰도르, 코스타리카, 베네수엘라에서 좌파정권이 재집권하고 멕시코에서 역사상 최초로 좌파성향의 정권이 수립되었으나, 전반적인 정치지형의 변화는 좌파에서 우파성향으로 변화했다고 볼 수 있다.

앞에서 언급했던 것처럼, 장기간의 경기침체로 인해 2014년을 기점으로 사회지표가 악화하는 상황에서 선거는 정치적인 이념보다 경제위기, 부정부패와 치안 상황의 부재와 같이 국민들이 직접적으로 느끼는

현실적인 문제를 해결하는 측면에 초점이 맞추어졌다.[13)]

이 시기 대중의 정치참여가 확대되었던 배경에는 경제성장으로 인해 중산층의 비율이 2000년 20%에서 2013년 30%로 증가하는[14)] 추세와도 관련되고 있으며 이들은 유권자로서 선거에서 중요한 역할을 하게 되었다. 또한, 제도적인 측면에서 민주주의의 발전이 이러한 상황을 가능하게 했다고 볼 수 있다. 특히, 중산층은 정부의 정책에 대해 불만을 표현하고 기존 정치체제의 변화를 요구했으며 이들의 정치적 요구가 투표에 반영되면서 중남미 정치 지형에서 변화가 발생하게 되었다.[15)]

물론 이러한 경기침체 상황에서 발생하는 정치 지형의 변화와 표면화된 사회적 갈등은 정부의 부정부패, 빈곤과 불평등 같은 식민시대부터 지속되었던 제도 및 구조적인 측면의 모순들과도 연관되고 있다.

이와 같이 중남미 국가들은 독립, 산업화의 추진, 경제위기, 구조개혁, 세계화의 심화 과정에서 다양한 사회적 과제에 직면해 왔으며, 향후 이러한 사회적인 문제들에 어떻게 대처하고 해결방안을 모색하는가는 중남미 국가들의 지속가능한 국가발전과 직접적으로 관련되어 있다.

3. 멕시코 음식에 내포된 빈곤과 불평등

멕시코는 거대한 국토면적을 보유하고 있으며 다양한 기후대에 걸쳐 있어 풍부한 농산물을 생산하고 있는데 이러한 자연 자원을 토대로 음식문화가 발달하였다. 식민시대에 있었던 '콜럼버스의 교환(Colombian Exchange)'[16)]을 통해 유럽의 농산물과 음식문화가 도입되면서 멕시코의 재료 및 음식문화와 혼합되는 계기가 마련되었고 이처럼 음식에서도 두 문화권의 혼합이라는 '혼종성'의 특성을 발견할 수 있다.

멕시코인의 주식은 옥수수이다. 옥수수 가루로 납작하게 전병처럼 만든 것을 또르띠야(Tortilla)라고 부르며 또르띠야는 멕시코 음식에서 기본이 되는 식품인데 우리에게는 밥과 같은 역할을 하고 있다. 또르띠야에 고기, 해물, 야채 등을 넣어 싸 먹는 타코(Taco)는 우리나라에 잘 알려진 음식 중 하나이다. 또한, 또르띠야에 치즈를 넣어 만든 께사디야(Quesadilla)도 우리나라에 잘 알려져 있다. 일반적으로 타코, 께사디야와 같은 음식에 고추, 토마토 등을 넣어 만든 소스를 함께 곁들여 먹는데, 이를 살사(Salsa)라 부르고 있다.

이외에도 대표적인 음식인 몰레(Mole)는 고추, 초코렛, 참깨, 아몬드 등 다양한 재료와 향신료를 갈아 익혀서 만드는데 칠면조나 닭고기에 소스처럼 얹어 먹는다. 멕시코의 전통적인 음식들은 원주민과 유럽의 재료들이 결합한 문화적 혼합물인 동시에 민족적인 정체성을 상징한다고 볼 수 있다.[17]

앞에서 언급했던 것처럼, 멕시코의 대표적인 음식들과 더불어 기본적으로 소비하고 있는 또르띠야는 생필품에 속하고 있다. 일반적으로 멕시코 성인 한 명당 평균적으로 하루 300~400g의 또르띠야를 소비하는데 이를 5인 가족의 기준으로 환산하면 가구당 하루 소비하는 또르띠야의 양은 약 2Kg에 달한다고 볼 수 있다.[18]

멕시코는 풍부한 농산물을 생산, 수출하고 있으며 특히, 유럽과 미국 등 주요 시장을 대상으로 고부가가치의 농산품 수출에 중점을 두고 있다. 그러나 옥수수와 같은 필수적인 곡물을 완전히 자급하지 못하고 있으며 미국으로부터의 수입에 의존하는 실정이다. 이는 다른 중남미 국가들에서 동일하게 나타나는 현상이다. 즉, 고부가가치의 풍부한 농산물을 수출하고 있으나 필수적인 곡물은 자급하지 못하고 수입에 의존함으로써 식량 위기 상황에 처하는 경우가 흔히 발생하고 있다.

이처럼 국제 옥수수 가격이 상승하면 또르띠야 가격도 상승하게 된다. 이러한 외부적인 취약성과 더불어 전체 가구의 약 33%는 가구소득의 50% 이상을 또르띠야의 구매에 소비하는 실정이며,[19] 식량가격의 상승은 특히 빈곤계층에게 중대한 영향을 미치고 있다. 이러한 상황에서 1990년대 이전 멕시코정부는 빈곤층의 영양결핍과 식량부족 현상을 막기 위해 또르띠야의 상한가격을 제한하고 농촌과 도시의 저소득층에게 또르띠야를 무상으로 분배하였다.[20]

그러나 NAFTA의 발효 이후 정부에 의해 보호되었던 농업 부문에 대한 개방이 이루어지면서 정부의 농업예산이 감소하게 되었으며 옥수수 생산 및 소비와 관련된 정부의 정책은 변화하였다.

2000년 이후 정부는 또르띠야의 소비에 대해 직접적으로 지원하지 않았으나 조건부현금이전 프로그램(CCT)을 통해 또르띠야를 포함하여 기본 식료품을 구입할 수 있도록 빈곤층에게 보조금을 지원하였다.

그러나 옥수수를 주원료로 하는 바이오 에탄올에 대한 국제적인 수요가 급증하면서 옥수수 가격이 상승하게 되고 정부가 또르띠야 가격의 상승을 허용하는 정책을 추진하면서 2007년 멕시코는 '또르띠야 위기(La Crisis de la tortilla)'를 겪게 되었다.[21] 당시 미국산 수입 옥수수의 가격은 150%가 급등했으며 이에 따라 또르띠야 가격은 두 배 이상 상승하고 이러한 상황으로 인해 사회적인 갈등이 발생하였다.[22] 이외에도 또르띠야 위기는 농업개방 이후 국내에서 유통, 저장, 가공의 공정을 담당하는 다국적 기업들의 매점 행위로 인해 발생한 것으로 분석되고 있다.[23]

저소득층의 비율이 전체인구에서 40%에 이르는 멕시코에서 기본 식료품의 가격이 오르게 되면 구매력이 급감하게 되며, '또르띠야 위기'는 반복적으로 발생할 수밖에 없다.

2020년 멕시코에서 2,400만~2,800만 톤의 옥수수 생산이 이루어지며 또르띠야 가루를 만들기 위한 옥수수 수요는 1,200만~1,300만 톤으로 이는 또르띠야를 생산할 수 있는 충분한 양으로 보이나, 가축사료 등 산업용으로 1,800만 톤의 옥수수를 여전히 수입하고 있는 상황에

서 식량위기는 반복될 수 있으며 식량주권을 달성할 필요성이 지속적으로 대두되고 있다.[24)]

음식과 관련하여 빈곤층에게 발생하고 있는 또 다른 이슈는 비만의 문제이다. 멕시코는 2013년 이후 전 세계에서 가장 비만 인구가 많은 국가이며 인구의 73%가 비만으로 나타나고 있는데, 특히 소아 비만율이 심각하여 취학 전 아동의 16.7%, 초등학생의 26.2%, 청소년의 30.9%가 비만 인구로 집계되고 있다.[25)] 따라서 아동 비만율이 높은 멕시코 남부 오악사카(Oaxaca)주에서 국회의원들이 부모의 동행 없이 아동에게 탄산음료, 페이스트리, 과자 등 고칼로리 식품의 판매를 금지하는 법안을 승인했는데, 이는 정부에서 멕시코의 높은 사망률이 정크푸드와 탄산음료 등의 과도한 소비로 인해 발생하는 높은 비만률로 고려하고 있기 때문이다.[26)]

이외에도 멕시코 비만의 원인 중 하나는 영양 불균형으로 나타나고 있다. 이러한 영양 불균형 현상은 산업화와 NAFTA이후 가속화했는데 이는 멕시코에 월마트(Walmart), 코스트코(Costco)와 같은 세계적인 유통체인이 진출하고 이를 통해 가격이 저렴한 정크푸드와 탄산음료 등 고칼로리 가공식품들이 확산되면서 식습관에서 변화가 나타나고 있기 때문이다.

이러한 현상은 또르띠야의 섭취와도 관련되고 있다. 즉, 2008년 글로벌 경제위기로 인해 또르띠야 가격이 오르자 전통적인 방식으로 또르띠야를 생산했던 소규모 가게들은 월마트와 같은 세계적인 유통체인과의 경쟁에서 밀리게 되고 문을 닫을 수밖에 없었다.[27)] 현재 또르띠야는 대량 유통망을 통해 가공식품의 형태로 생산되고 있는데 저소득층의 경우 또르띠야에 충분한 고기, 해물, 야채 등을 넣어서 만든 타코를 소비하기보다 또르띠야와 소금을 식사로 대체하는 경우가 발생하고 있다. 따라서 저소득계층은 또르띠야의 소비량이 높을 수밖에 없다. 또한, 또르띠야와 함께 물보다 가격이 저렴한 탄산음료를 소비함으로써 열량의 섭취는 높지만 충분한 영양을 섭취하지 못하는 불균형 상황에 처할 수 밖에 없다. 이러한 영양불균형으로 인한 비만은 저소득층과 원주민 여성들에게 두드러지게 나타나고 있다.

이처럼 우리에게 잘 알려져 있는 멕시코 주식 또르띠야에 빈곤뿐 아니라 NAFTA로 상징되는 신자유주의 이후 새롭게 대두되고 있는 음식에서의 불평등 문제가 내포되어 있다.

주

1) Rosemary Thorp, 1998, *Progreso, pobreza y exclusión: una historia económica de América Latina en el siglo XX*, Washington, D.C.: Banco Interamericano de Desarrollo, p. 1.
2) Thorp, 1998, p. 37, p. 44.
3) Palazuelos, 2000, p. 4.
4) Thomas W. Merrick, 1997, "La población de América Latina, 1930–1990," in Leslie Bethell (ed.), *Historia de América Latina, 11. Economía y sociedad desde 1930*, Barcelona: Crítica, pp. 165–168.
5) W. Merrick, 1997, p. 189.
6) Orlandina De Oliveira y Bryan Roberts, 1997, "El crecimiento urbano y la estructura social urbana en América Latina, 1930–1990," in Leslie Bethell (ed.), *Historia de América Latina, 11. Economía y sociedad desde 1930*, Barcelona: Crítica, p. 220.
7) Marco Stampini et al., 2015, *Pobreza, vulnerabilidad y la clase media en América Latina*, Washington, D.C.: Banco Interamericano de Desarrollo, p. 9.
8) Mayumi Yasunaga Kumano, "La desigualdad y la inestabilidad política en América Latina: las protestas en Ecuador, Chile y Colombia," Documento de Opinión IEEE 22/2020, http://www.ieee.es/Galerias/fichero/docs_opinion/2020/DIEEEO22_2020MAYYAS_LatAm.pdf y/o enlace bie 3 (검색일: 2021. 7. 23).
9) CEPAL, 2021, *Panorama social de América Latina*, Santiago: Naciones Unidas, p. 15. 2019년 빈곤 비율은 31%, 극빈곤비율은 11%였으나 2020년 각각 34%와 13%로 증가하였다.
10) Marco Stampini et al., 2015, *Pobreza, vulnerabilidad y la clase media en*

América Latina, Washington, D.C.: Banco Interamericano de Desarrollo, p. 15.

11) Mayumi Yasunaga Kumano, "La desigualdad y la inestabilidad política en América Latina: las protestas en Ecuador, Chile y Colombia," Documento de Opinión IEEE 22/2020, http://www.ieee.es/Galerias/fichero/docs_opinion/2020/DIEEEO22_2020MAYYAS_LatAm.pdfy/oenlacebie 3(검색일: 2021. 7. 23).
12) 손혜현, 2018, "중남미 우파 포퓰리즘의 부상과 함의," 『주요국제문제분석』, 2018-57, 국립외교원 외교안보연구소, p. 1.
13) 손혜현 (2018), p. 2.
14) Stampini et al. (2015), p. 2.
15) 손혜현 (2018), p. 3.
16) 콜럼버스가 신대륙을 발견하면서 신대륙과 구대륙 사이 식물, 동물, 질병 등의 이동을 의미하는 용어이다.
17) 남철호, 2020, "음식에 내포된 권력과 이데올로기, -글로벌 히스토리 학설사를 중심으로-," 『동서인문학』, 제59권, pp. 176-177.
18) 임수진, 2010, "멕시코 토르티야 위기 원인," 『라틴아메리카연구』, Vol.23 No.1, p. 174.
19) 임수진 (2010), p. 174.
20) 임수진 (2010), p. 181.
21) "Autosuficiencia en maíz sin crisis de tortilla," *La Jornada del campo*, 17 Abril 2021.
22) "Los mexicanos más pobres se quedan sin tortillas," *El País*, 17 Enero 2007 (검색일: 2021. 8. 15).
23) 임수진 (2010), p. 188.
24) "Autosuficiencia en maíz sin crisis de tortilla," La Jornada del campo, 17 Abril 2021.
25) "치솟는 비만율, 멕시코 발전에 숨은 복병," *EMERiCs*, 2020년 8월 20일.
26) "치솟는 비만율, 멕시코 발전에 숨은 복병," *EMERiCs*, 2020년 8월 20일.
27) El Universal, "Los orígenes de la obesidad en México," 10 Julio 2020, https://www.eluniversal.com.mx/opinion/mochilazo-en-el-tiempo/los-origenes-de-la-obesidad-en-mexico(검색일: 2021. 8. 15).

참고문헌

남철호. 2020. "음식에 내포된 권력과 이데올로기, - 글로벌 히스토리 학설사를 중심으로-." 『동서인문학』, 제59권.

임수진. 2010. "멕시코 토르티야 위기 원인." 『라틴아메리카연구』, Vol.23 No.1.

손혜현. 2018. "중남미 우파 포퓰리즘의 부상과 함의." 『주요국제문제분석』, 2018-57.

CEPAL. 2021. *Panorama social de América Latina*, Santiago: Naciones Unidas.

De Oliveira, Orlandina y Roberts, Bryan. 1997. "El crecimiento urbano y la estructura social urbana en América Latina, 1930–1990." in Leslie Bethell (ed.). *Historia de América Latina, 11. Economía y sociedad desde 1930*. Barcelona: Crítica.

Stampini, Marco et al. 2015. *Pobreza, vulnerabilidad y la clase media en América Latina*. Washington, D.C.: Banco Interamericano de Desarrollo.

Thorp, Rosemary. 1997. "Las economías latinoamericanas, 1939–c. 1950." in Leslie Bethell (ed.). *Historia de América Latina, 11. Economía y sociedad desde 1930*. Barcelona: Crítica.

________________. 1998. *Progreso, pobreza y exclusión: una historia económica de América Latina en el siglo XX*. Washington, D.C.: Banco Interamericano de Desarrollo.

W. Merrick, Thomas. 1997. "La población de América Latina, 1930–1990." in Leslie Bethell (ed.). *Historia de América Latina, 11. Economía y sociedad desde 1930*. Barcelona: Crítica.

Yasunaga Kumano, Mayumi. "La desigualdad y la inestabilidad política en América Latina: las protestas en Ecuador, Chile y Colombia." Documento de Opinión IEEE 22/2020. http://www.ieee.es/Galerias/fichero/docs_opinion/2020/DIEEEO22_2020MAYYAS_LatAm.pdf y/o enlace bie 3(검색일: 2021. 7. 23).

"치솟는 비만율, 멕시코 발전에 숨은 복병." 『EMERiCs』. 2020년 8월 20일. https://www.emerics.org:446/issueDetail.es?brdctsNo=306741&mid=a10200000000&&search_option=&search_keyword=&search_year=&search_month=&search_tagkeyword=&systemcode=06&search_region=&search_area=&currentPage=1&pageCnt=10(검색일: 2021. 8. 15).

"Autosuficiencia en maíz sin crisis de tortilla." La Jornada del campo. 1 Abril 2021 https://www.jornada.com.mx/2021/04/17/delcampo/articulos/autosuficiencia-maiz.html(검색일: 2021. 8. 2).

"Los mexicanos más pobres se quedan sin tortillas." *El País*. 17 Enero 2007. https://elpais.com/diario/2007/01/17/internacional/1168988415_850215.html(검색일: 2021. 8. 15).

"Los orígenes de la obesidad en México." El Universal. 10 Julio 2020. https://www.eluniversal.com.mx/opinion/mochilazo-en-el-tiempo/los-origenes-de-la-obesidad-en-mexico(검색일: 2021. 8. 15).

COVID-19
Column

코로나19 이후 중남미 현황 및 전망

정상희(계명대 스페인어중남미학과)

중남미 지역은 세계 인구의 8.4%를 차지하고 있으나 2020년 12월 기준, 코로나19로 인한 전체 감염자 중 19%를 차지하고 있으며 28%의 사망자가 발생한 지역이 되었다.[1]

또한, 2020년 중남미 지역의 경제성장률은 평균 -6~9%를 보였으며 전반적인 경제 상황이 코로나19 이전의 수준으로 회복되기까지 상당한 시간이 소요될 것으로 전망되고 있다.[2]

이처럼 중남미 지역은 코로나19로 인해 광범위한 피해가 발생한 지역 중 하나이며, 이는 정부의 거버넌스 및 보건의료 체계가 취약하고 재정적인 역량이 미비하며 빈부격차와 비공식부문에 종사하는 인구 비율이 높기 때문이다.[3]

2020년 2월 26일 중남미에서 첫 번째 확진자가 발생한 이후, 대부분 국가에서 국경을 폐쇄하고 이동을 제한했으며 재택근무, 원격수업과 같은 사회적 거리두기 정책을 시행하였다. 그러나 이러한 정책들의 효과는 한계를 보였는데 연방정부 주도의 정책이 효과적으로 실행되지 못했으며 감염병과 관련된 정보에 대해 투명성이 결여되어 정부는 대중의 신뢰를 얻지 못했고 이러한 상황은 전반적인 정치 리더십의 위기로 나타나게 되었다.[4]

경제구조적인 측면에서 중남미의 주요 교역국인 중국, 미국, 유럽국가들의 경제활동 위축으로 인해 교역이 급감하고 주요한 산업부문인 관광업이 타격을 받았다. 또한, 자본 유출이 가속화하고 높은 비정규직 노동자의 비율로 인해 실업이 급증했으며 내수시장에서 위축 현상이 나타나게 되었다.[5]

사회구조적인 측면에서 사회보호제도의 혜택을 받지 못하는 비공식부문의 노동자들과 빈곤 계층들은 생계유지를 위해 격리 조치를 이행하는 과정에서 어려움에 처하게 되었다.

의료보건의 측면에서 기존 의료체계의 문제뿐 아니라 비만의 문제도 코로나19와 관련되는데, 즉 사망자 중 젊은 계층의 비율이 높은 원인은 비만과 당뇨병 같은 기저질환과 연관되는 것으로 분석되고 있다. 따라서 앞에서 언급했던 것처럼, 비만율이 높은 멕시코는 미국, 브라질에 이어 세계에서 세 번째로 코로나19로 인한 사망자 수가 많은 것으로 나타나고 있다.[6]

코로나19로 인해 보건 분야뿐 아니라 경제, 사회구조적인 측면에서 총체적인 위기가 발생했으며 주요한 경제, 사회 부문의 지표가 악화된 것으로 나타나고 있다. 실례로 2020년 중남미에서 극빈곤층의 비율은 12.5%, 빈곤층의 비율은 33.7%에 달하고 있는데 이는 전년 대비 극빈곤층은 800만 명이 증가하여 7,800만 명, 빈곤층은 2,200만 명이 증가

한 2억 900만 명에 이르는 것으로 알려지고 있다.[7)]

따라서 정부는 코로나19에 대응하기 위해 기존의 취약계층과 코로나19로 인해 소득이 감소하고 일자리를 잃은 노동자들을 대상으로 다양한 사회정책을 추진하였다.

앞에서 언급했던 것처럼, 중남미 사회보호조치 중 2000년대 좌파 성향의 정권들이 수립되면서 빈곤 가구에 현금을 직접적으로 지원하는 현금이전(CT: Cash Tranfer) 프로그램들이 추진되었는데, 코로나19이후 CT 프로그램들은 더욱 활성화되었다. 정부는 CT 프로그램을 통해 이미 구축되어 있는 빈곤층에 대한 통계와 정보를 활용하여 정책을 신속하게 실행하고자 하였다. 따라서 CT 프로그램의 지원대상과 금액 등 지원범위를 확대함으로써 기존 CT 프로그램을 강화하거나 새로운 CT 프로그램을 기획하였다. 또한, 식량, 의약품, 마스크, 위생용품 등을 지원하고 물, 전기, 가스, 인터넷 등 기본 서비스 비용의 지불을 한시적으로 중지 혹은 면제하는 조치를 취하였다.

공식부문에 종사하는 노동자들의 재택근무를 허용하고 실업보험을 제공하며 해고를 금지하는 조치를 통해 노동자의 소득과 일자리를 보호하

글상자 5부 칼럼.1 현금이전 프로그램

2000년대 중남미 좌파정부에 의해 활성화된 정책이었다. 이 정책은 빈곤층과 빈곤가구에 초점을 두고 현금을 직접적으로 이전하는 특성을 보이고 있다. 단기적으로 빈곤가구의 소비를 활성화하며 장기적으로 이들의 인적 역량을 강화하기 위한 목적으로 추진되었다. 코로나19이후 활성화 되었는데, 이는 본 프로그램을 통해 기존에 구축된 빈곤층에 대한 정보를 활용하여 이들에 대한 사회보호 정책의 실행을 신속하게 추진하기 위한 목적이었다. 따라서 기존의 CT프로그램을 활용하거나 새로운 CT프로그램이 기획되었다.

표 5부 칼럼.1 코로나19에 대응하기 위한 중남미 국가의 사회보호조치

현금이전 프로그램(CT)	현물이전	기본서비스 제공	공식부문 노동자를 위한 사회보호조치	개인과 가구단위를 위한 지원
- 새로운 현금 이전 프로그램(CT)의 기획 - 기존 CT프로그램의 확대(지원 범위와 금액)	- 식량 - 의약품 - 마스크 - 위생용품	- 물, 전기, 가스, 인터넷, 전화, TV 요금 등 서비스 비용의 지불 중지 혹은 면제	- 재택근무 - 소득, 일자리 보호(실업보험제공, 해고금지)	- 세금감면 - 대출용이 - 가격통제

출처: CEPAL, 2021, *Panorama social de América Latina*, p. 130.

였다. 개인과 가구 단위에서 이들에 대한 세금을 감면하고 대출에 대한 접근성을 높이며 물가안정을 위해 가격을 통제하는 정책을 시행하였다.

이외에도 지역 내 99%를 차지하는 중소기업의 파산이나 경영난을 막기 위해 대출을 제공하거나 이들의 사업장에서 노동자의 해고를 줄이기 위해 임금을 지원하였다.

따라서 2020년 11월 6일 기준, 32개의 중남미 국가에서 취약계층을 대상으로 263개의 사회보호 조치가 추진되었고 이는 코로나19로 인해 소득이 감소한 사람들을 대상으로 했으며 지역별로 보면 남미에서 127개, 카리브에서 74개, 중미에서 62개의 프로그램이 추진되었다.[8)]

이러한 다양한 부문의 정책에도 불구하고 이동의 제한 등 격리 조치와 경제 불황이 장기화하고 정부의 부실한 위기 대응 역량과 사회구조적인 측면의 취약성이 드러나면서 이에 대한 국민의 불만은 확대되었다. 이러한 상황들이 정치적인 위기로 이어지면서 시위 등을 통한 사회갈등은 가시화되었다.

따라서 전체 노동자 중 비공식 부문에 종사하는 절반 이상의 노동자들에 대한 정책적인 고려와 기존 선별적인 성격의 사회보호 조치들이 보편적인 성격의 사회정책으로 변화할 필요성이 대두되었다.

보건의료 부문에서 병상과 전문 인력의 부족, 정부의 재정적인 투자 부족과 같이 전반적인 의료체계의 취약성이 가시화되었으며, 이에 따라 의료체계를 확충하고 인프라를 개선할 필요성과 방역과 취약계층의 치료 등을 위해 디지털 기술 활용의 가능성이 제기되었다.

교육 부문에서 교육기관의 폐쇄와 비대면 교육의 형태로 전환됨에 따라 교육의 질 저하와 소득격차에 따른 디지털에 대한 접근성에서 불평등 문제가 이슈화되었고, 저소득 계층의 비대면 교육에 대한 접근성의 문제가 대두되면서 이들의 학력 저하와 교육을 통한 사회이동 가능성의 감소에 대한 우려도 제기되었다.

도시화 비율이 80%이상에 달하는 중남미에서 코로나19에 대한 피해가 도시지역의 취약한 계층을 중심으로 확산하면서 이러한 계층에 대한 정책적인 고려의 필요성이 대두되었다.

이외에도 여성의 경제적인 취약성뿐 아니라 격리 조치로 인해 발생하는 폭력의 증가와 같은 새로운 이슈들도 다루어졌다.

코로나19로 인해 중남미 지역의 정치, 경제, 사회분야에서 광범위한 피해가 발생했으나 다른 한편, 코로나19 이후 가시화된 중남미 국가들의 구조적인 취약성을 중심으로 향후 나아가야 할 정책적인 방향성을 고찰할 수 있는 계기가 마련되었다.

국제통화기금(IMF)에서 2021년 중남미 경제성장률이 전년 대비 3~4%로 점진적인 회복세를 보일 것으로 전망하고 있으며 대내적으로 각 국가들은 점차적으로 재개 조치를 취하고 있는데, 경제재건과 재활성화를 위해 통신, 철도망, 항만, 공항, 정유소 건설 등 공공 인프라의 구축과 에너지 및 환경 부문에 대한 투자를 확대하고 적극적인 재정 및 통화정책을 추진하고 있다.[9)]

대외적으로 세계교역이 회복되고 있으며 중남미 국가들은 관광업에서 타격을 받았으나, 중국과 미국의 경기회복으로 인해 국제무역과 송금에서 회복세를 보이고 있다. 또한, 미국 바이든 대통령의 당선으로 대외정책에서 불확실성이 줄어들고 이민정책의 완화가 이루어지고 있으며 지역별 가치사슬의 재편으로 인해 멕시코와 중미 국가들은 북미의 생산기지로 부상하면서 이러한 요인들은 전반적인 경제에 긍정적인 요소로 작용할 것으로 전망되고 있다.[10)]

이러한 대내외적인 상황에서 중남미국가들은 취약계층과 코로나19로 인해 취약계층으로 전락할 수 있는 '잠재적인 계층'을 고려한 사회정책을 지속적으로 강화하고 비공식 부문의 노동자를 줄이며 새로운 일자리 창출에 초점을 둘 필요가 있다. 중남미는 일시적인 빈곤보다 만성적인 빈곤과 향후 빈곤 상황에 처할 수 있는 계층의 비율이 높다는 측면을 고려할 필요가 있다.

또한, 코로나19 이후 교육, 전자상거래, 의료, 공공서비스 부문에서 비대면 형태가 활성화됨에 따라 디지털 경제로의 전환 필요성이 강조되고 있다. 따라서 디지털 인프라에 대한 투자와 기술교육을 강화함으로써 비대면 서비스 부문에서 발생할 수 있는 새로운 수요에 대응하기 위한 교육정책을 개선할 수 있다.

향후 중남미 국가들은 디지털 정부, ICT, 스마트시티, 기후변화대응 등 새로운 분야에서의 일자리 창출에 중점을 둠으로써 코로나19로 인해 가시화되었던 중남미의 경제, 사회구조적인 측면에서의 변화를 추구할 필요가 있다.

주

1) CEPAL, 2021, *Panorama social de América Latina*, Santiago: Naciones Unidas, p. 13.
2) Kotra, 2021, 『2021 권역별 진출전략: 중남미』, p. 4.
3) 정상희, 2021, "코로나19이후 중남미 지역의 긴급대응 정책에 대한 고찰: 브라질과 멕시코 사례를 중심으로," 『중남미연구』 Vol.40 No.1, p. 35.
4) 정상희 (2021), p. 47.
5) Kotra (2021), p. 4.
6) "치솟는 비만율, 멕시코 발전에 숨은 복병," 『EMERiCs』, 2020년 8월 20일.
7) CEPAL (2021), p. 73.
8) CEPAL (2021), p. 133.
9) Kotra (2021), p. 3.
10) Kotra (2021), p. 4.

참고문헌

CEPAL. 2021. *Panorama social de América Latina*, Santiago: Naciones Unidas.

Kotra. 2021. 『2021 권역별 진출전략: 중남미』.

정상희. 2021. "코로나19이후 중남미 지역의 긴급대응 정책에 대한 고찰: 브라질과 멕시코 사례를 중심으로." 『중남미연구』 Vol.40 No.1.

"치솟는 비만율, 멕시코 발전에 숨은 복병." 『EMERiCs』. 2020년 8월 20일. https://www.emerics.org:446/issueDetail.es?brdctsNo=306741&mid=a10200000000&&search_option=&search_keyword=&search_year=&search_month=&search_tagkeyword=&systemcode=06&search_region=&search_area=&currentPage=1&pageCnt=10 (검색일: 2021. 8. 15).

저자소개

김정규 (Kim, Jeong-Gyu)

연세대학교 사회학과에서 학사와 석사를 마치고, 미국 뉴욕주립대학교 버펄로 대학(University at Buffalo, State University of New York)에서 사회학박사 학위를 취득하였다. 현재 계명대학교 인문국제학대학 미국학전공과 사회과학대학 사회학과 교수로 재직중이며 국제학연구소장을 맡고 있다. 미국 UC 얼바인 대학교(University of California, Irvine) 사회학과에서 방문학자로 연구하였다. 주된 연구관심은 미국사회, 일탈과 범죄, 인종과민족, 이주자, 사회문제 등이다. (연락처 jkim@kmu.ac.kr)

김명수(Kim, Myung Soo)

연세대학교 경제학과와 동대학원 경제학과 석사과정을 졸업하고, 일본 게이오대학(慶應義塾大學)에서 박사학위(경제학)를 취득했다. 게이오대학 경제학부 연구조수와 조교수를 거쳐 2012년부터 현직에 있다. 2019년부터 계명대학교 국제학연구소 국제학논총 편집위원장을 맡고 있으며, 2021년부터 Society for Cultural Interaction in East Asia(동아시아문화교섭학회)의 부회장을 맡고 있다. 한국과 일본의 근대경제사를 대상으로 한 다수의 저역서와 논문이 있다. (연락처 omoiyari@kmu.ac.kr)

남대엽 (Nam, Dae-yub)

중국 런민(人民)대학교에서 산업경제를 전공으로 박사학위를 취득하였다. 이후 포스코경영연구원(POSRI)의 베이징사무소와 서울 본사에서 근무하며 글로벌 기업의 대중국 사업 컨설팅 업무에 종사했다. 현재는 계명대학교 인문국제학대학 중국어중국학과에 재직하며 중국 경제를 강의하고 있다. (연락처 dynam@kmu.ac.kr)

윤성환(Yoon, Seong Hwan)

경희대학교 무역학과에서 학사, 석사, 박사과정을 졸업하고 중국 칭화(淸華)대학교에서 마케팅을 전공하여 경영학 박사학위를 취득하였다. 현재 계명대학교 인문국제학대학 중국어중국학과 교수로 재직하며 중국 경제와 경영에 관하여 강의를 하고 있다. 최근 관심 분야는 중국의 경제발전 정책, 중국의 혁신 기업과 기업가 정신, 중국 디지털 마케팅 등이다. (연락처 yshwan70@kmu.ac.kr)

정상희(Jung, Sang Hee)

멕시코 Universidad Nacional Autónoma de México에서 중남미지역학으로 박사학위를 취득하였으며, 현재 계명대학교 인문국제학대학 스페인어중남미학과 부교수로 재직 중이다. 주된 연구 분야는 중남미 국제개발협력 분야이며 관련분야의 연구를 심화하고 있다. (연락처 sanghjung@kmu.ac.kr)

한미애(Hahn, Mi Ae)

이화여자대학교에서 지역학(유럽전공) 박사학위를 취득하였으며, 유럽연합과 회원국에 대한 지역학적인 관점에서 심도있는 연구를 지속하고 있다. 현재 계명대학교 국제학연구소 연구교수로 근무하며 국제지역학 연구에 있어 다학제적 통합 교육과정 개발과 국제지역전문가 양성 프로그램을 운영하고 있다. (연락처 hahnmiae@gmail.com)

찾아보기

ㄴ

ㄷ

ㄹ

ㅁ

ㅎ

명인문화사 정치학 관련 서적

정치학분야

정치학의 이해 Roskin 외 지음 / 김계동 옮김

정치학개론: 권력과 선택, 15판
Shively 지음 / 김계동, 민병오, 윤진표, 이유진
최동주 옮김

비교정부와 정치, 제10판
Hague, Harrop, McCormick 지음 / 김계동,
김 욱, 민병오, 윤진표, 이유진 옮김

정치학방법론
Burnham 외 지음 / 김계동 외 옮김

정치이론 Heywood 지음 / 권만학 옮김

정치 이데올로기: 이론과 실제
Baradat 지음 / 권만학 옮김

민주주의국가이론
Dryzek, Dunleavy 지음/ 김욱 옮김

신자유주의
Cahill, Konings 지음 / 최영미 옮김

정치사회학 Clemens 지음 / 박기덕 옮김

복지국가: 이론, 사례, 정책 정진화 지음

포커스그룹: 응용조사 실행방법
Krueger, Casey 지음 / 민병오, 조대현 옮김

문화로 읽는 세계
Gannon, Pillai 지음 / 남경희, 변하나 옮김

거버넌스의 정치학: 한국정치의 새로운
패러다임 모색 김의영 지음

한국현대사의 재조명 한국선생학외 편

성공하는 리더십의 조건
Keohane지음 / 심양섭, 이면우 옮김

여성, 권력과 정치
Stevens 지음 / 김영신 옮김

국제관계분야

국제관계와 세계정치
Heywood 지음 / 김계동 옮김

국제정치경제
Balaam, Dillman 지음 / 민병오 외 옮김

국제개발: 사회경제이론, 유산, 전략
Lanoszka 지음 / 김태균, 문경연, 송영훈 외 옮김

국제관계이론 Daddow 지음 / 이상현 옮김

국제기구의 이해: 글로벌 거버넌스의 정치와
과정, 제3판 Karns, Mingst, Stiles 지음 /
김계동, 김현욱, 민병오, 이상현 외 옮김

현대외교정책론, 제3판
김계동, 김태효, 유진석 외 지음

외교: 원리와 실제 Berridge 지음 / 심양섭 옮김

세계화와 글로벌 이슈, 제6판 Snarr 외 지음 /
김계동, 민병오, 박영호, 차재권, 최영미 옮김

세계화의 논쟁: 국제관계 접근에서의 찬성과
반대논리, 제2판 Haas, Hird 엮음 / 이상현 옮김

현대 한미관계의 이해
김계동, 김준형, 박태균 외 지음

현대 북러관계의 이해 박종수 지음

중국의 외교정책과 대외관계
Shambaugh 편저 / 김지용, 서윤정 옮김

글로벌 환경정치와 정책
Chasek, Downie, Brown 지음 / 이유진 옮김

핵무기의 정치 Futter 지음 / 고봉준 옮김

비핵화의 정치 전봉근 지음

비정부기구(NGO)의 이해, 제2판
Lewis, Kanji, Themudo지음 / 이유진 옮김

한국의 중견국 외교
손열, 김상배, 이승주 외 지음

자본주의 Coates 지음 / 심양섭 옮김

지역정치 분야

동아시아 국제관계
McDougall 지음 / 박기덕 옮김

동북아 정치: 변화와 지속
Lim 지음 / 김계동 옮김

일본정치론
이가라시 아키오 지음 / 김두승 옮김

현대 중국의 이해, 제3판
Brown 지음 / 김흥규 옮김

현대 미국의 이해
Duncan, Goddard 지음 / 민병오 옮김

현대 러시아의 이해
Bacan 지음 / 김진영 외 옮김

현대 일본의 이해
McCargo 지음 / 이승주, 한의석 옮김

현대 유럽의 이해
Outhwaite 지음 / 김계동 옮김

현대 동남아의 이해, 제2판 윤진표 지음

현대 아프리카의 이해
Graham 지음 / 김성수 옮김

현대동아시아의 이해
Kaup 편 / 민병오, 김영신, 이상율, 차재권 옮김

미국외교는 도덕적인가: 루스벨트부터 트럼프까지 Nye 지음 / 황재호 옮김

미국정치와 정부
Bowles, McMahon 지음 / 김욱 옮김

한국정치와 정부
김계동, 김욱, 박명호, 박재욱 외 지음

미국외교정책: 강대국의 패러독스
Hook 지음 / 이상현 옮김

세계질서의 미래 Acharya 지음/마상윤 옮김

알자지라 효과 Seib 지음 / 서정민 옮김

일대일로의 국제정치 이승주 편

중일관계 Pugliese&Insisa 지음/최은봉 옮김

북한, 남북한 관계 분야

북한의 외교정책과 대외관계: 협상과 도전의 전략적 선택 김계동 지음

북한의 체제와 정책: 김정은시대의 변화와 지속
체제통합연구회 편

북한의 통치체제: 지배구조와 사회통제
안희창 지음

남북한 체제통합론: 이론 · 역사 · 경험 · 정책, 제2판
김계동 지음

한국전쟁, 불가피한 선택이었나
김계동 지음

한반도 분단, 누구의 책임인가?
김계동 지음

한류, 통일의 바람 강동완, 박정란 지음

안보, 정보 분야

국가정보학개론: 제도, 활동, 분석
Acuff 외 지음 / 김계동 옮김

국제안보의 이해: 이론과 실제
Hough, Malik, Moran, Pilbeam 지음 / 고봉준, 김지용 옮김

전쟁과 평화
Barash, Webel 지음 / 송승종, 유재현 옮김

국제안보: 쟁점과 해결
Morgan 지음 / 민병오 옮김

전쟁: 목적과 수단
Codevilla 외 지음 / 김양명 옮김

국가정보: 비밀에서 정책까지
Lowenthal 지음 / 김계동 옮김

국가정보의 이해: 소리없는 전쟁
Shulsky, Schmitt 지음/ 신유섭 옮김

테러리즘: 개념과 쟁점
Martin 지음 / 김계동 외 옮김